中华文史名著精选精译精注

章培恒 安平秋 马樟根 ———— 主编

二十四史

（附清史稿）

03

三国志 晋书 宋书

凤凰出版社

目　录

三国志

导言…… 003
武帝纪…… 011
荀彧传…… 073
毛玠传…… 088
王粲传…… 095
华佗传…… 103
先主传…… 115
诸葛亮传…… 142
关羽传…… 162
周瑜传…… 168
陆逊传…… 178

晋书

导言…… 193
裴秀传…… 197
王衍传…… 209
刘伶传…… 220

周处传…………………………………………………… 224
王导传…………………………………………………… 232
葛洪传…………………………………………………… 258
谢安传…………………………………………………… 267
陈寿传…………………………………………………… 284
陶潜传…………………………………………………… 289
北狄传…………………………………………………… 297
孙恩传…………………………………………………… 305
王猛载记………………………………………………… 313

宋书

导言……………………………………………………… 329
武帝纪…………………………………………………… 335
刘穆之传………………………………………………… 343
谢晦传…………………………………………………… 354
张敷传…………………………………………………… 367
褚叔度传………………………………………………… 370
谢方明传………………………………………………… 377
谢惠连传………………………………………………… 384
谢弘微传………………………………………………… 386
张畅传…………………………………………………… 390
刘义真传………………………………………………… 408
王华传…………………………………………………… 414
殷景仁传………………………………………………… 419
刘义康传………………………………………………… 424
徐湛之传………………………………………………… 434

颜延之传…………………………………………………… 442
颜竣传……………………………………………………… 449
宗悫传……………………………………………………… 456
沈庆之传…………………………………………………… 461
谢庄传……………………………………………………… 471
阮佃夫传…………………………………………………… 477

三国志

刘琳 译注
黄葵 审阅

导　言

一

西晋史学家陈寿所写的《三国志》是一部记载三国历史的著名史书，后人把它列为“正史”，是“二十四史”中的第四种。

三国时代是继两汉之后的一个分裂割据时代。东汉中期以后，中央政权主要由宦官和外戚集团轮流控制。他们代表了封建统治阶级中最腐朽的势力，残酷地对人民进行剥削压迫，而彼此之间又争权夺利，互相残杀。其中尤以宦官专权为害最大。他们“手握王爵，口含天宪”，兄弟姻戚，宰州临郡，贪婪横暴，无恶不作，弄得政治黑暗，民不聊生，激起各族人民不断起来反抗。一些比较正直的官僚士人也对宦官外戚的专横不满，起来主持“清议”，批评朝政，却遭到压制甚至杀戮。汉灵帝中平元年(184)爆发了以张角为首的黄巾大起义，震撼全国。虽然黄巾军主力很快被东汉王朝镇压下去了，但黄巾余众在各地坚持了多年的斗争。黄巾起义给了封建统治阶级沉重的打击，使东汉王朝摇摇欲坠。

在阶级矛盾十分尖锐的同时，统治阶级的内部矛盾更加激烈。在镇压黄巾起义的过程中，各地官僚军阀乘机扩张自己的势力。在中央，外戚、大将军何进图谋诛灭宦官，并召并州牧董卓带兵前来相助。结果何进反被宦官杀死，而司隶校尉袁绍又大杀宦官。董卓到京师洛阳后，凭借武力，把持了中央政权，废少帝刘辩，立献帝刘协。初平元年(190)，袁绍、袁术、曹操及其他一些州牧郡守联合起兵反对董卓。董卓挟献帝西迁长安，后来为部下吕布所杀。此后，大大小小的封建军阀各据一方，展开混战，互相吞并。在北方，逐渐形成曹操、袁绍两大势力的对抗。曹操奉迎汉帝，挟天子以令诸侯；袁绍雄据河北，兵多粮足。建安五年(200)，在著名的官渡之战中，曹操击溃袁军主力。以后十余年间，又北征乌丸，西定关陇，基本上统一了北方。在此之前，孙策于初平四年(193)南渡长江，数年之间，占有江东。到他的弟弟孙权，更巩固了孙氏在东南的统治。建安十三年(208)，曹操南征荆州，原本力量弱小、在荆州依附刘表的刘备，用诸葛亮的计策，联合孙权，在赤壁一战中大败曹军，曹操退回北方。刘备在荆州取得立足之地以后，又西入益州，兼并刘璋，占有西南地区。这样，群雄角逐发展为鼎立三分。

曹操死后，其子曹丕于公元 220 年废掉汉献帝，自称皇帝，国号魏，三国时代正式开始。次年，刘备也在成都称帝，承用汉朝国号，史称蜀汉。公元 229 年，吴王孙权也即帝位，国号吴。至公元 263 年，魏灭蜀。265 年，司马炎篡魏，建立晋朝，三国时代结束，中国大部分地区重归统一。公元 280 年，孙吴也为晋所灭。

在中国两千多年封建社会中，三国时代仅仅是一个短暂的割据时代，但是这一段历史给中国老百姓留下的印象之深，却超过其他朝代。这一时期的许多历史人物，如曹操、诸葛亮、刘备、关羽、张飞、周瑜等，可说是家喻户晓，妇孺皆知。自宋元以来，各种文艺作品如小说、戏曲、曲艺之类，涉及三国故事的不计其数，其中尤以元末明初罗贯中的讲史体小说《三国演义》影响最大。《三国演义》中描写的许多重大事件主要出自《三国志》和裴松之注，有一定的历史依据；但在此基础上，它又虚构了许多令人拍案叫绝的故事情节，比如桃园结义、过五关斩六将、草船借箭、借东风、三气周瑜等。如果通过《三国演义》来认识三国历史，这种认识只能是真真假假，假多于真。要了解真正的三国历史，必须读《三国志》。直到现在，还有不少人把文艺作品中的三国故事当作历史上的真事，把史书《三国志》和小说《三国演义》混为一谈，所以我们有必要先作一点说明，然后再来介绍陈寿与《三国志》。

二

陈寿字承祚，巴西郡安汉县（今四川南充）人，生于蜀汉后主建兴十一年（233），《晋书》和《华阳国志》有传。他从小好学，曾拜著名史学家谯周为师。谯周学问渊博，著有《古史考》《五经论》等多种著作。在谯周的指导和影响下，陈寿攻读《尚书》《春秋》三传，特别用功钻研《史记》《汉书》，这就为他一生的史学事业奠定了基础。在蜀汉时曾做过东观郎、秘书郎、黄门侍郎等官，由于不愿谄附专权的宦官黄皓，多次被谴责贬黜。入晋之后，又因为他不注意遵守封建礼教，生病时使侍婢调制药丸，受到乡里贬议，好长时间没能做官。后来由于著名学者张华爱惜人才，被举为孝廉，任著作郎，出补平阳侯相（相当于县令），再任著作郎，转治书侍御史。后因继母去世而离职。他遵照继母遗嘱将她葬在洛阳，而没有送回家乡与父亲葬在一起，因此又被人谴责。过了几年才被起用为太子中庶子，但还未上任，就于晋惠帝元康七年（297）病死在洛阳，年六十五岁。陈寿为人正直，不趋从流俗，一生仕途坎坷，做官不超过六品，当时很多人为他感到委屈。

他的著作很多，共有二百余篇（卷），主要是历史著作。他广泛搜集巴蜀汉中地区从汉代以来的人物事迹，于晋初写成《益部耆旧传》十卷，材料丰富，是四川地方史的一部重要著作，受到后代重视，显示了他的史才。在第一次任著作郎和任平阳侯相期间，他又受命收集整理诸葛亮的遗著和有关资料，于晋武帝泰始十年编成《诸葛亮集》（又称《诸葛亮故事》），共二十四篇。他写了一篇进书表，后来他把这篇表附录在《三国志·诸葛亮传》之后，在表中他对诸葛亮作了高度评价。

这两部书的编写为他写《三国志·蜀志》打下了基础。

晋武帝咸宁六年(280)平吴之后,陈寿开始收集三国史料,写成《三国志》。这部书的完成大约在太康年间(280—289)。当时人称赞他"善叙事,有良史之才"。夏侯湛正在写《魏书》,看了《三国志》,便把自己写的稿子毁了。陈寿死后,尚书郎范頵向晋惠帝上表推荐此书,说它"辞多劝戒,明乎得失,有益风化,虽文艳不若相如,而质直过之"。惠帝下诏于陈寿在洛阳的家中进行抄录。

此外,陈寿还写过一部《古国志》,共五十篇,《华阳国志》称赞此书"品藻典雅"。可惜陈寿的上述著作,除了《三国志》,都已失传。

三

《三国志》共六十五卷,包括《魏书》三十卷、《蜀书》十五卷、《吴书》二十卷,后人又称为《魏志》《蜀志》《吴志》。本书的体裁,上承《史记》《汉书》《东观汉记》,采用纪传体,但它只有纪、传,而无表、志。志是典章制度的专史,最不好写,大概陈寿收集的材料不足,所以没有写志。本书是一部断代史,但他根据当时的具体情况,三国各自为书,可分可合,这也是一种创造。在陈寿之前,记述三国史事的史书,有魏郎中鱼豢的《魏略》三十八卷、魏秘书监王沈的《魏书》四十四卷、吴侍中韦昭的《吴书》五十五卷,都是纪传体。《三国志》的魏、吴部分,主要取材于以上三书。唯独蜀汉,当时既没有设置史官专修国史,也没有私家撰述的蜀史①,因此陈寿写《蜀书》,完全是他自己收集的材料。

陈寿对材料的处理,态度相当严谨审慎,这是本书的一个很大的优点。清代学者赵翼在《廿二史札记》中说:"其剪裁斟酌处,亦自有下笔

---

① 陈寿有个朋友叫王崇,也是蜀人,与陈寿同仕于蜀、晋。他也写过一部《蜀书》,但不知在何时,陈寿可能没有看到。《华阳国志》说:"其书与陈寿颇不同。"

不苟者。参订他书，而后知其矜慎也。”例如《献帝传》载曹丕代汉时，有群臣所上劝进表十一道，曹丕所下辞让令也是十余道，劝进是谀词，辞让是虚伪，所以陈寿一律不收。关于诸葛亮事迹，文字记载和口头传说很多，陈寿在写《诸葛亮传》时作了谨慎选择。如《魏略》说在荆州时，诸葛亮先见刘备，刘备以其年少而轻视他，亮说备以荆州客户补兵，刘备才了解诸葛亮。这与《出师表》说“先帝不以臣卑鄙，三顾臣于草庐之中”不合，所以陈寿不取此说。又如后世传为美谈的“七擒孟获”“空城计”故事，大概当时已有这类传说，晋朝人加以记载（见裴松之注引）；但“七擒七纵”事属可疑，“空城计”事更与史实不合，因此陈寿一概摒弃。又《吴书·陆凯传》后附录陆凯谏孙皓的一篇表，陈寿特加说明：“予连从荆、扬来者得凯所谏皓二十事，博问吴人，多云不闻凯有此表。……虚实难明，故不著于篇；然爱其指擿皓事，足为后戒，故抄列于凯传左云。”由此更可见陈寿处理史料的慎重。

陈寿记载史事，一般还能据实直书，如对魏、吴赋役繁重、刑政酷虐有不少揭露。对历史人物的评价也还比较客观公正。《晋书·陈寿传》记载有一种说法，批评陈寿曾向丁仪、丁廙的儿子索米不遂，因此不为丁仪、丁廙立传。又说陈寿的父亲曾任马谡的参军，马谡失街亭后被诸葛亮处以髡刑，因此陈寿对诸葛亮不满，在《诸葛亮传》中贬低诸葛亮，说“应变将略非其所长”。这两条批评都是没有根据的。丁仪、丁廙不过是曹魏时的一般文士，而且是公认的倾巧小人，《三国志》中不为他们立传完全应该。对诸葛亮，陈寿是极其崇敬的，在《三国志》中他给予诸葛亮的赞誉超过其他人，包括曹操。他把诸葛亮与古代的贤相管仲、萧何、召公、子产相比美，而且特别称赞他：“终于邦域之内，咸畏而爱之，刑政虽峻而无怨者，以其用心平而劝戒明也。”这正说明他对诸葛亮并没有私人怨恨。他指出诸葛亮“应变将略非其所长”，这恰恰是一种实事求是的态度，并非挟嫌贬损。

不过,《三国志》一书,在写曹魏历史时,确有不少曲笔。在三国之中,它以曹魏为正统。按照纪传体的通例,帝王的传称为“本纪”或“纪”,臣下的传称为“传”。《三国志》将曹操与曹丕以下诸帝的传题为《武帝纪》《文帝纪》等等;而对于蜀、吴二国君主,则称为《先主传》《后主传》《吴主传》等等。后世一些学者从封建正统思想出发,认为应以蜀汉为正统。从这种立场来指责《三国志》自不足取,但《三国志》的尊魏毕竟不是客观公正的态度。当然陈寿这样做是可以理解的,因为晋朝的天下是从曹魏接过来的(实际上是夺过来的),否认魏为正统,也就否认了晋是正统,陈寿不能也不敢这样做。同样的道理,他在涉及司马氏的时候,也就不能不有所忌讳回护。《廿二史札记》中专有《〈三国志〉多回护》一条,举了很多例子。比如司马师废齐王曹芳,据《魏略》记载,郭太后事先并不知道。司马师派人逼取皇帝玺绶,太后说:“我欲见大将军(指司马师),口有所说。”可见她是不赞成的。而《三国志·三少帝纪》记此事,反而全载司马师一手炮制的所谓“太后令”,极言齐王无道不孝,证明齐王当废。又如高贵乡公曹髦痛恨司马昭的专权,发兵讨司马昭。司马昭的心腹贾充派成济将他刺死,罪魁实是司马昭。而《三少帝纪》对于这件事仅记载:“五月己丑,高贵乡公卒。”不写他是怎么死的。以下又抄录一大篇“皇太后令”,说高贵乡公大逆不道,祸由自取。并载司马昭的奏,表明司马昭不但无罪,反而有功。这就完全颠倒了历史。像这一类曲笔,确实是《三国志》很大的缺点,但这也是古代史家的通病,特别是改朝换代之后,新朝初期的史家写前朝历史时的通病,不能独责于陈寿。

《三国志》还有一个特点,就是简洁。叙事精心裁择,要而不繁;文字仔细推敲,质朴简练。但另一方面,由于他刻意追求简洁,也带来两个缺点:一是过分简略,许多当收的重要史料没有收(例如关于曹操屯田的资料),许多当立传的重要人物没有立传(例如大医学家张仲景、机械专家马钧等);更不用说它只有纪传而无志,这就大大影响了它的史料价值。二是文章缺少文采,不够生动。清朝学者李慈铭说:“承祚固称良史,然其意务简洁,故裁制有余,文采不足。当时人物,不减秦汉之际,乃子长(司马迁)《史记》,声色百倍,承祚此书,暗然无华。范蔚宗(范晔)《后汉书》较为胜矣。”这个评论是正确的。

总的来看,《三国志》不失为一部优秀的历史著作。在“二十四史”当中,它与《史记》《汉书》《后汉书》并列,称为“四史”。

四

《三国志》对后世影响很大,后人为它作注的很多。其中最早也最有名的是刘宋史学家裴松之的注。裴松之(372—451)字世期,祖籍河东闻喜(今山西闻喜)人。做过郡太守、国子博士、中书侍郎、太中大夫等官。他奉宋文帝的命令写《三国志注》,元嘉六年(429)写成后上表说:“寿书铨叙可观,事多审正,诚游览之苑囿,近世之嘉史。然失在于略,时有所脱漏。臣奉旨寻详,务在周悉,上搜旧闻,旁摭遗逸。……其寿所不载,事宜存录者,则罔不毕取,以补其阙。或同说一事,而辞有乖杂,或出事本异,疑不能判,并皆抄内(纳),以备异闻。若乃纰缪显然,言不附理,则随违矫正,以惩其妄。其时事当否及寿之小失,颇以愚意有所论辩。”这就是说,他的注有四条宗旨,即补缺漏、备异闻、惩谬妄、辩事实,而不是一般地解释文字。为此,他旁搜博采,为《三国志》补充了大量重要的史料。裴注中所引用的书多达二百一十种,其中百分之九十以上今天已经失传,因此它有很高的资料价值。

清代以来,不少学者在整理研究《三国志》和裴注方面下了很大功夫。民国年间,学者卢弼汇集前人研究的成果,加上自己的心得,编成

《三国志集解》一书，是集大成的《三国志》注本。

为了引起更多的读者对阅读《三国志》的兴趣，我们写了这本《三国志选译》，选译了《三国志》中的纪、传十篇。选文的标准，一是魏、蜀、吴三书均要被涉及；二是选择政治、军事、文学、科技等各方面较有代表性的、影响较大的人物；三是文章写得比较生动，有一定故事性。各传一般保持全篇，仅在几处有所省略。为了帮助读者理解原文，书中又作了简明的注释，凡前后互见者（特别是地名较多），只在前面作注，后文不再重复。

刘 琳

武帝纪

导读

这是《三国志》的第一篇，是一篇完整的曹操传记。在司马迁开创的纪传体史书中，皇帝的传记称为“本纪”，又单称“纪”。它以编年的形式记述一代史事的概要，是纪传体史书的纲领。《三国志》以曹魏为正统，魏国皇帝的传都称“纪”。曹操虽然没有当皇帝，但他是魏国的开国者，曹丕称帝之后，追尊他为“武皇帝”，庙号叫“太祖”，因此《三国志》把他的传也称为“纪”。曹操(155—220)是我国历史上杰出的政治家、军事家。他出生在一个宦官家庭，汉末起兵参与镇压黄巾军、讨伐董卓。后来在封建军阀和割据势力的混战之中，他渐次扫平群雄，特别是官渡一战，击败袁绍；以后又北征乌丸，西定关陇，统一了中国北方。他一生南征北战，东伐西讨，大小数十战，胜多败少，充分体现了卓越的军事指挥才能。在政治上，他抑制豪强，整顿吏治，不拘一格录用人才。在经济上，他兴立屯田，发展农业生产。所有这些，使他对中国历史的发展做出了较大贡献。但在个人品格上，他心胸稍狭，生性残暴，杀戮过甚，以致颇失人心。本篇记录了曹操一生的主要活动，是我们了解曹操这位历史人物和三国历史的基本文献。篇幅虽然长一点，但读《三国志》不可不读。不过本篇在有的方面过于简略，一些重要的史料没有收录，对曹操一生的活动还反映得不够全面，比如对他在文学方面的贡献就只字未提。因此我们在阅读本篇时最好能参阅裴松之注和其他一些记载。(选自卷一)

原文

太祖武皇帝，沛国谯人也[①]，姓曹，讳操，字孟德，汉相国参之后。桓帝世，曹腾为中常侍、大长秋[②]，封费亭侯[③]。养子嵩嗣，官至太尉[④]，莫能审其生出本末。嵩生太祖。

翻译

太祖武皇帝，沛国谯县人，姓曹，名操，字孟德，是汉朝相国曹参的后代。桓帝时，曹腾任中常侍、大长秋，封费亭侯。曹腾死后，养子曹嵩继承爵位，官做到太尉，但没人能知道他的出生本末。曹嵩生太祖。

注释 ① 沛：王国名，治相县，在今安徽濉溪西北。谯：县名，在今安徽亳州。② 中常侍：皇帝侍从，东汉由宦官担任。大长秋：皇后近侍，东汉多用宦官。③ 东汉有封地的爵位有王、公、侯，侯又分县侯、乡侯、亭侯。④ 太尉：东汉中央的高级官吏之一。东汉以太尉、司徒、司空为三公。

原文

太祖少机警，有权数，而任侠放荡，不治行业，故世人未之奇也；惟梁国桥玄、南阳何颙异焉。玄谓太祖曰："天下将乱，非命世之才不能济也，能安之者，其在君乎！"年二十，举孝廉为郎[①]，除洛阳北部尉[②]，迁顿丘令[③]，征拜议郎[④]。

翻译

太祖从小很机敏，有权术，爱打抱不平，放荡不羁，不注意修养品行、讲求学业，因此周围的人并不特别看重他；只有梁国人桥玄、南阳人何颙认为他非同寻常。桥玄对太祖说："天下将要大乱，没有治世之才是不能拯救的。能够安定天下的人，就看你了啊！"太祖二十岁时，被推荐为孝廉，做郎官，出任洛阳北部尉，再升为顿丘县令，后来又被征召入朝任议郎。

注释 ① 孝廉：汉代选举的主要科目，取其孝顺廉洁，每年由各郡国按人口比例荐举。郎：皇帝侍从官的通称。有议郎、侍郎、郎中等，东汉尚书郎亦称郎。 ② 除：任命做官。尉：县的佐官，掌察捕盗贼，维护治安。 ③ 顿丘：县名，在今河南清丰西南。 ④ 拜：授官。议郎：掌顾问应对，议论朝政。

原文

光和末[1]，黄巾起。拜骑都尉[2]，讨颍川贼[3]。迁为济南相[4]。国有十余县，长吏多阿附贵戚，赃污狼藉，于是奏免其八。禁断淫祀，奸宄逃窜，郡界肃然。久之，征还为东郡太守[5]，不就，称疾归乡里。

翻译

光和末年，黄巾军起兵。朝廷任命太祖为骑都尉，带兵征讨颍川黄巾，太祖因此被提升做济南国相。济南国有十几个县，县官大多巴结依附外戚，贪赃纳贿，污七八糟，太祖上报朝廷，罢免其中的八人。又禁止不合规定的祭祀，坏人都逃窜外地，郡界秩序清静。过了很久，太祖又被征回做东郡太守，他没有上任，推托有病，回到家乡。

注释 ① 光和：汉灵帝年号，共七年(178—184)。 ② 骑都尉：军官名，统率皇帝卫队中的羽林骑兵。 ③ 颍川：郡名，治阳翟县，即今河南禹州。 ④ 济南：王国名，治东平陵县，在今山东历城东。相：王国行政长官，相当于郡太守。 ⑤ 东郡：治濮阳县，在今河南濮阳西南。太守：郡的长官。

原文

顷之，冀州刺史王芬、南阳许攸、沛国周旌等连结豪杰，谋废灵帝，立合肥侯，以告太祖。太祖拒之，芬等遂败。

翻译

不久，冀州刺史王芬、南阳人许攸、沛国人周旌等联络豪杰，图谋废除汉灵帝，立合肥侯，他们把这事告诉太祖。太祖拒绝参与，王芬等很快就失败了。

原文

金城边章、韩遂杀刺史郡守以叛，众十余万，天下骚动。征太祖为典军校尉[①]。会灵帝崩，太子即位[②]，太后临朝。大将军何进与袁绍谋诛宦官，太后不听。进乃召董卓，欲以胁太后，卓未至而进见杀。卓到，废帝为弘农王而立献帝，京都大乱。卓表太祖为骁骑校尉[③]，欲与计事。太祖乃变易姓名，间行东归。出关，过中牟[④]，为亭长所疑[⑤]，执诣县。邑中或窃识之，为请得解。卓遂杀太后及弘农王。太祖至陈留[⑥]，散家财，合义兵，将以诛卓。冬十二月，始起兵于己吾[⑦]。是岁，中平六年也。

翻译

金城人边章、韩遂杀死刺史、太守，发动叛乱，兵力达十几万人，天下骚动。朝廷召太祖为典军校尉。适逢汉灵帝死，太子即位，何太后临朝听政。大将军何进与袁绍策划诛杀宦官，太后不许。何进就召来董卓，想要胁迫太后。董卓还没到，何进已被宦官杀死。董卓到京城之后，废少帝为弘农王而立汉献帝，京都大乱。董卓上表举用太祖做骁骑校尉，想同他计议大事。太祖不愿，便改名换姓，走小路东归。出了虎牢关，经过中牟县，被亭长怀疑，捉了他送到县里。县城中有人暗里认识他，替他求情，得以脱身。这时董卓杀死何太后和弘农王。太祖来到陈留县，拿出家财，招集义兵，准备讨灭董卓。冬十二月，太祖开始在己吾县起兵。这一年是汉灵帝中平六年(189)。

注释 ① 典军校尉：禁卫军军官名，为汉灵帝所置“西园八校尉”之一。汉代军官名称，最高为将军，次为中郎将、校尉、都尉等。 ② 太子：指汉少帝刘辩。 ③ 骁骑校尉：也是禁军军官。 ④ 中牟：县名，在今河南中牟县东。 ⑤ 亭长：汉代地方行政组织，县下有乡，乡下有亭，大致十里一亭。亭设亭长。 ⑥ 陈留：县名，为陈留郡治，在今开封东南。 ⑦ 己吾：县名，在今河南宁陵西南。

原文

初平元年春正月[1]，后将军袁术、冀州牧韩馥、豫州刺史孔伷、兖州刺史刘岱、河内太守王匡、勃海太守袁绍、陈留太守张邈、东郡太守桥瑁、山阳太守袁遗、济北相鲍信同时俱起兵[2]，众各数万，推绍为盟主。太祖行奋武将军[3]。

翻译

初平元年(190)春正月，后将军袁术、冀州牧韩馥、豫州刺史孔伷、兖州刺史刘岱、河内太守王匡、勃海太守袁绍、陈留太守张邈、东郡太守桥瑁、山阳太守袁遗、济北相鲍信都同时起兵，各自有几万人马，众人推举袁绍做盟主。太祖暂任奋武将军。

注释 ① 初平：汉献帝年号。 ② 后将军：汉代有前、后、左、右将军，统兵，位次上卿。冀州：约辖今河北南部，治邺县，在今河北临漳西南。牧：汉代州的长官为刺史，汉灵帝时改刺史为牧，权位重于刺史。豫州：约辖今河南东部、安徽北部地，治谯县，即今安徽亳州。兖州：约辖今山东西部及河南东部部分地区，治昌邑县，在今山东金乡西北。河内：郡名，治怀县，在今河南武陟西南。勃海：郡名，治南皮县，在今河北南皮东北。山阳：郡名，治昌邑县。济北：王国名，治卢县，在今山东长清南。③ 行：暂任或代理某项官职。奋武将军：杂号将军（即前、后、左、右将军之外的将军）之一。

原文

二月，卓闻兵起，乃徙天子都长安。卓留屯洛阳，遂焚宫室。是时绍屯河内，邈、岱、瑁、遗屯酸枣[1]，术屯南阳[2]，伷屯颍川，馥在邺。卓兵强，绍等莫敢先进。太

翻译

二月，董卓听说义兵共起，就把天子迁到长安，自己留驻洛阳，并将宫室烧毁。这时袁绍屯兵河内，张邈、刘岱、桥瑁、袁遗屯兵酸枣，袁术屯兵南阳，孔伷屯兵颍川，韩馥在邺。董卓兵强，袁绍等无人敢率先进兵。太祖说："发动

祖曰:“举义兵以诛暴乱,大众已合,诸君何疑!向使董卓闻山东兵起[③],倚王室之重,据二周之险[④],东向以临天下,虽以无道行之,犹足为患。今焚烧宫室,劫迁天子,海内震动,不知所归。此天亡之时也,一战而天下定矣,不可失也。”遂引兵西,将据成皋[⑤]。邈遣将卫兹分兵随太祖。到荥阳汴水[⑥],遇卓将徐荣,与战不利,士卒死伤甚多。太祖为流矢所中,所乘马被创,从弟洪以马与太祖,得夜遁去。荣见太祖所将兵少,力战尽日,谓酸枣未易攻也,亦引兵还。

义兵是为了讨灭暴乱,现在大兵已经会合,诸君还犹豫什么!先前要是董卓听见东方兵起,依靠王室的权威,凭据二周的险要,东向以控制天下,尽管他的所作所为暴虐无道,不得人心,但仍然足以成为祸害。而现在他焚烧宫室,强逼天子迁都,使全国震动,人们不知该依靠谁。这正是上天要灭亡董卓的大好时机,一战就可以安定天下,不可错过时机啊。”于是太祖领兵西进,打算占据成皋。张邈派部将卫兹分兵跟随太祖。到了荥阳汴水边,太祖碰上董卓的部将徐荣,打了一仗,结果失利,士兵死伤很多。太祖被乱箭射中,所骑的马也受了伤,幸亏他的堂弟曹洪把自己的马给他,才得以乘夜色逃走。徐荣看到太祖所带的兵虽少,但力战了一整天,认为义兵主力所在的酸枣还不容易攻下,因此也领兵回去了。

注释 ① 酸枣:县名,在今河南延津西南。 ② 南阳:郡名,治宛县,即今河南南阳。 ③ 山东:指河南崤山以东。 ④ 二周:东周初,平王迁都王城,在今洛阳;春秋末,周敬王迁都成周,在今洛阳东。于是称成周为东周,王城为西周。 ⑤ 成皋:县名,在今河南荥阳西。 ⑥ 荥阳:县名,在今荥阳东北。

原文

太祖到酸枣，诸军兵十余万，日置酒高会，不图进取。太祖责让之，因为谋曰："诸君听吾计：使勃海引河内之众临孟津[①]，酸枣诸将守成皋，据敖仓[②]，塞轘辕、太谷[③]，全制其险。使袁将军率南阳之军军丹、析[④]，入武关[⑤]，以震三辅[⑥]。皆高垒深壁，勿与战，盖为疑兵，示天下形势，以顺诛逆，可立定也。今兵以义动，持疑而不进，失天下之望，窃为诸君耻之！"邈等不能用。

翻译

太祖到酸枣，各路军兵十多万，每天摆酒设宴，不打算进攻。太祖责备他们，并为他们谋划说："请诸君听从我的计策：使勃海袁太守领河内的兵控制孟津，酸枣诸将把守成皋，占据敖仓，封锁轘辕关、太谷关，完全控制险要地势。又使袁术将军率领南阳的军队驻扎丹水、析二县，进入武关，以震动三辅。各军都深壁高垒，不同敌兵交战，多布疑兵，表明天下反对董卓的强大优势，以正义讨灭叛逆，胜利指日可待。现今我们为正义而起兵，却持疑不进，使天下人失望，我真替诸君感到羞耻！"可是张邈等没有采纳太祖的意见。

注释 ① 孟津：黄河渡口，在今河南孟州南。 ② 敖仓：粮仓名，在今河南荥阳西北。 ③ 轘辕：关名，在今河南偃师东南。太谷：关名，在今洛阳东南。均为险要之地。 ④ 丹：丹水县，在今河南淅川县西。析：县名，即今河南西峡县。 ⑤ 武关：在今陕西商南县南。 ⑥ 三辅：指长安周围的京兆尹、左扶风、右冯翊三郡。

原文

太祖兵少，乃与夏侯惇等诣扬州募兵[①]，刺史陈温、丹杨太守周昕与兵四千余人。还到龙亢[②]，士卒多叛。

翻译

太祖兵少，因此与夏侯惇等到扬州募兵，扬州刺史陈温、丹杨太守周昕给了四千多人。回到龙亢县，很多士兵叛逃。到了铚县、建平县，又收兵得一千至铚、建平[3]，复收兵得千余人，进屯河内。

多人，进驻河内。

注释 ① 扬州：大致辖今安徽省淮水以南、江苏省长江以南及浙江、福建、江西等省。治寿春，在今安徽寿州。 ② 龙亢（gāng）：县名，在今安徽怀远西。 ③ 铚（zhì）：县名，在今安徽宿州西南。建平：县名，在今河南永城西南。

原文

刘岱与桥瑁相恶，岱杀瑁，以王肱领东郡太守。

袁绍与韩馥谋立幽州牧刘虞为帝[1]，太祖拒之。绍又尝得一玉印，于太祖坐中举向其肘，太祖由是笑而恶焉。

翻译

这时刘岱与桥瑁关系破裂，互相仇视，刘岱杀死桥瑁，用王肱代理东郡太守。

袁绍与韩馥策划立幽州牧刘虞为皇帝，太祖拒绝支持。袁绍又曾经得到一方玉印，当太祖在场时向太祖举起挂着玉印的手臂，故意显示，太祖由此讥笑而厌恶他。

注释 ① 幽州：辖今河北省一部，北京、天津市地及辽宁省大部。治蓟县，即今北京。

原文

二年春，绍、馥遂立虞为帝，虞终不敢当。

夏四月，卓还长安。

秋七月，袁绍胁韩馥，取冀州。

黑山贼于毒、白绕、眭

翻译

二年（191）春，袁绍、韩馥立刘虞为皇帝，但刘虞终于不敢当。

夏四月，董卓回长安。

秋七月，袁绍胁迫韩馥，夺取冀州。

黑山贼于毒、白绕、眭固等十几万人攻打魏郡、东郡，东郡太守王肱不能固等十余万众略魏郡、东郡[1]，王肱不能御。太祖引兵入东郡，击白绕于濮阳，破之。袁绍因表太祖为东郡太守，治东武阳[2]。

抵御。太祖率兵进入东郡，在濮阳击溃了白绕。袁绍因此上表推荐太祖做东郡太守，东郡首府设在东武阳。

注释 ①黑山贼：东汉末与黄巾同时起义的一支农民军。黑山在河南浚县西北太行山中。眭(suī)：姓。魏郡：治邺县。 ②东武阳：县名，在今山东莘县南。

原文

三年春，太祖军顿丘，毒等攻东武阳。太祖乃引兵西入山，攻毒等本屯。毒闻之，弃武阳还。太祖要击眭固，又击匈奴于夫罗于内黄[1]，皆大破之。

翻译

三年(192)春，太祖驻军顿丘，于毒等攻打东武阳。太祖率军往西进入山区，进攻于毒等人的本营。于毒听说后，放弃东武阳而回。太祖截击眭固，又在内黄进攻匈奴于夫罗部，把他们打得大败。

注释 ①于夫罗：南匈奴首领名。

原文

夏四月，司徒王允与吕布共杀卓。卓将李傕、郭汜等杀允攻布，布败，东出武关。傕等擅朝政。

青州黄巾众百万入兖州[1]，杀任城相郑遂[2]，转入

翻译

四月，汉朝司徒王允与吕布杀了董卓。董卓部将李傕、郭汜等又杀死王允，进攻吕布，吕布被打败，从长安东出武关。李傕等专断朝政。

青州黄巾一百多万人进入兖州，杀死任城相郑遂，转入东平。刺史刘岱想

东平[3]。刘岱欲击之，鲍信谏曰："今贼众百万，百姓皆震恐，士卒无斗志，不可敌也。观贼众群辈相随，军无辎重，唯以钞略为资[4]。今不若畜士众之力，先为固守。彼欲战不得，攻又不能，其势必离散。后选精锐，据其要害，击之可破也。"岱不从，遂与战，果为所杀。信乃与州吏万潜等至东郡迎太祖领兖州牧。遂进兵击黄巾于寿张东[5]。信力战斗死，仅而破之。购求信丧不得，众乃刻木如信形状，祭而哭焉。追黄巾至济北，乞降。冬，受降卒三十余万，男女百余万口，收其精锐者，号为青州兵。

要发兵征讨，鲍信劝阻说："现在黄巾人众百万，百姓惊恐，士兵没有斗志，是打不过的。我看贼兵和家属成群结伙地相随，军队也没有粮草物资，只靠抢掠为生。目前不如积蓄兵力，先作固守。敌人欲战不得，攻又不能，势必离散。然后挑选精锐部队，占据要害之地，发动进攻，就可以把它击溃。"刘岱不听，与黄巾作战，果然被黄巾所杀。鲍信与州吏万潜等到东郡迎接太祖代理兖州牧。于是太祖进兵，在寿张县东攻打黄巾。鲍信力战而死，这才勉强把黄巾击败。太祖悬赏寻求鲍信的尸体，没有找到，于是大家雕刻木头有如鲍信的形状以举行奠祭，人们都哭了。接着追击黄巾到济北，黄巾请求投降。这年冬季，接受降兵三十多万，男女百余万口，择取其中的精锐当兵，号称"青州兵"。

注释 ① 青州：辖今山东北部地区，治临淄，在今山东旧临淄北。 ② 任城：王国名，即今山东济宁。 ③ 东平：王国名，治无盐县，在今山东东平东。 ④ 钞：同"抄"。 ⑤ 寿张：县名，在今山东东平西南。

原文

袁术与绍有隙，术求援于公孙瓒，瓒使刘备屯高唐[①]，单经屯平原[②]，陶谦屯发干[③]，以逼绍。太祖与绍会击，皆破之。

翻译

袁术与袁绍有矛盾，袁术向公孙瓒求援。公孙瓒派刘备驻高唐，单经驻平原，陶谦驻发干，以威胁袁绍。太祖与袁绍联合，打败了他们。

注释 ① 高唐：县名，在今山东禹城西南。 ② 平原：县名，在今山东平原西南。 ③ 发干：县名，在今山东旧堂邑西南。

原文

四年春，军鄄城[①]。荆州牧刘表断术粮道，术引军入陈留，屯封丘[②]，黑山余贼及于夫罗等佐之。术使将刘详屯匡亭[③]。太祖击详，术救之，与战，大破之。术退保封丘，遂围之。未合，术走襄邑[④]。追到太寿[⑤]，决渠水灌城。走宁陵[⑥]，又追之，走九江[⑦]。夏，太祖还军定陶[⑧]。

翻译

四年(193)春，太祖驻军鄄城。荆州牧刘表截断袁术的粮道，袁术率军进入陈留郡，驻扎在封丘县，黑山余部和匈奴于夫罗等都帮助他。袁术派部将刘详驻扎匡亭。太祖进攻刘详，袁术来援救，太祖同袁军接战，把他打得大败。袁术退保封丘，太祖进军包围封丘。包围圈还没合拢，袁术逃到襄邑。太祖追到太寿，决开渠水灌城。袁术跑到宁陵，太祖又追击，袁术逃往九江。到夏季，太祖回军定陶。

注释 ① 鄄城：县名，在今山西鄄城北。 ② 封丘：县名，即今河南封丘。 ③ 匡亭：在今河南长垣。 ④ 襄邑：县名，即今河南睢县。 ⑤ 太寿：县名，在今河南宁陵、睢县一带。⑥宁陵：县名，在今河南宁陵南。⑦九江：郡名，治寿春，即今安徽寿州。⑧定陶：县名，在今山东定陶西北。

原文

下邳阙宣聚众数千人，自称天子；徐州牧陶谦与共举兵[①]，取泰山华、费[②]，略任城。秋，太祖征陶谦，下十余城，谦守城不敢出。

翻译

下邳人阙宣聚兵几千人，自称天子；徐州牧陶谦与他共同出兵，攻占泰山郡的华、费二县，并进攻任城。至秋季，太祖征陶谦，攻下十几座城，陶谦守城不敢出。

注释 ①徐州：辖今山东东南部、江苏北部。治下邳，在今江苏睢宁西北。②泰山：郡名，治奉高县，在今山东泰安东。华：县名，在今费县东北。费：侯国名，在今山东费县西北。

原文

是岁，孙策受袁术使渡江，数年间遂有江东。

兴平元年春，太祖自徐州还。初太祖父嵩，去官后还谯，董卓之乱，避难琅邪[①]，为陶谦所害，故太祖志在复仇东伐。夏，使荀彧、程昱守鄄城，复征陶谦，拔五城，遂略地至东海[②]。还过郯，谦将曹豹与刘备屯郯东，要太祖。太祖击破之，

翻译

这一年，孙策受袁术派遣南渡长江，几年之间便占据了江东。

兴平元年(194)春，太祖从徐州回兖州。起初，太祖的父亲曹嵩辞官之后回到家乡谯县，董卓之乱的时候，避难到琅邪，被陶谦杀害，因此太祖志在复仇东征。这年夏天，他派荀彧、程昱守鄄城，再次出征陶谦，攻克五座城，一直打到东海郡。回来时经过郯县，陶谦的部将曹豹与刘备驻扎在郯县东，拦击太祖。太祖打败了他们，并攻克襄贲，所过之地破坏很大，杀了很多人。

遂攻拔襄贲[③]，所过多所残戮。

注释 ① 琅邪：王国名，治开阳县，在今山东临沂北。 ② 东海：郡名，治郯县，在今山东郯城北。 ③ 襄贲：县名，在今山东苍山南。

原文

会张邈与陈宫叛迎吕布，郡县皆应。荀彧、程昱保鄄城，范、东阿二县固守[①]，太祖乃引军还。布到，攻鄄城不能下，西屯濮阳。太祖曰："布一旦得一州，不能据东平，断亢父、泰山之道乘险要我[②]，而乃屯濮阳，吾知其无能为也。"遂进军攻之。布出兵战，先以骑犯青州兵，青州兵奔。太祖陈乱[③]，驰突火出，坠马，烧左手掌。司马楼异扶太祖上马，遂引去。未至营，止。诸将未与太祖相见，皆怖。太祖乃自力劳军，令军中促为攻具，进，复攻之。与布相守百余日。蝗虫起，

翻译

适逢此时张邈与陈宫叛变，迎接吕布，很多郡县都响应他们。只有荀彧、程昱保住了鄄城，范城、东阿二县也还在坚守，太祖便领兵回来。吕布来到之后，攻打鄄城没攻下，就往西驻军濮阳。太祖说："吕布一旦得兖州，不去占据东平，截断亢父、泰山的路，凭据险要地势拦击我，却屯兵于濮阳，我看他无能为力了。"于是太祖进军攻吕布。吕布出兵来战，先以骑兵冲青州兵，青州兵崩溃逃跑。太祖军阵大乱，骑马从火中冲出，掉下马来，烧伤了左手掌。司马楼异扶太祖上马，这才退走。还没到军营，太祖停下休息。诸将还没有见到太祖时，都很害怕。于是太祖亲自勉力劳军，并命令军中赶紧准备好攻具，再次进攻。同吕布相持了一百多天。此时发生蝗灾，百姓大饥，吕布的粮食也吃完了，于是双方各自退兵。

百姓大饿，布粮食亦尽，各引去。

注释 ① 范：县名，在今河南范县东南。东阿：县名，在今山东阳谷东北。② 亢父（gāng fǔ）：县名，在今山东济宁南。 ③ 陈（zhèn）：同“阵”。

原文

秋九月，太祖还鄄城。布到乘氏[①]，为其县人李进所破，东屯山阳。于是绍使人说太祖，欲连和。太祖新失兖州，军食尽，将许之。程昱止太祖，太祖从之。冬十月，太祖至东阿。

是岁谷一斛五十余万钱，人相食，乃罢吏兵新募者。陶谦死，刘备代之。

翻译

秋九月，太祖返回鄄城。吕布到乘氏县，被本县人李进打败，往东驻军山阳。这时袁绍派人劝说太祖，想要联合。太祖新近丢失兖州，军粮也完了，打算同意袁绍的要求。程昱劝阻太祖，太祖听从了。冬十月，太祖到东阿。

这一年，五谷一石值五十多万文钱，以至人吃人，因此，太祖遣散了新招募的士兵。也在此时，陶谦死，刘备代替他做了徐州牧。

注释 ① 乘氏：侯国名，在今山东巨野西南。

原文

二年春，袭定陶。济阴太守吴资保南城[①]，未拔。会吕布至，又击破之。夏，布将薛兰、李封屯巨野[②]，太祖攻之。布救兰，兰败，布

翻译

二年（195）春，太祖袭击定陶。济阴太守吴资守定陶南城，未能攻下。这时吕布兵到，太祖又打败了他。夏季，吕布的部将薛兰、李封驻扎在巨野，太祖攻巨野。吕布救薛兰，薛兰战败，吕

走，遂斩兰等。布复从东缗与陈宫将万余人来战[3]。时太祖兵少，设伏，纵奇兵击，大破之，布夜走。太祖复攻，拔定陶，分兵平诸县。布东奔刘备，张邈从布，使其弟超将家属保雍丘[4]。秋八月，围雍丘。冬十月，天子拜太祖兖州牧。十二月，雍丘溃，超自杀，夷邈三族[5]。邈诣袁术请救，为其众所杀，兖州平。遂东略陈地[6]。

布逃走，于是杀死薛兰等。吕布又从东缗与陈宫率领万余人来战。当时太祖兵少，便设下埋伏，出奇兵攻击，把吕布军打得大败，吕布夜里逃跑。太祖再次进攻，打下定陶，并分兵平定各县。吕布往东投奔刘备，张邈跟随吕布，让他的弟弟张超带领家属守雍丘。秋八月间，太祖包围雍丘。冬十月，汉献帝任命太祖为兖州牧。十二月，雍丘被攻破，张超自杀，太祖杀了张邈三族。张邈去向袁术求救，被部下杀死，兖州平定。于是太祖进一步东攻陈国一带。

注释 ① 济阴：郡名，治定陶。 ② 巨野：县名，在今山东巨野南。 ③ 东缗：县名，在今山东金乡西北。 ④ 雍丘：县名，在今河南杞县。 ⑤ 三族：父族、母族、妻族。 ⑥ 陈：王国名，治陈县，即今河南淮阳。

原文

是岁，长安乱，天子东迁，败于曹阳[1]，渡河幸安邑[2]。

翻译

这一年，长安大乱，汉献帝东迁，在曹阳战败，渡过黄河到达安邑。

注释 ① 曹阳：亭名，在今河南灵宝东北。杨奉、董承等护送汉献帝东还，李傕、郭汜来追，杨奉等在曹阳战败。 ② 幸：古代称皇帝所至为“幸”。安邑：县名，在今山西夏县西北。

原文

建安元年春正月[1]，太祖军临武平[2]，袁术所置陈相袁嗣降。

翻译

建安元年(196)春正月，太祖的军队打到武平，袁术委派的陈国相袁嗣投降。

注释 ① 建安：汉献帝年号，公元196—220年。 ② 武平：县名，在今河南鹿邑县西北。

原文

太祖将迎天子，诸将或疑，荀彧、程昱劝之，乃遣曹洪将兵西迎。卫将军董承与袁术将苌奴拒险，洪不得进。

汝南、颍川黄巾何仪、刘辟、黄邵、何曼等[1]，众各数万，初应袁术，又附孙坚。二月，太祖进军讨破之，斩辟、邵等，仪及其众皆降[2]。天子拜太祖建德将军。夏六月，迁镇东将军，封费亭侯。秋七月，杨奉、韩暹以天子还洛阳，奉别屯梁[3]。太祖遂至洛阳，卫京都，暹遁走。天子假太祖节钺，录

翻译

太祖准备迎接汉献帝，有的将领表示怀疑，荀彧、程昱支持太祖，于是派曹洪带兵西去迎接。卫将军董承与袁术的部将苌奴凭险阻挡，曹洪无法前进。

汝南、颍川地区的黄巾何仪、刘辟、黄邵、何曼等，各自有几万人，起初响应袁术，后来又投靠孙坚。二月，太祖进军打败了他们，杀掉黄邵等，刘辟、何仪与其部下都来投降。汉献帝任命太祖为建德将军。六月，升为镇东将军，封费亭侯。秋七月，杨奉、韩暹将天子送回洛阳，杨奉另驻梁县。太祖进兵洛阳，保卫京都，韩暹逃走。天子授与太祖符节黄钺，总统内外诸军，并录尚书事，总领朝政。洛阳残破，董昭等劝太祖迁都许县。九月，汉献帝从轘辕谷东出到了许，于是以太祖为大将军，封武平侯。自从皇帝西迁长安，朝廷一天比

尚书事[④]。洛阳残破，董昭等劝太祖都许[⑤]。九月，车驾出轘辕而东[⑥]，以太祖为大将军[⑦]，封武平侯。自天子西迁，朝廷日乱，至是宗庙社稷制度始立[⑧]。

一天混乱，到这时才重新建立起宗庙社稷和各种制度。

注释 ① 汝南：郡名，治平舆县，在今河南平舆北。 ② 据后面建安五年的记载，刘辟并未死。清代学者沈家本说，这两句似应作“斩邵等，辟、仪及其众皆降”。 ③ 梁：县名，在今河南汝州西。 ④ 假：借，意即授予。节：符节。钺：黄钺，形似大斧。假节，军事期间有权杀犯军令者；假黄钺，总统内外诸军。录尚书事：总领尚书事，亦即统领朝政。 ⑤ 许：县名，在今河南许昌东。 ⑥ 车驾：古代对皇帝的代称。 ⑦ 大将军：将军的最高称号，位在三公上。 ⑧ 社：土神。稷：谷神。古代帝王必立社稷祭祀。

原文

天子之东也，奉自梁欲要之，不及。冬十月，公征奉[①]，奉南奔袁术，遂攻其梁屯，拔之。于是以袁绍为太尉，绍耻班在公下，不肯受。公乃固辞，以大将军让绍。天子拜公司空，行车骑将军[②]。

翻译

当天子东迁许都的时候，杨奉想从梁县出兵拦截，但没有赶上。冬十月，曹公讨伐杨奉，杨奉南奔袁术，于是进攻他在梁县的军营，一举攻破。这时汉献帝任命袁绍为太尉，袁绍耻于官位在曹公之下，不肯接受。曹公因此坚决辞去大将军，而让给袁绍。于是汉献帝改任曹公为司空，代理车骑将军。

注释 ① 本篇从这里开始称曹操为“公”，因为以前无专官，至此始为三公。 ② 车骑将军：次于大将军、骠骑将军，位比三公。

原文

是岁用枣祗、韩浩等议，始兴屯田。

吕布袭刘备，取下邳[①]，备来奔。程昱说公曰：“观刘备有雄才而甚得众心，终不为人下，不如早图之。”公曰：“方今收英雄时也，杀一人而失天下之心，不可。”

翻译

这一年，采纳枣祗、韩浩等人的建议，开始实行屯田。

吕布袭击刘备，夺取下邳，刘备来投奔。程昱劝曹公说：“我看刘备有雄才而且很得人心，最终不会甘居他人之下，不如趁早除掉他。”曹公说：“现今正是收揽英雄的时候，杀一个人而失去天下人的心，不行。”

注释 ① 下邳：县名，在今江苏睢宁西北。

原文

张济自关中走南阳[①]。济死，从子绣领其众。二年春正月，公到宛，张绣降；既而悔之，复反。公与战，军败，为流矢所中，长子昂、弟子安民遇害。公乃引兵还舞阴[②]，绣将骑来钞，公击破之。绣奔穰[③]，与刘表合。公谓诸将曰：“吾降张绣等，

翻译

张济从关中跑到南阳。张济死后，侄子张绣率领他的队伍。建安二年(197)春正月，曹公到宛县，张绣投降；但过后翻悔，又反叛。曹公同他作战，兵败，被飞箭射中，长子曹昂和弟弟的儿子曹安民都遇害。曹公带兵回到舞阴，张绣率领骑兵来攻掠，被曹公打败。张绣逃奔穰县，与刘表联合。曹公对众将说：“我接受张绣等人投降，错就错在没有立即要他们交出人质，以致造成这

失不便取其质，以至于此。吾知所以败。诸卿观之，自今以后不复败矣。”遂还许。

次失败。我已经懂得为什么失败了。你们看吧，从今以后我不会再失败了。”于是曹公回到许。

注释 ① 张济：董卓部将。② 舞阴：县名，在今河南泌阳西北。③ 穰（rǎng）：县名，在今河南邓州。

原文

袁术欲称帝于淮南，使人告吕布，布收其使，上其书。术怒，攻布，为布所破。秋九月，术侵陈，公东征之。术闻公自来，弃军走，留其将桥蕤、李丰、梁纲、乐就。公到，击破蕤等，皆斩之。术走渡淮。公还许。

公之自舞阴还也，南阳章陵诸县复叛为绣[①]。公遣曹洪击之，不利，还屯叶[②]，数为绣、表所侵。冬十一月，公自南征，至宛。表将邓济据湖阳[③]。攻拔之，生擒济，湖阳降。攻舞阴，下之。

翻译

袁术想要在淮南称皇帝，使人告诉吕布，吕布拘留了他的使者，把他的信上交给朝廷。袁术恼怒，进攻吕布，被吕布打败。秋九月间，袁术侵犯陈县，曹公东征袁术。袁术听说曹公亲自前来，丢掉军队逃跑，只留下部将桥蕤、李丰、梁纲、乐就。曹公来到后，击败桥蕤等，把他们全都杀了。袁术逃走后，渡过淮水。曹公回到许。

当曹公从舞阴回来的时候，南阳郡的章陵等县又反叛归属张绣。曹公派曹洪前去讨伐，失利，回驻叶县，多次受到张绣、刘表侵犯。冬十一月，曹公亲自南征，到宛县。刘表的部将邓济据守湖阳。曹公攻克湖阳，活捉邓济，湖阳守军投降。又攻舞阴，也攻下了。

注释 ① 章陵：县名，在今湖北枣阳南。 ② 叶（shè）：县名，在今河南叶县南。 ③ 湖阳：县名，在今河南唐河南。

原文

三年春正月，公还许，初置军师祭酒[①]。三月，公围张绣于穰。夏五月，刘表遣兵救绣，以绝军后。公将引还，绣兵来追，公军不得进，连营稍前。公与荀彧书曰："贼来追吾，虽日行数里，吾策之，到安众[②]，破绣必矣。"到安众，绣与表兵合守险，公军前后受敌。公乃夜凿险为地道，悉过辎重，设奇兵。会明，贼谓公为遁也，悉军来追。乃纵奇兵，步骑夹攻，大破之。秋七月，公还许。荀彧问公："前以策贼必破，何也？"公曰："虏遏吾归师，而与吾死地战，吾是以知胜矣。"

翻译

三年（198）春正月，曹公回许，开始设置军师祭酒的官职。三月，曹公包围张绣于穰县。夏五月，刘表派兵救张绣，以截断曹公军队的后路。曹公准备撤退，张绣来追，曹公军不能前进，于是连接兵营，缓缓推进。曹公给荀彧写信说："敌人正在追我。尽管一天只能走几里，但我估计，到了安众，必定能打败张绣。"到了安众，张绣与刘表合兵据守险要，曹公军前后受敌。于是曹公乘黑夜率军凿穿险阻，打地道，把军用物资全部运走，布置好奇兵。到天明，敌人以为曹公已经逃跑，全军来追。曹公出动奇兵，步兵骑兵一齐夹攻，把敌军打得大败。秋七月，曹公回到许。荀彧问曹公："您事前就已料定敌人一定被打败，为什么？"曹公说："敌人阻挡我归心很切的军队，同已被逼到死地的我军作战，因此我知道我军一定会胜利。"

注释 ① 军师祭酒：官名，掌参谋军事。 ② 安众：县名，在今河南镇平东南。

原文

吕布复为袁术使高顺攻刘备，公遣夏侯惇救之，不利，备为顺所败。九月，公东征布。冬十月，屠彭城[①]，获其相侯谐。进至下邳，布自将骑逆击。大破之，获其骁将成廉，追至城下。布恐，欲降。陈宫等沮其计，求救于术，劝布出战，战又败。乃还固守，攻之不下。时公连战，士卒罢，欲还。用荀攸、郭嘉计，遂决泗、沂水以灌城。月余，布将宋宪、魏续等执陈宫，举城降，生擒布、宫，皆杀之。太山臧霸、孙观、吴敦、尹礼、昌豨各聚众。布之破刘备也，霸等悉从布。布败，获霸等，公厚纳待，遂割青、徐二州附于海以委焉，分琅邪、东海、北海为城阳、利城、昌虑郡[②]。

翻译

吕布派遣高顺再次替袁术打刘备，曹公派夏侯惇去援救，失利，刘备被高顺打败。九月，曹公东征吕布。冬十月，攻破并屠戮彭城，俘获彭城相侯谐。进兵到下邳，吕布亲自率骑兵迎战。曹公把他打得大败，擒获他的猛将成廉，追到城下。吕布很害怕，想要投降。陈宫等阻止了他的计划，向袁术求救，并劝吕布出城再战，结果又被打败。于是吕布回城坚守，曹军攻城不能攻下。当时曹公连续作战，士卒疲困，想要回去。后来用荀攸、郭嘉的计策，挖开泗水、沂水以灌下邳城。过了一个多月，吕布的部将宋宪、魏续等捉了陈宫，率全城守军投降，于是生擒吕布、陈宫，把他们都杀了。在这以前，太山郡的臧霸、孙观、吴敦、尹礼、昌豨各自聚集人众。当吕布打败刘备的时候，臧霸等都归属吕布。吕布失败后，活捉了臧霸等人，曹公宽厚地接纳和对待他们，还划出青、徐二州靠海的地区委任他们治理，割琅邪、东海、北海三郡，分设城阳、利城、昌虑三个新郡。

注释 ①彭城：王国名，治彭城县，即今江苏徐州。②北海：王国名，治剧县，在今山东昌乐西。城阳：治东武县，即今山东诸城。利城：本为县，在今江苏赣榆西。昌虑：本为县，在今山东滕州东南。

原文

初，公为兖州，以东平毕谌为别驾[①]。张邈之叛也，邈劫谌母弟妻子。公谢遣之，曰："卿老母在彼，可去。"谌顿首无二心，公嘉之，为之流涕。既出，遂亡归。及布破，谌生得，众为谌惧。公曰："夫人孝于其亲者，岂不亦忠于君乎！吾所求也。"以为鲁相[②]。

翻译

起初，曹公任兖州牧，用东平人毕谌做别驾。当张邈反叛的时候，张邈掳走了毕谌的母亲、弟弟、妻子和儿子。曹公打发他走，说："你的老母在张邈那里，你可以走。"毕谌叩头表示决无二心，曹公称赞他，为他流下眼泪。但毕谌出来后就逃走了。及至吕布失败，毕谌被活捉，众人都为毕谌感到危惧。曹公却说："一个人能孝顺自己的父母，岂不是也能忠于君上吗！这正是我所要找的人才。"于是用毕谌做鲁国相。

注释 ①别驾：即别驾从事史，为州牧或刺史佐史。②鲁：王国名，治鲁县，即今山东曲阜。

原文

四年春二月，公还至昌邑[①]。张杨将杨丑杀杨[②]，眭固又杀丑，以其众属袁绍，屯射犬[③]。夏四月，进军临河，使史涣、曹仁渡河击之。固使杨故长史薛洪、河

翻译

四年(199)春二月，曹公回到昌邑。张杨的部将杨丑杀死张杨，眭固又杀死杨丑，带领张杨的队伍归属袁绍，驻扎在射犬。夏四月，曹公进军到达黄河边，派史涣、曹仁渡河击眭固。眭固使张杨原来的长史薛洪、河内太守缪尚留

内太守缪尚留守[4]，自将兵北迎绍求救，与涣、仁相遇犬城[5]。交战，大破之，斩固。公遂济河，围射犬。洪、尚率众降，封为列侯[6]。还军敖仓，以魏种为河内太守[7]，属以河北事。初，公举种孝廉。兖州叛，公曰："唯魏种且不弃孤也。"及闻种走，公怒曰："种不南走越、北走胡，不置汝也！"既下射犬，生禽种，公曰："唯其才也！"释其缚而用之。

守，自己带兵北迎袁绍，向他求救，与史涣、曹仁在犬城相遇。双方交战，大破眭固军，杀死眭固。于是曹公渡过黄河，包围射犬。薛洪、缪尚率领部下投降，都被封为列侯。曹公回兵驻在敖仓，委派魏种做河内太守，把黄河以北的事交付给他。起初，曹公荐举魏种为孝廉。兖州反叛时，曹公说："只有魏种不会背弃我。"及至听说魏种也跑了，曹公很生气，说："只要你魏种不是往南跑到越人地区，往北跑到胡人地区，我就不会放过你！"攻下射犬之后，活捉魏种，曹公却说："就只因为舍不得他的才能啊！"给他去了绑而加以任用。

注释 ① 昌邑：县名，在今山东金乡西北。 ② 张杨：当时军阀之一，官为大司马，当时驻在野王(今河南沁阳)。 ③ 射犬：野王县的一个聚邑，在今沁阳东北。 ④ 长史：三公、将军府的高级僚佐，总理府事。 ⑤ 犬城：地址不详，当在射犬北。 ⑥ 列侯：爵名，简称侯，次于诸侯王，有封邑。 ⑦ 河内：郡名，治怀县，在今河南武陟西南。

原文

是时，袁绍既并公孙瓒，兼四州之地[1]，众十余万，将进军攻许。诸将以为不可敌，公曰："吾知绍之为人，志大而智小，色厉而胆

翻译

当时袁绍吞并了公孙瓒，兼有四州之地，人马十几万，将要进军攻许。诸将认为敌不过他，曹公说："我了解袁绍的为人，志向大而才智低，外表强而胆量小，嫉妒刻薄而缺乏威严，兵多而部

薄，忌克而少威，兵多而分画不明，将骄而政令不一。土地虽广，粮食虽丰，适足以为吾奉也。”秋八月，公进军黎阳[2]，使臧霸等入青州，破齐、北海、东安[3]，留于禁屯河上。九月，公还许，分兵守官渡[4]。冬十一月，张绣率众降，封列侯。十二月，公军官渡。

署不明，将领骄横而政令不一。所以，土地虽然广大，粮食虽然丰富，但正好用来奉送给我。”秋八月，曹公进军黎阳，派臧霸等进入青州，攻破齐、北海、东安等郡，留于禁驻扎在黄河边。九月，曹公回到许，分兵守官渡。冬十一月，张绣率部投降，封为列侯。十二月，曹公进驻官渡。

注释 ① 四州：青、冀、幽、并。并州辖今山西大部、陕西北部和内蒙古、河北各一部，治晋阳，在今山西太原西南。 ② 黎阳：县名，在今河南浚县东。 ③ 齐：王国名，治临淄。东安：郡名，治今山东沂水南。 ④ 官渡：地名，在今河南中牟东北。

原文

袁术自败于陈，稍困，袁谭自青州遣迎之[1]。术欲从下邳北过，公遣刘备、朱灵要之。会术病死。程昱、郭嘉闻公遣备，言于公曰：“刘备不可纵。”公悔，追之不及。备之未东也，阴与董承等谋反，至下邳，遂杀徐州刺史车胄，举兵屯沛[2]。遣刘岱、王忠击之，不克。

翻译

袁术自从在陈县失败后，日渐困窘，袁谭从青州派人迎接他。袁术想经过下邳北上，曹公派刘备、朱灵拦击他。恰好这时袁术病死。程昱、郭嘉听说曹公派遣刘备，对曹公说：“刘备不能放走。”曹公后悔，派人追赶，已来不及。当刘备还没有东走的时候，暗里与董承等谋反，到了下邳，便杀死徐州刺史车胄，将军队驻在沛县。曹公派遣刘岱、王忠前去攻打，未能成功。

庐江太守刘勋率众降[3]，封为列侯。

庐江太守刘勋率部投降，被封为列侯。

注释 ① 袁谭：袁绍长子，绍任为青州刺史。② 沛：县名，即今江苏沛县。③ 庐江：郡名，当时治皖县，即今安徽潜山。

原文

五年春正月，董承等谋泄，皆伏诛。公将自东征备，诸将皆曰："与公争天下者，袁绍也。今绍方来而弃之东，绍乘人后，若何？"公曰："夫刘备，人杰也，今不击，必为后患。袁绍虽有大志，而见事迟，必不动也。"郭嘉亦劝公，遂东击备，破之，生禽其将夏侯博。备走奔绍，获其妻子。备将关羽屯下邳，复进攻之，羽降。昌豨叛为备，又攻破之。公还官渡，绍卒不出。

翻译

五年（200）春正月，董承等人的阴谋泄露，都被处死。曹公准备亲自东征刘备。诸将都说："同您争夺天下的人是袁绍。现在袁绍正打算前来进攻我们，而您却丢下不管，亲自东征，要是袁绍乘机袭击我后方，怎么办？"曹公说："刘备此人，是人中的豪杰，现在不打垮他，必将成为后患。袁绍虽有大志，但见事迟，他一定不会动的。"郭嘉也支持曹公的看法，于是东攻刘备，将其击溃，活捉其部将夏侯博。刘备逃奔袁绍，只俘获了他的妻儿。刘备的部将关羽驻在下邳，曹公又进攻下邳，关羽投降。因为昌豨反叛投归刘备，所以又攻破了他。直到曹公回到官渡，袁绍最终也没有出动。

原文

二月，绍遣郭图、淳于琼、颜良攻东郡太守刘延于

翻译

二月，袁绍派郭图、淳于琼、颜良进攻驻在白马的东郡太守刘延，袁绍领兵

白马[①],绍引兵至黎阳,将渡河。夏四月,公北救延。荀攸说公曰:“今兵少不敌,分其势乃可。公到延津[②],若将渡兵向其后者,绍必西应之。然后轻兵袭白马,掩其不备,颜良可禽也。”公从之。绍闻兵渡,即分兵西应之。公乃引军兼行趣白马,未至十余里,良大惊,来逆战。使张辽、关羽前登,击破,斩良。遂解白马围,徙其民,循河而西。绍于是渡河追公军,至延津南。公勒兵驻营南阪下,使登垒望之,曰:“可五六百骑。”有顷,复白:“骑稍多,步兵不可胜数。”公曰:“勿复白。”乃令骑解鞍放马。是时,白马辎重就道,诸将以为敌骑多,不如还保营。荀攸曰:“此所以饵敌,为何去之!”绍骑将文丑与刘备将五六千骑前后至。诸将复白:“可上马。”公曰:“未也。”有

到黎阳,将要南渡黄河。夏四月,曹公往北援救刘延。荀攸对曹公说:“现在我们兵少敌不过袁绍,应当分散他的兵力才行。您到延津,做出将要进兵渡河攻其后方的姿态,这样袁绍必然分兵西来同我对抗。然后轻兵偷袭白马,掩其不备,颜良就可以捉住了。”曹公采纳了他的计策。袁绍听说曹公兵渡河,果然分兵往西对抗。于是曹公领兵日夜兼程径趋白马,到离白马还有十多里的地方,颜良大惊,前来迎战。曹公派张辽、关羽首先出阵,击败敌军,杀死颜良。于是解除了白马之围,迁徙当地人民,沿黄河西行。袁绍这时渡河追赶曹公的军队,到延津以南。曹公部署军队扎营于南坡下,叫人登上营垒瞭望,瞭望的人说:“大约有五六百骑兵。”过一会儿,又报:“骑兵越来越多,步兵数不清。”曹公说:“不要再报。”于是下令骑兵解鞍放马。当时,从白马来的辎重已经上路,诸将认为敌人的骑兵多,不如回保军营。荀攸说:“这是用来引诱敌人的,怎么能撤回!”袁绍的骑兵将领文丑与刘备率领五六千骑兵先后来到。众将又报告说:“可以上马了。”曹公说:“还不忙。”过一会儿,敌人来的骑兵更多了,有的还分开去抢军用物资。曹公

顷，骑至稍多，或分趣辎重。公曰："可矣。"乃皆上马。时骑不满六百，遂纵兵击，大破之，斩丑。良、丑皆绍名将也。再战，悉禽，绍军大震[③]。公还军官渡。绍进保阳武[④]。关羽亡归刘备。

说："可以了。"于是都上了马。这时骑兵不满六百，于是纵兵出击，大破敌军，杀死文丑。颜良、文丑都是袁绍的名将。再次作战，又活捉了另一些大将，袁绍军大为震惊。于是曹公回军官渡，袁绍进兵守阳武。关羽逃归刘备。

注释 ① 白马：县名，在今河南滑县东，在当时的黄河南岸，隔河与黎阳相对。② 延津：古黄河自今河南延津西北至滑县以北一段渡口，总称延津，当黎阳、白马之西。 ③ 再战，悉禽：似乎是擒颜良、文丑，不通。此句《三国志·袁绍传》作："再战，禽绍大将，绍军大震。"今据此翻译。 ④ 阳武：县名，在今河南原阳东南。

原文

八月，绍连营稍前，依沙埴为屯，东西数十里。公亦分营与相当，合战不利。时公兵不满万，伤者十二三。绍复进临官渡，起土山、地道。公亦于内作之，以相应。绍射营中，矢如雨下，行者皆蒙楯，众大惧。时公粮少，与荀彧书，议欲还许。彧以为："绍悉众聚官渡，欲与公决胜败。公以至弱当至强，若不能制，必

翻译

八月，袁绍连接军营逐渐向前推进，依靠沙堆扎营，东西数十里。曹公也分兵扎营与他相对，可交战不利。当时曹公兵不足一万，受伤的有十分之二三。袁绍又进兵抵官渡，起土山，挖地道。曹公也在自己防线内作土山地道与他相应。袁绍军向曹营射箭，箭如雨下，走路的人都得用盾牌掩蔽，士兵都很害怕。当时军粮也不多，所以曹公给荀彧写信，打算回许。荀彧回信认为："袁绍全部人马聚集官渡，想同您决一胜败。您以最弱的兵力对付最强的敌人，如不能压倒他，就一定会被他乘机

为所乘，是天下之大机也。且绍，布衣之雄耳，能聚人而不能用。夫以公之神武明哲而辅以大顺，何向而不济!”公从之。

打败，这是天下成败的重要关头。袁绍此人，只能算是平民中的一个强者，能聚集人材而不能正确加以使用。凭着您非凡的勇武和智慧，再加上您代天子讨伐奸贼，名正言顺，哪有不成功的呢!”曹公听从了他的意见。

原文

孙策闻公与绍相持，乃谋袭许，未发，为刺客所杀。

汝南降贼刘辟等叛应绍，略许下。绍使刘备助辟，公使曹仁击破之。备走，遂破辟屯。

袁绍运谷车数千乘至，公用荀攸计，遣徐晃、史涣邀击，大破之，尽烧其车。公与绍相拒连月，虽比战斩将，然众少粮尽，士卒疲乏。公谓运者曰:“却十五日为汝破绍，不复劳汝矣。”冬十月，绍遣车运谷，使淳于琼等五人将兵万余人送之，宿绍营北四十里。绍谋臣许攸贪财，

翻译

孙策听说曹公与袁绍在官渡相持，便策划偷袭许都，但还没有出发，就被刺客所杀。

汝南投降的黄巾贼刘辟等反叛响应袁绍，攻掠许都附近。袁绍使刘备前往援助刘辟，曹公派曹仁击败刘备。刘备逃走，曹仁接下来攻破了刘辟的营寨。

袁绍的运粮车来了好几千辆，曹公用荀攸的计策，派遣徐晃、史涣截击，大破敌军，把运粮车全部烧毁。曹公与袁绍相持好几个月，虽然屡次战斗斩杀敌将，但兵少粮尽，士卒疲乏。曹公对运粮的人说:“再过十五天我为你们打败袁绍，就不再有劳你们了。”冬十月，袁绍派车运粮，让淳于琼等五人带兵万余人护送，驻扎在袁绍的大营北四十里。袁绍的谋臣许攸贪财，袁绍不能满足，许攸此时来投奔曹公，并劝说曹公袭击淳于琼等。左右的人都认为可疑，只有

绍不能足，来奔，因说公击琼等。左右疑之，荀攸、贾诩劝公。公乃留曹洪守，自将步骑五千人夜往，会明至。琼等望见公兵少，出陈门外。公急击之，琼退保营，遂攻之。绍遣骑救琼。左右或言：“贼骑稍近，请分兵拒之。”公怒曰：“贼在背后，乃白！”士卒皆殊死战，大破琼等，皆斩之。绍初闻公之击琼，谓长子谭曰：“就彼攻琼等，吾攻拔其营，彼固无所归矣。”乃使张郃、高览攻曹洪。郃等闻琼破，遂来降。绍众大溃，绍及谭弃军走，渡河。追之不及，尽收其辎重图书珍宝，虏其众。公收绍书中，得许下及军中人书，皆焚之。冀州诸郡多举城邑降者。

初，桓帝时有黄星见于楚、宋之分[①]，辽东殷馗善天文，言后五十岁当有

荀攸、贾诩劝曹公前往。于是曹公留曹洪守营，自己率领步兵、骑兵共五千人乘夜前往，正好天明到达。淳于琼等望见曹公兵少，出营门外摆开阵势。曹公急速进击，淳于琼退保军营，于是挥军攻营。袁绍遣骑兵援救淳于琼。左右的人有的说：“敌人的骑兵逐渐靠近，请分兵抵御。”曹公发怒说：“敌人来到背后，再禀告我！”士兵们都拼死战斗，大破淳于琼等，把五人全部杀死。袁绍起初听说曹公去打淳于琼，对长子袁谭说：“就让他进攻淳于琼吧，我攻破他的大营，他就无处可归了！”于是派张郃、高览进攻曹洪。张郃等人听说淳于琼被打败，就来投降了。袁绍的部队大溃，袁绍和袁谭弃军逃走，渡过黄河。曹公军追赶不及，缴获了全部军用物资、图书珍宝，俘虏了袁军大量兵众。曹公从收缴的袁绍书信中，得到许都和军中人写给袁绍的信，全都烧了。冀州很多郡都举城前来投降。

起初，汉桓帝时有黄星出现在楚、宋区域，辽东人殷馗善于根据天文占卜吉凶，他说五十年后将有真命天子起于梁、沛之间，其锋锐不可当。从那时到建安五年共五十年，恰好曹公击溃袁绍，天下无敌了。

真人起于梁、沛之间，其锋不可当。至是凡五十年，而公破绍，天下莫敌矣。

注释 ① 楚：指今湖北、湖南一带古楚国地。宋：指今河南商丘一带古宋国地。

原文

六年夏四月，扬兵河上，击绍仓亭军[1]，破之。绍归，复收散卒，攻定诸叛郡县。九月，公还许。

绍之未破也，使刘备略汝南，汝南贼共都等应之。遣蔡阳击都，不利，为都所破。公南征备。备闻公自行，走奔刘表，都等皆散。

翻译

六年(201)夏四月，曹公在黄河边上炫耀兵力，并进攻袁绍仓亭的军队，将它击溃。袁绍回河北后，重新收集溃兵，平定了反叛的各个郡县。九月，曹公回到许。

当袁绍还没有被打败的时候，派刘备攻掠汝南，汝南贼共都等起来响应。曹公派遣蔡扬打共都，不利，被共都打败。于是曹公南征刘备。刘备听说曹公亲自出征，逃往荆州投奔刘表，共都等全部溃散。

注释 ① 仓亭：即黄河渡口仓亭津，在今河南范县东北。

原文

七年春正月，公军谯，令曰："吾起义兵，为天下除暴乱。旧土人民，死丧略

翻译

七年(202)春正月，曹公驻军于谯县，下令说："我发起义兵，替天下扫除暴乱。故乡的人民，差不多都死亡了，

尽，国中终日行，不见所识，使吾凄怆伤怀。其举义兵以来，将士绝无后者，求其亲戚以后之，授土田，官给耕牛，置学师以教之。为存者立庙，使祀其先人。魂而有灵，吾百年之后何恨哉！”遂至浚仪[①]，治睢阳渠，遣使以太牢祀桥玄。进军官渡。

绍自军破后，发病欧血，夏五月死，小子尚代。谭自号车骑将军，屯黎阳。秋九月，公征之，连战。谭、尚数败退，固守。

八年春三月，攻其郭，乃出战，击，大破之，谭、尚夜遁。夏四月，进军邺。五月，还许，留贾信屯黎阳。

己酉，令曰：“《司马法》‘将军死绥’[②]，故赵括之母乞不坐括[③]。是古之将者，军破于外，而家受罪于内也。自命将征行，但赏功而不罚罪，非国典也。其令诸将出征，败军者抵罪，失利

在县境内走一整天，见不到一个认识的人，使我深感悲伤。现在我命令：从发起义兵以来，凡将士绝了后的，要找到他们的亲戚作为他们的后嗣，授给田地，由官府给予耕牛，并设置学校教师教育他们。替活着的人修建庙宇，使他们祭祀自己的先人。如果人死之后真有灵魂的话，我死之后还有什么遗恨呢！”于是曹公到浚仪县，修筑睢阳渠，派遣使者用牛羊猪三牲祭祀桥玄。然后进军官渡。

袁绍自从兵败以后，发病吐血，这年夏五月死去，小儿子袁尚继承他的职位。长子袁谭自称车骑将军，屯兵于黎阳。秋九月，曹公出征袁谭、袁尚，连续作战。袁谭、袁尚多次败退，入城坚守。

八年（203）春三月，攻黎阳外城，袁军出战，曹军大破袁军，袁谭、袁尚夜里逃跑。夏四月，进军到邺。五月，曹公回许，留贾信屯守黎阳。

己酉这一天，曹公下令说：“《司马法》说‘将军退却者死’，因此赵括的母亲请求在赵括打败仗之后不受连累。这说明古代带兵的人，在前方打了败仗，家属在后方也要办罪的。自从我命将出征以来，只赏功而不罚罪，这不合于国家的制度。现命令：诸将出征，败

者免官爵。”

军者按罪责轻重给以应得的惩处，失利者免除官职和爵位。”

注释 ① 浚仪：县名，即今河南开封。 ②《司马法》：古兵书，成书于战国时。今有残本。 ③ 赵括：战国时赵国名将赵奢的儿子，好纸上谈兵。秦攻赵，赵王不听赵括母劝阻，以赵括为将。赵母向赵王请求：如果赵括不称职，允许她不受连累。

原文

秋七月，令曰：“丧乱以来，十有五年，后生者不见仁义礼让之风，吾甚伤之。其令郡国各修文学[①]，县满五百户置校官，选其乡之俊造而教学之。庶几先王之道不废，而有以益于天下。”

翻译

秋七月，曹公下令说：“自战乱以来，十五年了，年轻一代看不到仁义礼让的风气，我感到很痛心。现命令郡国各自兴办学校，人口满五百户的县设置学官，选择本地的优秀子弟施以教育。这样或许可以使先王之道不致废绝，从而有益于天下。”

注释 ① 文学：官办的地方学校。

原文

八月，公征刘表，军西平[①]。公之去邺而南也，谭、尚争冀州，谭为尚所败，走保平原。尚攻之急，谭遣辛毗乞降请救。诸将皆疑，荀攸劝公许之，公乃引军还。冬十月，到黎阳，为子整与

翻译

八月，曹公征刘表，驻军西平县。当曹公离开邺南征之后，袁谭、袁尚争夺冀州，袁谭被袁尚打败，跑回平原郡据守。袁尚加紧进攻，袁谭派遣辛毗前来请降并请求援救。诸将都怀疑袁谭，而荀攸劝曹公答应他，于是曹公又率军回来。冬十月，到达黎阳，为儿子曹整娶了袁谭的女儿。袁尚听说曹公北进，

谭结婚。尚闻公北，乃释平原还邺。东平吕旷、吕翔叛尚，屯阳平[2]，率其众降，封为列侯。

于是放弃对平原的进攻而回到邺。东平人吕旷、吕翔反叛袁尚，屯军阳平，率领部下来投降，被封为列侯。

注释 ① 西平：县名，在今河南西平西。 ② 阳平：县名，在今山东莘县。

原文

九年春正月，济河，遏淇水入白沟以通粮道[1]。二月，尚复攻谭，留苏由、审配守邺。公进军到洹水，由降。既至，攻邺，为土山、地道。武安长尹楷屯毛城[2]，通上党粮道[3]。夏四月，留曹洪攻邺，公自将击楷，破之而还。尚将沮鹄守邯郸，又击拔之。易阳令韩范、涉长梁岐举县降[4]，赐爵关内侯[5]。五月，毁土山、地道，作围堑，决漳水灌城，城中饿死者过半。秋七月，尚还救邺。诸将皆以为此归师，人自为战，不如避之。公曰："尚从大道来，当避之；

翻译

九年(204)春正月，曹公渡过黄河，拦截淇水进入白沟以通粮道。二月，袁尚又进攻袁谭，留苏由、审配守邺城。曹公进军到洹水，苏由投降。待大军到达，就攻打邺城，垒土山，挖地道。袁尚所任命的武安县长尹楷驻扎在毛城，守护上党至邺的粮道。夏四月，曹公留曹洪攻邺，亲自带兵打尹楷，击溃尹楷之后方才回师。袁尚的部将沮鹄守邯郸，曹公又进攻沮鹄，攻克邯郸。袁尚所任易阳县令韩范、涉县长梁岐各以本县投降，赐爵关内侯。五月，曹公下令平毁土山地道，挖掘围城壕沟，决开漳水灌邺城，城里人饿死过半。秋七月，袁尚回兵救邺。众将都认为这是归来的军队，人人为自己而战，不如避开它。曹公说："袁尚要是从大路来，应当退避；如果他沿着西山来，那就只能是自投罗网。"袁尚果然沿西山来，靠近滏水扎若循西山来者，此成禽耳。”尚果循西山来，临滏水为营，夜遣兵犯围。公逆击破走之，遂围其营。未合，尚惧，遣故豫州刺史阴夔及陈琳乞降，公不许，为围益急。尚夜遁，保祁山⑥，追击之。其将马延、张颉等临陈降，众大溃，尚走中山⑦。尽获其辎重，得尚印绶节钺，使尚降人示其家，城中崩沮。八月，审配兄子荣夜开所守城东门内兵。配逆战，败，生禽配，斩之，邺定。公临祀绍墓，哭之流涕；慰劳绍妻，还其家人宝物，赐杂缯絮，廪食之。

营，夜里派兵进犯曹公围城的部队。曹公迎击，把他打得大败而逃，进而包围他的军营。还没有合围，袁尚害怕，派前豫州刺史阴夔和陈琳来请降，曹公不许，包围越发加紧。袁尚乘夜晚逃走，据守祁山，曹军追击。袁尚部将马延、张颉等临阵投降，袁军大溃，袁尚逃往中山。缴获了他的全部军用物资，并得到袁尚的官印、绶带、符节、黄钺，又使袁尚部下来降的人拿回去给其家属看，于是城中人心瓦解。八月，审配兄子审荣晚上打开他所把守的城东门，把曹公的兵放进城。审配迎战失败，被生擒斩首，邺城平定。曹公亲临袁绍墓前进行祭奠，哀哭流泪；又慰劳袁绍妻室，把宝物还给她的家人，并赐给各种缯帛丝絮，由官府供给口粮。

注释 ① 淇水：流经河南淇县东，南入黄河。白沟：在河南浚县西，发源处接近淇水。② 武安：县名，在今河北武安西南。毛城：地名，在今河北涉县西。③ 上党：郡名，治壶关县，在今山西长治北。④ 易阳：县名，在今河北永年西。涉：侯国（相当于县）名，在今河北涉县西北。⑤ 关内侯：为秦汉二十等爵的第十九级，次于列侯，食一定户数的租税，但无封地。⑥ 祁山：当在今河南安阳界。⑦ 中山：王国名，治卢奴县，在今河北定州。

原文

初，绍与公共起兵，绍问公曰：“若事不辑，则方面何所可据?”公曰：“足下意以为何如?”绍曰：“吾南据河，北阻燕、代[1]，兼戎狄之众，南向以争天下，庶可以济乎。”公曰：“吾任天下之智力，以道御之，无所不可。”

翻译

起初，袁绍与曹公一齐起兵，袁绍问曹公：“如果事情不成，那么哪一方可以割据?”曹公说：“足下心中以为如何?”袁绍说：“我南据黄河，北凭燕、代的险阻，兼有戎狄的士众，南向以争夺天下，或许可以成功吧!”曹公说：“我使用天下人的才智与力量，以正确的原则加以驾驭，无论在哪里都可以。”

注释 ① 燕代：指今河北北部、山西东北部一带。

原文

九月，令曰：“河北罹袁氏之难，其令无出今年租赋。”重豪强兼并之法，百姓喜悦。天子以公领冀州牧，公让还兖州。

公之围邺也，谭略取甘陵、安平、勃海、河间[1]。尚败还中山，谭攻之，尚奔故安[2]，遂并其众。公遗谭书，责以负约，与之绝婚，女还，然后进军。谭惧，拔平原，

翻译

九月，曹公下令说：“由于河北遭受袁氏统治的灾难，特令不交今年的租赋。”同时，加重惩治豪强兼并贫民的法律，百姓很高兴。汉献帝任命曹公兼任冀州牧，曹公辞去兖州牧。

当曹公包围邺城的时候，袁谭攻占了甘陵、安平、勃海、河间等郡国。袁尚败回中山，袁谭进攻袁尚，袁尚逃到故安，袁谭兼并了他的队伍。曹公写信给袁谭，指责他背约，决定和他断绝婚姻关系，将他女儿遣返，然后向袁谭进军。袁谭害怕，撤离平原，跑到南皮据守。

走保南皮。十二月，公入平原，略定诸县。

十二月，曹公进入平原，攻掠并平定各县。

注释 ① 甘陵：王国名，治甘陵县，在今山东临清东。安平：王国名，治信都县，在今河北冀州。河间：王国名，治乐成县，在今河北献县东南。 ② 故安：县名，在今河北易县东南。

原文

十年春正月，攻谭，破之，斩谭，诛其妻子，冀州平。下令曰："其与袁氏同恶者，与之更始。"令民不得复私仇，禁厚葬，皆一之于法。是月，袁熙大将焦触、张南等叛攻熙、尚[①]，熙、尚奔三郡乌丸[②]。触等举其县降，封为列侯。初讨谭时，民亡椎冰，令不得降。顷之，亡民有诣门首者，公谓曰："听汝则违令，杀汝则诛首。归，深自藏，无为吏所获。"民垂泣而去，后竟捕得。

翻译

十年(205)春正月，曹公进攻袁谭，将他击溃，杀了袁谭，并处死他的妻儿，冀州平定。曹公下令说："同袁氏一起做过坏事的人，允许改过自新。"又命令人民不得报私仇，禁止铺张的葬礼，违者一律依法惩治。同月，袁熙手下大将焦触、张南等反叛并进攻袁熙、袁尚，袁熙、袁尚投奔三郡乌丸。焦触等以故安县投降，封为列侯。最初讨伐袁谭时，曾征发百姓椎河冰以通船，有很多人逃亡，于是下令不许接受这些人归降。不久，逃亡的百姓有人上门自首，曹公对他说："我若放了你就违背已经下达的命令，若杀了你又是杀自首的人，都不好办。你回去，深深藏起来吧，不要被官吏捉住。"这个人流着泪走了，但后来终于被逮住。

注释 ① 袁熙：袁绍次子。 ② 三郡乌丸：指辽西、上谷、右北平三郡的乌丸。乌丸为古代北方的一种少数民族。辽西郡治阳乐，在今辽宁义县西。上谷郡治沮阳县，在今河北怀来东南。右北平郡治土垠，在今河北丰润东。

原文

夏四月，黑山贼张燕率其众十余万降，封为列侯。故安赵犊、霍奴等杀幽州刺史、涿郡太守[1]。三郡乌丸攻鲜于辅于犷平[2]。秋八月，公征之，斩犊等，乃渡潞河救犷平，乌丸奔走出塞。

翻译

夏四月，黑山贼张燕率领部众十余万人投降，封为列侯。故安人赵犊、霍奴等杀死幽州刺史和涿郡太守。三郡乌丸进攻右度辽将军鲜于辅于犷平。秋八月，曹公前往征讨，斩赵犊等，并渡过潞河救犷平，乌丸人逃出塞外。

注释 ① 涿郡：治涿县，即今河北涿州。 ② 犷平：县名，在今北京密云东北。

原文

九月，令曰："阿党比周，先圣所疾也。闻冀州俗，父子异部，更相毁誉。昔直不疑无兄[1]，世人谓之盗嫂；第五伯鱼三娶孤女[2]，谓之挝妇翁；王凤擅权[3]，谷永比之申伯[4]；王商忠议[5]，张匡谓之左道。此皆以白为黑、欺天罔君者也。吾欲整齐风俗，四者不除，吾以为羞。"冬十月，公还邺。

翻译

九月，曹公下令说："徇私结党，狼狈为奸，这是先圣孔子所痛恨的。听说冀州的风俗，即使是父子也各结一帮，互相诽谤，抬高自己。汉代的直不疑没有哥哥，而世人竟诬蔑他私通嫂嫂；第五伦三次娶孤女为妻，而人们却说他打岳父；王凤专权，谷永把他捧为申伯；王商言论忠直，张匡却攻击他不行正道。这些都是以白为黑、欺天骗君的行为。我将要整顿风俗，这类恶习不除，我感到羞耻。"冬十月，曹公回到邺。

注释 ① 直不疑：汉文帝时人，《汉书》有传。 ② 第五伦：字伯鱼，东汉前期人。事见《后汉书·第五伦传》。 ③ 王凤：汉成帝的舅父，专断朝政。谷永谄媚王凤，说他“有申伯之忠”。 ④ 申伯：周宣王舅父。 ⑤ 王商：汉成帝时任丞相，被王凤排挤，蜀郡张匡迎合王凤，上书诋毁王商“执左道以乱政”。

原文

初，袁绍以甥高干领并州牧，公之拔邺，干降，遂以为刺史。干闻公讨乌丸，乃以州叛，执上党太守，举兵守壶关口[①]。遣乐进、李典击之，干还守壶关城。十一年春正月，公征干。干闻之，乃留其别将守城，走入匈奴，求救于单于[②]，单于不受。公围壶关三月，拔之。干遂走荆州，上洛都尉王琰捕斩之[③]。

翻译

起初，袁绍使外甥高干兼领并州牧，曹公攻克邺城之后，高干投降，于是用他做并州刺史。高干听说曹公征讨乌丸，就在并州反叛，拘押上党太守，派兵守壶关口。曹公派乐进、李典去讨伐，高幹回守壶关县城。十一年(206)春正月，曹公征高干。高干听说后，留下另外的将领守城，自己跑到匈奴人那里，向单于求救，单于不接受。曹公包围壶关三个月，攻了下来。高干逃往荆州，被上洛都尉王琰捉住杀了。

注释 ① 壶关：又名壶口关，在今山西长治市东南壶口山下。下句“壶关城”指壶关县城，见前注。 ② 单(chán)于：匈奴君主的称号。 ③ 上洛：县名，在今陕西商县。都尉：西汉时郡置都尉，相当于副太守，掌军事。东汉仅在边郡及内地的某些郡设置，分县治民，职为太守。

原文

秋八月，公东征海贼管

翻译

秋八月，曹公东征海贼管承，来到

承,至淳于[1],遣乐进、李典击破之,承走入海岛。割东海之襄贲、郯、戚以益琅邪[2],省昌虑郡。

淳于县,派乐进、李典打垮了管承,管承逃入海岛。于是割东海郡的襄贲、郯、戚三县以扩大琅邪国,并撤销昌虑郡。

注释 ① 淳于:县名,在今山东安丘东北。 ② 戚:县名,即今山东微山县。

原文

三郡乌丸承天下乱,破幽州,略有汉民合十余万户。袁绍皆立其酋豪为单于,以家人子为己女,妻焉。辽西单于蹋顿尤强,为绍所厚,故尚兄弟归之,数入塞为害。公将征之,凿渠,自呼沲入泒水[1],名平虏渠,又从泃河口凿入潞河[2],名泉州渠,以通海。

翻译

三郡乌丸趁天下战乱,攻破幽州,掳掠汉人共十余万户。袁绍将他们的首领都任命作单于,并以本家女儿作为自己的女儿嫁给他们。辽西单于蹋顿最强,受袁绍厚待,所以袁尚兄弟投奔他,多次进入边塞为害。曹公将要征讨乌丸,因此开凿河渠,从呼沲河引水入泒水,名叫平虏渠;又从泃河口凿渠流入潞河,名叫泉州渠,以通大海。

注释 ① 呼沲(tuó):即今河北滹沱河,下游为子牙河,但古今河道有变化。泒(gū)水:即今流经天津的大清河。 ② 泃(jù)河:即今流经河北平谷入天津市界的泃河。潞河:即今北京通州以下的北运河。

原文

十二年春二月,公自淳于还邺。丁酉,令曰:"吾起

翻译

十二年(207)春二月,曹公从淳于回到邺。丁酉这天,下令说:"我发起义

义兵诛暴乱，于今十九年，所征必克，岂吾功哉，乃贤士大夫之力也。天下虽未悉定，吾当要与贤士大夫共定之[①]；而专飨其劳，吾何以安焉！其促定功行封。”于是大封功臣二十余人，皆为列侯，其余各以次受封，及复死事之孤，轻重各有差。

兵扫除暴乱，到现在十九年了，所征必克，这哪里是我个人的功劳呢，这是靠了贤士大夫们的力量啊。天下虽然还没有完全平定，我一定与贤士大夫们相约共同平定；而独享功劳，我怎能安心呢！因此要加紧评定功劳，实行封赏。”于是大封功臣二十多人，都做列侯，其余的各自按次序受封；并给死者的孤儿免除徭役，轻重各有等差。

注释 ① 要（yāo）：约。

原文

将北征三郡乌丸，诸将皆曰：“袁尚，亡虏耳，夷狄贪而无亲，岂能为尚用？今深入征之，刘备必说刘表以袭许。万一为变，事不可悔。”惟郭嘉策表必不能任备，劝公行。夏五月，至无终[①]。秋七月，大水，傍海道不通，田畴请为向导，公从之。引军出卢龙塞[②]，塞外道绝不通，乃堑山堙谷五百余里，经白檀[③]，历平冈[④]，

翻译

曹公将要北征三郡乌丸，诸将都说：“袁尚不过是个逃亡的贼子罢了，夷狄贪婪无厌，六亲不认，哪能被袁尚所利用？如今深入征讨乌丸，刘备必然劝说刘表来袭击许都。万一出了事，后悔就来不及了。”只有郭嘉料定刘表必不能采用刘备的意见，劝曹公出征。夏五月，曹公率军到无终。秋七月，涨大水，沿海道路不通，田畴请求担任向导，曹公同意了。于是带领军队出卢龙塞，塞外道路隔绝不通，就凿山填谷五百多里，经白檀，过平冈，经历鲜卑首领的住地，往东直指柳城。直到离柳城只有二

涉鲜卑庭，东指柳城[5]。未至二百里，虏乃知之。尚、熙与蹋顿、辽西单于楼班、右北平单于能臣抵之等将数万骑逆军。八月，登白狼山[6]，卒与虏遇，众甚盛。公车重在后，被甲者少，左右皆惧。公登高，望虏陈不整，乃纵兵击之，使张辽为先锋。虏众大崩，斩蹋顿及名王以下，胡、汉降者二十余万口。辽东单于速仆丸及辽西、北平诸豪[7]，弃其种人，与尚、熙奔辽东，众尚有数千骑。初，辽东太守公孙康恃远不服，及公破乌丸，或说公遂征之，尚兄弟可禽也。公曰："吾方使康斩送尚、熙首，不烦兵矣。"九月，公引兵自柳城还，康即斩尚、熙及速仆丸等，传其首。诸将或问："公还而康斩送尚、熙，何也？"公曰："彼素畏尚等，吾急之则并力，缓之则自相图，其势然也。"十

百里，敌人才知道。袁尚、袁熙与乌丸王蹋顿、辽西单于楼班、右北平单于能臣抵之等率领几万骑兵迎战汉军。八月，曹公登白狼山，突然与敌人相遇，敌军人数很多。曹公运军械的车还在后面，披铠甲的军士很少，左右的人都很害怕。曹公登上高处，望见敌军队列不整，于是放兵出击，使张辽为先锋。敌军大溃，杀死蹋顿及著名的首领多人，胡人、汉人投降的达二十多万。辽东单于速仆丸及辽西、右北平乌丸的首领们丢下本族的人，与袁尚、袁熙逃奔辽东，部下还有几千骑兵。起初，辽东太守公孙康仗恃居地遥远，不服从曹公。及至曹公打败乌丸，有人劝曹公乘机征伐辽东，这样袁尚兄弟就可以捉获了。曹公说："我将使公孙康斩袁尚、袁熙的首级送来，无需出兵了。"九月，曹公领兵从柳城回来，公孙康随即斩了袁尚、袁熙以及速仆丸等人，把他们的人头传送了来。部将中有人问曹公："您一回师，公孙康就斩袁尚、袁熙，将首级送来，这是为什么？"曹公说："公孙康素来畏惧袁尚等，我逼急了，他们就会并力来对付我们，放松一点他们就会自相火并，根据形势推测，必然如此。"十一月，到易水，代郡乌丸代理单于普富卢、上郡乌

一月，至易水[⑧]，代郡乌丸行单于普富卢、上郡乌丸行单于那楼将其名王来贺[⑨]。

丸代理单于那楼率领属下的著名首领都来祝贺。

注释 ① 无终：县名，在今天津蓟州。② 卢龙塞：在今河北迁西喜峰口一带，为河北平原通东北的交通要道。③ 白檀：西汉旧县名，故城在今河北滦平东北。此指历其县东境。④ 平冈：西汉旧县，故城在今辽宁凌源附近。⑤ 柳城：西汉旧县，故城在今辽宁朝阳南。⑥ 白狼山：当在今辽宁喀剌沁左翼蒙古族自治县境。⑦ 辽东：郡名，治襄平，在今辽宁辽阳。北平：即右北平郡。⑧ 易水：即今河北西部易水，源于易县境，南入拒马河。⑨ 代郡：治高柳县，在今山西阳高。上郡：治肤施县，在今陕西榆林东南。

原文

十三年春正月，公还邺。作玄武池以肄舟师。汉罢三公官，置丞相、御史大夫。夏六月，以公为丞相。

秋七月，公南征刘表。八月，表卒，其子琮代，屯襄阳[①]；刘备屯樊[②]。九月，公到新野[③]，琮遂降，备走夏口[④]。公进军江陵[⑤]，下令荆州吏民，与之更始。乃论荆州服从之功，侯者十五人；以刘表大将文聘为江夏

翻译

十三年(208)春正月，曹公回邺，开凿玄武池以训练水军。汉朝废除三公的官职，设置丞相、御史大夫。夏六月，升任曹公做丞相。

秋七月，曹公南征刘表。八月，刘表去世，他的儿子刘琮继任荆州牧，驻在襄阳；刘备驻守樊城。九月，曹公到新野，刘琮投降，刘备跑到夏口。曹公进军江陵，传令给荆州的官吏人民，宣布同他们一道除旧布新。于是评定荆州归服的功劳，封列侯的有十五人；任用刘表手下大将文聘做江夏太守，使他统率原有的军队；还举用荆州名士韩嵩、邓义等。益州牧刘璋开始接受征调

太守[6]，使统本兵；引用荆州名士韩嵩、邓义等。益州牧刘璋始受征役[7]，遣兵给军。十二月，孙权为备攻合肥[8]。公自江陵征备，至巴丘[9]，遣张憙救合肥。权闻憙至，乃走。公至赤壁[10]，与备战，不利。于是大疫，吏士多死者，乃引军还。备遂有荆州江南诸郡。

服役，派兵补充军队。十二月，孙权为帮助刘备而进攻合肥。曹公从江陵出发征讨刘备，到了巴丘，又派张憙救合肥。孙权听说张憙来到，就退走了。曹公到赤壁，与刘备作战，不利。这时发生了严重的瘟疫，官兵死得很多，只好带领军队回来。于是刘备占有荆州的江南各郡。

注释 ① 襄阳：县名，在今湖北襄阳市襄城区。 ② 樊：即樊城，在今襄阳樊城。 ③ 新野：县名，即今河南新野。 ④ 夏口：即今汉口。 ⑤ 江陵：县名，即今湖北江陵。 ⑥ 江夏：郡名，刘表时治沙羡（yí），在今武昌西南。 ⑦ 益州：辖今四川、云南、贵州大部及甘肃、陕西、湖北之一部，治所在成都。 ⑧ 合肥：县名，即今安徽合肥。 ⑨ 巴丘：地名，在今湖南岳阳。 ⑩ 赤壁：山名，在今湖北蒲圻西北长江南岸。

原文

十四年春三月，军至谯，作轻舟，治水军。秋七月，自涡入淮[1]，出肥水[2]，军合肥。辛未，令曰："自顷以来，军数征行，或遇疫气，吏士死亡不归，家室怨旷，百姓流离，而仁者岂乐之哉？不得已也。其令死者

翻译

十四年（209）春三月，军队到达谯县，造轻舟，训练水军。秋七月，从涡水进入淮水，从肥水上岸，驻兵合肥。辛未这一天，下令说："近年以来，军队多次出征，有时还遇上瘟疫，兵士死亡不能回家，妻子失去丈夫，百姓流离失所，有仁爱之心的人难道喜欢这样吗？这是不得已啊！现命令：死者家中没有产

家无基业不能自存者，县官勿绝廪，长吏存恤抚循，以称吾意。”置扬州郡县长吏，开芍陂屯田[③]。十二月，军还谯。

业不能维生的，官府不得停发口粮，地方长官要加以抚恤慰问，以称我的心意。”曹公下令设置扬州各郡县的长官，兴办芍陂地区的屯田。十二月，军队回到谯县。

注释 ① 涡(guō)：涡水，即今安徽涡河，源出河南境，东南流至安徽怀远入淮河。② 肥水：源出今合肥境，北流至今安徽寿县入淮。③ 芍陂：湖名，在今安徽寿县南。春秋时始开，周围百余里，为古代著名水利工程。

原文

十五年春，下令曰：“自古受命及中兴之君，曷尝不得贤人君子与之共治天下者乎！及其得贤也，曾不出闾巷，岂幸相遇哉？上之人不求之耳。今天下尚未定，此特求贤之急时也。‘孟公绰为赵、魏老则优，不可以为滕、薛大夫[①]。’若必廉士而后可用，则齐桓其何以霸世[②]！今天下得无有被褐怀玉而钓于渭滨者乎[③]？又得无盗嫂受金而未遇无知者乎[④]？二三子其佐我明扬仄陋，唯才是举，吾得而

翻译

十五年(210)春，曹公下令说：“自古以来，受天命开国的和中兴的君主，何尝不是得到贤人君子，同他们一道治理天下呢！当这些君主得到贤人的时候，连闾里街巷都没有出去过，这难道是侥幸相遇吗？其实贤人并不难得，只不过居于上位的人不去求取罢了。现今天下尚未平定，正是急需求贤的时候。孔子说：‘孟公绰当赵、魏诸卿的家臣是力有余裕的，但不能用他做滕、薛这类小国的执政大夫。’这说明人的德才各有长短，不可责备求全。如果一定要廉洁之士才可以使用，就连管仲也不能用，那么齐桓公又怎么能称霸天下！现在国内是否有像吕尚那样身披布衣、怀抱高才、在渭水边钓鱼的人呢？又是

用之。”

冬,作铜雀台[5]。

否有像陈平那样与嫂私通、接受贿赂、还没有遇上魏无知推荐的人呢?你们要帮助我发现和提拔那些地位卑微的贤人,唯才是举,使我得以使用他们。”

冬天,修建铜雀台。

注释 ① 孔子语,见《论语·宪问》。孟公绰,春秋时鲁国大夫。赵、魏,春秋时晋国任卿(高级执政官)的两大家族。老,家臣。滕、薛,在今山东境内的两个小国。② 这是暗用管仲的事。管仲贪财,但齐桓公用他为相,终成霸业。 ③ 褐:粗布短衣。吕尚(俗称“姜太公”)微贱时钓于渭水之滨,被周文王发现并重用,终于佐周灭商,建立周朝。 ④ 汉初,陈平受魏无知引荐,刘邦用为都尉。有人说他与嫂私通,收受贿赂,刘邦责备魏无知。魏无知说:我推荐的是“奇谋之士”,只要对国家有利,即使盗嫂受金,又有什么可疑的呢!陈平最终成为名臣。 ⑤ 铜雀台:在邺县,今河北临漳西,为著名的楼台。

原文

十六年春正月,天子命公世子丕为五官中郎将,置官属,为丞相副[1]。太原商曜等以大陵叛[2],遣夏侯渊、徐晃围破之。张鲁据汉中,三月,遣钟繇讨之,公使渊等出河东与繇会[3]。

翻译

十六年(211)春正月,天子任命曹公的嫡子曹丕为五官中郎将,破格设置官属,做丞相的副手。太原人商曜等在大陵县叛变,派遣夏侯渊、徐晃包围并击破了他们。此时张鲁占据汉中,三月,曹公派钟繇前去讨伐,又让夏侯渊等从河东出兵与钟繇相会。

注释 ① 五官中郎将:皇帝侍从官。本为中级官职,不置官属。而曹丕任此职,汉献帝特命置官属,为丞相副手,这是逼于曹操的权势,表示特殊的荣宠。 ② 大陵:县名,在今山西文水东北。 ③ 河东:郡名,治安邑,在今山西夏县西北。

原文

是时关中诸将疑繇欲自袭，马超遂与韩遂、杨秋、李堪、成宜等叛。遣曹仁讨之。超等屯潼关，公敕诸将："关西兵精悍，坚壁勿与战。"秋七月，公西征，与超等夹关而军。公急持之，而潜遣徐晃、朱灵等夜渡蒲阪津[①]，据河西为营。公自潼关北渡，未济，超赴船急战。校尉丁斐因放牛马以饵贼，贼乱，取牛马，公乃得渡，循河为甬道而南。贼退，拒渭口[②]。公乃多设疑兵，潜以舟载兵入渭，为浮桥，夜，分兵结营于渭南。贼夜攻营，伏兵击破之。超等屯渭南，遣信求割河以西请和，公不许。九月，进军渡渭。超等数挑战，又不许；固请割地，求送任子。公用贾诩计，伪许之。韩遂请与公相见。公与遂父同岁孝廉，又与遂同时侪辈，于是交马语移

翻译

这时，关中诸将疑心钟繇想袭击自己，马超因此与韩遂、杨秋、李堪、成宜等反叛。曹公派曹仁前往讨伐。马超等屯兵于潼关，曹公命令诸将："关西兵精悍，加固壁垒，不要同他作战。"秋七月，曹公西征，与马超等夹潼关而驻军。曹公紧紧牵制住对方，而暗里派徐晃、朱灵等夜渡蒲阪津，占据黄河以西扎营。曹公从潼关北渡，还没过河，马超军就奔赴船急战。校尉丁斐放牛马以引诱敌人，贼兵乱抢牛马，曹公才得以渡河，然后沿河修筑甬道，向南推进。贼兵后退，占据渭水口进行抗拒。曹公于是多设疑兵，暗中用船载兵进入渭水，修造浮桥，夜里，分兵在渭水南岸扎营。贼兵晚上攻营，曹公伏兵击败了它。马超等屯军渭水以南，派遣使者求割黄河以西请和，曹公不许。九月，进军渡过渭水。马超等多次挑战，曹公又不允许出战；马超执意请求割地，并愿送儿子做人质。曹公采用贾诩的计策，假装允许。韩遂请求同曹公相见。曹公与韩遂的父亲曾是同年的孝廉，又与韩遂是曾同时在汉朝做官的同辈人，于是交马相会，谈了好久，都不涉及军事，只谈京师的老朋友旧事，直谈得拍手欢

时，不及军事，但说京都旧故，拊手欢笑。既罢，超等问遂："公何言？"遂曰："无所言也。"超等疑之。他日，公又与遂书，多所点窜，如遂改定者，超等愈疑遂。公乃与克日会战，先以轻兵挑之，战良久，乃纵虎骑夹击，大破之，斩成宜、李堪等。遂、超等走凉州[3]，杨秋奔安定[4]，关中平。诸将或问公曰："初，贼守潼关，渭北道缺，不从河东击冯翊而反守潼关[5]，引日而后北渡，何也？"公曰："贼守潼关，若吾入河东，贼必引守诸津，则西河未可渡[6]。吾故盛兵向潼关，贼悉众南守，西河之备虚，故二将得擅取西河。然后引军北渡，贼不能与吾争西河者，以有二将之军也。连车树栅，为甬道而南，既为不可胜，且以示弱。渡渭为坚垒，虏至不出，所以骄之也，故贼不为营垒而

笑。会见结束之后，马超等问韩遂："曹公说了什么？"韩遂回答："没说什么。"马超等起了疑心。曹公又写信给韩遂，有意将信中文字作了很多涂改，就像是韩遂改定的一样，马超等更加怀疑韩遂。曹公于是约定日期会战，先用轻装步兵挑战，打了很久，才出动勇猛如虎的骑兵夹击，大破敌军，杀死成宜、李堪等。韩遂、马超等逃往凉州，杨秋逃奔安定，关中平定。部将中有人问曹公："起初敌人守潼关，渭北一路空虚，您不从河东进攻冯翊，反而守潼关，拖延了好些天然后北渡，这是为什么？"曹公说："贼兵守潼关，如果我军进入河东，敌人必定引兵把守各渡口，那就不可能渡过西河。所以我把大军开向潼关，这一来，敌人的全部军队南守潼关，西河的防备空虚，使徐晃、朱灵二将得以专力夺取西河。这之后我再领兵北渡，敌人不能同我争西河，因为那里有二将的军队。我连结车辆，树立木栅，筑成甬道，向南推进，这样一方面使敌人无法取胜，另一方面又表示我方兵力虚弱，以麻痹敌人。渡过渭水修筑坚固的壁垒，敌人来攻，我不出战，以使其产生骄慢的心理，故而敌人不筑营垒而要求割地。我好言答应了他，这是为了顺从他

求割地。吾顺言许之，所以从其意，使自安而不为备。因畜士卒之力，一旦击之，所谓疾雷不及掩耳。兵之变化，固非一道也。”始，贼每一部到，公辄有喜色。贼破之后，诸将问其故，公答曰：“关中长远，若贼各依险阻，征之，不一二年不可定也。今皆来集，其众虽多，莫相归服，军无适主，一举可灭，为功差易，吾是以喜。”

的心意，使他安下心而不作防备。而我乘机积蓄士卒的力量，一下子发动攻击，造成迅雷不及掩耳之势。用兵的变化，本来就没有一定之规啊。”起初，敌军每一支部队来到，曹公便有喜色。贼破之后，诸将问是什么缘故，曹公回答说：“关中土地辽阔，如果敌人各自凭据险阻，进行征讨，没有一二年是不能平定的。现在都来集中，人马虽多，而互不归服，各军没有统一的主帅，一举可以歼灭，费力少而收效较易，我因此感到高兴。”

注释 ① 蒲阪津：黄河渡口，在今山西永济西。 ② 渭口：渭水入黄河的水口。 ③ 凉州：辖今甘肃、宁夏及陕西、内蒙古之一部分。治陇县，在今甘肃张家川。 ④ 安定：郡名，治临泾县，在今甘肃镇原东南。 ⑤ 冯翊（píng yì）：郡名，治临晋，即今陕西大荔。 ⑥ 西河：指今陕西东部黄河以西之地。

原文

冬十月，军自长安北征杨秋，围安定。秋降，复其爵位，使留抚其民人。十二月，自安定还，留夏侯渊屯长安。十七年春正月，公还邺。天子命公赞拜不名，入

翻译

冬十月，曹公军从长安北征杨秋，包围安定。杨秋投降，恢复了他的爵位，让他留在本地镇抚当地的人民。十二月，曹公从安定回来，留夏侯渊驻守长安。

十七年（212）春正月，曹公回邺。

朝不趋，剑履上殿，如萧何故事。

马超余众梁兴等屯蓝田[1]，使夏侯渊击平之。割河内之荡阴、朝歌、林虑[2]，东郡之卫国、顿丘、东武阳、发干[3]，巨鹿之廮陶、曲周、南和、广平、任[4]，赵之襄国、邯郸、易阳以益魏郡[5]。

冬十月，公征孙权。

天子特许曹公朝拜唱礼时不直呼姓名，入朝不必小步快走，可以佩剑穿鞋上殿，这都是按照汉高祖对待萧何的成例。

马超的余部梁兴等驻在蓝田，曹公派夏侯渊讨平了他们。割河内郡的荡阴、朝歌、林虑，东郡的卫国、顿丘、东武阳、发干，巨鹿郡的廮陶、曲周、南和、广平、任县，赵国的襄国、邯郸、易阳等县以扩充魏郡。

冬十月，曹公征孙权。

注释 ① 蓝田：县名，即今陕西蓝田。 ② 荡阴：县名，在今河南汤阴西南。朝歌：县名，今河南淇县。林虑：县名，今河南林州。 ③ 卫国：公国，在河南范县观城镇西。 ④ 巨鹿：郡名，治廮陶县，在今河北宁晋西南。曲周：县名，在今河北曲周东北。南和：县名，即今河北南和。广平：县名，在今河北鸡泽东。任：县名，在今河北任县东南。 ⑤ 赵：王国名，治邯郸，即今河北邯郸。襄国：县名，在今河北邢台西南。

原文

十八年春正月，进军濡须口[1]，攻破权江西营，获权都督公孙阳，乃引军还。诏书并十四州，复为九州[2]。夏四月，至邺。

翻译

十八年(213)春正月，进军濡须口，攻破孙权在江西的军营，俘虏孙权的都督公孙阳，然后带领军队回来。汉献帝下诏合并十四州，仍为九州。夏四月，曹公回到邺。

注释 ① 濡须口：在今安徽无为南。濡须水出巢湖，南流经巢湖、无为至此入长江。 ② 十四州：指东汉原有的司隶、豫、冀、兖、徐、青、荆、扬、益、凉、并、幽、交十三州及建安中设置的雍州。今省幽、并入冀，省司、凉于雍，省交州入荆、益，于是有兖、豫、青、徐、荆、扬、冀、益、雍九州，此次省并实是为了扩大曹操所领的冀州。

原文

五月丙申，天子使御史大夫郗虑持节策命公为魏公[①]。……秋七月，始建魏社稷宗庙。天子聘公三女为贵人[②]，少者待年于国。九月，作金虎台[③]，凿渠引漳水入白沟以通河[④]。冬十月，分魏郡为东西部，置都尉。十一月，初置尚书、侍中、六卿[⑤]。

翻译

五月丙申，天子使御史大夫郗虑持节册封曹公为魏国公。……秋七月，开始建立魏国的社稷宗庙。天子聘曹公的三个女儿作贵人，年少的在魏国等待成年。九月，筑金虎台，开凿河渠引漳水入白沟以通黄河。冬十月，分魏郡为东西两部，分设都尉管理。十一月，魏国开始设置尚书、侍中、六卿等官。

注释 ① 策命：皇帝对臣下封土、授爵，把文辞写在简策上，叫策命。 ② 贵人：皇帝妃嫔的称号，次于皇后。 ③ 金虎台：在邺县铜雀台南。 ④ 漳水：即今河北漳河，但自磁县以下河道已变迁。 ⑤ 以上官皆魏国所置，略同天子。尚书处理日常政务，侍中掌侍从应对，六卿即太常、光禄勋、卫尉、太仆、大鸿胪、大司农，分理政务。

原文

马超在汉阳[①]，复因羌、胡为害。氐王千万叛应超[②]，屯兴国[③]。使夏侯渊讨之。

翻译

马超在汉阳，又依靠羌人为害。氐王千万反叛响应马超，驻军兴国。曹公派夏侯渊前往征讨。

注释 ① 汉阳：郡名，治冀县，在今甘肃甘谷东南。 ② 氐：古代西北的少数民族。千万：氐王之名。 ③ 兴国：邑聚名，在今甘肃秦安东北。

原文

十九年春正月，始耕籍田[①]。南安赵衢、汉阳尹奉等讨超，枭其妻子，超奔汉中。韩遂徙金城[②]，入氐王千万部，率羌、胡万余骑与夏侯渊战。击，大破之，遂走西平[③]。渊与诸将攻兴国，屠之。省安东、永阳郡[④]。

翻译

十九年(214)春正月，曹公开始下令耕籍田。南安人赵衢、汉阳人尹奉等讨伐马超，杀了他的妻儿悬首示众，马超逃奔汉中。韩遂迁出金城，进入氐王千万部落中，率领羌人、胡人骑兵万余与夏侯渊作战。夏侯渊出击，大破敌军，韩遂逃往西平。夏侯渊与诸将进攻兴国，屠毁该城。裁省安东、永阳二郡。

注释 ① 籍田：古代天子、诸侯征用民力耕种的田。每年春耕前，天子、诸侯在籍田上象征性地用耒耜翻土，以示对农业生产的重视。 ② 金城：郡名，治允吾，在今甘肃兰州西北。 ③ 西平：郡名，治西都县，即今青海西宁。 ④ 永阳郡：在今甘肃天水附近。

原文

安定太守毌丘兴将之官[①]，公戒之曰："羌、胡欲与中国通，自当遣人来，慎勿遣人往。善人难得，必将教羌、胡妄有所请求，因欲以自利。不从便为失异俗意，

翻译

安定太守毌丘兴将要上任，曹公告诫他说："羌人若想同内地来往，应当让他们派人来，千万小心，不要派人前去。好人很难得，派去的人必定会教羌人提出不合理的请求，以便有利于自己。不听从便会失羌人的心，听从又不利于国

从之则无益事。”兴至，遣校尉范陵至羌中，陵果教羌，使自请为属国都尉[2]。公曰：“吾预知当尔，非圣也，但更事多耳。”

三月，天子使魏公位在诸侯王上，改授金玺、赤绂、远游冠[3]。

秋七月，公征孙权。

事。”毌丘兴到安定后，派校尉范陵到羌人中，范陵果然教唆羌人，使之提出请求让自己当属国都尉。曹公说：“我预先知道会这样，这并非因为我是圣人，只不过由于我经历的事情多罢了。”

三月，天子使魏公的地位在诸侯王之上，改授诸侯王佩用的金质玺印、赤色绶带和远游冠。

秋七月，曹公征孙权。

注释 ① 毌(guàn)丘：复姓。 ② 属国都尉：东汉于少数民族地区设置，职如太守。 ③ 按东汉的制度，诸侯王用金玺、赤绶，戴远游冠；公、侯用金印、紫绶，戴进贤冠。

原文

初，陇西宋建自称河首平汉王[1]，聚众枹罕[2]，改元，置百官，三十余年。遣夏侯渊自兴国讨之。冬十月，屠枹罕，斩建，凉州平。公自合肥还。

翻译

起初，陇西人宋建自称河首平汉王，在枹罕聚集兵众，改年号，设百官，经历三十多年。曹公派夏侯渊从兴国前往征讨。冬十月，夏侯渊屠灭枹罕城，斩宋建，凉州平定。曹公从合肥返回。

注释 ① 陇西：郡名，治狄道，在今甘肃临洮。 ② 枹(fū)罕：县名，在今甘肃临夏东北。

原文

十一月，汉皇后伏氏坐昔与父故屯骑校尉完书，云帝以董承被诛怨恨公，辞甚丑恶，发闻，后废黜死，兄弟皆伏法。

十二月，公至孟津。天子命公置旄头[①]，宫殿设钟虡[②]。乙未，令曰："夫有行之士未必能进取，进取之士未必能有行也。陈平岂笃行，苏秦岂守信邪[③]？而陈平定汉业，苏秦济弱燕。由此言之，士有偏短，庸可废乎！有司明思此义，则士无遗滞，官无废业矣。"又曰："夫刑，百姓之命也，而军中典狱者或非其人，而任以三军死生之事，吾甚惧之。其选明达法理者，使持典刑。"于是置理曹掾属。

翻译

十一月，汉献帝皇后伏氏由于过去曾给她父亲、原屯骑校尉伏完写信，说皇上因为董承被杀而怨恨曹公，信中言辞很丑恶，此时被发觉，于是曹公将伏后废免并处死，她的兄弟也依法受诛。

十二月，曹公到孟津。天子特许曹公使用"旄头"仪仗，宫殿设钟虡之乐。乙未，下令说："有德行的人未必能进取，能进取的人未必有德行。陈平岂是品行敦厚的君子，苏秦岂是守信义的人呢？然而陈平安定了汉朝的江山，苏秦挽救了弱小的燕国。由此说来，一个人总有缺点，怎能弃而不用！望有关官员想明这个道理，这样就能使人材不致遗漏滞留，官事不致荒废了。"又说："刑法关系到百姓的性命，而我们军队中掌管刑狱的人有的是不称职的，把三军死生的大事交给他们，我很担心。应当选通法明理的人，使他们掌管刑法。"于是设置专管刑狱的理曹，配置属吏。

注释 ① 旄头：皇帝出行时，羽林骑士披发先驱，称"旄头"。 ② 虡(jù)：悬钟磬的木架，其两侧的柱叫虡。汉光武曾赐东海王刘强虎贲、旄头、钟虡之乐，说明这是荣宠诸王之制。 ③ 苏秦：战国纵横家，曾说服齐国归还侵占燕国的十座城。

原文

二十年春正月，天子立公中女为皇后。省云中、定襄、五原、朔方郡[①]，郡置一县领其民，合以为新兴郡[②]。

翻译

二十年(215)春正月，天子立曹公的次女为皇后。省云中、定襄、五原、朔方四郡，每郡改置为一县以管辖当地民户，并将这四县合起来设立新兴郡。

注释 ① 云中郡：治云中县，在今内蒙古托克托东北。定襄郡：治善无县，在今山西右玉南。五原郡：治九原县，在今内蒙古包头西北。朔方郡：治临戎县，在今内蒙古磴口北。② 新兴郡：治新立的九原县，在今山西忻州。

原文

三月，公西征张鲁，至陈仓[①]，将自武都入氐[②]。氐人塞道，先遣张郃、朱灵等攻破之。夏四月，公自陈仓以出散关[③]，至河池[④]。氐王窦茂众万余人恃险不服。五月，公攻屠之。西平、金城诸将麹演、蒋石等共斩送韩遂首。秋七月，公至阳平[⑤]。张鲁使弟卫与将杨昂等据阳平关，横山筑城十余里，攻之不能拔，乃引军还。贼见大军退，其守备解散。公乃密遣解慓、高祚等

翻译

三月，曹公西征张鲁，到陈仓，想从武都郡进入氐人地区。氐人堵塞道路，因此先派张郃、朱灵等打败氐人。夏四月，曹公从陈仓出大散关，到达河池县。氐王窦茂部众万余人，仗恃险阻而不顺从。五月，曹公进攻并屠戮窦茂部。西平郡、金城郡的将领麹演、蒋石等共同杀了韩遂，送来首级。秋七月，曹公到阳平。张鲁派他的弟弟张卫与部将杨昂等据守阳平关，依山筑城，横亘十余里，曹公军进攻未能攻下，于是率军撤回。敌人见大军后退，解除守备。曹公于是秘密派遣解慓、高祚等凭借险要进行夜袭，大破张鲁军，杀了他的部将杨任，进攻张卫，张卫等乘夜逃遁，张鲁溃败，逃奔巴中。曹公军进入南郑，全部

乘险夜袭，大破之，斩其将杨任，进攻卫，卫等夜遁，鲁溃奔巴中[6]。公军入南郑，尽得鲁府库珍宝。巴、汉皆降。复汉宁郡为汉中[7]；分汉中之安阳、西城为西城郡[8]，置太守；分锡、上庸郡[9]，置都尉。

缴获了张鲁的府库珍宝。巴郡、汉中郡都来投降。将汉宁郡恢复为汉中郡；分汉中郡的安阳、西城两县立西城郡，设置太守；又分锡、上庸二县为上庸郡，设置都尉。

注释 ① 陈仓：县名，在今陕西宝鸡东。 ② 武都：郡名，治下辨县，在今甘肃成县西。 ③ 散关：即大散关，在今宝鸡西南秦岭上。 ④ 河池：县名，在今甘肃徽县西。 ⑤ 阳平：关名，在今陕西勉县东北，非今阳平关。 ⑥ 巴中：指今四川巴中、通江、南江一带。 ⑦ 汉宁郡：张鲁时改汉中郡为汉宁郡。 ⑧ 安阳：县名，在今陕西石泉县。西城：县名，在今陕西安康西北。新立的西城郡治此。 ⑨ “为上庸”三字据《续汉书·郡国志》益州下刘昭注补。锡：县名，在今陕西白河。上庸：县名，即今湖北竹山。新立的上庸郡治此。

原文

八月，孙权围合肥，张辽、李典击破之。

九月，巴七姓夷王朴胡、賨邑侯杜濩举巴夷、賨民来附[1]，于是分巴郡[2]，以胡为巴东太守，濩为巴西太守，皆封列侯。天子命公承制封拜诸侯、守、相。

翻译

八月，孙权围合肥，张辽、李典击败吴军。

九月，巴人七姓夷王朴胡、賨邑侯杜濩率领巴夷、賨民来归附，于是分巴郡为二郡，用朴胡做巴东太守，杜濩做巴西太守，都封为列侯。天子命令曹公代表皇帝封立或任命诸侯、太守、国相。

注释 ① 巴：古代四川、湖北一带的少数民族，賨为其中的一支。七姓：即罗、朴、昝(zǎn)、鄂、度、夕、龚。为賨人中的大姓。 ② 巴郡：治江州，即今重庆。曹操并未占有此地，所分巴东、巴西二郡实为遥置。

原文

冬十月，始置名号侯至五大夫，与旧列侯、关内侯凡六等[①]，以赏军功。

十一月，鲁自巴中将其余众降。封鲁及五子皆为列侯。刘备袭刘璋，取益州，遂据巴中。遣张郃击之。

十二月，公自南郑还，留夏侯渊屯汉中。

翻译

冬十月，开始设置名号侯至五大夫四等爵，与原有的列侯、关内侯共六等，以奖励军功。

十一月，张鲁自巴中率领余众归降，于是封张鲁和他的五个儿子都为列侯。刘备袭刘璋，夺取益州，从而占据巴中，曹公派张郃前去攻打。

十二月，曹公从南郑返回，留夏侯渊驻守汉中。

注释 ① 六等：即列侯、关内侯、名号侯、关中侯、关外侯、五大夫。

原文

二十一年春二月，公还邺。三月壬寅，公亲耕籍田。夏五月，天子进公爵为魏王。代郡乌丸行单于普富卢与其侯王来朝。天子命王女为公主[①]，食汤沐

翻译

二十一年(216)春二月，曹公回到邺。三月壬寅这一天，曹公亲耕籍田。夏五月，天子晋升曹公的爵位为魏王。代郡乌丸代理单于普富卢与属下的侯王来朝见。天子封魏王的女儿为公主，并赐给汤沐邑。秋七月，匈奴南单于呼厨泉率领属下有名的首领来朝见。魏

邑[②]。秋七月，匈奴南单于呼厨泉将其名王来朝。待以客礼，遂留魏，使右贤王去卑监其国[③]。八月，以大理钟繇为相国[④]。

冬十月，治兵，遂征孙权。十一月，至谯。

王用宾客的礼节接待他，于是呼厨泉留在魏国，而使右贤王去卑监管匈奴国政。八月，任命大理钟繇做魏国的相国。

冬十月，操练军队，并出征孙权。十一月，到达谯县。

注释 ① 汉制，皇帝之女称公主，诸侯王之女称翁主或王主，此时曹操已用天子之制。 ② 汤沐邑：皇后、公主的封地。 ③ 右贤王：匈奴王号。 ④ 大理：官名，掌司法刑狱。相国：即丞相。

原文

二十二年春正月，王军居巢[①]。二月，进军屯江西郝溪[②]。权在濡须口筑城拒守，遂逼攻之，权退走。三月，王引军还，留夏侯惇、曹仁、张辽等屯居巢。

翻译

二十二年(217)春正月，魏王驻军居巢。二月，进军驻大江以西的郝溪。孙权在濡须口筑城防守，魏军逼攻，孙权退走。三月，魏王率军撤回，留夏侯惇、曹仁、张辽等驻守居巢。

注释 ① 居巢：县名，在今安徽居巢东北。 ② 江西：长江在今安徽省境由西南向东北流，故称江西、江东。郝溪：在居巢东。

原文

夏四月，天子命王设天子旌旗，出入称警跸[①]。五

翻译

夏四月，天子命令魏王使用天子的旌旗，进出时同天子一样警戒清道。五

月，作泮宫[2]。六月，以军师华歆为御史大夫。冬十月，天子命王冕十有二旒[3]，乘金根车[4]，驾六马[5]，设五时副车[6]，以五官中郎将丕为魏太子。

月，修建泮宫。六月，以军师华歆做魏国的御史大夫。冬十月，天子命魏王戴十二旒的冕，乘坐金根车，驾六匹马，并配置五色随从车，立五官中郎将曹丕为魏国太子。

注释 ① 警跸：古代帝王出称警，入称跸。警，警戒；跸，清道。 ② 泮宫：古代诸侯所设大学。 ③ 旒：冠冕前后悬垂的玉串。天子十二旒，诸侯七旒，大夫五旒。 ④ 金根车：天子所乘车，饰以金。 ⑤ 古时天子之车驾六马，诸侯以下驾四马。 ⑥ 五时副车：天子车后的从车，按五方配以五色，称五时副车。

原文

刘备遣张飞、马超、吴兰等屯下辩，遣曹洪拒之。

翻译

刘备派张飞、马超、吴兰等进驻下辩县，魏王派曹洪前去抵御。

原文

二十三年春正月，汉太医令吉本与少府耿纪、司直韦晃等反[1]，攻许，烧丞相长史王必营[2]。必与颍川典农中郎将严匡讨斩之[3]。

翻译

二十三年(218)春正月，汉朝太医令吉本与少府耿纪、司直韦晃等反叛，进攻许，焚烧丞相长史王必的军营。王必与颍川典农中郎将严匡讨伐并杀死了他们。

注释 ① 太医令：医官名。少府：官名，掌宫中物资财政。司直：官名，佐丞相纠举不法。 ② 丞相长史：丞相的属官，如今秘书长。 ③ 典农中郎将：管屯田的军官。

原文

曹洪破吴兰，斩其将任夔等。三月，张飞、马超走汉中，阴平氐强端斩吴兰[1]，传其首。

翻译

曹洪打败吴兰，杀死他的部将任夔等。三月，张飞、马超逃向汉中，阴平氐人强端斩吴兰，将他的首级传送来。

注释 ① 阴平：道名（汉代少数民族聚居的县称道），在今甘肃文县西。

原文

夏四月，代郡、上谷乌丸无臣氐等叛[1]，遣鄢陵侯彰讨破之。

六月，令曰："古之葬者，必居瘠薄之地。其规西门豹祠西原上为寿陵，因高为基，不封不树。《周礼》：'冢人掌公墓之地，凡诸侯居左右以前，卿大夫居后。'汉制亦谓之陪陵。其公卿大臣列将有功者，宜陪寿陵，其广为兆域，使足相容。"

秋七月，治兵，遂西征刘备。九月，至长安。

冬十月，宛守将侯音等

翻译

夏四月，代郡、上谷郡乌丸首领无臣氐等反叛，派鄢陵侯曹彰讨伐并击败了他们。

六月，曹公下令说："古代埋葬死者，必在土质瘠薄的地方。现决定在西门豹祠西边的高坪上规划修建寿陵，利用高地作为基址，不堆土，不植树。《周礼》说：'冢人掌公共墓地，诸侯卿大夫各葬在王的左右两边，诸侯在前，卿大夫在后。'汉朝的制度也叫作陪陵。令公卿大臣和诸将领有功者，死后可陪葬寿陵，因此要扩大陵墓区，使能容纳更多的死者。"

秋七月，操练军队，进而西征刘备。九月，到长安。

冬十月，宛县守将侯音等人反叛，拘押南阳太守，劫掠官吏人民，拒守宛反，执南阳太守，劫略吏民，保宛。初，曹仁讨关羽，屯樊城。是月，使仁围宛。

城。这之前，曹仁讨伐关羽，屯兵樊城。这一月，使曹仁包围宛城。

注释 ① 无臣氏：乌丸首领名，又作能臣氏。

原文

二十四年春正月，仁屠宛，斩音。

夏侯渊与刘备战于阳平，为备所杀。三月，王自长安出斜谷[①]，军遮要以临汉中，遂至阳平。备因险拒守。夏五月，引军还长安。

翻译

二十四年(219)春正月，曹仁屠宛城，斩侯音。

夏侯渊与刘备战于阳平，被刘备杀死。三月，魏王从长安经由斜谷出兵，占据险要之地，以进逼汉中，于是到达阳平。刘备凭险拒守。夏五月，魏王率军回长安。

注释 ① 斜谷：秦岭中的谷道。其北口在今陕西眉县西南，其南接褒谷，合称褒斜道。总长四百七十里，为关中通汉中入蜀的要道。

原文

秋七月，以夫人卞氏为王后。遣于禁助曹仁击关羽。八月，汉水溢，灌禁军，军没，羽获禁，遂围仁。使徐晃救之。

九月，相国钟繇坐西曹掾魏讽反[①]，免。

翻译

秋七月，立夫人卞氏为王后。派于禁帮助曹仁打关羽。八月，汉水泛溢，于禁的军队被淹，全军覆没，关羽俘虏于禁，进而包围曹仁。派徐晃前去援救。

九月，相国钟繇由于西曹掾魏讽谋反，免职。

冬十月，军还洛阳。孙权遣使上书，以讨关羽自效。王自洛阳南征羽，未至，晃攻羽，破之，羽走，仁围解。王军摩陂[2]。

冬十月，魏王军回洛阳。孙权派遣使者上书，愿意讨伐关羽以效力。魏王从洛阳南征关羽，还没到，徐晃进攻并打败了关羽，关羽退走，曹仁得以解围。魏王驻军于摩陂。

注释 ① 西曹掾：高级官僚的属官，掌属吏的任免。魏讽为魏相国府西曹掾，与长乐卫尉陈祎等图谋袭邺城、杀曹操，事发被诛。 ② 摩陂：在今河南郏县东南。

原文

二十五年春正月，至洛阳。权击斩羽，传其首。

庚子，王崩于洛阳，年六十六。遗令曰："天下尚未安定，未得遵古也。葬毕，皆除服。其将兵屯戍者，皆不得离屯部。有司各率乃职。敛以时服，无藏金玉珍宝。"谥曰武王[1]。二月丁卯，葬高陵[2]。

翻译

二十五年(220)春正月，魏王到洛阳。孙权袭击并杀了关羽，将首级传送过来。

庚子这一天，魏王在洛阳逝世，享年六十六岁。遗令说："天下尚未安定，还不能遵照古礼。安葬完毕，都脱去丧服。带兵驻防的将领，都不准离开部队。各级官吏要坚守本职。以平时所穿的衣服入敛，不要埋藏金玉珍宝。"谥号叫"武王"。二月丁卯，葬于高陵。

注释 ① 谥：死后根据其生平事迹所给予的称号。至魏文帝黄初元年(220)，追尊曹操为"武皇帝"。 ② 高陵：曹操陵墓名，在河南安阳。

原文

评曰：汉末天下大乱，

翻译

评语：汉末天下大乱，英雄豪杰同

雄豪并起，而袁绍虎视四州，强盛莫敌。太祖运筹演谋，鞭挞宇内，擥申、商之法术[①]，该韩、白之奇策[②]，官方授材，各因其器，矫情任算，不念旧恶，终能总御皇机，克成洪业者，惟其明略最优也。抑可谓非常之人，超世之杰矣。

时起兵，而袁绍据有四州，虎视眈眈，强盛无敌。太祖运筹策，施权谋，以武力征伐天下，采取申不害、商鞅的法术，兼用韩信、白起的奇策，官吏各有常职，用人各因其材，克制感情，讲求策略，不念旧恶，终于能够总揽朝政，完成大业，就因为他具有最为优异的聪明谋略。因此可说是一位非凡的人物、盖世的豪杰。

注释 ① 申、商：申不害、商鞅，都是战国法家代表人物。 ② 韩、白：指汉初名将韩信、战国时秦国名将白起。

荀 彧 传

导读

曹操之所以能完成他的功业，除了凭借当时的客观历史条件和他本人的杰出才能，还靠一批见识过人的谋士替他出谋划策。其中著名的有荀彧、荀攸、程昱、郭嘉等，而荀彧所起的作用最大。本篇中记载：他劝曹操首先巩固兖州这块根据地；劝曹操奉迎汉献帝；分析曹、袁的优劣，坚定曹操击败袁绍的信心；劝曹操留在官渡与袁绍相持，并在打败袁绍之后乘胜追击，一举平定河北；谏止曹操匆忙复置九州，以安定众心，等等，都充分体现了荀彧高瞻远瞩的谋略。司马懿称赞他："逮数十百年间，贤才未有及荀令君者也。"（本传裴注引《荀彧别传》）但最后，他因为对曹操的篡位行动不以为然，受到曹操的压抑，忧郁而死（一说服毒自杀），很令人惋惜。（选自卷一〇）

原文

荀彧，字文若，颍川颍阴人也[①]。祖父淑，字季和，朗陵令，当汉顺、桓之间，知名当世。有子八人，号曰"八龙"。彧父绲，济南相。叔父爽，司空。

翻译

荀彧，字文若，颍川郡颍阴县人。祖父荀淑，字季和，曾任朗陵县令，当汉顺帝、桓帝之间，知名于当代。荀淑有八个儿子，号称"八龙"。荀彧父亲荀绲，曾任济南国相。叔父荀爽，曾任司空。

注释 ①颍阴：县名，即今河南许昌。

原文

彧年少时，南阳何颙异之，曰："王佐才也。"永汉元年[①]，举孝廉，拜守宫令[②]。董卓之乱，求出补吏，除亢父令，遂弃官归。谓父老曰："颍川，四战之地也，天下有变，常为兵冲，宜亟去之，无久留。"乡人多怀土犹豫。会冀州牧同郡韩馥遣骑迎之，莫有随者，彧独将宗族至冀州。而袁绍已夺馥位，待彧以上宾之礼，彧弟谌及同郡辛评、郭图，皆为绍所任。彧度绍终不能成大事。时太祖为奋武将军，在东郡。初平二年，彧去绍从太祖。太祖大悦，曰："吾之子房也[③]。"以为司马[④]。时年二十九。

翻译

荀彧年少时，南阳人何颙非常看重他，说："是个辅佐帝王的人才！"永汉元年(189)，荀彧被荐举为孝廉，任守宫令。董卓之乱时，请求出任地方官，被任命为亢父县令，因而弃官回家。他对父老们说："颍川是个四面受敌的争战之地，天下一有变故，就会经常成为军事要冲，应当赶紧离开此地，不要长久停留。"乡人之中很多都留恋本土，犹豫不决。适逢冀州牧同郡韩馥派遣骑兵前来迎接，没人跟他走，唯独荀彧带领宗族迁到冀州。而这时袁绍已夺了韩馥的官位，用上宾之礼接待荀彧，荀彧弟荀谌与同郡辛评、郭图，都被袁绍所任用。荀彧估计袁绍最终不能成大事。当时魏太祖任奋武将军，在东郡。初平二年(191)，荀彧离开袁绍而追随太祖，太祖非常高兴，说："这是我的张良！"用他做司马。当时荀彧二十九岁。

注释 ①永汉：汉献帝年号。②守宫令：官名，管皇帝用的文具及尚书财用诸物。③子房：即汉高祖重要谋士张良，字子房。④司马：将军属官，综理军府事，并参与军谋。

原文

是时，董卓威陵天下，太祖以问彧，彧曰："卓暴虐已甚，必以乱终，无能为也。"卓遣李傕等出关东，所过虏略，至颍川、陈留而还，乡人留者多见杀略。明年，太祖领兖州牧，后为镇东将军，彧常以司马从。

兴平元年，太祖征陶谦，任彧留事。会张邈、陈宫以兖州反，潜迎吕布。布既至，邈乃使刘翊告彧曰："吕将军来助曹使君击陶谦①，宜亟供其军食。"众疑惑。彧知邈为乱，即勒兵设备，驰召东郡太守夏侯惇，而兖州诸城皆应布矣。时太祖悉军攻谦，留守兵少，而督将大吏多与邈、宫通谋。惇至，其夜诛谋叛者数十人，众乃定。豫州刺史郭贡帅众数万来至城下，或言与吕布同谋，众甚惧。贡求见彧，彧将往。惇等曰：

翻译

这时，董卓以武力权势凌驾全国，太祖为此事问荀彧，荀彧说："董卓暴虐得太过分了，必定会以乱亡告终，成不了什么大事。"董卓派李傕等出关东，所过之处大肆掳掠，直到颍川、陈留才回去，荀彧本乡留下来的人很多都被杀死或掳掠。第二年，太祖代理兖州牧，后来做镇东将军，荀彧常常作为司马跟随。

兴平元年(194)，太祖征陶谦，任用荀彧主管留守的事。适逢张邈、陈宫在兖州反叛，暗里迎接吕布。吕布来到后，张邈就叫刘翊告诉荀彧说："吕将军来帮助曹使君打陶谦，应当赶快供应他的军粮。"众人颇有疑惑。荀彧知道张邈已经叛乱，当即约束军队，布置防备，飞马召唤东郡太守夏侯惇，但兖州各城都响应吕布了。其时太祖全军进攻陶谦，留守的兵很少，而带兵的将领和主要官吏大多与张邈、陈宫通谋。夏侯惇来到后，当夜杀了谋反者几十人，部下才安定下来。豫州刺史郭贡带兵数万来到城下，有人说他与吕布同谋，大家都很恐惧。郭贡求见荀彧，荀彧准备前往。夏侯惇等人说："您是一州的镇守

“君，一州镇也，往必危，不可。”彧曰：“贡与邈等，分非素结也。今来速，计必未定。及其未定说之，纵不为用，可使中立；若先疑之，彼将怒而成计。”贡见彧无惧意，谓鄄城未易攻，遂引兵去。又与程昱计，使说范、东阿，卒全三城，以待太祖。太祖自徐州还击布濮阳，布东走。

者，前去必定危险，不能去。”荀彧说：“郭贡与张邈等人并非平素就有勾结。现在他来得很迅速，必定还没有打定主意。趁他主意未定去说服他，即使不能为我所用，也可以使他中立；如果先就猜疑他，他将会愤怒而决心与张邈等联合。”郭贡看到荀彧毫无惧意，认为鄄城不容易攻下，因此领兵而去。荀彧又与程昱计议，让他去说服范城、东阿二县，终于保全了三座城，以等待太祖。太祖由徐州回击吕布于濮阳，吕布向东逃走。

注释 ① 使君：汉代对刺史的尊称。

原文

二年夏，太祖军乘氏，大饥，人相食。陶谦死，太祖欲遂取徐州，还乃定布。彧曰：“昔高祖保关中，光武据河内，皆深根固本以制天下，进足以胜敌，退足以坚守，故虽有困败，而终济大业。将军本以兖州首事，平山东之难，百姓无不归心悦服。且河、济[1]，天下之要地

翻译

兴平二年(195)夏，太祖驻军在乘氏县。当时发生严重饥荒，出现人吃人的事情。这时陶谦已死，太祖想乘机取徐州，回来再平定吕布。荀彧说：“从前汉高祖保住关中，光武帝占据河内，都是先巩固根据地以控制天下，进足以胜敌，退足以坚守，因此虽有挫折失败，而终于完成大业。将军原本凭借兖州而起事，平定山东的祸乱，百姓无不归心悦服。况且兖州北跨黄河、济水，是天

也，今虽残坏，犹易以自保，是亦将军之关中、河内也，不可以不先定。今以破李封、薛兰，若分兵东击陈宫，宫必不敢西顾。以其间勒兵收熟麦，约食畜谷，一举而布可破也。破布，然后南结扬州，共讨袁术，以临淮、泗。若舍布而东，多留兵则不足用，少留兵则民皆保城，不得樵采。布乘虚寇暴，民心益危，唯鄄城、范、卫可全[②]，其余非己之有，是无兖州也。若徐州不定，将军当安所归乎？且陶谦虽死，徐州未易亡也。彼惩往年之败，将惧而结亲，相为表里。今东方皆以收麦，必坚壁清野以待将军，将军攻之不拔，略之无获，不出十日，则十万之众未战而自困耳。前讨徐州，威罚实行，其子弟念父兄之耻，必人自为守，无降心，就能破之，尚不可有也。夫事固有弃此

下的要地，现在虽然残破，还是容易自保，这也就是您的关中、河内，不可以不先稳定。现今已击溃李封、薛兰，如果分兵东击陈宫，陈宫必定不敢西顾。乘这个空隙组织军队收割成熟的麦子，节约粮食，储备谷物，就可以一举打垮吕布。打垮了吕布，然后南边联合扬州的刘繇，共同讨伐袁术，以控制淮水、泗水一带。如果放下吕布不打而东攻徐州，多留兵又不够用，少留兵那么百姓也都来守城，不能打柴拾草。吕布乘虚侵犯杀掠，民心更加感到危惧，只有鄄城、范、濮阳三处可以保全，其余都非我有，这实际上是丢了兖州。假若徐州一时拿不下，您那时回到哪里？况且陶谦虽然死了，徐州也并不容易攻克。那里的各方鉴于往年的失败，将会由于害怕灭亡而亲密团结，里外相互配合。现在东方都已收麦，必定坚壁清野以防备将军，将军进攻攻不下，抢粮无收获，不出十天，十万人马就会不战而自困了。前次讨伐徐州，实行过暴力惩罚，徐州的子弟想到父兄被杀的耻辱，必然会人自为守，无投降之心，即使能攻破徐州，还是不可能长期占有。天下事有时需要弃此取彼。以大易小，是可以的；以安易危，是可以的；权衡一时的形势，不怕

取彼者。以大易小可也;以安易危可也;权一时之势,不患本之不固可也。今三者莫利,愿将军熟虑之。”太祖乃止。大收麦,复与布战,分兵平诸县。布败走,兖州遂平。

根据地不稳固,也是可以的。而现今这三方面无一有利,希望将军深思熟虑。”太祖这才放弃了攻徐州的打算。大力收割麦子,再次与吕布作战,分兵平定各县。结果吕布败走,兖州因而平定。

注释 ① 河:黄河。济:济水(今已不存)。黄河、济水流过兖州北部。 ② 卫:指濮阳,濮阳古属卫地。

原文

建安元年,太祖击破黄巾。汉献帝自河东还洛阳,太祖议奉迎都许。或以山东未平,韩暹、杨奉新将天子到洛阳,北连张杨,未可卒制。彧劝太祖曰:“昔晋文纳周襄王,而诸侯景从[①];高祖东伐,为义帝缟素,而天下归心[②]。自天子播越,将军首唱义兵。徒以山东扰乱,未能远赴关右,然犹分遣将帅,蒙险通使。虽御难于外,乃心无不在王室,

翻译

建安元年(196),太祖击破汝南、颍川黄巾。汉献帝从河东回洛阳,太祖商议迎接献帝迁都于许。有人认为山东还没有平定,韩暹、杨奉刚刚将天子送到洛阳,北边联合张杨,对他们还不能迅速加以控制。荀彧劝太祖说:“从前晋文公迎接周襄王回王城,诸侯服从;汉高祖东征项羽,为义帝穿素衣服丧,天下归心。自从天子流亡,您首先倡导义兵勤王。只是由于山东战乱,还不能远赴关中,但还是分派将帅,冒着危险与朝廷联系。虽则您抗御暴乱在外,但您的心无时不想到王室,这是您匡正天下的一贯志向。现在天子大驾已经回

是将军匡天下之素志也。今车驾旋轸，东京榛芜，义士有存本之思，百姓感旧而增哀。诚因此时，奉主上以从民望，大顺也；秉至公以服雄杰，大略也；扶弘义以致英俊，大德也。天下虽有逆节，必不能为累明矣，韩暹、杨奉其敢为害！若不时定，四方生心，后虽虑之，无及。”太祖遂至洛阳，奉迎天子都许。天子拜太祖大将军，进彧为汉侍中，守尚书令③。常居中持重，太祖虽征伐在外，军国事皆与彧筹焉。太祖问彧：“谁能代卿为我谋者？”彧言荀攸、钟繇。先是彧言策谋士，进戏志才，志才卒，又进郭嘉，太祖以彧为知人。诸所进达皆称职，唯严象为扬州，韦康为凉州，后败亡④。

京，而洛阳荆棘丛生，一片荒芜，义士有保存朝廷的心，百姓感念旧主而更增加哀伤。如能趁此时机，拥戴主上以顺从人民的希望，这是大顺；怀抱大公无私的心使天下豪杰归服，这是大略；扶持大义以招徕优秀人物，这是大德。这样一来，天下虽有背叛朝廷的人，必不能成为祸患，是很明白的了，韩暹、杨奉岂敢为害！如不及时安定朝廷，四方产生叛离的心，事后即使想要这样，也来不及了。”太祖于是到洛阳，迎接天子迁都于许。天子任命太祖为大将军，提升荀彧为汉朝侍中，代理尚书令。荀彧经常居于朝中执行重任，太祖虽然征伐在外，军国大事都与荀彧筹划。太祖问荀彧：“谁能代替您为我谋划？”荀彧说：“荀攸、钟繇。”起先，荀彧谈到出谋划策的人士，推荐戏志才，戏志才死后，又推荐郭嘉，太祖认为荀彧很能知人。他所引荐的许多人都称职，只有严象做扬州刺史，韦康做凉州刺史，后来失败而死。

注释 ① 景：同“影”。春秋时，周襄王与弟王子带有矛盾，襄王出奔。晋文公迎还襄王，杀王子带。 ② 缟素：白色丧服。秦末项梁（项羽叔父）起兵反秦，立楚怀王之孙为楚王，仍称怀王；项羽自封西楚霸王之后，改称义帝。后来被项羽杀死，刘邦命将士为义帝缟素服丧而东讨项羽。③尚书令：尚书省首脑，总揽朝政。④严象被孙策部下所杀，韦康被马超所杀。

原文

自太祖之迎天子也，袁绍内怀不服。绍既并河朔，天下畏其强。太祖方东忧吕布，南拒张绣，而绣败太祖军于宛。绍益骄，与太祖书，其辞悖慢。太祖大怒，出入动静变于常，众皆谓以失利于张绣故也。钟繇以问彧，彧曰："公之聪明，必不追咎往事，殆有他虑。"则见太祖问之，太祖乃以绍书示彧，曰："今将讨不义，而力不敌，何如？"彧曰："古之成败者，诚有其才，虽弱必强；苟非其人，虽强易弱。刘、项之存亡，足以观矣。今与公争天下者，唯袁绍尔。绍貌外宽而内忌，任人而疑其心；公明达不拘，唯才所宜：此度胜也。绍迟重少决，失在后机；公能断大

翻译

自从太祖迎接天子到许都之后，袁绍内心不服。袁绍既兼并北方，天下人都畏惧他的强盛。太祖正东忧吕布，南拒张绣，而张绣在宛县打败太祖军。这一来，袁绍更加骄傲，给太祖写信，言辞无理而傲慢。太祖大怒，出入的举动不同于平常，众人都说是因为失利于张绣的缘故。钟繇为这事问荀彧，荀彧说："曹公是个聪明人，必不追究往事，恐怕有其他忧虑。"于是去见太祖，询问原由，太祖便将袁绍的信给荀彧看，说："我现在想要讨伐不义，而力量敌不过他，怎么办？"荀彧说："古来争胜败的人，真有才能的，纵使起初弱小，也必将强盛；如果是无能的人，纵使起初强大，也容易弱小。从汉高祖与项羽的存亡，就足以看出这一点。现今同您争天下的人，只有袁绍罢了。袁绍这人貌似宽容而内心忌刻，任人而又疑其心；而您明白豁达，不拘小节，用人唯才：这说明您在度量方面胜过袁绍。袁绍处事迟缓，优柔寡断，往往错过时机，造成失败；而您能决断大事，随机应变，不守成

事，应变无方：此谋胜也。绍御军宽缓，法令不立，士卒虽众，其实难用；公法令既明，赏罚必行，士卒虽寡，皆争致死：此武胜也。绍凭世资，从容饰智，以收名誉，故士之寡能好问者多归之；公以至仁待人，推诚心不为虚美，行己谨俭，而与有功者无所吝惜[①]，故天下忠正效实之士咸愿为用：此德胜也。夫以四胜辅天子，扶义征伐，谁敢不从？绍之强其何能为！”太祖悦。彧曰：“不先取吕布，河北亦未易图也。”太祖曰：“然。吾所惑者，又恐绍侵扰关中，乱羌、胡，南诱蜀、汉，是我独以兖、豫抗天下六分之五也。为将奈何？”彧曰：“关中将帅以十数，莫能相一，唯韩遂、马超最强。彼见山东方争，必各拥众自保。今若抚以恩德，遣使连和相持，虽不能久安，比公安定

规：这说明您在谋略方面胜过袁绍。袁绍治军不严，法令不行，士卒虽多，其实难用；而您法令严明，信赏必罚，士卒虽少，都争先效死：这说明您在用兵方面胜过袁绍。袁绍凭借世代门第，装模作样地玩弄小聪明，以博取名誉，因此士人中缺乏才能而喜好虚名的人很多都归附于他；而您以仁爱之心待人，推诚相见，不求虚誉，对待自己谨慎节俭，而赏赐有功的人无所吝惜，因此天下忠诚正直、有真才实能的人士都愿意为您所用：这说明您在品德方面胜过袁绍。用以上四个方面的优势辅佐天子，扶持正义，讨伐不臣，谁敢不从？袁绍虽强，又有何用！”太祖很高兴。荀彧又说：“不先打败吕布，河北也还是不容易谋取。”太祖说：“对！我所感到困惑的是，又恐怕袁绍侵扰关中，联合羌人、胡人为乱，再向南勾引占据巴蜀、汉中的刘璋，这一来，我独自以兖、豫二州对抗全国的六分之五。你说该怎么办？”荀彧说：“关中将帅数以十计，没人能统一起来，只有韩遂、马超最强。他们见山东正在争战，必定各自拥兵自保。现在如果用恩德安抚他们，派遣使者连和，维持友好，即使不能长久安定，但在您平定山东之前，足以使他们中立不动。关西的

山东，足以不动。钟繇可属以西事，则公无忧矣。”

事情可以交给钟繇，这样您就可以高枕无忧了。”

注释 ① 吝：吝啬，舍不得。

原文

三年，太祖既破张绣，东禽吕布，定徐州，遂与袁绍相拒。孔融谓彧曰：“绍地广兵强，田丰、许攸，智计之士也，为之谋；审配、逢纪，尽忠之臣也，任其事；颜良、文丑，勇冠三军，统其兵，殆难克乎！”彧曰：“绍兵虽多，而法不整。田丰刚而犯上，许攸贪而不治。审配专而无谋，逢纪果而自用，此二人留知后事，若攸家犯其法，必不能纵也；不纵，攸必为变。颜良、文丑，一夫之勇耳，可一战而禽也。”五年，与绍连战。太祖保官渡，绍围之。太祖军粮方尽，书与彧，议欲还许以引绍。彧曰：“今军食虽少，未

翻译

建安三年(198)，太祖打败张绣，东擒吕布，平定徐州，进而与袁绍相对抗。孔融对荀彧说：“袁绍地广兵强，又有田丰、许攸这样的智谋之士替他策划，有审配、逢纪这样的尽忠之臣替他干事，还有勇冠三军的颜良、文丑替他统率军队，恐怕很难战胜啊！”荀彧说：“袁绍兵虽多，而法令不整肃。田丰刚愎而好犯上，许攸贪婪而不检束。审配专权而无谋，逢纪果决而专断，审、逢二人留下来主持后方的事，如果许攸家犯了法，必定不能宽容；不能宽容，许攸必然叛变。至于颜良、文丑，不过匹夫之勇罢了，可以一战而擒。”五年，与袁绍连续作战。太祖守官渡，袁绍进行包围。太祖军粮快要吃完，写信同荀彧商量，想要回许以引开袁绍军。荀彧回信说：“目前军粮虽少，还比不上楚、汉在荥阳、成皋之间那样困难。当时刘、项双方都不肯先退，因为谁先退谁就会处于被动地位。

若楚、汉在荥阳、成皋间也[①]。是时刘、项莫肯先退,先退者势屈也。公以十分居一之众,画地而守之,扼其喉而不得进,已半年矣,情见势竭,必将有变。此用奇之时,不可失也。"太祖乃住,遂以奇兵袭绍别屯,斩其将淳于琼等,绍退走。审配以许攸家不法,收其妻子,攸怒叛绍;颜良、文丑临阵授首;田丰以谏见诛:皆如彧所策。

您以仅及敌军十分之一的兵力,划地而守,扼住敌人的咽喉使其不能前进,已经半年了,敌人的实情已经暴露,力量已经衰竭,局面必将发生变化。这正是使用奇谋的时机,不可错过啊。"于是太祖留了下来,以奇兵袭击袁绍的其他军营,杀死他的大将淳于琼等,袁绍退走。审配因为许攸家不守法,收捕他的妻儿,许攸一怒之下背叛袁绍;颜良、文丑临阵被斩首;田丰由于劝谏袁绍而被杀:都如荀彧所预料。

注释 ① 楚汉战争时,刘邦和项羽在荥阳、成皋间相持一年多。后来双方约定以鸿沟为界,中分天下。项羽撤军东归,而刘邦却进军追击,终于打败项羽。

原文

六年,太祖就谷东平之安民[①]。粮少,不足与河北相支,欲因绍新破,以其间击讨刘表。彧曰:"今绍败,其众离心,宜乘其困,遂定之。而背兖、豫,远师江、汉,若绍收其余烬,承虚以

翻译

建安六年(201),太祖率军到东平国的安民亭就地解决粮食。由于军粮少,不足以与河北相持,想乘袁绍刚失败,利用这个空隙讨伐刘表。荀彧说:"现在袁绍失败,部众离心,应该利用他的困境,一举平定河北。如果背向兖、豫,远征江、汉,假若袁绍收罗残部,乘虚进攻我们的背后,那么您的大事就完

出人后，则公事去矣。”太祖复次于河上。绍病死，太祖渡河击绍子谭、尚，而高干、郭援侵略河东，关右震动，钟繇帅马腾等击破之。语在《繇传》。八年，太祖录彧前后功，表封彧为万岁亭侯[2]。

了。”太祖因而再次驻军于黄河边上。此时袁绍病死，太祖渡河攻打袁绍的儿子袁谭、袁尚，而袁绍的外甥高干和袁尚所派的河东太守郭援侵扰河东，关西震动，钟繇率马腾等打败了他们。事见本书《钟繇传》。建安八年(203)，太祖累计荀彧前后的功劳，上表封荀彧为万岁亭侯。

注释 ① 安民：亭名，在今山东郓城东。 ② 万岁亭：在今河南新郑境内。

原文

九年，太祖拔邺，领冀州牧。或说太祖：“宜复古置九州[1]，则冀州所制者广大，天下服矣。”太祖将从之。彧言曰：“若是，则冀州当得河东、冯翊、扶风、西河、幽、并之地[2]，所夺者众。前日公破袁尚，禽审配，海内震骇，必人人自恐不得保其土地，守其兵众也；今使分属冀州，将皆动心。且人多说关右诸将以闭关之计[3]，今闻此，以为必以次见

翻译

建安九年(204)，太祖攻下邺城，兼领冀州牧。有人劝太祖：“应当恢复古代区划，设置九州，那么冀州所控制的地面广大，天下就会服从您了。”太祖将要采纳这个意见。荀彧说：“要是这样，冀州应当得到河东、冯翊、扶风、西河、幽州、并州之地，所夺占的地方很多。前日您打败袁尚，捉住审配，已是全国惊骇，必定人人害怕不能再保有自己的土地，拥有自己的军队；现在使他们分属冀州，人心将会更加骚动。况且很多人都在劝说关西诸将闭关自守，现在听到这个消息，以为必然要一个接一个的领地被剥夺。一旦关西发生变乱，即使

夺。一旦生变，虽有守善者，转相胁为非，则袁尚得宽其死，而袁谭怀贰，刘表遂保江、汉之间，天下未易图也。愿公急引兵先定河北，然后修复旧京，南临荆州，责贡之不入，则天下咸知公意，人人自安。天下大定，乃议古制，此社稷长久之利也。”太祖遂寝九州议[④]。

有守善的人，辗转胁迫之下也会胡作非为，那么袁尚得以推迟灭亡，袁谭怀有二心，刘表因此保守江、汉之间，您想要平定天下就不那么容易了。希望您赶快领兵先平定河北，然后修复旧京洛阳，南征荆州，指责刘表不向天子朝贡，那么天下都了解您的心意，人人安心。天下大体安定之后，再考虑恢复古制，这才是国家长久的利益。”于是太祖停止了关于设置九州的讨论。

注释 ① 战国时人说夏禹分天下为九州（九州的名称说法不一），实际上只是一种理想。 ② 扶风：即右扶风，为“三辅”之一，治槐里，在今陕西兴平南。以上地区大致包括今河北、山西及陕西渭水流域一带。 ③ 关右：函谷关以西之地。 ④ 至建安十八年(213)曹操终于并十四州为九州。

原文

是时，荀攸常为谋主，彧兄衍以监军校尉守邺，都督河北事。太祖之征袁尚也，高干密遣兵谋袭邺，衍逆觉，尽诛之，以功封列侯。太祖以女妻彧长子恽，后称安阳公主。彧及攸并贵重，皆谦冲节俭，禄赐散之宗族

翻译

当时，荀彧的侄子荀攸常常是太祖的主要谋士，荀彧的哥哥荀衍任监军校尉，驻守邺城，统领河北军事。太祖征袁尚的时候，高干秘密派兵图谋偷袭邺城，荀衍事先觉察，全部诛杀了这些人，因功被封为列侯。太祖以女儿嫁给荀彧的长子荀恽为妻，后来称为安阳公主。荀彧、荀攸官高权重，但都谦虚节

知旧，家无余财。十二年，复增彧邑千户，合二千户。

太祖将伐刘表，问彧策安出。彧曰："今华夏已平，南土知困矣。可显出宛、叶而间行轻进，以掩其不意。"太祖遂行。会表病死，太祖直趋宛、叶如彧计，表子琮以州逆降。

俭，将得到的俸禄和赏赐分给宗族故旧，家无余财。建安十二年，又增加荀彧的封邑一千户，合计二千户。

太祖将要讨伐刘表，问荀彧采取什么策略。荀彧说："现在北方已经平定，南方的敌人知道处境困难了。可以明里由宛、叶出兵，暗里由小路轻装前进，出其不意进行袭击。"太祖于是进军。恰好此时刘表病死，太祖按照荀彧的计策直趋宛、叶，刘表的儿子刘琮以荆州迎降。

原文

十七年，董昭等谓太祖宜进爵国公，九锡备物[1]，以彰殊勋，密以咨彧。彧以为太祖本兴义兵以匡朝宁国，秉忠贞之诚，守退让之实。君子爱人以德，不宜如此。太祖由是心不能平。会征孙权，表请彧劳军于谯，因辄留彧，以侍中、光禄大夫、持节[2]，参丞相军事[3]。太祖军至濡须，彧疾留寿春，以忧薨[4]，时年五十。谥曰敬侯。明年，太祖遂为魏

翻译

建安十七年(212)，董昭等认为太祖应该晋升爵位为国公，行九锡之礼，以表彰他的特殊功勋，将此事秘密征询荀彧的意见。荀彧认为太祖发起义兵本来是为了匡正朝廷、安定国家，怀抱忠贞的诚心，保持退让的行动。君子根据高尚的道德而爱人，不应该这样做。太祖从此对荀彧心中不满。正好遇上征伐孙权，太祖上表请派荀彧到谯县劳军，乘机擅自留下荀彧，任命他做侍中、光禄大夫、持节，参丞相军事。太祖进军到濡须，荀彧因病留在寿春，由于心中忧郁而死，当年五十岁。谥为敬侯。第二年，太祖就升为魏公了。

公矣。

注释 ① 九锡：古帝王对功臣或权臣的最高赏赐。“九锡”即锡（赐）与车马衣服等九种物品。权臣篡位前一般都要加九锡。备物：服用之物。 ② 光禄大夫：官名，掌应对顾问。持节：为加衔，有使持节、持节、假节，权力有别。 ③ 参军事：官名，意即参谋军务，简称参军。 ④ 薨（hōng）：古代诸侯死叫薨。荀彧封列侯，故称薨。裴注引《魏氏春秋》，说他是“饮药而卒”。

毛 玠 传

导读

毛玠刚正不阿，清廉俭朴，举用清正之士，抑制浮华，抵拒请托，这些作风都很可贵。曹操能任用毛玠这样的人长期掌管选举，并加以支持，说明了他的法治精神和善于用人。但最后竟凭别人一句似是而非的谗言对毛玠定罪收监，加以黜免，这又反映了曹操的专横忌刻和封建专制制度的暴虐本质，因而所谓“法治”也是极其有限的。（选自卷一二）

原文

毛玠，字孝先，陈留平丘人也[①]。少为县吏，以清公称。将避乱荆州，未至，闻刘表政令不明，遂往鲁阳[②]。太祖临兖州，辟为治中从事[③]。玠语太祖曰：“今天下分崩，国主迁移，生民废业，饥馑流亡，公家无经岁之储，百姓无安固之志，难以持久。今袁绍、刘表虽士民众强，皆无经远之虑，未有树基建本者也。夫兵

翻译

毛玠，字孝先，陈留郡平丘县人。年轻时做县吏，以清廉奉公著称。他原打算到荆州避乱，还没到，就听说刘表政令不严明，于是改往鲁阳。太祖正做兖州牧，于是任命他为治中从事。毛玠对太祖说：“现在天下分崩，君主迁移，人民失业，饥饿流亡，公家没有一年的储备，百姓没有安定的心思，很难持久。现今袁绍、刘表虽然兵强民众，但都没有长远的打算，没人致力于树立基础、培植根本。用兵要合乎正义才能取胜，还要有雄厚的财力才能巩固统治。因此应当拥戴天子以命令不臣服的人，搞

义者胜，守位以财。宜奉天子以令不臣，修耕植，畜军资。如此则霸王之业可成也。”太祖敬纳其言，转幕府功曹[④]。

好农耕，积蓄军资。这样一来，称霸称王的事业就可以成功了。”太祖认真地采纳了他的意见，转任他为幕府中的功曹。

注释 ① 平丘：县名，在今河南长垣西南。 ② 鲁阳：县名，即今河南鲁山。 ③ 治中从事：官名，州刺史的助理。 ④ 功曹：官名，主管人事，并参与府中其他政务。

原文

太祖为司空、丞相，玠尝为东曹掾[①]，与崔琰并典选举[②]。其所举用，皆清正之士，虽于时有盛名而行不由本者，终莫得进。务以俭率人，由是天下之士莫不以廉节自励。虽贵宠之臣，舆服不敢过度。太祖叹曰：“用人如此，使天下人自治，吾复何为哉！”文帝为五官将[③]，亲自诣玠，属所亲眷。玠答曰：“老臣以能守职，幸得免戾。今所说人非迁次，是以不敢奉命。”大军还邺，议所并省。玠请谒不行，时

翻译

太祖任司空、丞相时，毛玠曾经做东曹掾，与崔琰一起主管选举。他所举用的都是清廉正直的人士，那些尽管在当时有盛名，但行为虚浮、不务根本的人，始终没能得到提拔任用。他力求用俭朴的作风引导人们，因此全国的士人无不以清廉的节操来勉励自己。即使是地位高贵、受到宠信的大臣，车子、衣服也不敢超过制度。太祖叹息说：“用这样的人，使天下人自己治理自己，我还有什么可做的呢！”魏文帝做五官中郎将时，曾亲自去见毛玠，托他任用自己所亲信的人。毛玠回答说：“老臣因为能够恪守职责，才幸而得以免于获罪。现在您所说的人不符合升迁的次第，所以我不敢奉命。”大军回邺之后，

人惮之，咸欲省东曹，乃共白曰："旧西曹为上，东曹为次，宜省东曹。"太祖知其情，令曰："日出于东，月盛于东，凡人言方，亦复先东，何以省东曹？"遂省西曹。初，太祖平柳城，班所获器物，特以素屏风、素凭几赐玠[④]，曰："君有古人之风，故赐君古人之服。"玠居显位，常布衣蔬食，抚育孤兄子甚笃，赏赐以振施贫族，家无所余。迁右军师[⑤]。魏国初建，为尚书仆射[⑥]，复典选举。时太子未定，而临菑侯植有宠，玠密谏曰："近者袁绍以嫡庶不分，覆宗灭国。废立大事，非所宜闻。"后群僚会，玠起更衣，太祖目指曰："此古所谓国之司直[⑦]，我之周昌也[⑧]。"

讨论省并官府。当时很多人由于曾向毛玠请托为官被他拒绝，很害怕他，因此都想要废除东曹，就一起禀告太祖说："按照旧制，西曹为上，东曹为次，应该撤销东曹。"太祖知道其中实情，下令说："日出于东方，月明于东方，凡人说到方位，也是先说东方，为什么省东曹？"结果省去西曹。起初，太祖平定柳城，将缴获的器物赏赐群臣，特意以素屏风和素凭几赐给毛玠，说："你有古人的作风，所以赐给你古人的用具。"毛玠居于显要的官位，但经常穿布衣吃素菜，抚育哥哥的孤儿情意深厚，所得的赏赐都用来救济贫困的族人，家里没有剩余的财物。后来升任右军师。魏国建立之初，毛阶任尚书仆射，再次掌管选举。当时太子还没有确定，而临菑侯曹植受到太祖宠爱，毛玠秘密劝告太祖说："先前袁绍因为嫡庶不分，导致破家亡国。废立太子是件大事，您想要废嫡子丕而立临菑侯植，这是天下不愿意听到的事。"后来有一次群僚聚会，毛玠起身上厕所，太祖用眼睛指着他说："这人正是古人所说的'国之司直'，也是我的周昌啊。"

注释 ① 东曹掾：高级官员僚属，与西曹掾并掌选举。西曹主府吏的署用，东曹主二千石官员及军官的任命。 ② 崔琰：曾任丞相东西曹掾、中尉等官，掌选举十余年。为人耿直，有名于世。后有人诽谤他“傲世怨谤”，曹操令其自杀。《三国志》有传。 ③ 文帝：指曹操长子曹丕，即日后的魏文帝。五官将：即五官中郎将。④ 凭几：可凭靠的小几。 ⑤ 右军师：丞相官属，掌监察军务。 ⑥ 尚书仆射：尚书省长官，为尚书令的副贰。 ⑦ 司直：主持正直之道的人。《诗经·郑风·羔裘》：“彼其之子，邦之司直。” ⑧ 周昌：汉初人，任御史大夫，为人刚直而口吃。高祖欲废太子，他在朝廷上力谏，说：“陛下欲废太子，臣期期（口吃声）不奉诏！”

原文

崔琰既死，玠内不悦。后有白玠者：“出见黥面反者，其妻子没为官奴婢，玠言曰‘使天不雨者盖此也’。”太祖大怒，收玠付狱。大理钟繇诘玠曰：“自古圣帝明王，罪及妻子。《书》云：‘左不共左，右不共右①，予则孥戮女。’司寇之职：‘男子入于罪隶，女子入于舂槀。’汉律：罪人妻子没为奴婢，黥面。汉法所行黥墨之刑，存于古典。今真奴婢祖先有罪，虽历百世，犹有黥面供官，一以宽良民之命，二以宥并罪之辜。此何

翻译

崔琰被杀之后，毛玠心中不悦。后来有人诬告毛玠说：“毛玠出门看见黥面的造反者，那人的妻子儿女被籍没为官奴婢，他就说：‘天不下雨，大概就因为这个。’”太祖大怒，把毛玠逮捕下狱。大理钟繇诘问毛玠说：“自古圣帝明王惩罚罪犯，都连及妻儿。《尚书》说：‘车左不尽车左的职责，车右不尽车右的职责，我就要杀死你们，还要把你们的妻儿罚为奴婢。’《周礼》记载司寇的职掌：‘男子没入官府为奴隶，女子没入官府舂米、制作弓箭。’汉朝法律：罪人的妻子和子女没入官府做奴婢，黥面。汉朝法律中所实行的黥面的刑罚，见于古代经典。现今真正的奴婢，他们的祖先有罪，即使经历百代，还是要黥面供官府服劳役，这样做一则可以减轻良民服役

以负于神明之意，而当致旱？案典谋，急恒寒若，舒恒燠若，宽则亢阳，所以为旱。玠之吐言，以为宽邪，以为急也？急当阴霖，何以反旱？成汤圣世，野无生草；周宣令主，旱魃为虐[②]。亢旱以来，积三十年，归咎黥面，为相值不？卫人伐邢，师兴而雨[③]，罪恶无征，何以应天？玠讥谤之言，流于下民，不悦之声，上闻圣听。玠之吐言，势不独语，时见黥面，凡为几人？黥面奴婢，所识知邪？何缘得见，对之叹言？时以语谁，见答云何？以何日月，于何处所？事已发露，不得隐欺，具以状对！"玠曰："臣闻萧生缢死[④]，困于石显；贾子放外，谗在绛、灌[⑤]；白起赐剑于杜邮[⑥]；晁错致诛于东市[⑦]；伍员绝命于吴都[⑧]。斯数子者，或妒其前，或害其后。臣垂龆执简[⑨]，累勤

的负担，二则不将他们一并处死，这也是对他们的宽恕。这又怎么会违背神明的意志而导致旱灾？按《尚书·洪范》的说法，政令严急则天气寒冷，政令宽缓则天气炎热，政令过于宽大则阳气过盛，这就是造成天旱的原因。你毛玠说出这样的话，是认为国家的政令过宽了呢，还是过严了呢？如是过严，那就应当导致天多阴雨，怎么反而会天旱？成汤时代是圣世，但野无青草；周宣王也是好的君主，但当时也是大旱成灾。这次天旱，已经三十年了，归罪于黥面，这扯得上吗？春秋时卫国人征伐邢国，本来是天旱，但刚出兵就下雨了，要不是邢国罪恶确凿，怎么会感应上天？你毛玠讥刺诽谤的话，流传到了百姓当中，对国家不满的言论，魏王已有所闻。你毛玠所说的话，肯定不是自言自语，当时你看见的黥面人，总共是几个？黥面的奴婢，你认识吗？为什么能够见到这些人，对他们叹息谈话？当时你这些话是对谁说的，他又是如何回答的？是在哪月哪日，什么地点？你的事已经暴露，不许隐瞒欺骗，而要原原本本地写出供状。"毛玠回答说："我听说萧望之自杀，是由于石显的排斥诬害；贾谊被贬斥在外，是由于周勃、灌婴的谗言中伤；白起被赐剑自刎于杜邮；晁错被杀

取官。职在机近，人事所窜。属臣以私，无势不绝；语臣以冤，无细不理。人情淫利，为法所禁；法禁于利，势能害之。青蝇横生[10]，为臣作谤，谤臣之人，势不在他。昔王叔陈生争正王廷，宣子平理，命举其契[11]，是非有宜，曲直有所，《春秋》嘉焉，是以书之。臣不言此，无有时、人。说臣此言，必有征要。乞蒙宣子之辨，而求王叔之对。若臣以曲闻，即刑之日，方之安驷之赠[12]；赐剑之来，比之重赏之惠。谨以状对。"时桓阶、和洽进言救玠。玠遂免黜，卒于家。太祖赐棺器钱帛，拜子机郎中[13]。

于东市；伍员也被赐死于吴国。在这几个人的遭遇中，既有人公开地妒忌他们，也有人在背后暗害他们。我从少年就做县吏，积累勤劳而当了官。我的职务是执掌机要，这就需要排除人事关系。若是以私情请托我，再有权势的人我也要加以拒绝；若是把冤屈告诉我，再卑微的小民我也要加以申理。人们的欲望是无限地追求利益，而这是法律所禁止的；谁要按法律去禁止非法求利，有权势的人就能够陷害他。进谗言的小人就像苍蝇一哄而起，对我横加毁谤，毁谤我的人，肯定不是其他人。从前王叔陈生与伯舆在王庭上争辩曲直，由范宣子评断，范宣子叫双方举出证词，是非曲直，各得其所，《春秋》称赞他，因此记载了这件事。我没有说过这样的话，因此也就不存在何时说的、对何人说的。说我说过这话，必须有证据。我请求派范宣子那样的人来加以评判，要王叔陈生那样的诬陷者来同我对质。假若错在于我，我一定心悦诚服，受刑之日，就像得到安车驷马的赠予；要是赐剑让我自杀，也好比受到重赏的恩惠。谨申诉如上。"当时桓阶、和洽都进谏营救毛玠。于是毛玠被废黜，后来死在家中。太祖赐给棺材、器物、钱和绢帛，用他的儿子毛机为郎中。

注释 ① 左、右：指车左、车右。战国以前兵车，一车三人，中为驭者，左右各立一人，称车左、车右。 ② 旱魃：旱神。 ③ 卫、邢：春秋时两个小国。《左传·僖公十九年》："卫人伐邢，以报菟圃之役。于是卫大旱……师兴而雨。" ④ 萧生：萧望之，西汉人，历位将相。元帝时为宦官弘恭、石显谗毁，饮鸩自杀。⑤ 贾子：贾谊。绛：绛侯周勃。灌：灌婴。贾谊被汉文帝信任，周勃、灌婴说他擅权乱政，文帝将他外放为长沙王太傅。 ⑥ 白起：战国秦昭王时名将，曾指挥著名的长平之战。秦相范雎忌其功。长平之战后，白起不同意进攻赵都邯郸，范雎乘机谗毁，昭王将白起逐出咸阳。至城西杜邮，又赐剑令其自杀。 ⑦ 晁错：汉景帝时任御史大夫，曾建议削弱诸侯，因此吴楚七国发动叛乱。爰盎等人乘机攻击晁错，景帝遂将他斩于东市。⑧ 伍员：字子胥，春秋时楚国人。楚王杀其父，遂逃于吴。曾佐吴王阖庐称霸诸侯。吴王夫差立，伍员与夫差意见不合，太宰嚭(pǐ)屡进谗言，夫差赐伍员剑逼令自刎。 ⑨ 髫(tiáo)：同"髫"。垂髫，儿童下垂的头发，此处指少年。执简：指执簿牍为吏。 ⑩ 青蝇：比喻进谗言的小人，出《诗经·小雅·青蝇》。 ⑪《左传·襄公十年》记载：周灵王的卿士王叔陈生与另一卿士伯舆争讼，由晋国正卿范宣子评断曲直，范宣子使二人"合要"，"王叔氏不能举其契"。要(yāo)，指诉状、证词等。契，即写要词的契券。王叔理曲，故不能举其契。 ⑫ 安驷：安车驷马，用四匹马驾的一种低稳的车，用以赐德高望重的老臣。 ⑬ 郎中：五官郎中，帝王的侍从。

王粲传

导读

建安年间至魏初，文学兴盛。曹操、曹丕、曹植父子都是杰出的诗人。在他们的周围还有一批很有成就的文学家，其中陈琳、王粲、徐干、阮瑀、应玚、刘桢六人，加上稍长的孔融，被称为“建安七子”。以三曹、七子为代表的建安文学在中国文学史上占有重要地位，其刚健骏爽的风格，即所谓“建安风骨”，受到后世盛赞，影响深远。本篇主要是为王粲(177—217)作传，但也连带述及陈、徐、阮、应、刘。虽失之简略，但还是可以帮助我们了解建安七子的大概情况。传中引用曹丕与吴质的信，对六子的文学成就作了极精辟的概括。(选自卷二一)

原文

王粲，字仲宣，山阳高平人也①。曾祖父龚，祖父畅，皆为汉三公。父谦，为大将军何进长史②。进以谦名公之胄，欲与为婚，见其二子，使择焉，谦弗许。以疾免，卒于家。

翻译

王粲，字仲宣，山阳郡高平县人。曾祖父王龚，祖父王畅，都做过汉朝的三公。父王谦，任大将军何进的长史。何进因为王谦是名公的后代，想同他联姻，叫他的两个儿子见王谦，让王谦选择，但王谦不同意。后来王谦因为有病而免官，死在家里。

注释 ① 高平：县名，在今山东微山西北。 ② 长史：总管府事，相当于今天的秘书长。

原文

献帝西迁，粲徙长安，左中郎将蔡邕见而奇之[①]。时邕才学显著，贵重朝廷，常车骑填巷，宾客盈坐。闻粲在门，倒屣迎之[②]。粲至，年既幼弱，容状短小，一坐尽惊。邕曰："此王公孙也，有异才，吾不如也。吾家书籍文章，尽当与之。"年十七，司徒辟，诏除黄门侍郎[③]，以西京扰乱，皆不就。乃之荆州依刘表。表以粲貌寝而体弱通侻[④]，不甚重也。表卒，粲劝表子琮，令归太祖。太祖辟为丞相掾[⑤]，赐爵关内侯。太祖置酒汉滨，粲奉觞贺曰："方今袁绍起河北，仗大众，志兼天下，然好贤而不能用，故奇士去之。刘表雍容荆楚，坐观时变，自以为西伯可规。士之避乱荆州者，皆海内之俊杰也，表不知所任，故国危而无辅。明公定冀

翻译

汉献帝西迁，王粲也跟随到长安，左中郎将蔡邕一见到他就认为他非同寻常。当时蔡邕以高才硕学而著名，在朝廷中地位很高，经常车马填巷，宾客满座。听说王粲在门外求见，还没有来得及穿好鞋子就跑出去迎接他。王粲进来之后，年纪既小，身材又矮，一座皆惊。蔡邕说："这是王公的孙子，有非凡的才学，我比不上他。我家的书籍文章，要全部送给他。"十七岁时，司徒举用他为僚属，天子又下诏任命为黄门侍郎，由于长安局势动乱，他都没有就任。后来王粲去荆州依附刘表。刘表因为他其貌不扬，身体虚弱，又不拘小节，不很重视他。刘表死后，王粲劝刘表的儿子刘琮归顺太祖。太祖任命他为丞相掾，赐爵关内侯。太祖在汉水之滨摆设酒宴，王粲举觞祝贺说："方今袁绍起于河北，依仗人马众多，一心兼并天下，但是他好贤而不能用，所以杰出之士都离开了他。刘表在荆州从容不迫，坐观时变，自以为可以做今天的周文王。避乱荆州的士人，都是海内的俊杰，而刘表不知任用，因此国家危难而没人辅佐。您平定冀州的时候，下车便整顿军队，收其豪杰加以任用，以便横行天下。平

州之日，下车即缮其甲卒，收其豪杰而用之，以横行天下。及平江汉，引其贤俊而置之列位，使海内回心，望风而愿治，文武并用，英雄毕力，此三王之举也。"后迁军谋祭酒[6]。魏国既建，拜侍中。博物多识，问无不对。时旧仪废弛，兴造制度，粲恒典之。

定江汉之后，又选拔这里的贤人俊士，把他们放在适当的官位，使天下归心，盼望您来治理，文武并用，英雄尽力，这是夏、商、周三王的做法啊。"王粲后来被提升为军谋祭酒。魏国建立之后，被任命为侍中。他学识渊博，问无不答。当时旧的礼仪废弛，建立各种制度，经常是由王粲主持。

注释 ① 左中郎将：官名，与右中郎将、五官中郎将俱统领皇帝侍卫。蔡邕：字伯喈，著名学者、文学家。 ② 屣（xǐ）：鞋。倒穿鞋而迎之，形容其急促。 ③ 黄门侍郎：官名，皇帝侍从。 ④ 侻（tuō）：洒脱不羁。 ⑤ 丞相掾（yuàn）：丞相属官。 ⑥ 军谋祭酒：即军师祭酒。

原文

初，粲与人共行，读道边碑。人问曰："卿能暗诵乎？"曰："能。"因使背而诵之，不失一字。观人围棋，局坏，粲为覆之。棋者不信，以帊盖局，使更以他局为之，用相比校，不误一道。其强记默识如此。性善算，作算术，略尽其理。善属

翻译

先前，王粲与其他人一起走，读路边的碑。别人问他："你能暗诵吗？"他说："能。"于是大家叫他背诵，果然一字不差。看人下围棋，棋局乱了，他便照原局重新摆出来。下棋的人不相信，用帕子盖住棋局，让他在另外的棋枰上复局，两相比较，不误一道。他的记忆力就是这样的强。他生性善于计算，作算术，大体能穷尽算法的原理。又善于写

文，举笔便成，无所改定。时人常以为宿构，然正复精意覃思，亦不能加也。著诗、赋、论、议垂六十篇[①]。

文章，下笔便成，不用修改。当时人常常认为他是事先写好的，但纵使再专意深思，也不能写得更好了。他写的诗、赋、论、议将近六十篇。

注释 ① 王粲的诗文后人编成《王粲集》十一卷，但已失传，现只有辑本。

原文

建安二十一年，从征吴。二十二年春，道病卒，时年四十一。粲二子，为魏讽所引[①]，诛，后绝。

翻译

建安二十一年(216)，王粲随从太祖征吴。二十二年(217)春，在路上病死，当时四十一岁。王粲有两个儿子，因魏讽一案牵连而被杀，因此绝了后。

注释 ① 指建安二十四年(219)魏讽等企图发动政变事。

原文

始，文帝为五官将，及平原侯植皆好文学。粲与北海徐干字伟长、广陵陈琳字孔璋、陈留阮瑀字元瑜、汝南应玚字德琏、东平刘桢字公干并见友善[①]。

翻译

起初，魏文帝曹丕做五官中郎将时，与平原侯曹植都爱好文学。王粲与北海徐干字伟长、广陵陈琳字孔璋、陈留阮瑀字元瑜、汝南应玚字德琏、东平刘桢字公干，都是曹丕、曹植的好朋友。

注释 ① 徐干：北海郡剧县(今山东昌乐西)人。陈琳：广陵郡广陵县(今江苏扬州)人。阮瑀：陈留郡尉氏县(今河南尉氏)人。应玚：汝南郡南顿县(今河南项城西)人。刘桢：东平国宁阳县(今山东宁阳)人。

原文

干为司空军谋祭酒、掾属、五官将文学[①]。

翻译

徐干曾任司空军谋祭酒、掾属、五官中郎将文学等官职。

注释 ① 五官将：指五官中郎将曹丕。文学：官名，掌典籍文章。

原文

琳前为何进主簿[①]。进欲诛诸宦官，太后不听，进乃召四方猛将，并使引兵向京城，欲以劫恐太后。琳谏进曰："《易》称'即鹿无虞'[②]，谚有'掩目捕雀'。夫微物尚不可欺以得志，况国之大事，其可以诈立乎！今将军总皇威，握兵要，龙骧虎步，高下在心，以此行事，无异于鼓洪炉以燎毛发。但当速发雷霆，行权立断，违经合道，天人顺之。而反释其利器，更征于他。大兵合聚，强者为雄，所谓倒持干戈，授人以柄，功必不成，祇为乱阶。"进不纳其言，竟以取祸。琳避难冀州，袁绍

翻译

陈琳先前做何进的主簿。何进打算诛杀宦官，何太后不许，何进便征召四方猛将，并叫他们带兵开向京城，想以此要挟、恐吓太后。陈琳劝阻何进说："《易经》称'猎鹿而无猎人指引，空入山林'，谚语也有'掩目捕雀'的话。捕猎鹿与雀这样的小东西尚且不能用自欺的方法达到目的，何况是国家大事，怎么可以用欺诈的方式来完成呢！现在将军总揽皇帝的权威，掌握军队的枢要，龙腾虎步，随心所欲，凭借这样的条件而行事，诛除宦官，无异于鼓洪炉以烧毛发，轻而易举。不过要以迅雷不及掩耳之势，当机立断，虽是非常行动，然而合乎正道，顺天应人。您不这样做，反而放下自己手中的利器，求助于人。到时大兵会合，强者称雄，所谓倒持干戈，授人以柄，功必不成，反招祸乱。"何进没有采纳他的意见，终于因此遭到杀身之祸。后来陈琳避难到冀州，

使典文章。袁氏败,琳归太祖。太祖谓曰:“卿昔为本初移书[3],但可罪状孤而已。‘恶恶止其身’,何乃上及父祖邪[4]?”琳谢罪,太祖爱其才而不咎。

袁绍叫他负责起草文章。袁绍失败后,陈琳归太祖。太祖对他说:“你过去替袁绍起草声讨我的檄文,只列举我的罪状就可以了。古人说‘恨恶人只恨他本人’,为什么你竟骂到我的父亲、祖父呢?”陈琳谢罪,太祖爱惜他的才华,因而不加追究。

注释 ① 主簿:官名,掌文书。 ②《周易·屯卦》:“即鹿无虞。惟入于山林。”虞,掌山林之官。大意是:猎鹿而无虞人指引,只有空入山林,而鹿不可得。 ③ 本初:袁绍字。 ④ 陈琳曾为袁绍起草檄文声讨曹操,骂曹操祖父曹腾“饕餮放横,伤化虐民”,其父曹嵩“盗窃鼎司,倾覆重器”等,并骂曹操是“赘阉(宦官)遗丑”。

原文

瑀少受学于蔡邕。建安中都护曹洪欲使掌书记[1],瑀终不为屈。太祖并以琳、瑀为司空军谋祭酒,管记室[2],军国书檄,多琳、瑀所作也。琳徙门下督[3],瑀为仓曹掾属[4]。

翻译

阮瑀年少时受学于蔡邕。建安中都护将军曹洪想要他掌管文书工作,阮瑀始终不愿屈从。太祖用陈琳、阮瑀都做司空军谋祭酒,管草拟文书,当时的军国书檄,大多是陈琳、阮瑀所作的。后来陈琳转为门下督,阮瑀做仓曹掾属。

注释 ① 都护:即都护将军。 ② 记室:主起草文稿。 ③ 门下督:高级将领门下的督将。 ④ 仓曹:三公府所属的一个部门,主管仓谷。

原文

玚、桢各被太祖辟,为

翻译

应玚、刘桢分别被太祖任用为丞相

丞相掾属。玚转为平原侯庶子[①],后为五官将文学。桢以不敬被刑[②],刑竟署吏。咸著文赋数十篇。

掾属。后来应玚转为平原侯曹植的庶子,后又做五官中郎将曹丕的文学。刘桢则因不敬之罪而被判刑,刑满后做吏。他们都著有文赋数十篇。

注释 ① 庶子:太子诸王的侍从官。 ② 曹丕曾请刘桢等赴宴,命夫人甄氏出拜。座中人都伏地,刘桢独平视。曹操遂收刘桢下狱。

原文

瑀以十七年卒,干、琳、玚、桢二十二年卒。文帝书与元城令吴质曰[①]:"昔年疾疫,亲故多离其灾,徐、陈、应、刘,一时俱逝。观古今文人,类不护细行,鲜能以名节自立。而伟长独怀文抱质,恬淡寡欲,有箕山之志[②],可谓彬彬君子矣。著《中论》二十余篇[③],辞义典雅,足传于后。德琏常斐然有述作意,其才学足以著书,美志不遂,良可痛惜!孔璋章表殊健,微为繁富。公干有逸气,但未遒耳。元瑜书记翩翩,致足乐也。仲宣独自善于辞赋,惜其体

翻译

阮瑀于建安十七年(212)死,徐干、陈琳、应玚、刘桢于建安二十二年(217)死。魏文帝写信给元城令吴质说:"往年疫病流行,亲戚朋友很多遭到灾难,徐、陈、应、刘,同时去世。我看古今的文人,大都不爱护细节,很少有人能以名节自立于世。唯独徐伟长既有文采,又很朴实,恬淡寡欲,不慕荣利,有许由隐于箕山的志向,可说是文质兼美的君子了。他著有《中论》二十余篇,辞义典雅,足以流传于后世。应德琏文采斐然,常有意于著述,他的才学完全可以著书,可惜其良好的志愿未能实现,很可痛惜!陈孔璋善于写章表,笔力雄健,但稍嫌烦冗。刘公干辞气超逸,只是还不够刚劲罢了。阮元瑜书牍优美,极为可喜。王仲宣独自善于辞赋,可惜他魄力不足,不能提起其文章的气势;

弱，不起其文；至于所善，古人无以远过也。昔伯牙绝弦于钟期[4]，仲尼覆醢于子路[5]，痛知音之难遇，伤门人之莫逮也。诸子但为未及古人，自一时之俊也。”

但其中写得好的地方，古人也无法胜过他很远。从前伯牙为钟子期之亡而割断琴弦，是悲痛知音的难遇；仲尼为子路之死而倒掉肉酱，是哀伤在世的弟子没人能赶上他。这几个人尽管还比不上古人，但也算得上当代的俊秀了。”

注释 ①吴质：字季重，济阴（治今山东定陶西北）人。文学家，受知于曹丕。曹丕与吴质的信全文见《昭明文选》。 ② 箕山之志：意即不慕荣利。相传尧要让天下于许由，许由逃到箕山下农耕自食。 ③《中论》：书名，今存，有上下二卷，共二十篇。 ④ 相传春秋时，伯牙善鼓琴，而钟子期独能听出他琴声中表达的志向。钟子期死，伯牙哀痛再无知音，于是割断琴弦，不再鼓琴。 ⑤ 醢（hǎi）：肉酱。据说孔子的弟子子路在卫国做官，卫国发生内乱，子路被剁成肉酱。孔子听说后，很悲痛，叫人把自己平时爱吃的肉酱倒了。

华 佗 传

导读

华佗(? —208)是我国古代伟大的医学家。他擅长各科,尤精于外科。他用“麻沸散”进行全身麻醉之后,可以施行剖腹等大手术,反映了当时祖国医学在麻醉术和外科手术方面所达到的高度成就。他提倡体育锻炼,创造了一套叫“五禽戏”的健身操,认为“人体欲得劳动……动摇则谷气得消,血脉流通,病不得生,譬犹户枢不朽是也”。这是我国养生学的经验总结。可惜他最后无辜被曹操杀害,他的医学著作没能直接流传下来。本篇概述了华佗在医学上的主要成就,并记载了他诊治的十几个病例,是医学史上的一篇重要文献。从传中还可以看到华佗倔强的性格和不畏权贵、不喜逢迎的精神。(选自卷二九)

原文

华佗,字元化,沛国谯人也,一名旉。游学徐土,兼通数经。沛相陈珪举孝廉,太尉黄琬辟,皆不就。晓养性之术,时人以为年且百岁,而貌有壮容。又精方药。其疗疾,合汤不过数种,心解分剂,不复称量,煮熟便饮,语其节度,舍去辄

翻译

华佗,字元化,沛国谯县人,又名旉。曾游学徐州,兼通几部经典。沛相陈珪荐举他为孝廉,太尉黄琬委任他做属官,他都不就职。由于他通晓养生的方法,当时人认为他已经接近百岁,但容貌像个壮年人。又精通方药。替人治病时,配合汤剂不过几种药,心中能准确掌握药物分量,随手抓来,不再称量,煮好便饮,告诉病人注意事项,药吃完病就好了。如果用灸,不过一两处,

愈。若当灸，不过一两处，每处不过七八壮，病亦应除。若当针，亦不过一两处，下针言“当引某许，若至，语人”，病者言“已到”，应便拔针，病亦行差。若病结积在内，针药所不能及，当须刳割者，便饮其麻沸散，须臾便如醉死无所知，因破取。病若在肠中，便断肠湔洗，缝腹膏摩，四五日差，不痛，人亦不自寤，一月之间，即平复矣。

每处艾灼不过七八下，病也应时而除。如果用针，也不过一两处，进针时对病人说：“胀麻的感觉应当传到某处，要是到了，就告诉我。”病人说“已到”，便拔出针，病也就很快好了。如若病结积在体内深处，下针用药都不能达到，需要用刀剖开的，便服下他的麻沸散，一会儿就像醉死过去，毫无知觉，于是乘机剖开治疗。病若在肠中，便割断肠清洗，然后缝好肚腹，抹上药膏，四五天就好了，不痛，病人自己也不觉得，一月之间，就完全康复了。

原文

故甘陵相夫人有娠六月，腹痛不安，佗视脉，曰：“胎已死矣。”使人手摸知所在，在左则男，在右则女。人云在左，于是为汤下之，果下男形，即愈。

县吏尹世苦四支烦，口中干，不欲闻人声，小便不利。佗曰：“试作热食，得汗则愈；不汗，后三日死。”即

翻译

原甘陵相的夫人怀孕六个月，腹痛不安，华佗切过脉，说：“胎已经死了。”叫人用手摸，找到胎儿位置，在左就是男胎，在右就是女胎。摸的人说“在左”，于是服汤药打下，果然打下男胎，孕妇也就好了。

县吏尹世苦于四肢烦躁，口中干渴，不愿听见人声，小便不利。华佗说：“试替他做些热食吃下，出汗就好了；若不出汗，过三天就会死去。”马上做热食，吃下之后不出汗，华佗说：“五脏的

作热食，而不汗出，佗曰："藏气已绝于内，当啼泣而绝。"果如佗言。

生气已绝于内，将要哭啼而死。"结果真像他所说的那样。

原文

府吏兒寻、李延共止，俱头痛身热，所苦正同。佗曰："寻当下之，延当发汗。"或难其异，佗曰："寻外实[①]，延内实，故治之宜殊。"即各与药，明旦并起。

翻译

府吏兒寻、李延二人住在一起，都感到头痛身热，症状完全相同。华佗说："兒寻应当用泻法，李延应当发汗。"有人反驳他：为什么症状相同，治法不同？华佗说："兒寻外实，李延内实，所以治疗应当不同。"于是分别给药，第二天都能起床了。

注释 ① 中医"八纲"将病症分为实、虚两类，一般表现为有余、结实、强盛等则为实证，表现为不足、松弛、衰退等则为虚证。虚实又各分内外。

原文

盐渎严昕与数人共候佗[①]，适至，佗谓昕曰："君身中佳否?"昕曰："自如常。"佗曰："君有急病见于面，莫多饮酒。"坐毕归，行数里，昕卒头眩堕车，人扶将还，载归家，中宿死。

翻译

盐渎县人严昕与几个人一起等候华佗，正好来了，华佗对严昕说："您感觉身体好吗?"严昕说："跟平常一样。"华佗说："你有急病表现在脸上，不要多饮酒。"事情完毕离座归家，走了几里，严昕突然头晕跌下车来，其他人扶他上车，回到家，夜半就死了。

注释 ① 盐渎：县名，在今江苏盐城西北。

原文

故督邮顿子献得病已差[①]，诣佗视脉，曰："尚虚，未得复，勿为劳事，御内即死。临死，当吐舌数寸。"其妻闻其病除，从百余里来省之，止宿交接，中间三日发病，一如佗言。

翻译

原督邮顿子献得病已好了，去找华佗看脉，华佗说："你还虚弱，还没有复原，不要做劳累的事，若与妻子行房事就要死。临死时，将会吐出舌头几寸。"顿子献的妻子听说他病已好，从百多里外来看他，留宿并同了房，隔了三天顿子献就发病，完全像华佗说的那样。

注释 ① 督邮：郡中佐吏，掌督察属县。

原文

督邮徐毅得病，佗往省之。毅谓佗曰："昨使医曹吏刘租针胃管讫[①]，便苦欬嗽，欲卧不安。"佗曰："刺不得胃管，误中肝也，食当日减，五日不救。"遂如佗言。

翻译

督邮徐毅得病，华佗去看他。徐毅对华佗说："昨天叫医曹吏刘租针胃管穴之后，便苦于咳嗽，想睡觉，身体不适。"华佗说："这是因为没有刺准胃管，误伤了肝，饮食将会一天天减少，五天之后不可救。"结果也如华佗所说。

注释 ① 医曹吏：郡中掌医药的属吏。胃管：即中脘(wǎn)穴，在脐上四寸处。

原文

东阳陈叔山小男二岁得疾[①]，下利常先啼，日以羸

翻译

东阳县人陈叔山的小儿子两岁得病，下痢时常先哭啼，一天天瘦弱无力。

困。问佗，佗曰："其母怀躯，阳气内养，乳中虚冷，儿得母寒，故令不时愈。"佗与四物女宛丸，十日即除。

问华佗，华佗说："他母亲怀孕时，阳气集到腹内，乳中虚冷，小儿吸了母亲的寒气，以致不能及时痊愈。"华佗开给四物女宛丸，十天就好了。

注释 ① 东阳：县名，在今安徽天长西北。

原文

彭城夫人夜之厕，虿螫其手，呻呼无赖。佗令温汤近热，渍手其中，卒可得寐。但旁人数为易汤，汤令暖之，其旦即愈。

军吏梅平得病，除名还家。家居广陵[1]，未至二百里，止亲人舍。有顷，佗偶至主人许，主人令佗视平。佗谓平曰："君早见我，可不至此。今疾已结，促去可得与家相见，五日卒。"应时归，如佗所刻。

翻译

彭城夫人夜里上厕所，被蝎子螫了手，呻吟呼叫，百般无奈。华佗叫她用比较热的温水，把手浸入其中，终于能够入睡。只是旁人要经常为她换水，使水保持热度，第二天清早就好了。

军吏梅平得病，被除名回家。他家住在广陵，离家还有二百里，到一个亲戚家里歇息。过了一会儿，华佗偶然到了这家，这家主人叫华佗给梅平看病。华佗对梅平说："你若早见到我，可以不至于此。现在病已经很深沉，赶快回去还可以与家人相见，过五天就要死了。"梅平马上回家，正像华佗预计的那样。

注释 ① 广陵：县名，即今江苏扬州，为广陵郡治所。

原文

佗行道，见一人病咽塞，嗜食而不得下，家人车载欲往就医。佗闻其呻吟，驻车往视，语之曰："向来道边有卖饼家蒜齑大酢，从取三升饮之，病自当去。"即如佗言，立吐蛇一枚，县车边，欲造佗。佗尚未还，小儿戏门前，逆见，自相谓曰："似逢我公，车边病是也[①]。"疾者前入坐，见佗北壁县此蛇辈约以十数。

翻译

华佗走在路上，见一人患咽喉哽塞，很想吃东西而吞不下去，家里人用车载着他想去就医。华佗听见他呻吟，停车去看，对他说："你刚才来的路上，路边卖饼的人家有蒜泥大醋，向他要三升喝下去，病就会好。"病者便照华佗说的办，马上吐出一条蛇，他把蛇挂在车边，想要拜访华佗。华佗还没回家，有小儿在门前玩耍，迎面看见，互相说："他好像遇见了我们爷爷，因为车边挂着这个东西。"病人进屋入座，看见华佗家北墙头悬挂这类蛇有好几十条。

注释　① 这句不大好解释，《后汉书·方术列传·华佗传》作："客车边有物，必是逢我翁也。"较通。今以意译。

原文

又有一郡守病，佗以为其人盛怒则差，乃多受其货而不加治，无何弃去，留书骂之。郡守果大怒，令人追捉杀佗。郡守子知之，属使勿逐。守瞋恚既甚，吐黑血数升而愈。

翻译

又有一位郡太守生了病，华佗认为此人如果大怒病就会好，因此收了他很多财物而不加以治疗，不久更是丢下他不辞而走，还留封信骂他。郡守果然大怒，派人追赶，要捉拿并杀死华佗。郡守的儿子知道这事，嘱咐所派的人不要追赶。太守愤怒得很，吐出黑血几升，病马上就好了。

原文

又有一士大夫不快，佗云：“君病深，当破腹取。然君寿亦不过十年，病不能杀君，忍病十岁，寿俱当尽，不足故自刳裂。”士大夫不耐痛痒，必欲除之。佗遂下手，所患寻差，十年竟死。

广陵太守陈登得病，胸中烦懑，面赤不食。佗脉之曰：“府君胃中有虫数升[①]，欲成内疽，食腥物所为也。”即作汤二升，先服一升，斯须尽服之。食顷，吐出三升许虫，赤头皆动，半身是生鱼脍也，所苦便愈。佗曰：“此病后三期当发，遇良医乃可济救。”依期果发动，时佗不在，如言而死。

翻译

又有一个士大夫不舒服，华佗说：“你的病很深，要剖腹治疗。但你的寿命也不过十年，病不能要你的命，忍病十年，寿数也完了，不值得特意剖腹。”这个士大夫受不了又痛又痒的折磨，一定要割除。华佗就替他动手开刀，病很快就好了，但过十年他还是死了。

广陵太守陈登得病，胸中烦闷，面红耳赤，不思饮食。华佗诊过脉，说：“府君胃中有好几升虫，快要形成内疽，这是吃腥物造成的。”立即作汤剂二升，先服一升，过一会儿全部服下。大约有一顿饭工夫，吐出三升左右的虫，赤色的头都在蠕动，半截身体还是切细的生鱼肉，所害的病也就痊愈了。华佗说：“这个病过三年还会复发，遇到好的医生才可以救治。”到期果然发作，当时华佗不在，陈登正像他所预言那样死去。

注释　① 府君：汉时对太守的尊称。

原文

太祖闻而召佗，佗常在左右。太祖苦头风[①]，每发，

翻译

太祖听说后把华佗召来，经常留在身边。太祖患头风，每次发病，心乱目眩，华佗扎针膈俞穴，手到病除。

心乱目眩，佗针鬲[2]，随手而差。

注释 ① 头风：是一种时发时止的头痛病，多由风寒侵袭、痰火郁遏、气血壅滞头部引起。 ② 鬲：即膈俞穴，在背部。

原文

李将军妻病甚，呼佗视脉，曰："伤娠而胎不去。"将军言："实伤娠，胎已去矣。"佗曰："案脉，胎未去也。"将军以为不然。佗舍去，妇稍小差。百余日复动，更呼佗，佗曰："此脉故事有胎，前当生两儿，一儿先出，血出甚多，后儿不及生。母不自觉，旁人亦不寤，不复迎，遂不得生。胎死，血脉不复归，必燥著母脊，故使多脊痛。今当与汤，并针一处，此死胎必出。"汤针既加，妇痛急如欲生者，佗曰："此死胎久枯，不能自出，宜使人探之。"果得一死男，手足完具，色黑，长可尺所[1]。

翻译

李将军的妻子病得很厉害，叫华佗诊脉，华佗说："伤了胎但死胎没有除去。"将军说："近来确是伤过胎，但死胎已经出来了。"华佗说："按脉，胎没下。"将军不以为然。华佗也就不管了，而妇人的病也逐渐好些了。过了百余天再次发作，又把华佗叫来，华佗说："她这脉按先例就是有胎，以前应当是生两个婴儿，一个婴儿先生下，出血很多，后一个婴儿来不及生。母亲自己不觉得，旁人也没有发觉，不再接生，因此就没有生出来。胎死，血脉不再进入胎儿体内，必然干枯而贴连母亲的脊背，致使背脊常痛。现在应当给她服汤药，并扎针一处，这死胎自会出来。"服过药，扎过针，妇人急痛，就像要生产一样，华佗说："这个死胎已干枯很久，不能自己出来，应该叫人用手探取。"果然取出一个死了的男胎，手足完具，黑色，长一尺左右。

注释 ① 汉代的一尺相当于今七寸左右。

原文

佗之绝技，凡此类也。然本作士人，以医见业，意常自悔。后太祖亲理，得病笃重，使佗专视。佗曰："此近难济，恒事攻治，可延岁月。"佗久远家，思归，因曰："当得家书，方欲暂还耳。"到家，辞以妻病，数乞期不反。太祖累书呼，又敕郡县发遣。佗恃能，厌食事，犹不上道。太祖大怒，使人往检：若妻信病，赐小豆四十斛，宽假限日；若其虚诈，便收送之。于是传付许狱，考验首服。荀彧请曰："佗术实工，人命所县，宜含宥之。"太祖曰："不忧，天下当无此鼠辈耶！"遂考竟佗。佗临死，出一卷书与狱吏，曰："此可以活人。"吏畏法不受，佗亦不强，索火烧之。佗死后，太祖头风未除。太

翻译

华佗的绝技，都像这一类。但他本来是士人，而以医作为职业，心中常感到后悔。后来太祖亲自处理国事，得病很重，叫华佗专门诊治。华佗说："这种病一时很难治好，长期治疗，方可延迟岁月。"华佗长期离家，想要回去，因而说："适才得到家书，想暂时回去。"到家后，借口妻子病了，多次请假不返。太祖几次写信叫他，又命令郡县官吏遣送他回来。华佗仗恃自己的技能，厌恶为人役使以求食，仍然不上路。太祖大怒，叫人前往调查核实：如果他妻子真的病了，便赐给小豆四十石，宽限假期；如果他弄虚作假，便拘捕送回。于是使者用驿车押送华佗到许都的监狱，经拷问，本人认罪。荀彧请求说："华佗的医术的确很高明，事关人命，应该宽赦他。"太祖说："别担忧，天下难道会没有这等鼠辈吗？"于是用刑拷打，以至于华佗死于狱中。华佗临死，拿出一卷书送给狱吏，说："这书可以活人。"狱吏怕犯法不敢接受，华佗也不勉强他，用火烧了。华佗死后，太祖头风还是没有好。

祖曰："佗能愈此。小人养吾病，欲以自重，然吾不杀此子，亦终当不为我断此根原耳。"及后爱子仓舒病困，太祖叹曰："吾悔杀华佗，令此儿强死也。"

太祖说："华佗能治愈这种病。小人留下我的病，是想以此抬高自己，但如果我不杀这小子，他也终究不会为我断绝这病根的。"后来爱子仓舒病危，太祖叹息说："我后悔杀了华佗，使得这孩子枉死。"

原文

初，军吏李成苦欬嗽，昼夜不寐[1]，时吐脓血，以问佗。佗言："君病肠臃，欬之所吐，非从肺来也。与君散两钱，当吐二升余脓血，讫，快。自养，一月可小起；好自将爱，一年便健。十八岁当一小发，服此散，亦行复差。若不得此药，故当死。"复与两钱散。成得药，去五六岁，亲中人有病如成者，谓成曰："卿今强健，我欲死，何忍无急去药，以待不祥？先持贷我，我差，为卿从华佗更索。"成与之。已，故到谯，适值佗见收，匆匆不忍从求。后十八岁，成病

翻译

起初，军吏李成苦于咳嗽，昼夜不能入睡，时常吐脓血，去问华佗。华佗说："你得的是肠痈，咳嗽吐出的东西，不是从肺部来的。我给你药粉两钱，吃了将会吐出二升多脓血，吐完就感觉舒服了。自己休养，一个月可稍稍起床；再好生将养爱护，一年便能恢复健康。过十八年将会小发一次，服了这药，不久又会痊愈。但假使没有这种药，那就必然会死。"于是再给他两钱这种药粉。李成得药，收藏了五六年，亲戚中有人得了同样的病，对李成说："你现在很强健，而我快死了，你怎么忍心没有急病而藏着药，以等待将来生病？你先拿来借给我吃，我好了，替你去向华佗另外索取。"李成把药给了他。这人病好后，特意到谯县，正遇上华佗被拘捕，匆忙之中不忍向他求药。到了第十八年，李成的

竟发，无药可服，以至于死。

病果然发作，无药可服，以至于死。

注释 ①瘔：《后汉书·华佗传》作“寐”，是。

原文

广陵吴普、彭城樊阿皆从佗学。普依准佗治，多所全济。佗语普曰：“人体欲得劳动，但不当使极尔。动摇则谷气得消，血脉流通，病不得生，譬犹户枢不朽是也。是以古之仙者为导引之事[①]，熊经鸱顾[②]，引挽腰体，动诸关节，以求难老。吾有一术，名五禽之戏，一曰虎，二曰鹿，三曰熊，四曰猿，五曰鸟，亦以除疾，并利蹄足，以当导引。体中不快，起作一禽之戏，沾濡汗出，因上著粉，身体轻便，腹中欲食。”普施行之，年九十余，耳目聪明，齿牙完坚。

翻译

广陵吴普、彭城樊阿都跟随华佗学医。吴普依照华佗治疗的方法，医好了很多人。华佗对吴普说：“人体应当经常活动，只是不要过于疲劳罢了。活动可以使食物消化，血脉流通，不致生病，好比经常转动的户枢不会腐朽一样。因此古代的仙人做‘导引’的事，仿效熊攀枝悬挂和鸱鸟回顾的动作，伸展腰肢，活动各关节，以求推迟衰老。我有一种健身术，名叫‘五禽戏’，一为虎，二为鹿，三为熊，四为猿，五为鸟，也是用来消除疾病，并使四肢轻健，用来当作古人的导引之术。身体不舒服，便起身作一禽之戏，微微出汗，然后扑一点粉，便会感到身体轻便，腹中想吃东西。”吴普如法实行，活了九十多岁，还是耳聪目明，牙齿完整坚固。

注释 ①导引：古代的一种活动筋骨以强身健体的方法，类似于做体操。②经：原作“颈”，据《后汉书·华佗传》改。经，缢死，上吊，这里意思是悬挂。

原文

阿善针术。凡医咸言背及胸藏之间不可妄针,针之不过四分,而阿针背入一二寸,巨阙胸藏针下五六寸[1],而病辄皆瘳。阿从佗求可服食益于人者,佗授以漆叶青黏散:漆叶屑一升,青黏屑十四两,以是为率。言久服去三虫[2],利五藏,轻体,使人头不白。阿从其言,寿百余岁。漆叶处所而有,青黏生于丰、沛、彭城及朝歌云[3]。

翻译

樊阿善于针术。一般医生都说背部和胸部内脏区域不能乱扎针,要扎针也不能深过四分,而樊阿在背部扎针深入一二寸,在巨阙穴当胸脏处下针五六寸,而病总是都能痊愈。樊阿向华佗求教可以服食而对人有益的药,华佗传授给他"漆叶青黏散":漆叶屑一升,青黏屑十四两,按这个比例配方。说是久服可以除去三虫,有利于五脏,使身体轻便,头发不白。樊阿听从他的话,活到百余岁。漆叶到处都有,青黏生于丰、沛、彭城和朝歌等县。

注释 ① 巨阙:穴名,位于腹正中线上,脐上六寸。 ② 三虫:人腹中的三种寄生虫。说法不一。 ③ 丰、沛、彭城、朝歌:均县名。丰,今江苏丰县;沛,今江苏沛县;彭城,今江苏徐州;朝歌,今河南淇县。

先主传

导读

本篇是蜀汉先主刘备(161—223)的传记,叙述了刘备艰难创业的过程。刘备出身于一个没落的皇族家庭,他也是靠参与镇压黄巾而起家的。在汉末群雄角逐之中,他原只是一个势力单微的小军阀,被吕布、曹操等大军阀打得东奔西跑,经常寄人篱下。但他始终折而不挠,败而不亡。这一方面是他利用了各军阀之间的矛盾,另一方面,也由于他有着曹操等人所没有的一些长处,如宽仁大度、礼贤爱士、较重信义,而且雄姿杰出,因此很得人心,名声很大。后来他得到诸葛亮的辅助,在赤壁之战中,联合孙权,打败曹操,开始在荆州取得立足之地,这成为他一生事业的转折点。以后又向益州发展,兼并刘璋,终于创建蜀汉。他于天下扰攘之中,统一了中国西南地区,算得上一个英雄。但他一生打仗,败多胜少。特别是当了皇帝之后,为了替关羽报仇,忘记了联吴抗曹的大计,不顾群臣劝阻,执意东征,而又指挥错误,以至于夷陵之战全军覆没。(选自卷三二)

原文

先主姓刘,讳备,字玄德,涿郡涿县人[1],汉景帝子中山靖王胜之后也。胜子贞,元狩六年封涿县陆城亭侯[2],坐酎金失侯[3],因家

翻译

先主姓刘,名备,字玄德,涿郡涿县人,是汉景帝的儿子中山靖王刘胜的后代。刘胜子刘贞,汉武帝元狩六年封涿县陆城亭侯,由于献金助祭不合规格而被取消侯爵,因此在涿县住了家。先主

焉。先主祖雄，父弘，世仕州郡。雄举孝廉，官至东郡范令。

的祖父刘雄、父亲刘弘，世代在州郡做官。刘雄被举荐为孝廉，官至东郡范县县令。

注释 ① 涿县：即今河北涿州。 ② 元狩：汉武帝年号。据《汉书》，刘贞于武帝元朔二年封陆城侯，不是元狩六年。陆城：县名，属中山国，故城在今河北蠡县南，这里说“涿县陆城亭侯”，误。 ③ 酎（zhòu）金：汉律，天子祭宗庙，诸侯献金助祭，叫酎金。汉武帝曾借口酎金不合规格而废除大批列侯爵位。

原文

先主少孤，与母贩履织席为业。舍东南角篱上有桑树生，高五丈余，遥望见童童如小车盖，往来者皆怪此树非凡，或谓当出贵人。先主少时，与宗中诸小儿于树下戏，言：“吾必当乘此羽葆盖车[①]。”叔父子敬谓曰：“汝勿妄语，灭吾门也！”年十五，母使行学，与同宗刘德然、辽西公孙瓒俱事故九江太守同郡卢植。德然父元起常资给先主，与德然等。元起妻曰：“各自一家，何能常尔邪！”起曰：“吾宗中有此儿，非常人也。”而瓒

翻译

先主少年时父亲去世，与母亲卖草鞋织席为业。他家东南角篱笆上长出了株桑树，高五丈余，远远望去，枝叶覆地有如小车盖，往来人都为这株树的非凡而感到奇怪，有的说树下要出贵人。先主小时候，与本族的小孩们在树下游戏，说：“我必定会乘坐这个羽葆盖的车子。”叔父刘子敬告诉他：“你别乱说，要灭我们满门的！”到十五岁，母亲叫他出外求学，与本族刘德然和辽西公孙瓒都拜原九江太守、同郡人卢植为师。刘德然父刘元起常资助先主，与德然同等对待。刘元起的妻子说：“各是一家，怎么能经常如此呢！”刘元起说：“我们宗族中的这个孩子，是个非凡的人物。”公孙瓒与先主是交情很深的好友，公孙瓒年长，先主把他当成兄长。先主不大爱读

深与先主相友。瓒年长，先主以兄事之。先主不甚乐读书，喜狗马、音乐、美衣服。身长七尺五寸，垂手下膝，顾自见其耳。少语言，善下人，喜怒不形于色。好交结豪侠，年少争附之。中山大商张世平、苏双等资累千金，贩马周旋于涿郡，见而异之，乃多与之金财，先主由是得用合徒众。

书，而喜欢玩狗马、音乐，穿漂亮衣服。身长七尺五寸，垂手过膝，眼睛向后看能看见自己的耳朵。少言语，善于谦虚待人，喜怒不形于色。先主爱交结豪侠，年轻人都争着归附他。中山国大商人张世平、苏双等有成千斤黄金的资产，因卖马来往于涿郡，见了先主就非常看重，便给了他不少金钱财物，先主因此得以纠合人众。

注释 ① 羽葆盖车：天子所乘的一种车，以翠羽饰车盖。

原文

灵帝末，黄巾起，州郡各举义兵，先主率其属从校尉邹靖讨黄巾贼有功，除安喜尉[1]。督邮以公事到县，先主求谒，不通，直入缚督邮，杖二百，解绶系其颈着马枊[2]，弃官亡命。顷之，大将军何进遣都尉毌丘毅诣丹杨募兵，先主与俱行，至下邳遇贼，力战有功，除为

翻译

汉灵帝末年，黄巾起事，各州郡都自行发起义兵。先主率领他的部属跟随校尉邹靖讨伐黄巾军有功，被任为安喜县尉。郡督邮因公事到县，先主求见，手下人竟不给通报，先主径直进去绑了督邮，打二百杖，解下县尉印带系在他颈上，然后把他绑在拴马桩上，弃官逃亡。不久，大将军何进派遣都尉毌丘毅到丹杨郡募兵，先主同他一起去，到下邳碰上黄巾军，力战有功，被任命为下密县丞。再次弃官。先主后来做

下密丞[③]。复去官。后为高唐尉，迁为令。为贼所破，往奔中郎将公孙瓒[④]，瓒表为别部司马[⑤]，使与青州刺史田楷以拒冀州牧袁绍。数有战功，试守平原令，后领平原相。郡民刘平素轻先主，耻为之下，使客刺之。客不忍刺，语之而去。其得人心如此。

高唐尉，又升任该县县令。县城被黄巾攻破，前去投奔中郎将公孙瓒，公孙瓒上表任为别部司马，派他与青州刺史田楷去抵御冀州牧袁绍。先主因为多次有战功，试用为平原县令，后兼任平原国相。平原郡民刘平素来看不起先主，以属他所管为耻，便派刺客去暗杀他。刺客却不忍心刺杀，告诉了他就走了。先主就是这样得人心。

注释 ① 安喜：县名，在今河北定州东，属中山国。尉：县尉，主管捕盗贼。② 枊（áng）：系马的木桩。 ③ 下密：县名，在今山东昌邑东。丞：县令或县长的佐官。 ④ 中郎将：领兵的军官之一，次于将军。 ⑤ 别部司马：高级将领属下的军官，别领一部，故名。

原文

袁绍攻公孙瓒，先主与田楷东屯齐。曹公征徐州，徐州牧陶谦遣使告急于田楷，楷与先主俱救之。时先主自有兵千余人及幽州乌丸杂胡骑[①]，又略得饥民数千人。既到，谦以丹杨兵四千益先主，先主遂去楷归谦。谦表先主为豫州刺史，

翻译

袁绍进攻公孙瓒，先主与田楷往东驻军于齐。曹公征徐州，徐州牧陶谦遣使告急于田楷，田楷与先主都去援救他。当时先主自己有兵千余人，加上幽州来的乌丸、杂胡骑兵，又掳掠到饥民几千人当兵。到徐州后，陶谦以丹杨兵四千补充先主军，先主因此离开田楷归陶谦。陶谦上表任先主为豫州刺史，屯军小沛。陶谦病危，对徐州别驾麋竺

屯小沛[②]。谦病笃，谓别驾麋竺曰："非刘备不能安此州也。"谦死，竺率州人迎先主，先主未敢当。下邳陈登谓先主曰："今汉室陵迟，海内倾覆，立功立事，在于今日。彼州殷富[③]，户口百万，欲屈使君抚临州事。"先主曰："袁公路近在寿春[④]，此君四世五公，海内所归，君可以州与之。"登曰："公路骄豪，非治乱之主。今欲为使君合步骑十万，上可以匡主济民，成五霸之业；下可以割地守境，书功于竹帛。若使君不见听许，登亦未敢听使君也。"北海相孔融谓先主曰："袁公路岂忧国忘家者邪？冢中枯骨，何足介意！今日之事，百姓与能。天与不取，悔不可追。"先主遂领徐州。袁术来攻先主，先主拒之于盱眙、淮阴[⑤]。曹公表先主为镇东将军，封宜城亭侯，是岁建安元

说："除了刘备，没人能安定这个州。"陶谦死后，麋竺率领州人迎接先主，先主不敢当。下邳陈登对先主说："目今汉朝衰微，天下大乱，建功立业，就在今日。鄙州财物丰富，户口百万，想要委屈使君治理州事。"先主说："袁术近在寿春，他家四代人出了五个三公，天下归附，您可以把徐州交给他。"陈登说："袁术骄横，不是治理乱世的帅才。我现在想要为使君集合十万兵马，上可以扶佐主上，救济百姓，完成春秋五霸的事业；下可以割地守境，功勋书于史册。假使您不应允，我也不敢听您的。"北海相孔融对先主说："袁术哪是忧国忘家的人呢？四世五公早已是坟墓中的枯骨，哪里值得放在心上！今天的现实是，谁有才能百姓就拥戴谁。上天给你你不要，后悔莫及。"于是先主兼任徐州刺史。袁术来攻先主，先主在盱眙、淮阴一带进行抵御。曹公上表任命先主为镇东将军，封宜城亭侯，这是建安元年(196)的事。

年也。

注释 ① 杂胡：北方的各种胡人。 ② 小沛：即沛县。 ③ 彼州：当从《华阳国志》作“鄙州”。陈登即徐州人，故谦称“鄙州”。 ④ 袁公路：袁术，字公路。 ⑤ 盱眙(xū yí)：县名，在今江苏盱眙东北。淮阴：县名，在今江苏淮安。

原文

先主与术相持经月，吕布乘虚袭下邳。下邳守将曹豹反，间迎布。布虏先主妻子，先主转军海西[1]。杨奉、韩暹寇徐、扬间，先主邀击，尽斩之[2]。先主求和于吕布，布还其妻子。先主遣关羽守下邳[3]。

翻译

先主与袁术相持了一个多月，吕布乘虚袭击下邳。下邳守将曹豹反叛，乘机迎接吕布。吕布掳获先主的妻儿，先主移军海西县。杨奉、韩暹侵掠徐州、扬州之间，先主拦击，杀了二人。先主向吕布求和，吕布归还了他的妻儿。先主派关羽守下邳。

注释 ① 海西：县名，在今江苏灌南南。 ② 这时杨奉、韩暹未死，此处记载有误。 ③ 遣关羽守下邳是吕布死后事，此处亦误。

原文

先主还小沛，复合兵得万余人。吕布恶之，自出兵攻先主，先主败走，归曹公。曹公厚遇之，以为豫州牧。将至沛收散卒，给其军粮，益与兵使东击布。布遣高

翻译

先主回到小沛，又集合兵卒，得万余人。吕布忌恨，亲自出兵攻先主，先主败走，归附曹公。曹公厚待他，让他做豫州牧。他将要到沛收集散兵，曹公给他军粮，并增拨士兵，使他东击吕布。吕布派高顺来攻，曹公派夏侯惇前往援

顺攻之，曹公遣夏侯惇往，不能救，为顺所败，复虏先主妻子送布。曹公自出东征，助先主围布于下邳，生禽布。先主复得妻子，从曹公还许。表先主为左将军[①]，礼之愈重，出则同舆，坐则同席。袁术欲经徐州北就袁绍，曹公遣先主督朱灵、路招要击术。未至，术病死。

救，没能救成，被高顺打败，高顺又俘虏先主的妻儿送给吕布。曹公亲自出马东征，帮助先主围吕布于下邳，活捉吕布。先主重新得到妻儿，随曹公回许。曹公上表任先主为左将军，更加隆重地以礼对待他，出则同车，坐则同席。这时，袁术想要经过徐州北上到袁绍那里去，曹公派先主督率朱灵、路招截击袁术。还没到，袁术就病死了。

注释 ① 左将军：汉有前、后、左、右将军，位次上卿，金印紫绶。

原文

先主未出时，献帝舅车骑将军董承受帝衣带中密诏，当诛曹公。先主未发[①]。是时曹公从容谓先主曰："今天下英雄，唯使君与操耳，本初之徒，不足数也。"先主方食，失匕箸。遂与承及长水校尉种辑、将军吴子兰、王子服等同谋。会见使，未发，事觉，承等皆

翻译

先主还没有出征的时候，汉献帝的舅父车骑将军董承接受献帝藏在衣带中的密诏，要杀曹公。这时曹公从容地对先主说："当今天下的英雄，只有您和我罢了，袁绍之流算不得英雄。"先主正在吃饭，大吃一惊，汤匙筷子都掉在了地上。于是与董承及长水校尉种辑、将军吴子兰、王子服等同谋。正好被派去打袁术，还没有行动，事情被发觉，董承等都被处死。

伏诛。

注释 ① 根据下文，“先主未发”四字应当是多余的文字。

原文

先主据下邳。灵等还，先主乃杀徐州刺史车胄，留关羽守下邳，而身还小沛。东海昌霸反，郡县多叛曹公为先主，众数万人，遣孙乾与袁绍连和。曹公遣刘岱、王忠击之，不克。五年，曹公东征先主，先主败绩。曹公尽收其众，虏先主妻子，并禽关羽以归。

先主走青州。青州刺史袁谭，先主故茂才也[①]，将步骑迎先主。先主随谭到平原，谭驰使白绍。绍遣将道路奉迎，身去邺二百里，与先主相见。驻月余日，所失亡士卒稍稍来集。曹公与袁绍相拒于官渡，汝南黄巾刘辟等叛曹公应绍。绍遣先主将兵与辟等略许下。

翻译

先主占据下邳。朱灵等回来后，先主就杀了徐州刺史车胄，留关羽守下邳，自己回小沛。东海人昌霸反，很多郡县都背叛曹公而倒向先主，先主的兵达到几万人，派孙乾与袁绍连和。曹公派刘岱、王忠去进攻先主，没能打胜。建安五年，曹公亲自东征先主，先主溃败。曹公接收了他的全部人马，俘虏了他的妻儿，并捉了关羽而回。

先主跑到青州。青州刺史袁谭是先主当豫州刺史时所举的茂才，带领步兵骑兵来迎接先主。先主随袁谭到平原，袁谭派人骑快马报告袁绍，袁绍派遣部将在路上迎接，并亲自走出邺城二百里与先主相见。先主住了一个多月，所失散的士卒逐渐来集中。曹公与袁绍在官渡相持，汝南黄巾军将领刘辟等反叛曹公响应袁绍。袁绍派先主带兵与刘辟等攻扰许县附近。关羽逃回先主那里。曹公派曹仁领兵打先主，先主把军队归还袁绍，暗中想离开袁绍，因此劝说袁绍南连荆州牧刘表。袁绍派关羽亡归先主。曹公遣曹仁将兵击先主，先主还绍军，阴欲离绍，乃说绍南连荆州牧刘表。绍遣先主将本兵复至汝南，与贼龚都等合，众数千人。曹公遣蔡阳击之，为先主所杀。

先主带领本身的兵再到汝南，与黄巾军将领龚都等会合，有几千人马。曹公派蔡阳去攻打，被先主杀死。

注释 ① 茂才：即秀才。东汉避光武帝刘秀的名讳，改“秀”为“茂”。秀才是汉代荐举人才的一个科目，每年由州刺史按一定名额向中央推荐。袁谭是豫州汝南郡人，刘备做豫州刺史，举其为茂才。

原文

曹公既破绍，自南击先主。先主遣麋竺、孙乾与刘表相闻，表自郊迎，以上宾礼待之，益其兵，使屯新野。荆州豪杰归先主者日益多，表疑其心，阴御之，使拒夏侯惇、于禁等于博望[①]。久之，先主设伏兵，一旦自烧屯伪遁，惇等追之，为伏兵所破。

翻译

曹公既破袁绍，亲自南击先主。先主派麋竺、孙乾前往荆州告知刘表想去投奔他，刘表亲自出城迎接，以上宾礼对待他，给他增加士兵，使他屯驻新野。荆州豪杰归附先主的一天比一天多，刘表怀疑他有二心，暗中防备他，后来叫他到博望抵御夏侯惇、于禁。过了一些时候，先主布置伏兵，忽然自己烧了军营假装逃跑，夏侯惇等率军追赶，被伏兵打败。

注释　① 博望：县名，在今河南方城县西南。

原文

十二年，曹公北征乌丸，先主说表袭许，表不能用。曹公南征表，会表卒，子琮代立，遣使请降。先主屯樊，不知曹公卒至，至宛乃闻之，遂将其众去。过襄阳，诸葛亮说先主攻琮，荆州可有。先主曰："吾不忍也。"乃驻马呼琮，琮惧不能起。琮左右及荆州人多归先主。比到当阳，众十余万，辎重数千两，日行十余里。别遣关羽乘船数百艘，使会江陵。或谓先主曰："宜速行保江陵，今虽拥大众，被甲者少，若曹公兵至，何以拒之？"先主曰："夫济大事必以人为本，今人归吾，吾何忍弃去！"

曹公以江陵有军实，恐先主据之，乃释辎重，轻军到襄阳。闻先主已过，曹公

翻译

建安十二年(207)，曹公北征乌丸，先主劝刘表袭击许，刘表不听。次年曹公南征刘表，适逢刘表病死，他的儿子刘琮继任荆州牧，派遣使者请求投降。当时先主驻扎在樊城，不知道曹公突然来到，到了宛才听说，就带了他的人马离去。过襄阳时，诸葛亮劝先主攻刘琮，就可以占有荆州。先主说："我不忍心。"于是停下马叫刘琮，刘琮害怕得站不起来。刘琮左右的人和荆州人很多归附先主。待到当阳县，有十几万人，运物资的车几千辆，每天只能走十几里。先主另外派关羽乘船数百艘，叫他到江陵会合。有人对先主说："应该赶快走，以便守住江陵，现在虽然拥有大批人众，而甲士很少，如果曹公兵来了，怎么抵敌？"先主说："要成就大事必须以人为本，现在人们归附我，我怎么忍心抛弃他们而走呢！"

曹公因为江陵有军用物资，恐怕被先主占据，因此丢下辎重，轻军到襄阳。听说先主已经过去，曹公率领精锐骑兵五千急速追赶，一日一夜跑了三百多

将精骑五千急追之，一日一夜行三百余里，及于当阳之长坂[①]。先主弃妻子，与诸葛亮、张飞、赵云等数十骑走，曹公大获其人众辎重。先主斜趋汉津[②]，适与羽船会，得济沔。遇表长子江夏太守琦众万余人，与俱到夏口。先主遣诸葛亮自结于孙权，权遣周瑜、程普等水军数万，与先主并力，与曹公战于赤壁，大破之，焚其舟船。先主与吴军水陆并进，追到南郡[③]。时又疾疫，北军多死，曹公引归。

里，到当阳的长坂终于赶上。先主抛弃妻儿，与诸葛亮、张飞、赵云等几十骑逃跑，曹公缴获了他的大批人众物资。先主斜穿到汉津，正好与关羽的船相会，得以渡过汉水。又遇上刘表长子江夏太守刘琦的部队万余人，一起到了夏口。先主派诸葛亮同孙权结好，孙权派周瑜、程普等水军数万人，与先主并力，同曹公战于赤壁，大破曹公军，焚毁了他的舟船。先主与吴军水陆并进，追到江陵。当时又遇上瘟疫，北军死亡很多，曹公就退回北方了。

注释　① 长坂：地名，在今湖北当阳东北。 ② 汉津：汉水的一个渡口，在今湖北荆门东。 ③ 南郡：治江陵，即今湖北江陵。

原文

先主表琦为荆州刺史，又南征四郡。武陵太守金旋、长沙太守韩玄、桂阳太守赵范、零陵太守刘度皆降[①]，庐江雷绪率部曲数万口稽颡[②]。琦病死，群下推

翻译

先主上表任刘琦为荆州刺史，又南征四郡。武陵太守金旋、长沙太守韩玄、桂阳太守赵范、零陵太守刘度全都投降，庐江雷绪也率领部曲数万口归顺。刘琦病死，部下推举先主做荆州牧，州署设在公安。孙权逐渐感到畏

先主为荆州牧，治公安[3]。权稍畏之，进妹固好。先主至京见权[4]，绸缪恩纪。权遣使云欲共取蜀，或以为宜报听许，吴终不能越荆有蜀，蜀地可为己有。荆州主簿殷观进曰："若为吴先驱，进未能克蜀，退为吴所乘，即事去矣。今但可然赞其伐蜀，而自说新据诸郡，未可兴动，吴必不敢越我而独取蜀。如此进退之计，可以收吴、蜀之利。"先主从之，权果辍计。迁观为别驾从事。

惧，于是将他的妹妹嫁给先主以巩固友好的关系。先主到京口会见孙权，巩固友好的关系。后来孙权遣使说想要共同夺取巴蜀，有人认为应当答复表示同意，因为孙吴总不能越过荆州占有巴蜀，而蜀地可以为我所有。荆州主簿殷观献计说："如果我们替吴人打先锋，前进不能攻下蜀，后退又被吴乘机袭击，那么大事就完了。目前只能表示赞成他去伐蜀，但又说我们自己刚刚占据几个郡，还不能兴兵，吴必定不敢越过我们而单独取蜀。按照这个可进可退的计策，可以取得吴、蜀两方面的好处。"先主听从了他的建议，孙权果然取消了原来的打算，先主提升殷观做别驾从事。

注释 ① 武陵：郡名，治临沅县，在今湖南常德西。长沙：郡名，治临湘县，即今湖南长沙。桂阳：郡名，治郴县，即今湖南郴州。零陵：郡名，治泉陵县，即今湖南零陵。 ② 稽颡（qǐ sǎng）：以额触地，古代丧礼之一，这里表投降、归顺。 ③ 公安：地名，在今湖北公安东北。 ④ 京：京城，一称京口，即今江苏镇江。

原文

十六年，益州牧刘璋遥闻曹公将遣钟繇等向汉中讨张鲁，内怀恐惧。别驾从事蜀郡张松说璋曰："曹公

翻译

建安十六年（211），益州牧刘璋远远听说曹公将要派钟繇等到汉中讨伐张鲁，心中恐惧。别驾从事蜀郡人张松对刘璋说："曹公兵力强盛，无敌于天

兵强，无敌于天下，若因张鲁之资以取蜀土，谁能御之者乎?”璋曰:“吾固忧之，而未有计。”松曰:“刘豫州，使君之宗室，而曹公之深仇也，善用兵。若使之讨鲁，鲁必破;鲁破，则益州强，曹公虽来，无能为也。”璋然之，遣法正将四千人迎先主，前后赂遗以巨亿计。正因陈益州可取之策。先主留诸葛亮、关羽等据荆州，将步卒数万人入益州。至涪[①]，璋自出迎，相见甚欢。张松令法正白先主，及谋臣庞统进说，便可于会所袭璋。先主曰:“此大事也，不可仓卒。”璋推先主行大司马[②]，领司隶校尉[③];先主亦推璋行镇西大将军[④]，领益州牧。璋增先主兵，使击张鲁，又令督白水军[⑤]。先主并军三万余人，车甲器械资货甚盛。是岁，璋还成都。先主北到葭萌[⑥]，未即讨鲁，

下，如若利用张鲁的人力物力以夺取蜀地，谁能抵挡?”刘璋说:“我本来就担忧这一点，但还没有计策。”张松说:“刘豫州是您的同宗，又是曹公有深仇的敌人，善于用兵。如果让他去讨伐张鲁，张鲁必定被打垮;打垮了张鲁，则益州强大，曹公即使来，也无能为力了。”刘璋很赞成，便派法正率四千人到荆州迎接先主，前后赠送的财物数以亿计。法正乘机向先主陈述益州可以夺取的计策。先主留下诸葛亮、关羽等据守荆州，率步兵几万人入益州。到了涪县，刘璋亲自出迎，二人相见很高兴。张松叫法正告诉先主，同时谋臣庞统也献计，都劝先主乘机在宴会上袭击刘璋。先主说:“这是大事，不可匆忙。”刘璋推举先主代理大司马，兼司隶校尉;先主也推举刘璋代理镇西大将军，兼益州牧。刘璋增加先主的兵力，使他打张鲁，又叫他督率白水的驻军。先主共有军队三万余人，车辆、铠甲、器械等各种物资钱财很充足。这一年，刘璋回成都。先主北到葭萌，并没有立即讨张鲁，而是大施恩德，以争取人心。

厚树恩德，以收众心。

注释 ① 涪：县名，即今四川绵阳。 ② 行：代理。大司马：官名，位在三公上。 ③ 司隶校尉：官名。汉武帝分全国为十三州部，京师附近诸郡称司隶校尉部，设司隶校尉，掌纠察京师百官及部内诸郡。刘备领此职只是空衔。 ④ 镇西大将军：位次三公。 ⑤ 白水：关名，在今四川青川县东白水镇，为当时军事要地。 ⑥ 葭(jiā)萌：县名，在今广元昭化。

原文

明年，曹公征孙权，权呼先主自救。先主遣使告璋曰："曹公征吴，吴忧危急，孙氏与孤，本为唇齿。又乐进在青泥与关羽相拒[1]，今不往救羽，进必大克，转侵州界，其忧有甚于鲁。鲁自守之贼，不足虑也。"乃从璋求万兵及资实，欲以东行。璋但许兵四千，其余皆给半。张松书与先主及法正曰："今大事垂可立，如何释此去乎！"松兄广汉太守肃惧祸逮己，白璋发其谋。于是璋收斩松，嫌隙始构矣。璋敕关戍诸将文书勿复关通先主。先主大

翻译

第二年，曹公征孙权，孙权呼吁先主援救自己。先主遣使告诉刘璋说："曹公征吴，吴主忧虑情况危急，孙氏和我，本是唇齿相依。况且乐进在青泥与关羽相抗拒，现在不前往救关羽，乐进必定大胜，转而侵扰益州地界，这个后患超过张鲁。张鲁是个割地自守的敌人，不值得忧虑。"于是向刘璋要求给予一万兵和军用物资，准备东行。刘璋只答应给兵四千，其余都给一半。张松写信给先主和法正说："现在大事很快可以成功，怎么舍此而去呢！"张松的哥哥广汉太守张肃害怕祸事连累自己，报告刘璋揭发了张松的密谋。于是刘璋逮捕并处死张松，二人的怨恨和裂痕开始形成了。刘璋命令各关守将，来往文书不再通报先主。先主大怒，把刘璋的白水军督杨怀叫来，指责他无礼，将他杀

怒，召璋白水军督杨怀，责以无礼，斩之。乃使黄忠、卓膺勒兵向璋。先主径至关中，质诸将并士卒妻子，引兵与忠、膺等进到涪，据其城。璋遣刘璝、冷苞、张任、邓贤等拒先主于涪，皆破败，退保绵竹[②]。璋复遣李严督绵竹诸军，严率众降先主。先主军益强，分遣诸将平下属县。诸葛亮、张飞、赵云等将兵溯流定白帝、江州、江阳[③]，惟关羽留镇荆州。先主进军围雒[④]。时璋子循守城，被攻且一年。

掉。进而使黄忠、卓膺统兵攻刘璋。先主径自到白水关中，拘禁诸将和士兵们的妻子儿女作为人质，然后领兵与黄忠、卓膺等进兵到涪县，占领了县城。刘璋派刘璝、冷苞、张任、邓贤等到涪县抵御先主，都被打败，退保绵竹。刘璋又派李严督绵竹诸军，李严率部投降先主。先主军更强，分别派遣诸将攻下属县。又叫诸葛亮、张飞、赵云等率兵从荆州溯江而上，平定白帝、江州、江阳，只有关羽留镇荆州。先主进军包围雒县。当时刘璋的儿子刘循守城，被攻将近一年。

注释 ① 乐进：曹操将，为折冲将军。青泥：地名，在今湖北襄阳西北三十里。② 绵竹：县名，在今四川德阳北。 ③ 白帝：即今奉节东白帝城。江州：县名，在今重庆。江阳：县名，即今泸州。 ④ 雒(luò)：县名，在今广汉北，为广汉郡治所。

原文

十九年夏，雒城破，进围成都数十日，璋出降。蜀中殷盛丰乐，先主置酒大飨士卒，取蜀城中金银分赐将

翻译

建安十九年(214)夏，雒城被攻破，先主进围成都几十天，刘璋出城投降。蜀中人口众多，财物丰盛，生活快乐，先主摆设酒宴，大大犒劳士卒，取蜀地各

士，还其谷帛。先主复领益州牧，诸葛亮为股肱，法正为谋主，关羽、张飞、马超为爪牙，许靖、麋竺、简雍为宾友。及董和、黄权、李严等本璋之所授用也，吴壹、费观等又璋之婚亲也，彭羕又璋之所排摈也，刘巴者宿昔之所忌恨也[①]，皆处之显任，尽其器能，有志之士无不竞劝。

城中的金银分赐将士，而把粮食绢帛还给蜀人。先主又兼任益州牧，以诸葛亮为臂膀，法正为谋主，关羽、张飞、马超为战将，许靖、麋竺、简雍为宾客朋友。其他如董和、黄权、李严等本是刘璋使用的人，吴壹、费观等是刘璋的姻亲，彭羕是刘璋所排斥的人，刘巴则是自己过去所忌恨的人，先主都把他们安置在显耀的职位上，充分发挥他们的才能，这样一来，有志之士无不争相劝勉。

注释 ① 刘巴：荆州人。曹操南征荆州，刘巴不随从刘备，而北投曹操，曹操派他到长沙等郡招降。后来刘备占有长沙等郡，刘巴又远赴交趾，复从交趾至蜀，故为刘备所恨。

原文

二十年，孙权以先主已得益州，使使报欲得荆州。先主言："须得凉州，当以荆州相与。"权忿之，乃遣吕蒙袭夺长沙、零陵、桂阳三郡。先主引兵五万下公安，令关羽入益阳[①]。是岁，曹公定汉中，张鲁遁走巴西[②]。先主闻之，与权连和，分荆州：

翻译

二十年(215)，孙权因为先主已得益州，派遣使者告诉先主要索还荆州。先主说："等我得了凉州，便会以荆州还给你。"孙权很气愤，便派吕蒙袭夺长沙、零陵、桂阳三郡。先主领兵五万下驻公安，命关羽入益阳。这一年，曹公平定汉中，张鲁逃跑到巴西。先主听说后，与孙权连和，划分荆州：江夏、长沙、桂阳三郡属吴，南郡、零陵、武陵三郡属江夏、长沙、桂阳东属，南郡、零陵、武陵西属。引军还江州。遣黄权将兵迎张鲁，张鲁已降曹公。曹公使夏侯渊、张郃屯汉中，数数犯暴巴界。先主令张飞进兵宕渠[3]，与郃等战于瓦口[4]，破郃等，郃收兵还南郑。先主亦还成都。

蜀。然后领军回江州。派遣黄权带兵迎接张鲁，而张鲁已投降曹公。曹公使夏侯渊、张郃屯兵汉中，屡屡侵掠巴西郡界。先主令张飞进兵宕渠，与张郃等战于瓦口，打败张郃等，张郃收兵回南郑。先主也回到成都。

注释 ① 益阳：县名，在今湖南益阳东。 ② 巴西：郡名，治阆中县，即今四川阆中。 ③ 宕渠：县名，在今四川渠县东北。 ④ 瓦口：地名，在今四川渠县东。

原文

二十三年，先主率诸将进兵汉中。分遣将军吴兰、雷铜等入武都，皆为曹公军所没。先主次于阳平关，与渊、郃等相拒。

二十四年春，自阳平南渡沔水[1]，缘山稍前，于定军山势作营[2]。渊将兵来争其地。先主命黄忠乘高鼓噪攻之，大破渊军，斩渊及曹公所署益州刺史赵颙等。

翻译

二十三年(218)，先主率领诸将进兵汉中。另派将军吴兰、雷铜等入武都，结果都被曹公军消灭。先主进驻阳平关，与夏侯渊、张郃等相对抗。

二十四年(219)春，从阳平南渡沔水，沿山逐渐推进，于定军山险要之地作营。夏侯渊带兵来争夺这个地方。先主命令黄忠登高擂鼓呐喊，发动进攻，大破夏侯渊军，杀死夏侯渊和曹公所任命的益州刺史赵颙等。曹公从长安率大军南征。先主很远就预料说：“曹公即使来，也无能为力，我必定占有曹公自长安举众南征。先主遥策之曰："曹公虽来，无能为也，我必有汉川矣。"及曹公至，先主敛众拒险，终不交锋，积月不拔，亡者日多。夏，曹公果引军还，先主遂有汉中。遣刘封、孟达、李平等攻申耽于上庸[③]。

汉中了。"等曹公来到，先主收缩军队凭险拒守，始终不交锋，曹军持续一两个月都不能攻下，士卒逃跑的一天比一天多。到了夏天，曹公果然领军返回，先主于是占有汉中。后来又派刘封、孟达、李平等到上庸进攻申耽。

注释 ① 沔水：即汉水。 ② 定军山：在今陕西勉县东南。势：古代川东、汉中一带称险要之山为势。 ③ 申耽：曹操所署上庸都尉。

原文

秋，群下上先主为汉中王，表于汉帝曰：

平西将军、都亭侯臣马超，左将军长史、领镇军将军臣许靖，营司马臣庞羲，议曹从事中郎、军议中郎将臣射援，军师将军臣诸葛亮，荡寇将军、汉寿亭侯臣关羽，征虏将军、新亭侯臣张飞，征西将军臣黄忠，镇远将军臣赖恭，扬武将军臣法正，兴业将军臣李严等一

翻译

这年秋季，众文武属官推戴先主为汉中王，上表给汉献帝说：

平西将军、都亭侯臣马超，左将军长史、领镇军将军臣许靖，营司马臣庞羲，议曹从事中郎、军议中郎将臣射援，军师将军臣诸葛亮，荡寇将军、汉寿亭侯臣关羽，征虏将军、新亭侯臣张飞，征西将军臣黄忠，镇远将军臣赖恭，扬武将军臣法正，兴业将军臣李严等一百二十人上表：

从前唐尧是大圣人，而朝廷有四凶；周成王是仁贤的君主，而管、蔡等起来作乱；高后临朝称制，而诸吕窃取朝

百二十人上言曰：

昔唐尧至圣而四凶在朝[①]，周成仁贤而四国作难[②]，高后称制而诸吕窃命[③]，孝昭幼冲而上官逆谋[④]，皆冯世宠[⑤]，藉履国权，穷凶极乱，社稷几危。非大舜、周公、朱虚、博陆，则不能流放禽讨，安危定倾。伏惟陛下诞姿圣德，统理万邦，而遭厄运不造之艰。董卓首难，荡覆京畿；曹操阶祸，窃执天衡。皇后、太子，鸩杀见害，剥乱天下，残毁民物，久令陛下蒙尘忧厄，幽处虚邑。人神无主，遏绝王命，厌昧皇极，欲盗神器。左将军、领司隶校尉、豫荆益三州牧、宜城亭侯备，受朝爵秩，念在输力，以殉国难。睹其机兆，赫然愤发，与车骑将军董承同谋诛操，将安国家，克宁旧都。会承机事不密，令操游魂得遂长恶，残泯海内。臣等每

政；昭帝年幼，而上官桀等图谋叛逆。这些都是凭借世代的恩宠，从而执掌国家大权，穷凶极恶，使社稷濒于危亡。要是没有大舜、周公、刘章、霍光等人，就不能将他们流放、擒拿、讨灭，使国家转危为安。陛下以伟大的姿质、圣明的德性，统理万国，而遭遇艰难困顿的厄运。董卓首先作乱，倾覆京师；曹操继而为祸，窃取朝权。皇后、太子，惨遭鸩杀；天下扰乱，民生残破。致使陛下长期流离失所，饱经忧患，被幽禁在空城之中。人神无主，王命阻绝，朝政昏暗，帝位将被篡夺。左将军、领司隶校尉、豫荆益三州牧、宜城亭侯刘备，接受朝廷爵禄，决心竭尽全力，为解除国难而献身。目睹奸臣篡位的征兆，赫然发愤，与车骑将军董承共谋诛除曹操，以便安定国家，恢复旧都。不幸董承机密泄露，使曹操得以继续作恶，残灭天下。臣等常恐王室大则有阎乐杀二世的祸患，小则有王莽废孺子的事变，昼夜惴惴不安，惊恐危惧。

惧王室大有阎乐之祸[⑥]，小有定安之变[⑦]，夙夜惴惴，战栗累息。

注释 ① 四凶：传说是尧时的四个凶族，即浑敦、穷奇、梼杌、饕餮，后来被舜流放。 ② 四国：指管叔、蔡叔、霍叔、殷武庚。周成王年少即位，周公辅政，管叔等起来叛乱，周公东征灭之。 ③ 高后：汉高祖皇后吕氏，汉惠帝之母。称制：行使皇帝权力。惠帝死后，吕后临朝称制，任用吕家的人掌权。吕后死，诸吕图谋作乱。后为太尉周勃、朱虚侯刘章等所灭。 ④ 孝昭：汉昭帝。上官：上官桀。昭帝即位年幼，上官桀与博陆侯霍光辅政。上官桀等阴谋杀霍光、废昭帝。事发被诛。 ⑤ 冯：同“凭”。 ⑥ 指秦末权臣赵高使阎乐杀死秦二世。 ⑦ 西汉末，王莽立汉广戚侯的儿子刘婴为皇太子，号“孺子”，后王莽称帝，废孺子为定安公。

原文

昔在《虞书》，敦序九族[①]。周监二代，封建同姓，《诗》著其义[②]，历载长久。汉兴之初，割裂疆土，尊王子弟，是以卒折诸吕之难，而成太宗之基[③]。臣等以备肺腑枝叶[④]，宗子藩翰，心存国家，念在弭乱。自操破于汉中，海内英雄望风蚁附，而爵号不显，九锡未加，非所以镇卫社稷，光昭万世也。奉辞在外，礼命断绝。

翻译

从前《虞书》中说，要以宽厚的态度使同族的人各得其所。周朝以夏、商两代为借鉴，分封同姓，《诗经》说明了以同姓作为屏藩的意义，故而周朝历年长久。汉朝建立之初，分割疆土，封子弟为诸侯王，因此终于挫败诸吕的祸乱，形成文帝的基业。臣等认为刘备出身皇族，乃王室的屏藩，一心想着国家，意在平定祸乱。自从他在汉中打败曹操，天下英雄望风归附，但他没有高贵的爵位名号，也未受到九锡的赐予，这就不利于守卫社稷，光照万世。臣等奉命在外，朝廷的恩礼诏命断绝。过去酒泉太昔河西太守梁统等值汉中兴[5]，限于山河，位同权均，不能相率，咸推窦融以为元帅，卒立效绩，摧破隗嚣。今社稷之难，急于陇蜀[6]。操外吞天下，内残群寮，朝廷有萧墙之危[7]，而御侮未建，可为寒心。臣等辄依旧典，封备汉中王，拜大司马，董齐六军，纠合同盟，扫灭凶逆。以汉中、巴、蜀、广汉、犍为为国[8]，所署置依汉初诸侯王故典。夫权宜之制，苟利社稷，专之可也。然后功成事立，臣等退伏矫罪，虽死无恨。

守梁统等河西守臣，当汉朝中兴之时，由于道路阻隔，又彼此官位相同、权力相等，不能互相统率，于是共推窦融为元帅，终于建立功绩，击破隗嚣。现今国家的祸难，大于隗嚣、公孙述。曹操对外吞并天下，对内残害臣僚，朝廷有萧墙之祸，却未有抗御奸臣的人，令人寒心。因此臣等依照旧制，封刘备为汉中王，任命为大司马，整肃大军，纠合同盟，扫灭凶逆。以汉中、巴、蜀、广汉、犍为等郡作为封国，依照汉初诸侯王的旧制设置官属。虽然这仅是权宜的制度，但只要对国家有利，专断也是可以的。日后功成事立，臣等退而愿受假托圣旨之罪，死而无恨。

注释 ①《尚书·虞书·皋陶谟》："敦序九族，庶明励翼。"九族：从高祖到玄孙九辈的同族人。 ②《诗经·大雅·板》篇中说："宗子维城，无俾城坏，无独斯畏。"意即要以同姓作为屏藩，以免孤立。 ③ 太宗：汉文帝庙号。 ④ 肺腑：同"肺附"，肺、附本义为木皮，用以比喻皇帝的宗室。 ⑤ 河西：指甘肃河西走廊一带。东汉初年，河西五郡与内地隔绝，酒泉太守梁统等推张掖属国都尉窦融为大将军，通使于汉光武，共破割据陇西的军阀隗嚣。 ⑥ 陇：指隗嚣。蜀：指当时割据益州的公孙述。 ⑦ 萧墙：门屏。萧墙之危，指内部的危险，即曹操篡位的危险。 ⑧ 犍(qián)为：郡名，治武阳县，在今四川彭山西北。

原文

遂于沔阳设坛场[①]，陈兵列众，群臣陪位，读奏讫，御王冠于先主。……

于是还治成都。拔魏延为都督[①]，镇汉中。时关羽攻曹公将曹仁，禽于禁于樊。俄而孙权袭杀羽，取荆州。

翻译

于是在沔阳设立行礼的坛场，陈列兵众，群臣陪位，读完奏书之后，把王冠戴在先主头上。……

于是先主回成都，以成都为王府所在地。提拔魏延为都督，镇守汉中。此时关羽进攻曹公的大将曹仁，在樊城俘虏于禁。但不久孙权袭击并杀死关羽，夺取了荆州。

注释 ① 沔阳：县名，在今陕西勉县东。 ② 都督：方面军的统帅。

原文

二十五年，魏文帝称尊号，改年曰黄初。或传闻汉帝见害，先主乃发丧制服，追谥曰孝愍皇帝[①]。是后所在并言众瑞，日月相属。……太傅许靖、安汉将军糜竺、军师将军诸葛亮、太常赖恭、光禄勋黄柱、少府王谋等上言："曹丕篡弑，湮灭汉室，窃据神器，劫迫忠良，酷烈无道，人鬼忿毒，咸思刘氏。今上无天子，海

翻译

建安二十五年（220），魏文帝曹丕称皇帝，改年号叫黄初。有人传说汉朝皇帝已被杀害，于是先主发布丧讯，制定丧服，追谥为孝愍皇帝。此后各地都出现了很多关于祥瑞的传说，每天每月连属不断。……太傅许靖、安汉将军糜竺、军师将军诸葛亮、太常赖恭、光禄勋黄柱、少府王谋等上表说："曹丕篡位弑君，颠覆汉朝，窃据帝位，迫害忠良，暴虐无道，人神痛恨，都怀念刘氏。现在上无天子，全国惶惶不安，无所仰赖。……臣等以为，大王出自孝景皇帝，是中山靖王的后裔，金枝玉叶，世世

内惶惶，靡所式仰。……伏惟大王出自孝景皇帝，中山靖王之胄，本支百世，乾祇降祚[2]，圣姿硕茂，神武在躬，仁覆积德，爱人好士，是以四方归心焉。考省灵图[3]，启发谶纬[4]，神明之表，名讳昭著[5]。宜即帝位，以纂二祖[6]，绍嗣昭穆[7]，天下幸甚。臣等谨与博士许慈、议郎孟光，建立礼仪，择令辰，上尊号。"即皇帝位于成都武担之南[8]。……

相承，天地降赐福祐，圣姿奇伟善美，雄武非凡，仁义覆于天下，恩德积于四海，爱贤好士，因此四方归仰。察看灵图，翻开谶纬，神明显示的种种征兆，明白写着您的名字。您应当称帝即位，以继承高祖、世祖，接续宗庙祭祀，这是天下人的大幸。臣等谨与博士许慈、议郎孟光，建立礼仪，选择吉日，奉上尊号。"于是先主即皇帝位于成都武担山之南。……

注释 ① 实际上曹丕称帝后，废汉帝为山阳公。山阳公于魏明帝青龙二年(234)死，魏谥为"献皇帝"。 ② 乾祇(qí)：天地神灵。乾指天，祇指地神。 ③ 灵图：宗教迷信者造作的所谓象征"天意"的神秘图画，如"河图"之类。 ④ 谶(chèn)纬：谶是暗示未来的宗教隐语或预言；纬是用这类隐语或预言来解释儒家经典的书，纬对经而言。 ⑤ 名讳昭著：指谶纬书中有"天度地道备称皇"等预言。 ⑥ 二祖：西汉高祖和东汉世祖光武帝。 ⑦ 昭穆：古代宗法制度下，宗庙次序是始祖庙居中，以下按辈分分别排列于左右，左为昭，右为穆。 ⑧ 武担：武担山，为成都城西北的一座土丘。

原文

章武元年夏四月，大赦，改年。以诸葛亮为丞

翻译

章武元年(221)夏四月，先主大赦，改年号。任诸葛亮为丞相，许靖为司

相，许靖为司徒。置百官，立宗庙，祫祭高皇帝以下[①]。五月，立皇后吴氏，子禅为皇太子。六月，以子永为鲁王，理为梁王。车骑将军张飞为其左右所害。

徒。设置百官，建立宗庙，祫祭汉高祖以下各代先祖。五月，立皇后吴氏，以儿子刘禅为皇太子。六月，封儿子刘永做鲁王，刘理做梁王。车骑将军张飞被他左右的人杀害。

注释 ① 祫(xiá)祭：在太庙中合祭先祖。

原文

初，先主忿孙权之袭关羽，将东征，秋七月，遂帅诸军伐吴。孙权遣书请和，先主盛怒不许。吴将陆议、李异、刘阿等屯巫、秭归[①]。将军吴班、冯习自巫攻破异等，军次秭归。武陵五溪蛮夷遣使请兵[②]。

翻译

起初，先主怨恨孙权袭击关羽，将要东征，秋七月，便率领各军伐吴。孙权派人送信请和，先主盛怒不许。吴将陆议、李异、刘阿等驻扎在巫县、秭归。汉将军吴班、冯习从巫县攻破李异等，军队进驻秭归。武陵郡五溪蛮夷遣使请求出兵。

注释 ① 陆议：即陆逊，详本书所选《陆逊传》。巫：县名，在今重庆巫山。秭归：县名，即今湖北秭归。 ② 五溪：湖南沅水支流有雄溪、樠(mán)溪、辰溪、酉溪、舞溪，总称五溪。

原文

二年春正月，先主军秭归[①]，将军吴班、陈式水军屯

翻译

章武二年(222)春正月，先主驻军于秭归，将军吴班、陈式的水军屯夷陵，

夷陵[2]，夹江东西岸。二月，先主自秭归率诸将进军，缘山截岭，于夷道猇亭驻营[3]。自佷山通武陵[4]，遣侍中马良安慰五溪蛮夷，咸相率响应。镇北将军黄权督江北诸军，与吴军相拒于夷陵道。夏六月，黄气见，自秭归十余里中，广数十丈。后十余日，陆议大破先主军于猇亭，将军冯习、张南等皆没。先主自猇亭还秭归，收合离散兵，遂弃船舫，由步道还鱼复[5]，改鱼复县曰永安。吴遣将军李异、刘阿等踵蹑先主军，屯驻南山。秋八月，收兵还巫。司徒许靖卒。冬十月，诏丞相亮营南北郊于成都[6]。孙权闻先主住白帝，甚惧，遣使请和。先主许之，遣太中大夫宗玮报命。冬十二月，汉嘉太守黄元闻先主疾不豫[7]，举兵拒守。

夹大江东西两岸。二月，先主从秭归率领诸将进军，缘山跨岭，到夷道县的猇亭扎营。派侍中马良从佷山通武陵安抚五溪蛮夷，都相率响应。镇北将军黄权督率江北诸军，与吴军在夷陵一路相对抗。夏六月，有黄气出现在秭归一带十余里中，宽几十丈。过后十多天，陆议在猇亭大破先主军，将军冯习、张南等都败亡。先主从猇亭回秭归，收集离散的兵卒，丢弃舟船，由陆路回鱼复，将鱼复县改名为永安。吴派将军李异、刘阿等跟踪追击先主军，屯驻南山。秋八月，先主收兵回巫县。司徒许靖逝世。冬十月，下诏令丞相诸葛亮在成都营建祭祀天地的南、北郊祭坛。孙权听说先主住在白帝城，很害怕，派遣使者求和。先主应允，派太中大夫宗玮回报。冬十二月，汉嘉太守黄元听说先主病重，起兵抗拒朝廷，据守本郡。

注释 ①《华阳国志》无“还”字，是。 ② 夷陵：县名，在今湖北宜昌东南。 ③ 夷道：县名，在今湖北宜都西北。猇(xiāo)亭：在今宜都北。 ④ 佷(héng)山：县名，在今湖北长阳西。 ⑤ 鱼复：县名，在今重庆奉节东。 ⑥ 南北郊：祭天地的场地。古代帝王于冬至日祭天于圜丘，在京城南郊；夏至日祭地于方泽，在京城北郊。 ⑦ 汉嘉：郡名，治汉嘉县，在今四川芦山。

原文

三年春二月，丞相亮自成都到永安。三月，黄元进兵攻临邛县[①]。遣将军陈曶讨元，元军败，顺流下江，为其亲兵所缚，生致成都斩之。先主病笃，托孤于丞相亮，尚书令李严为副。夏四月癸巳[②]，先主殂于永安宫，时年六十三。

翻译

章武三年(223)春二月，丞相诸葛亮从成都到永安。三月，黄元进兵攻临邛县。派将军陈曶讨伐黄元，黄元兵败，顺江而下，被他的亲兵捆绑，送到成都斩首。先主病危，托孤给丞相诸葛亮，尚书令李严为副。夏四月辛巳这一天，先主逝世于永安宫，享年六十三岁。

注释 ① 临邛县：在今四川邛崃。 ② 癸巳：应作“辛巳”。

原文

亮上言于后主曰：“伏惟大行皇帝迈仁树德[①]，覆焘无疆。昊天不吊，寝疾弥留，今月二十四日奄忽升遐，臣妾号咷，若丧考妣。乃顾遗诏，事惟太宗，动容

翻译

诸葛亮上书后主说：“刚去世的先帝勉力修行仁德，覆育无疆。上天不善，使他久病不愈，于本月二十四日猝然逝世，臣民号啕，如丧考妣。根据他的遗诏，丧事按太宗孝文皇帝的规定办，施行中允许作适当增损。朝廷百官

损益。百寮发哀，满三日除服，到葬期复如礼；其郡国太守、相、都尉、县令长，三日便除服。臣亮亲受敕戒，震畏神灵，不敢有违。臣请宣下奉行。”五月，梓宫自永安还成都[2]，谥曰昭烈皇帝。秋八月，葬惠陵[3]。

举哀号哭，满三天便除去丧服，到了葬期再举哀如礼；各郡国太守、相、都尉、县令或县长，三天便除去丧服。臣亲自接受先帝敕令告诫，畏惧神灵，不敢有违。臣请求宣告臣下，照此执行。”五月，灵柩从永安运回成都，谥为“昭烈皇帝”。秋八月，葬于惠陵。

注释 ① 大行皇帝：新去世的皇帝。一去不返，故称“大行”。迈：同“励”，勉力。② 梓宫：皇帝的灵柩。 ③ 惠陵：在今成都南郊武侯祠旁。

原文

评曰：先主之弘毅宽厚，知人待士，盖有高祖之风，英雄之器焉。及其举国托孤于诸葛亮，而心神无贰，诚君臣之至公，古今之盛轨也。机权干略，不逮魏武，是以基宇亦狭。然折而不挠，终不为下者，抑揆彼之量必不容己，非唯竞利，且以避害云尔。

翻译

评语：先主意志坚强，心地宽厚，知人善任，虚心待士，很有汉高祖的遗风、英雄的度量。当他把国家和遗孤托付给诸葛亮的时候，心志纯真，的确表现了君臣之间大公无私的关系，堪称古今的好榜样。他临机应变的才干谋略比不上魏武帝，因此基业和国土也狭小。但他百折不挠，始终不屈服于魏武帝，大概是估计魏武帝的气量必然容不下自己，这不仅是为了争利，而且是以此避害吧。

诸葛亮传

导读

诸葛亮(181—234)是我国人民最熟悉、最敬仰的历史人物之一。《三国志》的作者陈寿怀着崇敬的心情,精心为他撰写了这篇传。这是全书中写得最精彩的一篇,其中记叙的"隆中对"一节和收录的《出师表》一文,更是传诵千古,脍炙人口。从本篇我们看到,诸葛亮的确是一个杰出的政治家。发表"隆中对"时,他只有二十七岁,但他对天下形势是那样了如指掌,分析得准确精辟。他敏锐地预见到了三国鼎立的局面,并正确地提出了刘备的战略行动计划和后来蜀汉内政外交总方针,充分显示了他过人的智慧和谋略。在治理蜀汉期间,他用人惟贤,实行法治,赏罚严明,用心公平,集思广益,知过必改,体现了卓越的才干和优良的作风。正因此,他把蜀汉治理得井井有条,团结安定,经济有所发展,国力大大增强,使三国中这个最弱小的国家能够同强大的曹魏相抗衡。诸葛亮还是一个杰出的军事家,尤其擅长于治军,就连他的对手司马懿也惊叹他是"天下奇才"。本篇在充分肯定诸葛亮的功绩的同时,也实事求是地写了他的失误和弱点,在篇末的评论中指出"应变将略,非其所长"。这个看法是符合实际的,在这方面诸葛亮比之曹操,确是略逊一筹。他多次北伐没能取得很大成功,这也是一个原因;当然,更主要的是由于客观历史条件的限制。(选自卷三五)

原文

诸葛亮,字孔明,琅邪

翻译

诸葛亮,字孔明,琅邪国阳都县人,

阳都人也[①]，汉司隶校尉诸葛丰后也[②]。父珪，字君贡，汉末为太山郡丞。亮早孤，从父玄为袁术所署豫章太守，玄将亮及亮弟均之官。会汉朝更选朱皓代玄，玄素与荆州牧刘表有旧，往依之。玄卒，亮躬耕陇亩，好为《梁父吟》[③]。身长八尺[④]，每自比于管仲、乐毅[⑤]，时人莫之许也，惟博陵崔州平、颍川徐庶元直与亮友善[⑥]，谓为信然。

是汉朝司隶校尉诸葛丰的后代。父亲诸葛珪，字君贡，汉末任泰山郡丞。诸葛亮父亲很早就去世了，叔父诸葛玄是袁术所任命的豫章太守，诸葛玄带着诸葛亮和他的弟弟诸葛均上任。适逢汉朝另派朱皓代替诸葛玄，诸葛玄平素与荆州牧刘表有交情，便前去投靠他。诸葛玄死后，诸葛亮在乡间亲身耕种田地，喜欢吟唱《梁父吟》。他身高八尺，经常把自己同管仲、乐毅相比，当时人都不赞同，只有博陵崔州平、颍川徐庶与诸葛亮是好朋友，认为确实如此。

注释 ① 阳都：县名，在今山东沂南南。 ② 诸葛丰：西汉人，《汉书》有传。 ③《梁父吟》：古乐府名。 ④ 八尺：汉代八尺，约等于今 1.84 米。 ⑤ 管仲：春秋时人，辅佐齐桓公建立霸业。乐毅：战国时人，辅佐燕昭王，曾统率燕、赵、韩、魏、楚五国联军伐齐，攻下齐国七十余城。 ⑥ 徐庶：字元直。

原文

时先主屯新野，徐庶见先主，先主器之，谓先主曰：“诸葛孔明者，卧龙也[①]，将军岂愿见之乎？”先主曰：“君与俱来。”庶曰：“此人可就见，不可屈致也，将军宜

翻译

当时先主屯兵新野，徐庶会见先主，先主很器重他，他对先主说：“诸葛孔明这人，是卧龙，将军愿意见他吗？”先主说：“您同他一起来吧。”徐庶说：“此人只能登门求见，不可委屈招来，将军应该屈驾去拜访他。”于是先主到诸

枉驾顾之。”由是先主遂诣亮，凡三往，乃见。因屏人曰：“汉室倾颓，奸臣窃命，主上蒙尘。孤不度德量力，欲信大义于天下[②]，而智术浅短，遂用猖蹶，至于今日。然志犹未已，君谓计将安出？”亮答曰：“自董卓已来，豪杰并起，跨州连郡者不可胜数。曹操比于袁绍，则名微而众寡，然操遂能克绍，以弱为强者，非惟天时，抑亦人谋也。今操已拥百万之众，挟天子而令诸侯，此诚不可与争锋。孙权据有江东，已历三世，国险而民附，贤能为之用，此可以为援而不可图也。荆州北据汉沔[③]，利尽南海，东连吴会[④]，西通巴蜀。此用武之国，而其主不能守，此殆天所以资将军，将军岂有意乎？益州险塞，沃野千里，天府之土，高祖因之以成帝业。刘璋暗弱，张鲁在北，

葛亮家去拜访，共去了三次，方才见到。他把左右人叫开，对诸葛亮说：“汉朝摇摇欲坠，奸臣窃取皇权，主上流离失所。我不自量力，想要伸张大义于天下，而才智低下，因此屡遭挫折，直至今日。但我的志向并没有放弃，您说我该怎么办？”诸葛亮回答说：“从董卓以来，豪杰并起，占据数州、兼有诸郡的人不可胜数。曹操比起袁绍来，名声低微，人马也少，但他竟能打败袁绍，转弱为强，这不仅因为天时有利，也是由于谋略高强。现今曹操已拥有百万军队，挟持天子以号令诸侯，您的确不可同他对抗。孙权据有江东，已经历三代，地势险要，人民拥护，还有不少有德有才的人为他所用，对于这一方，您也只能结为同盟，互相援助，而不可图谋夺取。荆州北边凭据汉水、沔水，南面拥有直达南海这一广大地区的丰盛财富，东边与吴郡、会稽郡相连，西面与巴、蜀相通。这是一块用兵之地，而它的主人守不住，这大概是上天用来资助将军的，将军是否有意？益州险要闭塞，沃野千里，是天府之国，高祖凭借它而完成了帝业。刘璋昏庸懦弱，北边又有张鲁的威胁，人口众多、国家富庶而不知道爱抚，因此当地有才智的人士想要得到英明的领

民殷国富而不知存恤，智能之士思得明君。将军既帝室之胄，信义著于四海，总揽英雄，思贤如渴。若跨有荆、益，保其岩阻，西和诸戎，南抚夷越，外结好孙权，内修政理；天下有变，则命一上将将荆州之军以向宛、洛，将军身率益州之众出于秦川[5]，百姓孰敢不箪食壶浆以迎将军者乎[6]！诚如是，则霸业可成，汉室可兴矣。”先主曰：“善！”于是与亮情好日密。关羽、张飞等不悦，先主解之曰：“孤之有孔明，犹鱼之有水也，愿诸君勿复言。”羽、飞乃止。

袖。将军既是皇室的后裔，信义著称于天下，收揽英雄，思贤如渴。如果占有荆、益二州，凭险阻以据守，西边结和诸戎，南边安抚夷越，对外交好孙权，对内修明政治；一旦天下形势有变化，派一名大将率领荆州的军队向宛县、洛阳进军，同时您亲自率领益州的部队打到关中，百姓谁敢不用竹篮盛着食物、用壶装着酒浆来欢迎您呢！要真像这样，霸业就可以完成，汉朝就可以复兴了。”先主说：“好！”于是与诸葛亮的友情日益亲密。关羽、张飞等不高兴，先主解释说：“我得到孔明，就像鱼得到水一样，希望你们不要再说了。”关羽、张飞这才作罢。

注释 ① 卧龙：比喻隐居的俊杰。 ② 信：同“伸”。 ③ 汉沔：汉水中段又称沔水，故合称汉沔。 ④ 吴会：吴郡、会稽郡。泛指今江浙一带。 ⑤ 秦川：关中平原。 ⑥ 箪：一种圆形竹篮。《孟子·梁惠王》：“箪食（dān sì）壶浆，以迎王师。”

原文

刘表长子琦亦深器亮。表受后妻之言，爱少子琮，不悦于琦。琦每欲与亮谋

翻译

刘表的长子刘琦也很器重诸葛亮。刘表听信后妻的话，爱少子刘琮，不喜欢刘琦。刘琦常想同诸葛亮商量保护

自安之术，亮辄拒塞，未与处画。琦乃将亮游观后园，共上高楼。饮宴之间，令人去梯，因谓亮曰："今日上不至天，下不至地，言出子口，入于吾耳，可以言未？"亮答曰："君不见申生在内而危，重耳在外而安乎[①]？"琦意感悟，阴规出计。会黄祖死[②]，得出，遂为江夏太守。俄而表卒，琮闻曹公来征，遣使请降。先主在樊闻之，率其众南行，亮与徐庶并从，为曹公所追破，获庶母。庶辞先主而指其心曰："本欲与将军共图王霸之业者，以此方寸之地也[③]。今已失老母，方寸乱矣，无益于事，请从此别。"遂诣曹公[④]。

自己安全的办法，诸葛亮总是推托，没有替他策划。刘琦就带诸葛亮游赏后园，共上高楼。宴饮之间，叫人撤去梯子，然后对诸葛亮说："现在上不沾天，下不着地，话出自您的嘴巴，进入我的耳朵，这下可以说了吧？"诸葛亮回答说："您不见申生在内而危险，重耳在外而安全吗？"刘琦恍然大悟，遂暗里策划出去的办法。适逢江夏太守黄祖死，于是得以外出继任江夏太守。不久刘表死去，刘琮听说曹公来征讨，派遣使者请求投降。先主在樊城听说后，率领部属南行，诸葛亮与徐庶都随从，被曹公追上打败，捉住了徐庶的母亲。徐庶辞别先主，指着自己的心说："本来想与将军一起图谋建立王霸之业的，便是凭借这方寸之地。现在失去老母，方寸已乱，我对您的大事已没有什么益处，请让我从此分别。"徐庶就到曹公那里去了。

注释　① 申生、重耳都是春秋时晋献公的儿子。申生为太子，被献公的宠妃骊姬所陷害。有人劝申生出逃，申生不肯，遂自杀。重耳听说后，流亡他国。后返国立为君，即晋文公。 ② 黄祖：刘表部下将军，任江夏太守。 ③ 方寸之地：指心。 ④ 徐庶后来在曹魏，官至右中郎将、御史中丞。

原文

先主至于夏口[①]，亮曰："事急矣，请奉命求救于孙将军。"时权拥军在柴桑[②]，观望成败。亮说权曰："海内大乱，将军起兵据有江东，刘豫州亦收众汉南，与曹操并争天下。今操芟夷大难，略已平矣，遂破荆州，威震四海。英雄无所用武，故豫州遁逃至此。将军量力而处之：若能以吴越之众与中国抗衡，不如早与之绝；若不能当，何不案兵束甲，北面而事之？今将军外托服从之名，而内怀犹豫之计，事急而不断，祸至无日矣！"权曰："苟如君言，刘豫州何不遂事之乎？"亮曰："田横[③]，齐之壮士耳，犹守义不辱，况刘豫州王室之胄，英才盖世，众士慕仰，若水之归海。若事之不济，此乃天也，安能复为之下乎！"权勃然曰："吾不能举全吴

翻译

先主到了夏口，诸葛亮说："情况很危急了，请派我去向孙将军求救。"当时孙权统率军队驻在柴桑，观望成败。诸葛亮对孙权说："天下大乱，将军起兵占有江东，刘豫州也聚众于荆州，与曹操共争天下。现今曹操削除大敌，大致已经平定了，进而攻破荆州，威震四海。英雄无用武之地，所以刘豫州逃到这里。请您衡量自己的力量然后作出处置：如果您能以吴、越的军队与曹操抗衡，不如早同他断绝关系；如果敌不过他，何不放下武器，卷起铠甲，北面臣服于他？现在您表面假称服从于他，其实内心犹豫不决，事急而不断，大祸就要临头了！"孙权说："要是像您说的，刘豫州为什么不投降他呢？"诸葛亮说："田横，不过是齐国的一个壮士罢了，尚且坚守节操，不甘屈辱，何况刘豫州是王室的后裔，英才盖世，众士仰慕有如水流归海。如果事情不能成功，这是天意，怎么能屈服于曹操呢！"孙权激动地说："我不能拥有整个吴越之地，十万之众，去受人控制。我的主意已经打定了！除了刘豫州再没有可以抵挡曹操的人了，但他最近刚刚失败，怎么能抵

之地，十万之众，受制于人。吾计决矣！非刘豫州莫可以当曹操者，然豫州新败之后，安能抗此难乎？”亮曰：“豫州军虽败于长坂，今战士还者及关羽水军精甲万人，刘琦合江夏战士亦不下万人。曹操之众远来疲弊，闻追豫州，轻骑一日一夜行三百余里，此所谓‘强弩之末，势不能穿鲁缟’者也[④]。故兵法忌之，曰‘必蹶上将军’[⑤]。且北方之人，不习水战；又荆州之民附操者，逼兵势耳，非心服也。今将军诚能命猛将统兵数万，与豫州协规同力，破操军必矣。操军破，必北还，如此则荆、吴之势强，鼎足之形成矣。成败之机，在于今日。”权大悦，即遣周瑜、程普、鲁肃等水军三万，随亮诣先主，并力拒曹公。曹公败于赤壁，引军归邺。先主遂收江南，以亮为军师中郎将[⑥]，使督

抗这个强敌？”诸葛亮说：“刘豫州的军队虽然在长坂失败，现在回来的战士和关羽的水军，共有精锐的甲士万人，刘琦集合江夏战士也不下万人。曹操的人马远来疲弊，听说为了追刘豫州，轻骑一日一夜跑三百多里，这就是所谓‘强弩之末，穿不透鲁国的白绢’。因此兵法禁忌这样的做法，说‘必然使前军将领被挫败’。而且北方的人，不习惯水战；荆州的百姓归附曹操，也只是迫于军威罢了，并非心服。现在您如果能命令猛将统兵数万，与刘豫州协调作战计划，双方齐心合力，打败曹操军是必然的。曹操兵败，必然退回北方，这样一来，荆州和吴的力量强大，鼎足而三的局势就形成了。成败的关键，在于今日。”孙权非常高兴，当即派周瑜、程普、鲁肃等水军三万人，随诸葛亮去与先主会合，并力抵抗曹公。曹公败于赤壁，带领军队回邺。先主收取江南，任诸葛亮为军师中郎将，使他督率零陵、桂阳、长沙三郡军队，征调赋税，以补充军用。

零陵、桂阳、长沙三郡，调其赋税，以充军实。

注释 ① 夏口：今汉口。 ② 柴桑：县名，在今江西九江西南。 ③ 田横：战国末年齐国的宗室，楚汉战争时，曾自立为齐王。汉朝建立后，田横率领徒属五百人逃入海岛中。汉高祖召他来投降，他不愿向刘邦北面称臣，遂在路上自杀，五百人也都自杀。 ④ 鲁缟：曲阜出产的素绢。 ⑤《孙子·军事篇》说："五十里而争利，则蹶上将军。"意即急速行军，日行五十里，则先头部队的将领容易被挫败。 ⑥ 军师中郎将：军官名。参与军谋，并有兵权。中郎将级别次于将军。

原文

建安十六年，益州牧刘璋遣法正迎先主，使击张鲁，亮与关羽镇荆州。先主自葭萌还攻璋，亮与张飞、赵云等率众溯江，分定郡县，与先主共围成都。成都平，以亮为军师将军，署左将军府事①。先主外出，亮常镇守成都，足食足兵。

翻译

建安十六年(211)，益州牧刘璋派法正迎接先主，使他去打张鲁，诸葛亮与关羽镇守荆州。先主从葭萌回攻刘璋，诸葛亮与张飞、赵云等率众溯江而上，分别攻下各郡县，与先主共围成都。成都平定后，先主任命诸葛亮为军师将军，署理左将军府事。先主外出，诸葛亮常常镇守成都，足食足兵。

注释 ① 署：署理，即代行。左将军：即刘备。

原文

二十六年，群下劝先主称尊号，先主未许。亮说

翻译

建安二十六年(221)，僚属们劝先主称皇帝，先主没有同意。诸葛亮说：

曰："昔吴汉、耿弇等初劝世祖即帝位[①]，世祖辞让，前后数四。耿纯进言曰[②]：'天下英雄喁喁[③]，冀有所望；如不从议者，士大夫各归求主，无为从公也。'世祖感纯言深至，遂然诺之。今曹氏篡汉，天下无主，大王刘氏苗族[④]，绍世而起，今即帝位，乃其宜也。士大夫随大王久勤苦者，亦欲望尺寸之功如纯言耳。"先主于是即帝位，策亮为丞相[⑤]，曰："朕遭家不造，奉承大统，兢兢业业，不敢康宁，思靖百姓，惧未能绥。於戏[⑥]！丞相亮，其悉朕意，无怠辅朕之阙，助宣重光，以照明天下。君其勖哉！"亮以丞相录尚书事，假节。张飞卒后，领司隶校尉。

"从前吴汉、耿弇等起初劝世祖即帝位，世祖推让，前后三四次。耿纯劝告说：'天下英雄景仰归附于您，是怀着攀龙附凤的希望；如果您不听从大家的意见，士大夫们各自回去另找主人，就无需再追随您了。'世祖被耿纯深切诚挚的话所感动，就答应了。现今曹氏篡汉，天下无主，大王是刘氏后裔，继世而起，现在即帝位，是适宜的。士大夫跟随大王长期勤劳困苦，也是希望能有尺寸的功劳，像耿纯说的那样。"先主于是即帝位，册命诸葛亮为丞相，册文说："朕遭遇国家不幸，继承大位，兢兢业业，不敢康宁，想要安定百姓，犹恐天下不安。啊！丞相亮，希望你明白朕的心意，不要懈怠，以匡正朕的过失，帮助朕使日月重光，以照明天下。你要努力啊！"诸葛亮以丞相总录尚书事，假节。张飞死后，又兼司隶校尉。

注释 ① 吴汉、耿弇(yǎn)：刘秀部下大将。世祖：即汉光武帝刘秀。 ② 耿纯：也是刘秀的部将。 ③ 喁喁(yóng)：鱼口向上、露出水面的样子。用以比喻景仰归向。 ④ 苗：苗裔，后代。 ⑤ 策：策命。封建时代皇帝立皇后、太子，封王，任命重臣，把诏书写在简策上，称为策命。"策"也写作"册"。 ⑥ 於戏：与"呜呼"同。

原文

章武三年春，先主于永安病笃，召亮于成都，属以后事，谓亮曰："君才十倍曹丕，必能安国，终定大事。若嗣子可辅，辅之；如其不才，君可自取。"亮涕泣曰："臣敢竭股肱之力，效忠贞之节，继之以死！"先主又为诏敕后主曰："汝与丞相从事，事之如父。"

建兴元年[①]，封亮武乡侯[②]，开府治事。顷之，又领益州牧。政事无巨细，咸决于亮。南中诸郡并皆叛乱[③]，亮以新遭大丧，故未便加兵，且遣使聘吴，因结和亲，遂为与国。

翻译

章武三年(223)春，先主在永安病危，把诸葛亮从成都召往，将后事托付给他，对他说："你的才能十倍于曹丕，必能安定国家，最终完成大事。如果太子可辅，你就辅佐他；如果他不成材，你自己可以取而代之。"诸葛亮流泪说："臣愿竭尽全力辅佐少主，报效忠贞之节，最后献出我的生命！"先主又作诏书敕令后主说："你跟随丞相一起治理国事，对他要像对待父亲那样。"

建兴元年，后主封诸葛亮为武乡侯，开建丞相府，设置官属，以处理政事。不久，又兼益州牧。政事不论大小，都取决于诸葛亮。南中几郡同时起来叛乱，诸葛亮因为新遭国丧，所以还不便发兵征讨，而是先遣使访问吴国，并缔结和亲，于是蜀与吴成为盟国。

注释 ① 建兴：后主即位后所改年号，建兴元年实即章武三年，公元 223 年。 ② 武乡：县名，西汉属琅邪郡，东汉省，大概汉末复置。诸葛亮为琅邪人，故以本土遥封。 ③ 南中：当时称今云南、贵州及四川凉山彝族自治州一带为南中。

原文

三年春，亮率众南征，其秋悉平。军资所出，国以

翻译

建兴三年(225)春，诸葛亮率军南征，这年秋天平定了全部叛乱。大量军

富饶。乃治戎讲武，以俟大举。

五年，率诸军北驻汉中。临发，上疏曰：

先帝创业未半而中道崩殂。今天下三分，益州疲弊，此诚危急存亡之秋也。然侍卫之臣不懈于内，忠志之士忘身于外者，盖追先帝之殊遇，欲报之于陛下也。诚宜开张圣听，以光先帝遗德，恢弘志士之气，不宜妄自菲薄，引喻失义，以塞忠谏之路也。宫中府中，俱为一体，陟罚臧否，不宜异同。若有作奸犯科及为忠善者，宜付有司论其刑赏，以昭陛下平明之理，不宜偏私，使内外异法也。侍中、侍郎郭攸之、费祎、董允等[1]，此皆良实，志虑忠纯，是以先帝简拔以遗陛下。愚以为宫中之事，事无大小，悉以咨之，然后施行，必能裨补阙漏，有所广益。将军向宠，

用物资都由南中供给，国家因而富饶。于是练兵讲武，准备大举北伐。

建兴五年(227)，率诸军北驻汉中。出发之前上表说：

先帝创业还没有完成一半，就中途去世了。现今天下分为三方，而益州国力困弊，这真是危急存亡的时刻啊。然而侍卫的臣僚在内勤劳不懈，忠心的将士在外舍生忘死，这是因为他们追念先帝的特殊恩遇，想在您的身上进行报答啊。您应该广泛听取臣下意见，以发扬光大先帝遗下的美德，增强志士的勇气，不应当妄自菲薄，援引不恰当的譬喻，以堵塞忠言进谏的道路。宫禁中的侍卫、各府署的臣僚都是一个整体，赏罚褒贬，不应有所不同。如有作恶犯法的人，或行为忠善的人，都应该交给主管官吏评定对他们的惩奖，以显示陛下处理国事的公正严明，不应该有所偏爱，使宫内宫外执法不同。侍中郭攸之、费祎、侍郎董允等人，都是善良诚实、心志忠贞纯洁的人，因此先帝选拔他们留给陛下。我认为宫中的事，无论大小，都去咨询他们，然后施行，必能弥补缺失，集思广益。将军向宠心性品德善良平和，又通晓军事，过去经过试用，先帝称赞他很有才能，因此众人商议推

性行淑均，晓畅军事，试用于昔日，先帝称之曰能，是以众议举宠为督[②]。愚以为营中之事，悉以咨之，必能使行陈和睦，优劣得所。亲贤臣，远小人，此先汉所以兴隆也；亲小人，远贤臣，此后汉所以倾颓也。先帝在时，每与臣论此事，未尝不叹息痛恨于桓、灵也[③]。侍中、尚书、长史、参军[④]，此悉贞良死节之臣，愿陛下亲之信之，则汉室之隆，可计日而待也。

举他做中部督。我认为禁军营中的事都去咨问于他，必能使军队和睦，不同才能的人各得其所。亲近贤臣，疏远小人，这是前汉所以兴盛的原因；亲近小人，疏远贤臣，这是后汉所以衰败的原因。先帝在时，每次与臣谈论这事，未尝不叹息而痛恨桓帝、灵帝时期的腐败。侍中、尚书、长史、参军，这些人都是忠贞善良、守节不渝的大臣，希望陛下亲近他们，信任他们，那么汉朝的复兴，就会指日可待了。

注释 ① 侍郎：即黄门侍郎，掌侍从皇帝，传达诏令。郭攸之、费祎（yī）为侍中，董允为侍郎。 ② 督：指中部督，禁军统领。 ③ 桓、灵：汉桓帝刘志（公元146—167年在位）、汉灵帝刘宏（公元168—189年在位）。桓、灵之时，政治腐败，汉朝进一步衰落。 ④ 尚书：指陈震。长史：指丞相留府长史张裔。参军：指丞相参军蒋琬。

原文

臣本布衣，躬耕于南阳，苟全性命于乱世，不求

翻译

我本是一个平民，在南阳亲自耕田，只想在乱世里苟全性命，不求在诸

闻达于诸侯。先帝不以臣卑鄙，猥自枉屈，三顾臣于草庐之中，咨臣以当世之事，由是感激，遂许先帝以驱驰。后值倾覆，受任于败军之际，奉命于危难之间，尔来二十有一年矣[1]。先帝知臣谨慎，故临崩寄臣以大事也。受命以来，夙夜忧叹，恐托付不效，以伤先帝之明，故五月渡泸[2]，深入不毛。今南方已定，兵甲已足，当奖率三军，北定中原，庶竭驽钝，攘除奸凶，兴复汉室，还于旧都。此臣所以报先帝，而忠陛下之职分也。

侯间扬名显身。先帝不因为我卑微鄙陋，而委屈自己，三次到草庐之中拜访我，向我询问天下大事，由此使我感动奋发，而同意为先帝奔走效劳。后来遭遇失败，我在军事失利之际接受任命，形势危急之时奉命出使，从这以来二十一年了。先帝知道我谨慎，所以临终把国家大事托付给我。接受遗命以来，日夜忧虑叹息，唯恐托付的事不能完成，有损于先帝的英明，因此五月渡泸南征，深入不毛之地。现在南方已经平定，兵甲已经充足，应当勉励并统率三军，北定中原，以便竭尽我拙劣的能力，扫除奸邪，兴复汉室，返还旧都。这是我用以报答先帝、尽忠陛下的职责。

注释 ① 二十有一年：汉献帝建安十二年(207)刘备始遇诸葛亮，至后主建兴五年(227)，共二十一年。 ② 泸：泸水，即今金沙江。诸葛亮南征，从今四川西昌往南渡过金沙江入云南境。

原文

至于斟酌损益，进尽忠言，则攸之、祎、允之任也。愿陛下托臣以讨贼兴复之

翻译

至于处置日常政事，决定取舍损益，并毫无保留地贡献忠言，那是郭攸之、费祎、董允等人的责任。希望陛下

效；不效，则治臣之罪，以告先帝之灵。[若无兴德之言，则]责攸之、祎、允等之慢，以彰其咎。陛下亦宜自谋，以咨诹善道，察纳雅言，深追先帝遗诏。臣不胜受恩感激。今当远离，临表涕零，不知所言。

遂行，屯于沔阳。

把讨伐奸贼、兴复汉室的任务交给我去完成；若不能完成，就治我的罪，以告于先帝的英灵。如果不能进献增进圣德的忠言，那就责备郭攸之、费祎、董允等的怠慢，以表明他们的过失。陛下也应当谋求自强，征询臣下的好意见，考察并采纳正确的言论，深思先帝的遗诏。臣蒙受大恩，不胜感激，现在即将远离，一边写表，一边流泪，真不知该说些什么。

于是诸葛亮领军北行，扎营于沔阳。

原文

六年春，扬声由斜谷道取郿[①]，使赵云、邓芝为疑军，据箕谷[②]，魏大将军曹真举众拒之。亮身率诸军攻祁山[③]，戎陈整齐，赏罚肃而号令明。南安、天水、安定三郡叛魏应亮[④]，关中响震。魏明帝西镇长安，命张郃拒亮，亮使马谡督诸军在前[⑤]，与郃战于街亭[⑥]。谡违亮节度，举动失宜，大为郃所破。亮拔西县千余家[⑦]，还于汉中，戮谡以谢众。上疏曰：

翻译

建兴六年（228）春，诸葛亮扬言由斜谷道攻取郿县，使赵云、邓芝作疑兵，占据箕谷，魏大将军曹真领兵抵御。诸葛亮亲率各军攻祁山，队伍整齐，赏罚严而号令明。南安、天水、安定三郡反叛魏国响应诸葛亮，关中震动。魏明帝亲自西镇长安，派张郃抵御诸葛亮。诸葛亮使马谡在前面统率各军，与张郃战于街亭。马谡违背诸葛亮的部署，行动不当，被张郃打得大败。诸葛亮撤出西县的一千多家人，回到汉中，杀了马谡向将士谢罪。上疏说：“我以低劣的才能，窃据丞相的高位，亲执白旄黄钺以激励三军，却不能训示规章，申明法度，

"臣以弱才,叨窃非据,亲秉旄钺,以厉三军,不能训章明法,临事而惧,至有街亭违命之阙,箕谷不戒之失,咎皆在臣授任无方。臣明不知人,恤事多暗,《春秋》责帅,臣职是当。请自贬三等,以督厥咎。"于是以亮为右将军,行丞相事,所总统如前。

遇事不敢决断,以至于有街亭违背指挥的错误,箕谷不作戒备的过失,过错都在于我任人不当。我缺乏知人之明,料事每多暗昧,根据《春秋》之义,兵败则责备主帅,因此我应负主要责任。请让我自贬三级,以惩罚我的过失。"于是诸葛亮自降为右将军,代行丞相职务,依旧总统政事。

注释 ① 郿:县名,在今陕西眉县东北。 ② 箕谷:在今陕西勉县褒城镇北。 ③ 祁山:在今甘肃礼县东,为陇西军事要地。 ④ 南安:郡名,治豲(huán)道县,在今甘肃陇西东南渭水东岸。天水:郡名,治冀县,在今甘肃甘谷东。 ⑤ 马谡:当时任参军。《三国志·蜀书·马良传》后附有小传。 ⑥ 街亭:在今甘肃庄浪东南。 ⑦ 西县:在今甘肃天水西南。

原文

冬,亮复出散关,围陈仓,曹真拒之,亮粮尽而还。魏将王双率骑追亮,亮与战,破之,斩双。

翻译

这年冬天,诸葛亮又出兵散关,包围陈仓,遇曹真抵御,粮尽而还。魏将王双率领骑兵追击,诸葛亮同他交战,打败魏军,杀死王双。

原文

七年,亮遣陈式攻武都、阴平。魏雍州刺史郭淮

翻译

建兴七年(229),诸葛亮派遣陈式进攻武都、阴平二郡。魏雍州刺史郭淮

率众欲击式，亮自出至建威[1]，淮退还，遂平二郡。诏策亮曰："街亭之役，咎由马谡，而君引愆，深自贬抑，重违君意，听顺所守。前年耀师，馘斩王双；今岁爰征，郭淮遁走；降集氐、羌，兴复二郡，威镇凶暴，功勋显然。方今天下骚扰，元恶未枭，君受大任，干国之重，而久自挹损，非所以光扬洪烈矣。今复君丞相，君其勿辞。"

率军想攻击陈式，诸葛亮亲自出兵到建威，郭淮退回，从而平定了这两个郡。后主下诏书给诸葛亮说："街亭之战，罪在马谡，而您承担过失，深自贬责，我不好违背您的心意，听从了您坚持的要求。您去年出师，斩杀王双；今岁出征，郭淮逃走；收降氐、羌，恢复二郡，威镇暴敌，功勋显然。方今天下扰攘，首恶未除，您接受重任，主持国家大事，而长久谦退，这就不足以显扬大功了。现在恢复您的丞相职务，您不要推辞。"

注释　① 建威：城名，在今甘肃西和县南。

原文

九年，亮复出祁山，以木牛运。粮尽退军，与魏将张郃交战，射杀郃。

翻译

建兴九年(231)，诸葛亮再出祁山，用木牛运输。粮尽退兵，与魏将张郃交战，射杀张郃。

原文

十二年春，亮悉大众由斜谷出，以流马运，据武功五丈原[1]，与司马宣王对于渭南[2]。亮每患粮不继，使

翻译

建兴十二年(234)春，诸葛亮统率全部大军，由斜谷开出，用流马运输，占据武功县五丈原，与司马宣王在渭水之南对垒。诸葛亮经常担忧军粮供应不

己志不申，是以分兵屯田，为久驻之基。耕者杂于渭滨居民之间，而百姓安堵，军无私焉。相持百余日。其年八月，亮疾病，卒于军，时年五十四。及军退，宣王案行其营垒处所，曰：“天下奇才也！”

上，使自己的大志不能实现，因此分兵屯田，为长期驻兵打下基础。耕垦的蜀兵掺杂在渭水滨的居民之间，而百姓安居，军队从不扰民以利己。就这样相持了一百多天。这年八月，诸葛亮病重，死在军中，当时五十四岁。军退之后，宣王仔细观察他安营筑垒的处所，说：“真是天下奇才！”

注释 ① 武功：县名，在今陕西武功西南。五丈原：今属岐山地，在斜谷口西侧。② 司马宣王：即司马懿。魏元帝时，其子司马昭封晋王，追封司马懿为宣王。

原文

亮遗命葬汉中定军山，因山为坟，冢足容棺，敛以时服，不须器物。诏策曰：“惟君体资文武，明睿笃诚，受遗托孤，匡辅朕躬，继绝兴微，志存靖乱。爰整六师，无岁不征，神武赫然，威镇八荒，将建殊功于季汉，参伊、周之巨勋[①]。如何不吊，事临垂克，遘疾陨丧！朕用伤悼，肝心若裂。夫崇德序功，纪行命谥，所以光昭将

翻译

根据诸葛亮的遗命，他被安葬在汉中定军山，因山作坟，墓坑刚够容纳棺材，以平时所穿的衣服入殓，不须陪葬器物。后主下诏说：“君禀受文武的资性，明智诚实，接受托孤的遗诏，辅佐朕身，继承灭亡的汉室，振兴微弱的国家，一心在于平定祸乱。因此统帅三军，无岁不征，武功赫赫，威镇八方，将在汉末建立足以媲美伊尹、周公的巨大功勋。为何如此不幸，大事垂成，您却患病去世！我因此无比哀伤，肝心若裂。尊崇道德，叙录功勋，记述行迹，给予谥号，这是为了光照将来，记载不朽。现派遣

来，刊载不朽。今使使持节左中郎将杜琼，赠君丞相、武乡侯印绶，谥君为忠武侯。魂而有灵，嘉兹宠荣。呜呼哀哉！呜呼哀哉！”

使持节、左中郎将杜琼赠给您丞相、武乡侯印绶，追谥您为忠武侯。您的在天之灵，定会赞美这恩宠光荣。呜呼哀哉！呜呼哀哉！”

注释 ① 伊、周：伊尹、周公旦。伊尹辅佐商汤，周公辅佐周武王、成王，为古代名相。

原文

初，亮自表后主曰：“成都有桑八百株，薄田十五顷，子弟衣食，自有余饶。至于臣在外任，无别调度，随身衣食，悉仰于官，不别治生，以长尺寸。若臣死之日，不使内有余帛，外有赢财，以负陛下。”及卒，如其所言。

亮性长于巧思，损益连弩[①]，木牛流马[②]，皆出其意；推演兵法，作八陈图[③]，咸得其要云。亮言教书奏多可观，别为一集。

翻译

起初，诸葛亮自己上表给后主说：“我在成都有桑树八百株、薄田十五顷，子弟衣食，自有富余。至于我在外任官，没有别的用度，随身衣食，都仰赖公家，不另外经营产业，以增加丝毫财富。到了我死那一天，不使内有剩余的绢帛，外有盈余的钱财，以免辜负陛下。”他去世之后，果如他所说的那样。

诸葛亮擅长于巧妙构思，改进连弩，制作木牛流马，都出于他的想法；又推演兵法，作八阵图，都深得兵法的要领。诸葛亮的言论、教令、书札、奏章多可诵读，另外辑为一集。

注释 ①连弩：一种可以连发的弓弩，经诸葛亮改进，可以十矢俱发。②木牛流马：是两种适于山地运输的工具，今人多认为是独轮车之类。③八陈（zhèn）图：一种阵法，已失传。

原文

景耀六年春[1]，诏为亮立庙于沔阳。秋，魏镇西将军钟会征蜀，至汉川，祭亮之庙，令军士不得于亮墓所左右刍牧樵采。

亮弟均，官至长水校尉[2]。亮子瞻，嗣爵。

翻译

景耀六年（263）春，后主下诏为诸葛亮立庙于沔阳。秋，魏镇西将军钟会征蜀，到汉中，祭祀诸葛亮的祠庙，还命令军士不得于诸葛亮墓地左右放牧牲畜、割草打柴。

诸葛亮弟诸葛均，官至长水校尉。诸葛亮子诸葛瞻，继承爵位。

注释 ①景耀：蜀汉后主刘禅年号。②长水校尉：禁卫军军官之一。

原文

评曰：诸葛亮之为相国也，抚百姓，示仪轨，约官职，从权制，开诚心，布公道。尽忠益时者虽仇必赏，犯法怠慢者虽亲必罚。服罪输情者虽重必释，游辞巧饰者虽轻必戮。善无微而不赏，恶无纤而不贬。庶事精练，物理其本，循名责实，虚伪不齿。终于邦域之内，

翻译

评语：诸葛亮做丞相的时候，安抚百姓，明示法度，精简官职，因时制宜，以诚待人，秉公办事。竭尽忠心、有益于世的人虽仇必赏，违犯法令、怠慢职事的人虽亲必罚。认罪服罪、说老实话的人，罪虽重也必予宽释；花言巧语、掩饰罪过的人，罪虽轻也必加严惩。善再小也无不奖赏，恶再细也无不贬斥。处理事务精明练达，对待万物必治其本，循名责实，鄙弃虚伪。全国的人都既畏

咸畏而爱之，刑政虽峻而无怨者，以其用心平而劝戒明也。可谓识治之良才，管、萧之亚匹矣。然连年动众，未能成功，盖应变将略，非其所长欤！

惧他而又爱戴他，刑法政令虽然严峻，却没人怨恨，这是由于他用心公平而且劝戒分明。真可说是精通政治的良才，可以同管仲、萧何匹敌了。不过连年兴师动众，未能成功，大概随机应变的军事谋略不是他的特长吧！

关羽传

导读

关羽(俗称关公)的形象,在我国可谓妇孺皆知。但历史上的关羽究竟是怎样一个人?可以读一读这篇传。从传中我们可以看到,关羽确是一员勇猛非凡的虎将,但他也只不过是个有勇无谋的武夫。他缺乏政治头脑,不懂得联吴抗曹的重要性,拒绝孙权的联姻。他骄傲自大,目空一世,不能搞好与其他将领的关系,以至于糜芳、士仁叛变;他顾头不顾尾,被吕蒙、陆逊所麻痹,撤除后方的守备(参看本书《陆逊传》)。结果是丢了脑袋,失了荆州,给蜀汉造成极其不利的局面。平心而论,关羽的后期实在是过大于功。人们历来称道刘、关、张之间至死不渝的友情和关羽的忠义,对这一点要作具体分析,有值得肯定的一面,但也不能过分夸大,更不能盲目效法。宋代以后,封建统治者为了表彰"忠义",主要是宣扬忠君,对关羽的事迹和功绩大加渲染,追封为公、为王、为帝、为神,穷乡僻壤都有关帝庙,许多人家供奉关羽的神位,我们要将这个被人为地神化的关羽与真实的关羽区分开来。(选自卷三六)

原文

关羽,字云长,本字长生,河东解人也①。亡命奔涿郡。先主于乡里合徒众,而羽与张飞为之御侮。先主为平原相,以羽、飞为别

翻译

关羽,字云长,本字长生,河东郡解县人。因事逃亡到涿郡。先主在家乡招合人众,关羽和张飞做他的侍卫。先主任平原国相,以关羽、张飞为别部司马,分别统领部队。先主与二人寝则同

部司马，分统部曲。先主与二人寝则同床，恩若兄弟；而稠人广坐，侍立终日，随先主周旋，不避艰险。

床，恩如兄弟；但在人多的地方，二人则整天站在旁边侍卫，先主走到哪儿就跟到哪儿，不避艰险。

注释 ① 解(xiè)：县名，在今山西临猗西南。

原文

先主之袭杀徐州刺史车胄，使羽守下邳城，行太守事，而身还小沛。建安五年，曹公东征，先主奔袁绍。曹公禽羽以归，拜为偏将军[①]，礼之甚厚。绍遣大将颜良攻东郡太守刘延于白马，曹公使张辽及羽为先锋击之。羽望见良麾盖，策马刺良于万众之中，斩其首还，绍诸将莫能当者，遂解白马围。曹公即表封羽为汉寿亭侯[②]。初，曹公壮羽为人，而察其心神无久留之意，谓张辽曰："卿试以情问之。"既而辽以问羽，羽叹曰："吾极知曹公待我厚，然吾受刘将军厚恩，誓以共

翻译

建安四年(199)，先主袭杀徐州刺史车胄，使关羽守下邳城，代理沛郡太守，而自己回沛县。建安五年(200)，曹公东征先主，先主失败投奔袁绍。曹公擒获关羽而归，任命为偏将军，以礼厚待他。后来袁绍派大将颜良在白马县进攻东郡太守刘延，曹公叫张辽和关羽为先锋去打颜良。关羽望见颜良兵车上的旗帜车盖，鞭马刺颜良于千军万马之中，斩其首而还，袁绍的部将没人能抵挡，因而解除了白马的包围。曹公于是上表封关羽为汉寿亭侯。起初，曹公爱关羽为人勇壮，但观察他的神情好像没有久留的意思，便对张辽说："你试问问他的真实想法。"过后张辽将此事问关羽，关羽感叹说："我非常了解曹公待我很好，但我受刘将军的厚恩，发誓生死与共，我不能背叛他。我最终是不会留在这里的，但我要立功以报答曹公，

死，不可背之。吾终不留，吾要当立效以报曹公乃去。”辽以羽言报曹公，曹公义之。及羽杀颜良，曹公知其必去，重加赏赐。羽尽封其所赐，拜书告辞，而奔先主于袁军。左右欲追之，曹公曰：“彼各为其主，勿追也。”

然后再走。”张辽把关羽的话回报曹公，曹公很赞赏他的忠义。等到关羽杀了颜良，曹公知道他必定会离开，对他重加赏赐。关羽把所赐的东西全部封存起来，留下书信告辞，到袁绍军中投奔先主。曹公左右的人要去追赶，曹公说：“各为其主，不要追了。”

注释 ① 偏将军：为杂号将军之一。 ② 汉寿亭侯：汉寿，县名，在今湖南常德东北，这只是虚封。

原文

从先主就刘表。表卒，曹公定荆州，先主自樊将南渡江，别遣羽乘船数百艘会江陵。曹公追至当阳长坂，先主斜趋汉津，适与羽船相值，共至夏口。孙权遣兵佐先主拒曹公，曹公引军退归。先主收江南诸郡，乃封拜元勋，以羽为襄阳太守、荡寇将军[1]，驻江北。先主西定益州，拜羽董督荆州

翻译

后来关羽随先主到荆州依附刘表。刘表死后，曹公定荆州，先主从樊城准备南渡江，另遣关羽率领水军乘船数百艘到江陵会合。曹公追到当阳县长坂，先主斜奔汉津渡，恰好与关羽的船相会，一起到夏口。孙权派兵帮助先主抵抗曹公，曹公领军退回。先主取得江南诸郡，给立了大功的部下封官，以关羽为襄阳太守、荡寇将军，驻江北。先主西定益州，命关羽总管荆州事。关羽听说马超来降，他过去与马超不认识，因此写信给诸葛亮，问马超之才可以同谁

事。羽闻马超来降[②]，旧非故人，羽书与诸葛亮，问超人才可谁比类。亮知羽护前，乃答之曰："孟起兼资文武[③]，雄烈过人，一世之杰，黥、彭之徒[④]，当与益德并驱争先[⑤]，犹未及髯之绝伦逸群也。"羽美须髯，故亮谓之"髯"。羽省书大悦，以示宾客。

相比。诸葛亮知道关羽好强自负，不愿别人胜过自己，就回信说："马孟起文武双全，雄猛过人，可谓一代俊杰，属于黥布、彭越一类，可与张益德并驾齐驱，但还不及你美髯公的绝伦超群。"关羽的须髯长而美，所以诸葛亮称他为"髯"。关羽看了信非常高兴，还拿出来给宾客们看。

注释 ① 襄阳郡为曹操新设，关羽任襄阳太守是遥领。荡寇将军也是杂号将军。② 马超在关中被曹操打败，奔陇西，又败，至汉中依张鲁。建安十九年(214)刘备围成都时来归刘备。 ③ 孟起：马超字。 ④ 黥、彭：黥布(本名英布，秦末犯法黥面，人称黥布)、彭越，刘邦手下大将。 ⑤ 益德：张飞字。

原文

羽尝为流矢所中，贯其左臂，后创虽愈，每至阴雨，骨常疼痛。医曰："矢镞有毒，毒入于骨，当破臂作创，刮骨去毒，然后此患乃除耳。"羽便伸臂令医劈之。时羽适请诸将饮食相对，臂血流离，盈于盘器，而羽割炙引酒，言笑自若。

翻译

关羽曾经被流矢射中，射穿了他的左臂，后来伤口虽已愈合，但每到阴雨天，骨头经常疼痛。医生说："箭镞有毒，毒入于骨，应当剖开手臂，刮骨去毒，然后才能除去此患。"关羽便伸臂让医生开刀。当时他请诸将一道饮酒，臂血淋漓，流满盘器，而他割肉饮酒，谈笑自如。

原文

二十四年，先主为汉中王，拜羽为前将军，假节钺。是岁，羽率众攻曹仁于樊。曹公遣于禁助仁。秋，大霖雨，汉水泛溢，禁所督七军皆没，禁降羽。羽又斩将军庞德。梁、郏、陆浑群盗或遥受羽印号[①]，为之支党，羽威震华夏。曹公议徙许都以避其锐。司马宣王、蒋济以为关羽得志，孙权必不愿也，可遣人劝权蹑其后，许割江南以封权，则樊围自解。曹公从之。先是，权遣使为子索羽女，羽骂辱其使，不许婚，权大怒。又南郡太守麋芳在江陵，将军士仁屯公安，素皆嫌羽轻己。自羽之出军，芳、仁供给军资，不悉相及，羽言还当治之，芳、仁咸怀惧不安。于是权阴诱芳、仁，芳、仁使人迎权。而曹公遣徐晃救曹仁，羽不能克，引军退还。

翻译

建安二十四年(219)，先主为汉中王，任命关羽为前将军，授予节钺。这一年，关羽率军进攻曹仁于樊城。曹公派于禁去援助曹仁。秋天，连降大雨，汉水泛滥，于禁所统的七军全部覆没，于禁投降关羽。关羽又斩将军庞德。梁、郏、陆浑诸县群盗有的遥受关羽的官印、封号，成为他的支党，关羽威震华夏。曹公商议迁移许都以避开他的锋芒。司马宣王、蒋济以为关羽得志，孙权必定不愿意，可派人劝孙权袭击他的后方，允许割江南以封孙权，樊城的包围就自然解除了。曹公采纳了他们的意见。起先，孙权遣使为儿子向关羽的女儿求婚，关羽辱骂使者，不许婚，孙权大怒。又南郡太守麋芳在江陵，将军傅士仁屯公安，平素都怨恨关羽轻视自己。自从关羽出军樊城以来，麋芳、傅士仁供给军资，不能全部及时供应，关羽说回来要惩治他们，二人都惶恐不安。于是孙权暗中引诱麋芳、傅士仁，麋芳、傅士仁便使人迎接孙权。这时曹公派徐晃救曹仁，关羽不能攻下樊城，只好率军撤退。而孙权已占据江陵，全部虏获了关羽部下将士的妻儿，关羽的权已据江陵，尽虏羽士众妻子，羽军遂散。权遣将逆击羽，斩羽及子平于临沮[2]。追谥羽曰壮缪侯[3]。

军队因此溃散。孙权遣将拦击关羽，斩关羽及其子关平于临沮县。后主时，追谥关羽为“壮缪侯”。

注释 ① 梁：县名，在今河南汝州西。郏（jiá）：县名，即今河南郏县。陆浑：县名，在今河南嵩县东北。 ② 临沮：县名，在今湖北远安西北。 ③ 事在后主景耀三年（260）。

周 瑜 传

导读

苏东坡《念奴娇·赤壁怀古》词云:“遥想公瑾当年,小乔初嫁了,雄姿英发。羽扇纶巾,谈笑间、樯橹灰飞烟灭。”可作为本传主要内容的一个很好的概括。周瑜(175—210),三国孙吴名将,赤壁之战中吴军的统帅。本篇记载,他在战前对孙权精辟分析了曹操可以战胜的理由(这与同时诸葛亮、鲁肃的意见不谋而合,可参见本书所选《诸葛亮传》),从而更坚定了孙权联刘抗曹的决心。篇中还比较详细地叙述了这次战役的经过和周瑜所起的作用。赤壁之战是三国时期的决定性战役之一,也是我国古代以弱胜强的著名战例。它阻止了曹操对南方的兼并,并使刘备在荆州取得了一块立足之地,从而为三国鼎立的局面奠定了基础、拉开了序幕。在《三国演义》中对周瑜其人有极精彩的描写,把他写成一个气量狭小、不能容人的典型,并精心杜撰了“诸葛亮三气周瑜”的著名故事。其实本传指出周瑜“性度恢廓”,即性情开朗、气量宽宏,与小说中的周瑜刚好相反。本篇末尾写周瑜精通音乐,寥寥数语,更刻画出周郎的风采,写得很有情趣。可惜这类生动的描写在《三国志》中很少。(选自卷五四)

原文

周瑜,字公瑾,庐江舒人也[①]。从祖父景,景子忠,皆为汉太尉。父异,洛阳令。

翻译

周瑜,字公瑾,庐江郡舒县人。堂祖父周景、周景子周忠,都曾任汉朝的太尉。父亲周异,曾任洛阳令。

注释 ① 舒：县名，在今安徽庐江西南。

原文

瑜长壮有姿貌。初，孙坚兴义兵讨董卓，徙家于舒。坚子策与瑜同年，独相友善。瑜推道南大宅以舍策，升堂拜母，有无通共。瑜从父尚为丹杨太守，瑜往省之。会策将东渡，到历阳[①]，驰书报瑜，瑜将兵迎策，策大喜曰："吾得卿，谐也。"遂从攻横江、当利[②]，皆拔之。乃渡击秣陵[③]，破笮融、薛礼，转下湖孰、江乘[④]，进入曲阿[⑤]，刘繇奔走，而策之众已数万矣。因谓瑜曰："吾以此众取吴会、平山越已足[⑥]，卿还镇丹杨[⑦]。"瑜还。顷之，袁术遣从弟胤代尚为太守，而瑜与尚俱还寿春。术欲以瑜为将，瑜观术终无所成，故求为居巢长，欲假涂东归，术听之。遂自居巢还吴。是岁，建安三年

翻译

周瑜长得高大健壮，容貌出众。起初，孙坚发动义兵讨董卓，把家迁到舒县。他的儿子孙策和周瑜同年，两人的友情特别亲密。周瑜把路南的大宅让给孙策住，彼此升堂拜母，亲如一家，共通有无。周瑜的堂叔周尚任丹杨太守，周瑜前去看望他。正好这时孙策将要东渡大江，到了历阳，快马带信告诉周瑜，周瑜带兵去迎接孙策。孙策大喜，说："我有了你，事就成了。"于是跟随孙策进攻横江渡、当利口，都攻下了。进而渡江攻打秣陵，击破笮融、薛礼，转而拿下湖孰、江乘二县，进入曲阿，刘繇逃走，这时孙策的人马已经有几万了。于是孙策对周瑜说："我用这支队伍攻取吴郡、会稽郡，平定山越，已经足够了，你回去镇守丹杨。"周瑜就回去了。不久，袁术派堂弟袁胤代替周尚做丹杨太守，因此周瑜与周尚一起回到寿春。袁术想用周瑜做将领，周瑜看出袁术终究不会有什么成就，所以请求当居巢县长，想借路东归，袁术同意了。于是周瑜从居巢回到吴县。这一年是建安三

也。策亲自迎瑜,授建威中郎将,即与兵二千人,骑五十匹。瑜时年二十四,吴中皆呼为周郎。以瑜恩信著于庐江,出备牛渚[8],后领春谷长[9]。顷之,策欲取荆州,以瑜为中护军[10],领江夏太守,从攻皖[11],拔之。时得桥公两女,皆国色也,策自纳大桥,瑜纳小桥。复进寻阳[12],破刘勋,讨江夏,还定豫章、庐陵,留镇巴丘[13]。

年(198)。孙策亲自迎接周瑜,任命他做建威中郎将,当即给他士兵二千人、战马五十匹。周瑜当时二十四岁,吴地人都叫他"周郎"。由于他在庐江一带很有恩惠威信,因此孙策让他前往守备牛渚,后来又兼任春谷县长。不久,孙策想要夺取荆州,任他为中护军,兼领江夏太守。又随孙策攻克皖县。其时得到桥公的两个女儿,都是姿貌绝美的女子,孙策自己娶了大桥,周瑜娶了小桥。又进军寻阳,打垮庐江太守刘勋,征讨江夏,回兵平定豫章、庐陵,留镇巴丘县。

注释 ① 历阳:县名,在今安徽和县。 ② 横江:横江渡,在今安徽和县东南,为长江渡口。当利:当利口,在今和县东。 ③ 秣陵:今南京。 ④ 湖孰:县名,在今南京东南。江乘:县名,在今江苏句容北。 ⑤ 曲阿:县名,即今江苏丹阳。 ⑥ 山越:汉末至隋唐时期分布于南方部分山区的越人。 ⑦ 丹杨:郡名,治宛陵县,即今安徽宣城。 ⑧ 牛渚:牛渚矶,一名采石矶,在今安徽当涂北,为长江重要渡口。 ⑨ 春谷:县名,在今安徽繁昌西南。 ⑩ 中护军:统兵军官名。 ⑪ 皖:县名,即今安徽潜山。 ⑫ 寻阳:县名,在今湖北黄梅西南。 ⑬ 巴丘:县名,属庐陵郡,在今江西峡江北。

原文

五年,策薨,权统事。瑜将兵赴丧,遂留吴,以中护军与长史张昭共掌众事。

翻译

建安五年(200),孙策死,孙权统事。周瑜从巴丘带兵前去奔丧,就留在吴县,作为中护军,同长史张昭一起掌十一年，督孙瑜等讨麻、保二屯[1]，枭其渠帅，囚俘万余口，还备宫亭[2]。江夏太守黄祖遣将邓龙将兵数千人入柴桑，瑜追讨击，生虏龙送吴。

管孙权府中的各种事务。十一年（206），统率孙瑜等讨伐麻、保二屯，将其首领斩首示众，俘虏一万余口，回来后驻防宫亭。刘表的江夏太守黄祖派部将邓龙带兵数千人入柴桑，周瑜追击，活捉邓龙并送到吴县。

注释 ① 麻、保二屯：在今湖北嘉鱼境。 ② 宫亭：宫亭湖，亦即彭蠡泽，在今江西九江、湖口之间，跨长江南北，今为鄱阳湖北部及江北诸湖区。

原文

十三年春，权讨江夏，瑜为前部大督[1]。其年九月，曹公入荆州，刘琮举众降，曹公得其水军，船步兵数十万，将士闻之皆恐。权延见群下，问以计策。议者咸曰："曹公豺虎也，然托名汉相，挟天子以征四方，动以朝廷为辞，今日拒之，事更不顺。且将军大势，可以拒操者，长江也。今操得荆州，奄有其地。刘表治水军，蒙冲、斗舰[2]，乃以千数，操悉浮以沿江，兼有步兵，

翻译

建安十三年（208）春，孙权征江夏，周瑜任前部大督。这年九月，曹公入荆州，刘琮率部投降，曹公得到他的水军，战船、步兵数十万，将士听说后都很惊恐。孙权召见众部下，询问计策。参加讨论的人都说："曹操像豺虎一样凶恶，但他是假托汉朝丞相的名义，挟持天子以征讨四方，动辄以朝廷为借口，现在我们同他对抗，就会更不顺理。而且从大势来看，您可以抗拒曹操的，只有长江。现今曹操得到荆州，尽有其地。刘表建立的水军，蒙冲、斗舰数以千计，曹操全部放到沿江一带，加之有步兵，水陆俱下，这说明长江的天险，已与我方共享了。至于双方兵力的众寡，更不可

水陆俱下，此为长江之险，已与我共之矣。而势力众寡，又不可论。愚谓大计不如迎之。"瑜曰："不然。操虽托名汉相，其实汉贼也。将军以神武雄才，兼仗父兄之烈，割据江东，地方数千里，兵精足用，英雄乐业。尚当横行天下，为汉家除残去秽，况操自送死，而可迎之邪！请为将军筹之：今使北土已安，操无内忧，能旷日持久，来争疆埸，又能与我校胜负于船楫间乎？今北土既未平安，加马超、韩遂尚在关西，为操后患。且舍鞍马，仗舟楫，与吴越争衡，本非中国所长。又今盛寒，马无藁草，驱中国士众远涉江湖之间，不习水土，必生疾病。此数四者，用兵之患也，而操皆冒行之，将军禽操，宜在今日。瑜请得精兵三万人，进住夏口，保为将军破之。"权曰："老贼

相提并论。我们认为最好的计策是不如迎接他。"周瑜说："不对。曹操虽托名汉相，其实是汉朝的奸贼。将军凭着您的神威雄才，兼仗父兄的遗业，割据江东，地方数千里，兵力精强，资财充足，英雄之士都乐于跟随您建功立业。因此您本来就应当横行天下，为汉朝驱除奸贼，扫清污秽，何况现在曹操自己来送死，怎么可以投降他呢！请允许我替您分析一下当前的形势和我们的对策：假定现在北方已经安定，曹操没有内忧，能够旷日持久来争夺疆土，那么他能与我方在舟船之间较量胜负吗？何况现在北方既未平安，加上马超、韩遂还在关西，成为曹操的后患。而且舍弃鞍马，使用舟船，来与江东争胜负，这本来就不是中原军队的擅长。另外，现在正是严寒的冬天，战马没有草料，驱迫中原的兵士来到遥远的江湖之间，他们不习水土，必生疾病。以上这几种情况，乃是用兵的忧患，而曹操却置之不顾，冒险行事，您捉拿曹操，正应在此时。我请求给予精兵三万人，进驻夏口，保证为您打败他。"孙权说："老贼想要废除汉朝、自立为皇帝已经很久了，只不过顾忌袁绍、袁术、吕布、刘表和我罢了。现在诸雄已被消灭，只有我还在，

欲废汉自立久矣，徒忌二袁、吕布、刘表与孤耳。今数雄已灭，惟孤尚存，孤与老贼，势不两立。君言当击，甚与孤合，此天以君授孤也。”

我与老贼，势不两立。您说应当打，同我的想法很相合，这是上天把您送给我啊。”

注释 ① 前部大督：前军统帅。 ② 蒙冲、斗舰：两种战船。

原文

时刘备为曹公所破，欲引南渡江，与鲁肃遇于当阳，遂共图计，因进住夏口，遣诸葛亮诣权。权遂遣瑜及程普等与备并力逆曹公，遇于赤壁。时曹公军众已有疾病，初一交战，公军败退，引次江北，瑜等在南岸。瑜部将黄盖曰：“今寇众我寡，难与持久。然观操军船舰首尾相接，可烧而走也。”乃取蒙冲、斗舰数十艘，实以薪草，膏油灌其中，裹以帷幕，上建牙旗[①]，先书报曹公，欺以欲降。又豫备走

翻译

当时刘备被曹公打败，想向南撤退渡过长江，与鲁肃在当阳相遇，于是共同谋划计策，随后进驻夏口，派诸葛亮去会见孙权。孙权便派周瑜及程普等与刘备并力迎击曹公，在赤壁遭遇。当时曹公的军队已有疾病，刚一交战，曹公军败，退驻江北，周瑜等在南岸。周瑜的部将黄盖说：“现今敌众我寡，很难同他长期抗衡。但我看曹操军队的船舰首尾相连，可放火焚烧把他赶跑。”于是取蒙冲、斗舰数十艘，装满柴草，把油脂灌入里面，外用帷幕包裹，上面插牙旗，事先写信告诉曹公，假称想去投降。又预备快船，分别系在大船之后，依次前进。曹公军中兵士都伸长脖子观望，议论着黄盖前来投降之事。黄盖放出

舸[2]，各系大船后，因引次俱前。曹公军吏士皆延颈观望，指言盖降。盖放诸船，同时发火。时风盛猛，悉延烧岸上营落。顷之，烟炎张天，人马烧溺，死者甚众，军遂败退，还保南郡。备与瑜等复共追。曹公留曹仁等守江陵城，径自北归。

的各条船只，同时点火。当时风刮得很猛，船上的火全都延烧到岸上的军营。不一会儿，烟焰满天，人马被烧或溺水而死的很多，曹公军败退，回守南郡。刘备与周瑜等又一起追击。曹公留曹仁等守江陵城，自己直接回北方去了。

注释 ① 牙旗：军前大旗。 ② 走舸：小型战船。

原文

瑜与程普又进南郡，与仁相对，各隔大江。兵未交锋，瑜即遣甘宁前据夷陵。仁分兵骑别攻围宁，宁告急于瑜。瑜用吕蒙计，留凌统以守其后，身与蒙上救宁。宁围既解，乃渡屯北岸，克期大战。瑜亲跨马擽陈[1]，会流矢中右胁，疮甚，便还。后仁闻瑜卧未起，勒兵就陈。瑜乃自兴，案行军营，激扬吏士，仁由是遂退。权

翻译

周瑜与程普又进兵南郡，与曹仁相对，各隔大江。军队还没有交锋，周瑜就派甘宁前去占据夷陵。曹仁分派步兵骑兵进攻并包围甘宁，甘宁向周瑜告急。周瑜用吕蒙的计策，留凌统守后方，自己与吕蒙溯江而上援救甘宁。把甘宁的包围解除之后，便渡江驻扎北岸，约定日期大战。周瑜亲自跨马冲击敌阵，恰巧被流矢射中右胁，伤势很重，就回营了。后来曹仁听说周瑜卧床未起，部署军队来到阵前。周瑜便亲自起来，巡查军营，激励将士，曹仁因而退兵。孙权任命周瑜为偏将军，兼南郡太

拜瑜偏将军，领南郡太守，以下隽、汉昌、刘阳、州陵为奉邑[2]，屯据江陵。

守，以下隽、汉昌、刘阳、州陵四县作为他的奉邑，驻守江陵。

注释 ① 擽陈（luè zhèn）：掠阵。 ② 以上四县，下隽在今湖北通城西，汉昌在今湖南平江东，刘阳在今湖南浏阳东，州陵在今湖北监利东。奉邑：即食该县租税，但不是封地。

原文

刘备以左将军领荆州牧，治公安。备诣京见权[1]，瑜上疏曰："刘备以枭雄之姿，而有关羽、张飞熊虎之将，必非久屈为人用者。愚谓大计宜徙备置吴，盛为筑宫室，多其美女玩好，以娱其耳目，分此二人，各置一方，使如瑜者得挟与攻战，大事可定也。今猥割土地以资业之，聚此三人，俱在疆埸，恐蛟龙得云雨，终非池中物也。"权以曹公在北方，当广揽英雄，又恐备难卒制，故不纳。

翻译

当时刘备以左将军兼荆州牧，州治设在公安。刘备到京城去见孙权，周瑜上疏说："刘备是一个骁悍雄杰的人物，而又有关羽、张飞两名猛如熊虎的大将，必定不是长久屈服听人使唤的人。我认为最好的计策是应当把他迁到吴郡安置，替他广筑宫室，多给他美女珍玩，使他有声色的娱乐；分开关、张二人，各置一方，让像我这样的将领控制他们并与之攻战，大事就可以稳妥了。如果随便割让土地以资助他们的事业，把这三个人都聚集在疆界上，恐怕蛟龙得到了云雨，终究不是水池中的动物啊。"孙权因为曹公在北方，应当广泛招揽英雄，又恐怕刘备一时难以控制，所以没有采纳周瑜的意见。

原文

是时刘璋为益州牧，外有张鲁寇侵，瑜乃诣京见权曰："今曹操新折衄，方忧在腹心，未能与将军连兵相事也。乞与奋威俱进取蜀[①]，得蜀而并张鲁，因留奋威固守其地，好与马超结援，瑜还与将军据襄阳以蹙操[②]，北方可图也。"权许之。瑜还江陵为行装，而道于巴丘病卒[③]，时年三十六。权素服举哀，感动左右。丧当还吴，又迎之芜湖[④]，众事费度，一为供给。后著令曰："故将军周瑜、程普，其有人客，皆不得问。"

翻译

这时刘璋为益州牧，外有张鲁侵犯，周瑜就到京城见孙权说："现在曹操刚刚遭受挫败，正担忧自己内部不稳，还不可能与您用兵争战。因此我请求与奋威将军一起进兵取蜀，得了蜀又兼并张鲁，然后留奋威将军固守蜀地，结好马超，互相支援，我回来为您占据襄阳以威胁曹操，北方就可以谋取了。"孙权赞同他的意见。周瑜回江陵准备行装，但在路经巴丘时病死，年仅三十六岁。孙权身着丧服哀吊，感动左右。周瑜的遗体将运回吴郡时，孙权又亲到芜湖迎接，办理丧事所需的各项费用，全由公家供给。后来又定下法令说："已故将军周瑜、程普，他们家所有的人和田客，一律免征赋役，官府不得过问。"

注释 ① 奋威：即奋威将军孙瑜，孙权堂兄。 ② 蹙（cù）：逼迫，威胁。 ③ 巴丘：山名，在今湖南岳阳，为吴重镇，与本传前文的巴丘不是一地。 ④ 芜湖：县名，即今安徽芜湖。

原文

初，瑜见友于策，太妃又使权以兄奉之。是时权位为将军，诸将宾客为礼尚

翻译

起初，孙策同周瑜结为朋友，孙策的母亲又叫孙权将他当作兄长。当时孙权的职位只是将军，他下面的将领宾

简，而瑜独先尽敬，便执臣节。性度恢廓，大率为得人，惟与程普不睦。

瑜少精意于音乐，虽三爵之后，其有阙误，瑜必知之，知之必顾，故时人谣曰："曲有误，周郎顾。"

客对他的礼节还很简易，而周瑜独自极其恭敬，已用臣下的礼节侍奉孙权。他性情豁达，度量宽宏，大体上是得人心的，只是与程普不和睦。

周瑜年少时曾精心学习音乐，即使饮酒三爵之后，如果演奏乐曲的人有错误，他必定会听出，一听出必定要回顾，所以当时人有句谚语说："曲有误，周郎顾。"

陆 逊 传

导读

陆逊(183—245)也是三国时期的一位名将,他杰出的军事指挥才能充分体现在吴蜀夷陵之战中。当时还不出名的陆逊统率吴军,把老于世故、人称“天下骁雄”的刘备打得全军覆没,巩固了孙吴对荆州的统治。事后刘备自我解嘲地说:“我竟被陆逊折辱,岂非天意!”这当然不是什么“天意”,而是由于他自己的失误和陆逊的指挥有方。陆逊避开蜀军的锐气,坚守不战,将敌拖疲,而后一举出击,制敌于死地;他抓住刘备连营数百里、兵力分散、首尾不能相救的弱点,采用火攻的正确战术;而且他能在作战过程中,严明军令,加强纪律,统一步调。所有这些,决定了吴军的胜利。陆逊不但善于指挥打仗,而且很有政治头脑和战略眼光,这从他麻痹关羽、瓦解敌军、夷陵之战后及时停止攻蜀等都可看出。后来他当了吴国丞相,政治上也有一些可取之处。从本篇,我们还可以看到孙权的善于用人,这也是孙氏能与曹、刘鼎立的一个重要因素。(选自卷五八)

原文

陆逊,字伯言,吴郡吴人也[①]。本名议,世江东大族。逊少孤,随从祖庐江太守康在官。袁术与康有隙,将攻康,康遣逊及亲戚还

翻译

陆逊,字伯言,吴郡吴县人。本名议,世代为江东大族。陆逊年少时父亲去世,随堂祖父庐江太守陆康在庐江任所。袁术与陆康有仇,将攻陆康,陆康叫陆逊及亲戚回到吴县。陆逊比陆康

吴。逊年长于康子绩数岁，为之纲纪门户。

的儿子陆绩长几岁，便替陆绩管理家务。

注释 ① 吴：县名，吴郡治所，即今江苏苏州。

原文

孙权为将军，逊年二十一，始仕幕府，历东西曹令史，出为海昌屯田都尉[①]，并领县事。县连年亢旱，逊开仓谷以振贫民，劝督农桑，百姓蒙赖。时吴、会稽、丹杨多有伏匿，逊陈便宜，乞与募焉。会稽山贼大帅潘临，旧为所在毒害，历年不禽。逊以手下召兵，讨治深险，所向皆服，部曲已有二千余人。鄱阳贼帅尤突作乱[②]，复往讨之，拜定威校尉，军屯利浦[③]。

翻译

孙权做将军时，陆逊二十一岁，开始在将军府中做官，曾任东西曹令史，后出任海昌屯田都尉，兼为县令。这个县连年大旱，陆逊开仓放粮以救济贫民，劝勉督促农桑生产，使百姓蒙受利益。当时，吴、会稽、丹杨三郡很多老百姓因逃避赋役而藏匿起来，陆逊向孙权陈述便国利民的事，请求招募他们。会稽山越的首领潘临，很久以来成为当地的一大祸害，历年官府都没能捉住他。陆逊率领手下招募的兵，进入深山险地实行讨伐，所到之处山越都被降服，部队发展到二千多人。鄱阳县贼帅尤突作乱，陆逊又前往讨伐，孙权任命他为定威校尉，驻兵利浦。

注释 ① 海昌：县名，在今浙江海盐南。屯田都尉：管屯田的军官。 ② 鄱阳：县名，在今江西鄱阳东。 ③ 利浦：一名当利口。

原文

权以兄策女配逊，数访

翻译

孙权把他哥哥孙策的女儿许配给

世务，逊建议曰："方今英雄棋跱，豺狼窥望，克敌宁乱，非众不济。而山寇旧恶，依阻深地。夫腹心未平，难以图远。可大部伍，取其精锐。"权纳其策，以为帐下右部督[1]。会丹杨贼帅费栈受曹公印绶，扇动山越，为作内应，权遣逊讨栈。栈支党多而往兵少，逊乃益施牙幢[2]，分布鼓角，夜潜山谷间，鼓噪而前，应时破散。遂部伍东三郡[3]，强者为兵，羸者补户，得精卒数万人，宿恶荡除。所过肃清，还屯芜湖。

陆逊，多次向他征询当代大事，陆逊建议说："当今英雄各据一方，我们的敌人也像豺狼一样在暗中窥伺，要想战胜敌人，平定祸乱，没有军队不行。而山寇长期作恶，凭据深山险阻之地。这一心腹之患还没有消除，就难以作向外发展的打算。应该大规模部署军队，征讨山寇，取其精锐为兵。"孙权采纳了他的建议，用他做帐下右部督。适遇丹杨贼帅费栈接受曹公委任，煽动山越替他做内应，孙权派陆逊讨伐费栈。费栈党羽很多而带去的兵很少，因此陆逊多树牙旗，各处布置鼓角，晚上潜入山谷间，擂鼓呐喊，向前推进，贼兵即时溃散。于是陆逊分别处置丹杨、新都、会稽三郡的山越，强壮的当兵，羸弱的补充民户，获得精兵几万人，长期的祸害一朝荡除。他所过之地秩序清静，回兵驻扎在芜湖。

注释 ① 帐下右部督：军官名，领帐下卫兵。 ② 牙幢（chuáng）：即牙旗，军前大旗。 ③ 东三郡：指丹杨、新都、会稽。新都郡治始新县，在今浙江淳安西。

原文

会稽太守淳于式表逊枉取民人，愁扰所在。逊后诣都，言次，称式佳吏。权

翻译

会稽太守淳于式上表攻击陆逊非法掠取百姓，困扰地方。陆逊后来到京都，谈话之间称赞淳于式是个很好的官

曰："式白君而君荐之，何也？"逊对曰："式意欲养民，是以白逊。若逊复毁式以乱圣听，不可长也。"权曰："此诚长者之事，顾人不能为耳。"

吏。孙权说："淳于式告你的状而你推荐他，这是为什么？"陆逊回答说："淳于式意在保养民力，所以告我的状。如果我又诋毁他以扰乱您的视听，这种风气不可滋长。"孙权说："这确是厚道的人应做的事，只不过他人做不到罢了。"

原文

吕蒙称疾诣建业[①]，逊往见之，谓曰："关羽接境，如何远下，后不当可忧也？"蒙曰："诚如来言，然我病笃。"逊曰："羽矜其骁气，陵轹于人。始有大功，意骄志逸，但务北进，未嫌于我；有相闻病，必益无备。今出其不意，自可禽制。下见至尊，宜好为计。"蒙曰："羽素勇猛，既难为敌，且已据荆州，恩信大行，兼始有功，胆势益盛，未易图也。"蒙至都，权问："谁可代卿者？"蒙对曰："陆逊意思深长，才堪负重，观其规虑，终可大任。而未有远名，非羽所忌，无

翻译

吕蒙为了麻痹关羽，假托有病回建业，经过芜湖时，陆逊前去看望他，对他说："关羽同我们边境邻接，你怎么大老远回京都，以后不值得忧虑吗？"吕蒙说："诚如你所说的，不过我病很重。"陆逊说："关羽夸耀自己的勇猛气概，欺凌别人。因为以前有大功，心中便骄傲放纵，只图北进，而没有怀疑我方；现在又听说你病了，必然更加不作防备。如能出其不意，一定可以生擒关羽，把他制服。你去京师见了主上，应当好生制定计策。"吕蒙说："关羽素来勇猛，很难对付，而且已占据荆州，大树恩惠和威信，加之以往有功劳，胆量气势更盛，现在还不容易打他的主意。"吕蒙到了京师，孙权问："谁可以接替你？"吕蒙回答说："陆逊思虑深远，才能足以担负重任，从他的谋虑来看，将来定可以大用。而且

复是过。若用之，当令外自韬隐，内察形便，然后可克。”权乃召逊，拜偏将军、右部督，代蒙。

现在他还不太出名，不是关羽所畏忌的，要找接替我的人，没有比他更恰当的了。如果要任用他，应当让他对外界隐蔽起来，不出头露面，而在暗中观察形势，寻找机会，然后可以成功。”于是孙权召见陆逊，任命他为偏将军、右部督，代替吕蒙。

注释 ① 吕蒙：镇守荆州的主将，领兵屯陆口（今湖北蒲圻西北）。为了麻痹关羽，托疾还建业治病。建业：原名秣陵，即今南京。孙权改称建业，徙都于此。

原文

逊至陆口，书与羽曰：“前承观衅而动，以律行师，小举大克，一何巍巍！敌国败绩，利在同盟，闻庆拊节，想遂席卷，共奖王纲。近以不敏，受任来西，延慕光尘，思禀良规。”又曰：“于禁等见获，遐迩欣叹，以为将军之勋足以长世，虽昔晋文城濮之师[①]，淮阴拔赵之略[②]，蔑以尚兹。闻徐晃等少骑驻旌，窥望麾葆[③]。操猾虏也，忿不思难，恐潜增众，以逞其心。虽云师老，犹有骁

翻译

陆逊到了陆口，写信给关羽说：“前日得知您伺察敌人的破绽乘机进攻，按照严整的法度行军用兵，小小举动，便获大胜，您的功勋，何等伟大！敌国的溃败，即是盟国的胜利，因此我听到这个喜讯，不禁拍掌称贺。想您即将席卷中原，共扶王室。近日不才接受任务，来到西边，仰慕您的风采，很想听取良策。”又说：“于禁等人被擒，远近欢欣赞叹，认为将军的功勋足以永垂于世，纵使是当年晋文公城濮的胜利，淮阴侯破赵的谋略，也不能超过您的功绩。听说徐晃等以少量骑兵驻在樊城附近，窥探贵军动静。曹操是个狡猾的敌人，恐怕他会由于愤恨而忘记了失败的教训，暗

悍。且战捷之后，常苦轻敌，古人杖术，军胜弥警。愿将军广为方计，以全独克。仆书生疏迟，忝所不堪，喜邻威德，乐自倾尽，虽未合策，犹可怀也。傥明注仰，有以察之。”羽览逊书，有谦下自托之意，意大安，无复所嫌。逊具启形状，陈其可禽之要。权乃潜军而上，使逊与吕蒙为前部，至即克公安、南郡。逊径进，领宜都太守④，拜抚边将军，封华亭侯。备宜都太守樊友委郡走，诸城长吏及蛮夷君长皆降。逊请金银铜印，以假授初附。是岁建安二十四年十一月也。

中增加军队，以求满足自己的企图。虽说敌军驻扎已久，但还有勇猛强悍的士气。而且战胜之后，往往患在轻敌，因此古人运用兵法，打了胜仗，更加警惕。希望您周密地制定方略，保持自己的全胜。我是个书生，粗疏迟钝，辱居高位，力不能胜，幸喜与您这位威德卓著的将军为邻，因此很乐于尽抒愚见，即使未能合于您的计策，但可能还有点考虑的价值。倘能承蒙关注，还望加以明察。”关羽看了陆逊的信，认为他态度谦卑，有仰赖自己的意思，因此大为放心，不再有所猜疑。陆逊把这情况详细报告孙权，陈述关羽可擒的主要计策。于是孙权暗中调兵顺流而上，使陆逊与吕蒙为前军，很快就攻下了公安、南郡。陆逊径直推进，兼领宜都太守，并被任命为抚边将军，封华亭侯。刘备的宜都太守樊友弃郡而走，所属各城的官长和蛮夷首领都来投降。陆逊请颁下金、银、铜印，授予新来归附的这些人。这是建安二十四年(219)十一月的事。

注释　① 春秋晋文公时，晋楚战于城濮(今山东鄄城西南)，晋军以弱胜强，击溃楚军。 ② 淮阴：指淮阴侯韩信。楚汉战争时，韩信领兵自今山西境东下井陉击赵。他引诱赵军出战，加以牵制，别遣兵从小路进入赵营，拔赵旗，插上汉旗。赵军惊乱。汉军前后夹击，大破赵军，夺取赵地。 ③ 麾葆：大将的旗帜和车盖。这里指关羽军。④ 宜都郡治夷道县，在今湖北宜都西北。

原文

逊遣将军李异、谢旌等将三千人，攻蜀将詹晏、陈凤。异将水军，旌将步兵，断绝险要，即破晏等，生降得凤。又攻房陵太守邓辅、南乡太守郭睦①，大破之。秭归大姓文布、邓凯等合夷兵数千人，首尾西方。逊复部旌讨破布、凯。布、凯脱走，蜀以为将。逊令人诱之，布帅众还降。前后斩获招纳，凡数万计。权以逊为右护军、镇西将军②，进封娄侯。

翻译

陆逊派遣将军李异、谢旌等率领三千人进攻蜀将詹晏、陈凤。李异率水军，谢旌率步兵，断绝险要，很快攻破詹晏等，并活捉陈凤，陈凤投降。又进攻房陵太守邓辅、南乡太守郭睦，把他们打得大败。秭归大姓文布、邓凯等纠合夷兵数千人，两面观望，而暗通西蜀。陆逊又部署谢旌打败文布、邓凯。二人脱逃，蜀用为将。陆逊叫人加以引诱，文布又率众回来归降。前后斩获招纳，总共好几万人。孙权以陆逊为右护军、镇西将军，进封娄侯。

注释 ① 房陵郡治房陵县，在今湖北房县。南乡郡治南乡县，在今河南淅川南。② 右护军：统领禁军的军官之一。

原文

时荆州士人新还，仕进或未得所，逊上疏曰："昔汉高受命，招延英异；光武中兴，群俊毕至。苟可以熙隆

翻译

当时荆州流亡的士人刚回来，有的人还没有安排适当的官位，陆逊上疏说："从前汉高祖即位，招纳延用优异人才；光武中兴，很多杰出人物都前来归

道教者，未必远近。今荆州始定，人物未达，臣愚惨惨，乞普加覆载抽拔之恩，令并获自进。然后四海延颈，思归大化。”权敬纳其言。

附。只要可以使政教昌明，用人不在乎远近。现在荆州才开始安定，有才能的人尚未显达，愚臣以恭谨之心，请您普施天覆地载的大恩，提拔他们，使他们都得以进用。这样，四海的人必定引颈倾慕，都愿归服于您伟大的教化。”孙权认真地采纳了他的建议。

原文

黄武元年[1]，刘备率大众来向西界，权命逊为大都督、假节[2]，督朱然、潘璋、宋谦、韩当、徐盛、鲜于丹、孙桓等五万人拒之。备从巫峡、建平连围至夷陵界[3]。立数十屯，以金锦爵赏诱动诸夷，使将军冯习为大督，张南为前部，辅匡、赵融、廖淳、傅肜等各为别督。先遣吴班将数千人于平地立营，欲以挑战。诸将皆欲击之，逊曰：“此必有谲，且观之。”备知其计不可，乃引伏兵八千，从谷中出。逊曰：“所以不听诸君击班者，揣之必有巧故也。”逊上疏曰：“夷陵

翻译

黄武元年(222)，刘备率领大军来攻西界，孙权任命陆逊为大都督、假节，督率朱然、潘璋、宋谦、韩当、徐盛、鲜于丹、孙桓等五万人抵御。刘备从巫峡、建平连营到夷陵县界，建立了几十个营寨，以黄金、蜀锦、爵位和种种赏赐诱动这一带的蛮夷，任用将军冯习为主将，张南为前部统领，辅匡、赵融、廖淳、傅肜等各为别部将领。先遣吴班率领几千人于平地立营，想以此挑战。诸将都主张进攻，陆逊说：“这当中必定有诈，姑且观察观察。”刘备知道此计不成，便带了八千伏兵，从山谷中出来。陆逊说：“之所以不让你们进攻吴班，是揣测他定有诡诈的缘故。”陆逊上疏说：“夷陵是个要害之地，是国家的一道关隘，虽说容易取得，但也容易失掉。失掉了不但损失一郡之地，整个荆州都可忧

要害，国之关限，虽为易得，亦复易失。失之非徒损一郡之地，荆州可忧。今日争之，当令必谐。备干天常，不守窟穴，而敢自送，臣虽不材，凭奉威灵，以顺讨逆，破坏在近。寻备前后行军，多败少成，推此论之，不足为戚。臣初嫌之，水陆俱进，今反舍船就步，处处结营，察其布置，必无他变。伏愿至尊高枕，不以为念也。”诸将并曰：“攻备当在初，今乃令入五六百里，相衔持经七八月，其诸要害皆以固守，击之必无利矣。”逊曰：“备是猾虏，更尝事多，其军始集，思虑精专，未可干也。今住已久，不得我便，兵疲意沮，计不复生，掎角此寇，正在今日。”乃先攻一营，不利。诸将皆曰：“空杀兵耳。”逊曰：“吾已晓破之之术。”乃敕各持一把茅，以火攻拔之。一尔势成，通

虑。现在我们争夺此地，一定要保证成功。刘备干犯天理，不守巢穴，而敢来送死，臣虽不才，仰仗您的神威，以顺讨逆，打败敌人，就在近日。查刘备前后用兵，败多胜少，由此推论，不足为忧。我起初担心他水陆并进，而他现在反而舍船就步，处处结营，看他的布置，必定没有其他变故。伏愿主上高枕无忧，不必挂念。”诸将却说：“进攻刘备应在当初，而今竟让他深入五六百里，双方相持经七八个月，他的各处险要都已固守，此时发动攻击必然得不到好处。”陆逊说：“刘备是个狡猾的敌人，经历的事情多，当他的军队开始结集的时候，思虑专精，不可干犯。现在驻扎已久，没捞到我们的好处，士兵疲敝，意志沮丧，无计可施，夹击此敌，正在今日。”于是先攻一营，不利。诸将都说：“白拿士兵去送死罢了。”陆逊说：“我已知道攻破敌人的方法了。”便下令各持一把茅草，以火攻攻破敌营。一当取胜之势形成，就统率诸军同时进攻，斩张南、冯习及胡王沙摩柯等人首级，攻破敌军四十余营。刘备部将杜路、刘宁等走投无路，乞求投降。刘备登上马鞍山，布置军队环卫自己。陆逊督促诸军四面逼攻，敌军土崩瓦解，死者上万。刘备乘夜逃走，

率诸军同时俱攻，斩张南、冯习及胡王沙摩柯等首，破其四十余营。备将杜路、刘宁等穷逼请降。备升马鞍山[④]，陈兵自绕。逊督促诸军四面蹙之，土崩瓦解，死者万数。备因夜遁，驿人自担烧铙、铠断后[⑤]，仅得入白帝城。其舟船器械，水步军资，一时略尽，尸骸漂流，塞江而下。备大惭恚，曰："吾乃为逊所折辱，岂非天邪！"

驿站的人员将溃兵丢下的铙、铠甲担至隘口焚烧，以阻挡后面的追兵，刘备才得以逃进白帝城。蜀军的舟船器械、水军步兵的物资，一时之间几乎全部损失，尸骸漂流而下，塞满了江面。刘备非常惭愧愤恨，说："我竟被陆逊侮辱，岂不是天意吗！"

注释 ① 黄武：吴主孙权的第一个年号。 ② 大都督：与下文"大督"都是统兵的元帅。 ③ 建平：郡名，吴主孙休时始置，治巫县，在今重庆巫山北，这里是使用后来的地名。 ④ 马鞍山：在今湖北宜昌西北。 ⑤ 铙(náo)：一种乐器，似铃，有木柄，行军打仗时击之以止鼓。

原文

初，孙桓别讨备前锋于夷道，为备所围，求救于逊。逊曰："未可。"诸将曰："孙安东公族[①]，见围已困，奈何不救？"逊曰："安东得士众心，城牢粮足，无可忧也。待吾计展，欲不救安东，安

翻译

起初，孙桓分兵到夷道讨伐刘备的前锋，被刘备军包围，求救于陆逊。陆逊说："还不能去救他。"诸将说："孙将军是公族，被包围处境困难，为什么不救？"陆逊说："孙将军在士兵中很得人心，城池牢固，粮草充足，没什么值得担忧的。等我的计策实行了，即使不去救

东自解。”及方略大施，备果奔溃。桓后见逊曰：“前实怨不见救，定至今日，乃知调度自有方耳。”

他，他也自然会解围。”及至方略施行，刘备果然崩溃逃走。孙桓后来见到陆逊，说：“先前我的确抱怨你不来相救，只是到了今天，才知道你调度有方啊。”

注释 ① 安东：安东中郎将的简称。孙桓为孙权的族侄，时任此职。

原文

当御备时，诸将军或是孙策时旧将，或公室贵戚，各自矜恃，不相听从。逊案剑曰：“刘备天下知名，曹操所惮，今在境界，此强对也。诸君并荷国恩，当相辑睦，共翦此虏，上报所受，而不相顺，非所谓也。仆虽书生，受命主上。国家所以屈诸君使相承望者，以仆有尺寸可称，能忍辱负重故也。各在其事，岂复得辞！军令有常，不可犯矣。”及至破备，计多出逊，诸将乃服。权闻之，曰：“君何以初不启诸将违节度者邪？”逊对曰：“受恩深重，任过其才。又此诸将或任腹心，或堪爪

翻译

当抵御刘备时，将军们有的是孙策时的旧将，有的是公室贵戚，各人都因有所仗恃而自傲，不服从陆逊指挥。陆逊按剑说：“刘备是天下闻名的人，连曹操也害怕他，现今就在我们边境，这是一个强大的对手。诸君都蒙受国恩，应当和睦相处，共灭此敌，对上报答所受的大恩，而你们却不服指挥，太没有道理了。我虽然是书生，但我是受主上的任命。主上之所以委屈你们，使你们受我指挥，是因为我多少有点可称道的地方，能够忍辱负重的缘故。各人有各人的职责，怎么可以推辞！军令是有规定的，你们可不要违犯了。”及至打败刘备，计策大多出自陆逊，诸将才心服了。孙权听说之后，说：“你当初何以不向我报告诸将违抗指挥呢？”陆逊回答说：“我所受的恩德深重，肩负的责任超过了我的才能。而且这些将领有的可以

牙，或是功臣，皆国家所当与共克定大事者。臣虽驽懦，窃慕相如、寇恂相下之义[1]，以济国事。”权大笑称善，加拜逊辅国将军，领荆州牧，即改封江陵侯。……

任心腹，有的可以做战将，有的是有功之臣，都是主上应当与他们共同完成大业的人。我虽然才劣性懦，但私下仰慕蔺相如对廉颇、寇恂对贾复的忍让精神，以完成国家之事。”孙权大笑，称赞他做得对，提升他为辅国将军，兼荆州牧，并就其所驻之地改封为江陵侯。……

注释 ① 相如：蔺相如，战国时赵人。赵惠文王得楚和氏璧，秦昭王听说后，强行索取。蔺相如奉命出使秦国，勇斗秦王，完璧归赵，被任命为上卿，位在名将廉颇之上。廉颇不服，声言要当面侮辱蔺相如。蔺相如以国家利益为重，退让不争，终使廉颇感动，廉颇负荆请罪，二人成为好友。寇恂：东汉初人，为颍川太守。执金吾贾复的部将在颍川杀人，寇恂将此人处死。贾复过颍川，说要杀死寇恂，寇恂躲避不见。后来光武帝为二人和解。

晋书

杜宝元　译注
许嘉璐　审阅

导　言

本书译注的《裴秀传》等十二篇传文是从《晋书》的列传和载记中选出的。《晋书》，唐初房玄龄等撰，是我国古代“二十四史”之一，是一部有代表性的官修史书。它记述了西晋和东晋一百五十六年(265—420)间的历史，对司马懿自汉末以来的事迹也加以追记，还兼叙了“十六国”割据政权的事迹。《晋书》计帝纪十卷、志二十卷、列传七十卷、载记三十卷，共一百三十卷。

《晋书》的修撰是根据唐太宗李世民的诏令进行的，所用时间极短，从贞观二十年(646)到二十二年(648)，不到三年就完成了。据《唐会要》记载，先后参与修撰《晋书》的，共二十一人。其中司空房玄龄、中书令褚遂良、太子左庶子许敬宗为监修，其余十八人是来济、陆元仕、刘子翼、卢承基、李淳风、李义府、薛元超、上官仪、崔行功、辛丘驭、刘胤之、杨仁卿、李延寿、张文恭、令狐德棻、敬播、李安期、李怀俨。这二十一人中有十三人在《唐书》有传，是当时的著名学者和史学家。例如令狐德棻历事高祖、太宗、高宗三朝，毕生致力于治史工作，唐初的修史项目他都参加过。敬播曾佐助颜师古、孔颖达等修《隋书》。许敬宗参与过许多史书的撰写工作。李延寿则是《南史》《北史》的作者。李淳风是历史上著名的天文学家，《晋书》之《天文》《律历》二志即出自他的手笔。

《晋书》的作者虽然多达二十一人，但署名只房玄龄一人。实际上房玄龄不过以宰相的身份领导修书，并未参与编修的工作。《晋书》又题太宗皇帝“御撰”二字，这是因为书中《宣帝纪》《武帝纪》《陆机传》《王羲之传》后之四篇史论是唐太宗亲自撰写的。唐代官修史书很多，除

《晋书》，还有梁、陈、北齐、北周、隋五朝的史书，而李世民只在《晋书》中写了四篇史论，这是因为他作为再一次统一中国的创业君主，对两晋治乱兴衰的历史特别感兴趣，以为从中能够吸取足够的经验和教训。西晋统治者在结束三国时期几十年分裂局面、建立统一的王朝方面，取得了极大的成功。然而它的统一未能持久，不久就发生了中原混战，随即形成了东晋和十六国、南朝和北朝的长达二百年的对立。李世民要以古为鉴，找出使大唐王朝长治久安的可靠途径，西晋王朝的奠基人司马懿和统一事业的完成者司马炎理所当然地成为他研究的对象。他指出司马炎的过失在于“居治而忘危”“不知处广以思狭”，这个结论相当深刻。

唐初修晋史，史料有不利的一面，也有有利的一面。不利的一面是，自东晋亡国至唐朝建立相隔二百多年，史料自然不易搜集。有利的一面是，正因为时代相距久远，这期间积累的有关晋史的材料相当多，晋代诸皇帝起居注唐初仍保存一部分，杂史文集等亦为数不少，此外，前人所修《晋书》唐初尚存不少。

唐以前人修的《晋书》相传有十八家。据《隋书·经籍志》和新、旧《唐书》所载统计，则不止十八家。以上诸书，在唐初修《晋书》时，大部分都还存在或部分存在。存在的诸书之中臧荣绪的《晋书》比较完整，是唐初修《晋书》的底本。唐修《晋书》之后，先前各家的《晋书》不为人所重视，遂致湮没亡佚。

《晋书》的编纂方法有许多特色。为武帝司马炎之前的司马懿、司马师、司马昭立了《宣帝纪》《景帝纪》《文帝纪》三篇本纪，这固然是承继了以前诸人所修《晋书》的体例，但也是因为陈寿《三国志》未为三人立传，《晋书》若不给此三人立本纪，西晋历史便不完整。《晋书》有《天文》《地理》《律历》《礼》《乐》《职官》《舆服》《食货》《五行》《刑法》十志。十志的叙述在时间上与东汉末相接，把三国一段包括在内，这是因为《三国志》没有志,《晋书》承接前史,理当予以补足。

十志的材料大多采自沈约《宋书》。除天文律历学家李淳风编写的《天文》《律历》二志较为精确,且对前史之失有所匡正,其余诸志不精审,有的还有严重疏漏。

《晋书》列传部分写得比较好,见于目录者共七百七十二人,多采取多人合传的办法,把人物分门别类地集中写,反映问题眉目清楚,如桓彝子孙十六人、安平王司马孚子孙十三人、王湛子孙十二人、陶侃子孙十一人等高门士族,分别合为一传,全面揭示当时士族的势力。把一类人归在一起写,使读者容易对诸人诸事获得深刻的、规律性的认识。《晋书》列传载有传主的名文多篇,这些文章反映了当时比较重要的社会意识和风俗习惯,对了解晋代的历史面貌,极有价值。

《晋书》于纪传之外,又有载记三十卷,把十六国的历史记载下来,有很高的史料价值。《晋书》虽然以东晋为正统,以少数民族政权为僭伪,但它毕竟对这些僭伪政权用足够的篇幅加以叙述,等于事实上承认了他们的活动是构成全部中国历史的一部分。载记名称最早见于《东观汉记》。用大量篇幅,详细记载少数民族政权的史迹,是《晋书》的一大贡献。《晋书》载记主要依据崔鸿《十六国春秋》和一些记述少数民族政权的书,这些书早已亡佚,《晋书》载记成为今日研究十六国历史的宝贵资料。载记这一部分写得也比较好。十六国事本来头绪纷乱,不易把握,而载记叙述条理清楚,简要而少疏漏,详赡却不烦琐。

载记虽按国别记述,但仍以个人立传,共七十八传。所述十六国事,实际上只有十四国,西凉、前凉不在内。因为西凉武昭王李暠乃唐朝所承认的始祖之人,本是汉族。前凉张氏世为晋臣,虽已立国,仍奉晋正朔。《晋书》将他们置于列传,而不入载记。

唐初贞观十年(636)开始修《隋书》,《晋书》以后的历代正史皆一律官修。修撰《晋书》,是中国历史上由私人修史到官府修史的转折点。

《晋书》兼有官修的长处和短处。第一,《晋书》因有政权的力量为支持,所以资料齐备,也因而是后代研究晋代历史的一个史料库。第二,官修《晋书》可以集中当时最有经验、最有才华的史家,因此它的纪传叙事皆爽洁老劲,体例编订亦颇有斟酌,水平远在《魏书》《宋书》《十六国春秋》之上。这是《晋书》的主要长处。其短处主要是:第一,多有一事二见之弊。如王坦之、王彪之二传均有不同意降诏使桓温依周公居摄故事,本是一人之事,因将姓名相似之二人误为一人,竟使一事分系二人。和峤、温峤本是两个人,也有同一事情而二人传中均记载的情况。第二,前后矛盾、失去照应之处,也不少见。《李重传》说"重议之,见《百官志》",而《晋书》有《职官志》,无《百官志》,《职官志》亦不载李重奏议。《司马彪传》说"语在《郊祀志》",而《晋书》无《郊祀志》,有《礼志》,《礼志》亦不见此事。第三,史评颇多累赘。每一卷后既有论,又有赞,而且所评多为空泛溢美之辞,正如《旧唐书·房玄龄传》所云:"所评论竞为绮艳,不求笃实。"第四,史料仍有重要遗漏。佛教在晋代是初盛时期,《晋书》对佛教的记载不甚重视,仅仅在《艺术传》中列北方名僧佛图澄、鸠摩罗什等四人,南方名僧如法显、慧远、道安、支遁等竟一无所述。支遁尤有高名,《世说新语》记支遁事不下二十处。《晋书》很重视《世说新语》的材料,却独将高僧忽略,不能不说是一缺憾。以上是《晋书》的短处。

杜宝元

裴 秀 传

导读

裴秀(224—271),河东闻喜人,西晋开国功臣。原来本是曹魏的臣僚,在魏晋禅代之际,转到司马氏门下,追随司马昭父子,参与平叛和军机谋划,终于取得晋武帝司马炎的信任和倚重,官至尚书令、左光禄大夫、司空。裴秀作为一位封建社会的政治家,有两个特点是难能可贵的。一是在政治上有所作为,而且有一定的改革意识;二是从政不忘治学。裴秀名垂青史,原因不在政治而在于学问。裴秀是我国古代著名的地理学家和绘图专家。三国魏晋时代战争频繁,需有详密准确的地图,裴秀利用他博学多闻、接近秘府藏书的条件,从《尚书·禹贡》开始,研究中国古代地理学,绘制了当时最新的地图——《禹贡地域图》。在制图过程中总结出分率、准望、道里、高下、方邪、迂直等六条原则。六条中前两条最重要。分率即比例尺,准望则起经纬线的作用。他制作的地图和他的制图理论,使他与欧洲古代著名地理学家托勒密齐名,二人犹如两颗并列的明星,在世界科技史上占有光辉的地位。(选自卷三五)

原文

裴秀,字季彦,河东闻喜人也[①]。祖茂,汉尚书令[②]。父潜,魏尚书令。秀少好学,有风操,八岁能属文。叔父徽有盛名,宾客甚

翻译

裴秀,字季彦,河东郡闻喜人。其祖父裴茂,担任过东汉的尚书令。其父裴潜,担任过魏的尚书令。裴秀年少时即好学,颇有风操,八岁便能写作文章。他的叔父裴徽有盛名,宾客很多。裴秀

众。秀年十余岁，有诣徽者，出则过秀。然秀母贱，嫡母宣氏不之礼[3]，尝使进馔于客，见者皆为之起。秀母曰："微贱如此，当应为小儿故也。"宣氏知之，后遂止。时人为之语曰："后进领袖有裴秀。"

十多岁时，有拜访裴徽的人，走时都要到他那里看望一下。但是裴秀的生母地位卑贱，他的嫡母宣氏不以礼对待她。有一次宣氏唤她给客人进奉酒食，客人看到她都起身，表示敬意。裴秀的生母说："我如此卑贱，这大概是大家尊重孩子的缘故。"宣氏知道了，就不再把她当侍女了。当时人品评裴秀说："年轻的表率人物里有裴秀。"

注释 ① 河东：郡名，西晋时属司州。闻喜：县名，河东郡辖县，今属山西。② 尚书令：始设于秦，西汉沿置，掌章奏文书，汉武帝以后职权渐重。东汉尚书令成为直接对君主负责、总揽一切政令的首脑。魏晋以后，即为宰相。③ 嫡母：父亲的正妻。

原文

渡辽将军毌丘俭尝荐秀于大将军曹爽[1]，曰："生而岐嶷[2]，长蹈自然；玄静守真，性入道奥；博学强记，无文不该；孝友著于乡党[3]，高声闻于远近。诚宜弼佐谟明[4]，助和鼎味[5]，毗赞大府[6]，光昭盛化。非徒子奇、甘罗之俦[7]，兼包颜、冉、游、夏之美[8]。"爽乃辟为掾[9]，

翻译

渡辽将军毌丘俭曾把裴秀推荐给大将军曹爽，说："这个人生来就聪慧，长大更能依'道'行事；幽深沉静真朴，情性超俗，与道为一；博学善记，读书无所不包，孝顺友爱著称乡里，高美之誉闻名远近。的确适合辅佐谋划，治理国家，协助大将军，以光昭国家盛德之化。他不但是子奇、甘罗一类的奇才，还兼具颜回、冉求、子游、子夏等人的美德。"曹爽于是征召裴秀做属官，承袭父亲的爵位清阳亭侯，升官为黄门侍郎。曹爽

袭父爵清阳亭侯，迁黄门侍郎[⑩]。爽诛，以故吏免。顷之，为廷尉正[⑪]，历文帝安东及卫将军司马[⑫]，军国之政，多见信纳。迁散骑常侍[⑬]。

被杀，裴秀因是曹爽的故吏被免官。不久，裴秀做了廷尉正，又先后做了文帝时的安东将军及卫将军的司马，军国的事，他所提出的建议多被采纳。迁官散骑常侍。

注释 ① 毌(guàn)丘俭：姓毌丘，三国魏人，曾以平辽东功，封安邑侯。齐王曹芳被废，俭起兵反司马师，兵败被杀。曹爽：曹操族孙，魏明帝曹叡死，曹芳继位，以大将军受遗诏与司马懿同辅国政，后司马懿发动政变，爽被杀。 ② 岐嶷：谓渐能起立，这里是形容幼年聪慧。 ③ 乡党：乡里。 ④ 谟明：犹言谋划。 ⑤ 鼎：烹调用器。古代常以调和众味喻指治理天下。 ⑥ 大府：高级官府。 ⑦ 子奇：相传为春秋时期齐人，年少有才，为政有绩。甘罗：战国时秦人，是古代有名的神童，年十二出使于赵，以功封上卿。 ⑧ 颜：颜回，孔子弟子，好学，乐道安贫，在孔门中以德行著称。冉：冉求，孔子弟子，擅长政事。游：姓言名偃，字子游，孔子弟子，仕鲁，曾为武城宰。夏：卜商，字子夏，孔子弟子，长于文学，曾序《诗》传《易》，为魏文侯师。 ⑨ 掾：属官的通称。 ⑩ 黄门侍郎：掌侍从皇帝，传达命令。 ⑪ 廷尉正：廷尉，主刑法狱讼，廷尉正是属官。 ⑫ 文帝：司马昭。司马：将军府的属官。 ⑬ 散骑常侍：侍从皇帝左右，掌规谏，皇帝出行，骑从乘舆车后。

原文

帝之讨诸葛诞也[①]，秀与尚书仆射陈泰、黄门侍郎钟会以行台从[②]，豫参谋略。及诞平，转尚书[③]，进封鲁阳乡侯，增邑千户。常道乡公立[④]，以豫议定策，进爵县侯，增邑七百户，迁尚书仆

翻译

当文帝征讨诸葛诞时，裴秀和尚书仆射陈泰、黄门侍郎钟会以行台省的身份随驾，参与谋略。等到诸葛诞被平定了，裴秀转任尚书，进封鲁阳乡侯，增加封地一千户。常道乡公即皇帝位，由于裴秀参加商议决定这件事，进爵为县侯，增加封地七百户，迁官尚书仆射。

射。魏咸熙初[5]，厘革宪司[6]。时荀𫖮定礼仪[7]，贾充正法律[8]，而秀改官制焉。秀议五等之爵[9]，自骑督已上六百余人皆封。于是秀封济川侯，地方六十里，邑千四百户，以高苑县济川墟为侯国。

魏咸熙初，他开始改革御史台。这时荀𫖮定礼仪，贾充正法律，而裴秀负责改革官制。裴秀提出划分五等爵的主张，自骑督以上六百多人都有加封。于是裴秀被封为济川侯，封地方六十里，域内一千四百户，以高苑县的济川墟作为他的侯国所在地。

注释 ① 诸葛诞：三国魏人，征东大将军。王凌、毌丘俭被杀后，他起兵反司马昭，兵败被杀。 ② 尚书仆射：尚书令的副手。行台：亦曰行台省，主军事。 ③ 尚书：晋代在尚书令之下设吏部、三公、客曹、驾部、屯田、度支等六曹尚书，各任其事。此尚书当为六曹尚书之一。 ④ 常道乡公：曹奂，曹魏最后一个皇帝。 ⑤ 咸熙：曹魏末代皇帝曹奂年号(264—265)。 ⑥ 宪司：御史的别称。 ⑦ 荀𫖮(yǐ)：晋初大臣，进爵为公，官至侍中、太尉。 ⑧ 贾充：司马昭党羽。 ⑨ 五等之爵：公、侯、伯、子、男五个等级。

原文

初，文帝未定嗣，而属意舞阳侯攸[1]。武帝惧不得立，问秀曰："人有相否？"因以奇表示之。秀后言于文帝曰："中抚军人望既茂，天表如此，固非人臣之相也。"由是世子乃定[2]。

翻译

起先，文帝司马昭没有确立继承人，而意中倾向舞阳侯司马攸。武帝害怕自己不能立为嗣子，问裴秀："人有以相貌决定命运的事没有？"说着就把自己长相的出奇之处指给裴秀看。裴秀后来对文帝说："中抚军名望既高，生得一副非凡的仪表，确实不是做他人之臣的相貌。"于是太子的问题才定下来。

注释 ①舞阳侯攸：司马攸，与武帝司马炎是同母所生，才望高过其兄司马炎。武帝即位后，封齐王。后遭谗陷，愤怨发病而死。②世子：也叫太子，帝王和诸侯的君位继承人。按礼的规定，世子应是嫡长子，但是实际上往往由皇帝选定。

原文

武帝既即王位，拜尚书令、右光禄大夫[①]，与御史大夫王沈、卫将军贾充俱开府[②]，加给事中[③]。及帝受禅，加左光禄大夫，封巨鹿郡公，邑三千户。

翻译

武帝即王位后，裴秀官拜尚书令、右光禄大夫，和御史大夫王沈、卫将军贾充一样，全都设置了官府，加给事中。等到武帝接受魏主曹奂让位，裴秀又加官左光禄大夫，封为巨鹿郡公，封地三千户。

注释 ①右光禄大夫：晋代有左右光禄大夫，掌应对、吊问丧事等。②御史大夫：汉魏的御史大夫，地位相当于三公，职权仅次于丞相。开府：开建府署，设置僚属。魏晋时代三公以下诸官开府者多，乃另设开府仪同三司之名，地位仅次于三公。③给事中：侍从皇帝，备顾问应对等事。

原文

时安远护军郝诩与故人书云[①]："与尚书令裴秀相知，望其为益。"有司奏免秀官，诏曰："不能使人之不加诸我，此古人所难。交关人事[②]，诩之罪耳，岂尚书令能防乎！其勿有所问。"司隶

翻译

这时，安远护军郝诩在写给他旧友的信里说："你和尚书令裴秀彼此素有交谊，希望他对我给予帮助。"有关的官员向皇帝建议罢裴秀的官，皇帝下诏说："让别人不把麻烦加到自己身上，这是古人所难办到的。要搞人情关系，这是郝诩的罪过，岂是尚书令能防备得了的！对这件事不要查问了。"司隶校尉

校尉李憙复上言[3]，骑都尉刘尚为尚书令裴秀占官稻田[4]，求禁止秀。诏又以秀干翼朝政，有勋绩于王室，不可以小疵掩大德，使推正尚罪而解秀禁止焉[5]。

李憙又上言，指控骑都尉刘尚替尚书令占官家稻田，要求软禁裴秀。皇帝下诏说，裴秀辅佐朝政，对皇家有功绩，不能因小的过错而忽视了他的大德。命令究治刘尚的罪而免除对裴秀的软禁。

注释 ① 安远护军：武官名。 ② 交关：这里指勾结。 ③ 司隶校尉：相当于州刺史，辖京师及附近各郡。 ④ 骑都尉：官名。 ⑤ 推正：推究和治罪。

原文

久之，诏曰："夫三司之任[1]，以翼宣皇极[2]，弼成王事者也[3]。故经国论道，赖之明哲，苟非其人，官不虚备。尚书令、左光禄大夫裴秀，雅量弘博，思心通远，先帝登庸[4]，赞事前朝。朕受明命，光佐大业，勋德茂著，配踪元凯[5]。宜正位居体，以康庶绩[6]。其以秀为司空。"

翻译

过了许久，皇帝下诏说："三司的职责，就是要辅佐和发扬皇威，辅助成就王事的。所以治国论道，应当依靠明智之人，如果没有那种人，官位也就不用设立了。尚书令、左光禄大夫裴秀，气度博大，思虑高远，先帝即位，他赞事先帝。现在我受天命，又能大力辅佐我的大业，功勋德望均称卓著，够得上古代著名的"八元""八凯"了，应当给他应当有的地位，让他做他应当做的官，以褒扬他的业绩，现在提升裴秀做司空。"

注释 ① 三司：即三公。东汉以太尉、司徒、司空为三公，都是宰相。至魏晋另设丞相、相国，三公成为虚衔。 ② 皇极：指帝王统治的准则。 ③ 王事：君王的事，公事。 ④ 登庸：皇帝即位。 ⑤ 元凯：指"八元""八凯"，"八元"指高辛氏的贤臣八人,“八凯”指高阳氏的贤臣八人。后世常以此作为贤臣的代称。⑥庶绩:各种事功。

原文

秀儒学洽闻[①],且留心政事。当禅代之际,总纳言之要[②],其所裁当,礼无违者。又以职在地官[③],以《禹贡》山川地名[④],从来久远,多有变易,后世说者或强牵引,渐以暗昧。于是甄擿旧文[⑤],疑者则阙[⑥],古有名而今无者,皆随事注列,作《禹贡地域图》十八篇,奏之,藏于秘府[⑦]。其序曰:

翻译

裴秀的儒学知识渊博,并留心政事。当魏晋禅代之际,担任掌管发出王命的侍中要职,他所裁定的问题,没有违礼的。他又因自己的职务在《周礼》属于地官,也由于《禹贡》一书的山川地名,历史太久远了,变动很大,后代说者有的人牵强附会,逐渐变得模糊不清。于是裴秀鉴选旧有的资料,疑难不清的就不讲,古代有地名而现在没有的,一个一个全部加以注释,完成了《禹贡地域图》的十八篇,上奏朝廷,收存在宫中藏书处。其序文写道:

注释 ①洽闻:知识丰富,见闻广博。②纳言:官名,职即侍中。③地官:《周礼》六官之一。大司徒为地官之一,掌建邦之土地之图与其人民之数。④《禹贡》:《尚书》篇名,大约成书于周秦之际,是我国最早的地理学著作。⑤甄擿:鉴别和选取。擿,同“摘”。⑥阙:同“缺”。⑦秘府:古代禁中藏书籍的地方。

原文

图书之设,由来尚矣。自古立象垂制[①],而赖其用。三代置其官,国史掌厥职[②],暨汉屠咸阳,丞相萧何尽收

翻译

图书的历史由来已久了。自古以来,人们取法万物的形象,颁布制度法令,全赖图书的功用。夏、商、周三代设置掌管图书的官,由国史掌管此事。等

秦之图籍[3]。今秘书既无古之地图[4]，又无萧何所得，惟有汉氏《舆地》及《括地》诸杂图。各不设分率[5]，又不考正准望[6]，亦不备载名山大川。虽有粗形，皆不精审，不可依据。或荒外迂诞之言[7]，不合事实，于义无取。

到刘邦占领咸阳，丞相萧何尽数收取了秦的图籍。现在，国家的秘书省既没有古代的地图，又没有萧何所收取的秦朝的图籍，只有汉代的《舆地》和《括地》等一些杂图。这些杂图没有比例尺，又不考证方位，也不把各地的名山大川记载完全。虽有一个粗略的轮廓，但全不精确，不可依据。有的则是荒诞之言，不合事实，毫无价值。

注释 ① 立象：指取法万物形象。垂制：意指传留成法。 ② 国史：国家的史官。 ③ 萧何：汉初名臣。秦末农民起义时，刘邦入咸阳，萧何独收秦律令图籍，得以确掌全国山川险要、郡县户口、社会状况。图籍：地图与户籍。 ④ 秘书：秘书省，掌图籍的官署。 ⑤ 分率：比例尺。 ⑥ 准望：方位。 ⑦ 荒外：八荒之外，指荒远的地区。迂诞：荒唐远出事理之外。

原文

大晋龙兴[1]，混一六合[2]，以清宇宙[3]，始于庸蜀[4]。冞入其岨[5]，文皇帝乃命有司，撰访吴蜀地图。蜀土既定，六军所经[6]，地域远近，山川险易，征路迂直，校验图记，罔或有差[7]。今上考《禹贡》山海川流，原隰陂泽，古之九州[8]，及今之十六州[9]，郡国县邑，疆界乡

翻译

大晋兴起，统一天下，廓清宇内，是从蜀地开始的。军队深入其险阻之境，文皇帝于是命令有关的官员，搜求吴、蜀地图。蜀地平定之后，把大军所经之地的地域远近、山川险易、道路曲直等，跟地图对照，没有一点差错。现在我上考《禹贡》中记载的山川河海，平原高地沼泽，以及古代的九州，下及现在的十六州，郡国县邑，疆界村落，古国盟会地点的旧名，水路、陆路、小路，绘制地图

陬[10]，及古国盟会旧名，水陆径路，为地图十八篇。

十八篇。

注释 ① 龙兴：喻新王朝的兴起。 ② 六合：天地四方。 ③ 宇宙：天地。 ④ 庸蜀：益州，相当于今四川省中部。 ⑤ 罙（mí）：深。岨（jū）：带土的石山。 ⑥ 六军：周制天子有六军，后作为军队的统称。 ⑦ 罔：无、不。 ⑧ 九州：指《禹贡》九州。 ⑨ 十六州：西晋当时的行政划分。 ⑩ 陬：角落，指村落。

原文

制图之体有六焉。一曰分率，所以辨广轮之度也[1]。二曰准望，所以正彼此之体也。三曰道里[2]，所以定所由之数也。四曰高下，五曰方邪[3]，六曰迂直，此三者各因地而制宜，所以校夷险之异也。有图象而无分率，则无以审远近之差；有分率而无准望，虽得之于一隅，必失之于他方；有准望而无道里，则施于山海绝隔之地，不能以相通；有道里而无高下、方邪、迂直之校，则径路之数必与远近之实相违，失准望之正矣。故以此六者参而考之。

翻译

绘制地图的规矩有六项。第一是分率，是用来辨别东西与南北的长度的。第二是准望，是用来标明此物与彼物的相对位置的。第三是道里，是用来确定所经由的里数的。第四是高低，第五是正邪，第六是曲直，这三项都是因地制宜，用来搞清地势地形的。有图像而无分率，就无法确定远近；有分率而无准望，虽然能搞清一地的位置，却一定搞不清其他地方的位置；有准望而无道里，把地图用于山海阻隔处就不能靠它由此地到彼地；有道里而无地形之高下、正邪、曲直，图上小路的里数就必与实际情况不符，这也就失去了准望的正确性了。所以绘制地图要以此六项相互参考，缺一不可。但是距离的实际决定于分率，甲地与乙地的实际位置决定于准望，小路的实际长度决定于然远近之实定于分率，彼此之实定于准望，径路之实定于道里，度数之实定于高下、方邪、迂直之算，故虽有峻山巨海之隔，绝域殊方之迥[④]，登降诡曲之因，皆可得举而定者。准望之法既正，则曲直远近无所隐其形也。

道里，地形的实际度数决定于地形之高下、正斜、曲直的计算，所以虽有高山大海的阻隔，绝域殊方的遥远距离，高下奇曲的不同，但都可以全部立即确定下来。准望的办法做对了，那么曲直远近等就都表现出来了。

注释 ①广轮：东西为广，南北为轮。②道里：路程远近。③方：正。④绝域殊方：指极远的地区。

原文

秀创制朝仪，广陈刑政，朝廷多遵用之，以为故事[①]。在位四载，为当世名公。服寒食散，当饮热酒而饮冷酒，泰始七年薨[②]，时年四十八。诏曰："司空经德履哲，体蹈儒雅，佐命翼世，勋业弘茂。方将宣献敷制[③]，为世宗范，不幸薨殂，朕甚痛之。其赐秘器、朝服一具[④]，衣一袭[⑤]，钱三十万，布百匹。谥曰元[⑥]。"

翻译

裴秀创制了朝廷的礼仪制度，在刑与政方面广泛地陈述了自己的意见，朝廷大都照办，定为成例。在位四年，是当代的名公。他服用寒食散，应当喝热酒却饮了冷酒，因而在泰始七年(271)病故，时年四十八岁。皇帝在诏文中说："司空一生贤德明哲，为人儒雅，辅佐皇帝，治理国家，功业卓著。正要发挥他的作用，施展他的主张，使他成为一个楷模，他却不幸去世了。我非常沉痛。赐棺椁、朝服一具，衣服一套，钱三十万，布百匹。谥号为'元'。"

注释 ① 故事：先例，成例，旧日的典章制度。② 泰始：武帝年号。泰始七年，相当于公元 271 年。③ 宣献敷制：宣扬贡献，布行法制。④ 秘器：棺具。⑤ 一袭：一套。⑥ 谥：帝王、贵族、大臣等死后，依其生平事迹给予的称号。

原文

初，秀以尚书三十六曹统事准例不明[①]，宜使诸卿任职[②]，未及奏而薨。其友人料其书记，得表草言平吴之事，其词曰："孙皓酷虐[③]，不及圣明御世兼弱攻昧，使遗子孙[④]，将遂不能臣。时有否泰[⑤]，非万安之势也。臣昔虽已屡言，未有成旨。今既疾笃不起，谨重尸启[⑥]，愿陛下时共施用。"乃封以上闻，诏报曰："司空薨，痛悼不能去心。又得表草，虽在危困，不忘王室，尽忠忧国。省益伤切，辄当与诸贤共论也。"

翻译

当初，裴秀考虑到尚书三十六曹的官员分工管事的规定不明确，应当派卿一级的官员任职，还没来得及上奏就故去了。他的友人整理他的书文，看到一份上表的草稿，论到平吴的事，其文词有这样的话："孙皓酷虐无道，不趁着皇帝统治天下的时候兼并弱者攻打昏庸之人，把平吴之事留给子孙，子孙将不能驾驭。时运是有时好有时坏的，并不会永远对我们有利。我过去屡次说到此事，但未被陛下采纳。现在我已病重不起，请皇上重视我这临终前的意见，愿陛下能及时施行。"友人封缄上报给皇帝，诏书回答说："裴司空去世，痛悼之情难去我心。又得见此表稿，他虽在病危中，还是不忘王室，尽忠忧国。看到此文稿，我更加悲伤，这件事当立即与各位贤臣一起讨论。"

注释 ① 尚书三十六曹：指尚书以下的各个分部。准例：依据的规程条例。② 诸卿：九卿之属。③ 孙皓：东吴最后一个皇帝，孙权之孙，于晋武帝咸宁六年(280)降晋。④ 遗：这里指抛弃。⑤ 否泰：好坏。⑥ 尸启：以死谏君，这里指临终时的最后进言。

原文

咸宁初[1]，与石苞等并为王公[2]，配享庙庭[3]。有二子：濬、頠[4]。濬嗣位，至散骑常侍，早卒。濬庶子憬不惠，别封高阳亭侯，以濬少弟頠嗣。

翻译

咸宁之初，裴秀和石苞等并以王公大臣的名分，配享太庙。裴秀有两个儿子：裴濬和裴頠。裴濬继承爵位，官至散骑常侍，早年去世。裴濬的庶子裴憬不聪敏，另封为高阳亭侯。皇上就让其少弟裴頠继承裴濬爵位。

注释 ① 咸宁：晋武帝司马炎的第二个年号(275—279)。 ② 石苞：为大将军司马师的中护军司马，后进位征东大将军、骠骑将军。司马炎称帝后，官至大司马。 ③ 配享庙庭：配享，配享从祀。庙庭，即皇家祖庙。 ④ 頠(wěi)：裴頠，思想家，著有《崇有论》，助收杨骏有功，多参朝政，后为赵王伦所杀。

王衍传

导读

王衍(265—311),字夷甫,琅邪临沂人。出身名门大族,著名的"竹林七贤"之一王戎和后来成为东晋名臣的王导以及王敦都是他的本族兄弟。少壮时开始做官,一直升到司徒、司空、太尉的高位。最后在"永嘉之乱"中为石勒所杀。

王衍生活在西晋后期,士大夫阶级不务实际、唯尚清谈的风气在他身上有深刻的影响。他的思想和品格很复杂。他一生标榜清高,不言钱,不语利,却始终热衷于高官厚禄;既掌握朝廷军政大权,而又不考虑经国大计。平时表现矜高浮诞,把什么都看得很淡,一到关键时刻则只想如何保全自己。这篇传文用极少的文字把这样一个复杂矛盾的人写得极其精彩。选材精当,叙述客观,只把几件典型事例(如幼年见羊祜无屈下之色,车中揽镜自照,丧幼子悲不自胜,措意不言钱,为"三窟"以及两次佯狂自免和两次苟求自免等)略加点染而不设褒贬之词,留给读者自己品味。这是很高明的写法,也是我国史书的传统。(选自卷四三)

原文

衍,字夷甫,神情明秀,风姿详雅。总角尝造山涛[①],涛嗟叹良久。既去,目而送之曰:"何物老妪,生宁

翻译

王衍,字夷甫,其人精神意态明丽秀美,风度安详文雅。他童年时有一次访名士山涛,山涛感叹很久。王衍走时,山涛目送他的背影说:"什么样的老

馨儿[2]！然误天下苍生者，未必非此人也。”父乂，为平北将军，常有公事，使行人列上[3]，不时报。衍年十四，时在京师，造仆射羊祜[4]，申陈事状，辞甚清辩。祜名德贵重，而衍幼年无屈下之色，众咸异之。杨骏欲以女妻焉[5]，衍耻之，遂阳狂自免[6]。武帝闻其名，问戎曰[7]：“夷甫当世谁比？”戎曰：“未见其比，当从古人中求之。”

太婆，生了这么个孩子！然而误天下百姓的，未必不是这个人。”他的父亲王乂，担任平北将军，常有公事在外，便派人把王衍的事情一件件记下来，随时报告给他。王衍十四岁，当时在京城，有一次去拜访仆射羊祜，陈述事情，话讲得很清晰明白。羊祜名气很大，地位很高，而王衍虽年幼，对他却没有自卑的表情，大家都觉得这少年不一般。杨骏想把女儿嫁给他，王衍认为这是耻辱，就装疯而摆脱掉了。武帝闻知他这个人，问王戎说：“在当今之世谁可与王衍相比？”王戎说：“还没有看到能和他相比的人，能和他相比的人，应当从古人中去找。”

注释 ① 总角：古代男女未成年前束发为两髻，形状如角，因以借指童年。山涛：竹林七贤之一。本为三国魏臣，入晋后任吏部尚书十余年，善甄别人物。 ② 宁馨儿：这样的孩儿。魏晋以后转取宁馨字面为义，指为美好的孩子。 ③ 行人：使者。 ④ 羊祜：晋初名将，都督荆州诸军事长达十年，深得江汉及吴人之心。 ⑤ 杨骏：武帝岳父。惠帝即位后，杨骏揽权专政，遍树党羽，后被贾后杀掉。 ⑥ 阳：同“佯”，假装。 ⑦ 戎：王戎，王衍堂兄。

原文

泰始八年，诏举奇才可以安边者。衍初好论从横之术[1]，故尚书卢钦举为辽

翻译

泰始八年(272)，皇帝下诏推举可以安定边界的人才。王衍先前喜好谈论疆场兵戈之事，所以尚书卢钦推举他

东太守[②]。不就，于是口不论世事，唯雅咏玄虚而已[③]。尝因宴集，为族人所怒，举樏掷其面[④]。衍初无言，引王导共载而去[⑤]。然心不能平，在车中揽镜自照，谓导曰："尔看吾目光乃在牛背上矣[⑥]。"父卒于北平[⑦]，送故甚厚，为亲识之所借贷，因以舍之。数年之间，家资罄尽，出就洛城西田园而居焉。后为太子舍人[⑧]，迁尚书郎[⑨]。出补元城令[⑩]，终日清谈[⑪]，而县务亦理。入为中庶子、黄门侍郎[⑫]。

做辽东太守。他不去就职，从此绝口不论世事，只是高论一套玄妙虚无的道理而已。有一回在宴会上，王衍把一位本族人激怒了，对方拿起个木头盘子打到他的脸上。王衍一句话没说，拉着王导一起乘车走了。但是心里不能平静，在车里照着镜子对王导说："你看我的眼光还在牛背上呢。"王衍的父亲在北平郡去世，故人助办丧事相赠的财物非常多，因此亲友们向王衍家借的钱，他也不讨还。几年之间，家财用得精光，王衍搬到洛阳城西一处田园居住。他后来做了太子舍人，升至尚书郎。出京做了元城县令，整天清谈，但是县里的公务也有条不紊。后来又入朝任中庶子、黄门侍郎。

注释 ① 从横之术：合纵连横之术，这里指经营天下。 ② 辽东：郡名，辖今辽宁东南部辽河以东地，治所在今辽阳西北。太守：官名，一郡的最高行政长官。 ③ 玄虚：指道家的言论。 ④ 樏(lěi)：木质盘子一类的器物。 ⑤ 王导：东晋中兴名臣，历事元帝、明帝、成帝三朝，出将入相，官至太傅。 ⑥ 这句是说，打人者是无知的牧童。 ⑦ 北平：郡名，治所在今河北遵化东。 ⑧ 太子舍人：太子属官。 ⑨ 尚书郎：尚书属官。 ⑩ 元城：县名，属阳平郡。 ⑪ 清谈：魏晋间何晏、王弼等崇尚老庄，竞谈玄理，谓之清谈，成为一时风气。 ⑫ 中庶子：太子属官。黄门侍郎：掌侍从皇帝、传达诏命。

原文

魏正始中[①]，何晏、王弼等祖述《老》《庄》[②]，立论以为："天地万物皆以无为本。无也者，开物成务，无往不存者也。阴阳恃以化生，万物恃以成形，贤者恃以成德，不肖恃以免身。故无之为用，无爵而贵矣。"衍甚重之，惟裴頠以为非，著论以讥之[③]，而衍处之自若。衍既有盛才美貌，明悟若神，常自比子贡[④]。兼声名藉甚，倾动当世。妙善玄言，唯谈《老》《庄》为事。每捉玉柄麈尾[⑤]，与手同色，义理有所不安，随即改更，世号"口中雌黄"[⑥]。朝野翕然[⑦]，谓之"一世龙门"矣[⑧]。累居显职，后进之士莫不景慕放效。选举登朝，皆以为称首[⑨]。矜高浮诞，遂成风俗焉。衍尝丧幼子，山简吊之[⑩]。衍悲不自胜，简曰："孩抱中物，何至于此！"衍

翻译

魏正始年间，何晏、王弼等尊崇并阐释《老子》《庄子》思想，他们的立论认为："天地万物都以'无'为本源。所谓'无'，能创生万物，又能成就万事，它无所不在。阴与阳靠它变化生成，万物靠它成形，贤者靠它养成美德，不肖者靠它免祸。所以'无'的效用是没有爵位而尊贵。"王衍很重视这一论点，惟独裴頠以为是错误的，写文章进行责难，而王衍对此却泰然自若。王衍有出众的才华，有俊美的仪表，头脑非常聪明，常自比孔子高徒子贡。又加上声名不同一般，所以就倾动当世。他非常善于谈玄，别的不谈，专谈《老子》《庄子》。常拿着一把玉柄的麈尾，那颜色和他的手一样，所讲的道理自感有所不妥时，随即就改，世人给他立个名号叫"口中雌黄"。朝野之间纷纷趋附，称之为"一世龙门"。王衍多次身居要职，后起的士人，莫不崇敬他、仰慕他、仿效他。经过选举的人才，入仕登朝，都把他作为最好的榜样。于是高傲放诞，就成了一时的风气。王衍曾经死了一个幼子，山简来吊问。王衍悲痛得不能自制，山简说："为一个怀抱小儿，何必悲恸到如此地步！"王衍说："圣人能忘掉俗人的情

曰："圣人忘情，最下不及于情。然则情之所钟，正在我辈。"简服其言，更为之恸[11]。

爱，最下的愚人则谈不到情。由此看来，情爱正集中在我们这些人身上。"山简被他的话折服，于是也为他悲切痛哭。

注释 ① 正始：魏齐王曹芳年号(240—249)。 ② 何晏：三国时著名的玄学家。后因依附曹爽，为司马懿所杀。王弼：魏山阴人，字辅嗣。年十余，即笃好《老子》，著有《道略论》《周易注》《老子注》。卒年二十四。 ③ 指裴頠著《崇有论》，与玄学家的贵无思想针锋相对。 ④ 子贡：姓端木，名赐，春秋卫人，孔子弟子。能言善辩，善经商，家累千金。 ⑤ 麈(zhǔ)尾：古人闲谈时执以驱虫、掸尘的一种用具。 ⑥ 口中雌黄：古人用雌黄蘸笔，涂改错字。此话意为随口更正说得不恰当的话。 ⑦ 翕(xī)然：聚合的样子。 ⑧ 龙门：喻声望极高、为众人景仰的人物。 ⑨ 称首：符合标准。 ⑩ 山简：山涛之子。 ⑪ 恸：悲痛。

原文

衍妻郭氏，贾后之亲[1]，借中宫之势，刚愎贪戾，聚敛无厌，好干预人事。衍患之而不能禁。时有乡人幽州刺史李阳[2]，京师大侠也，郭氏素惮之。衍谓郭曰："非但我言卿不可[3]，李阳亦谓不可。"郭氏为之小损。衍疾郭之贪鄙，故口未尝言钱。郭欲试之，令婢以钱绕床，使不得行。衍晨起见钱，谓婢曰："举阿堵物

翻译

王衍的妻子郭氏，是贾皇后的亲戚，借着皇后的势力，傲慢固执，贪婪乖戾，聚敛钱财没有满足的时候，什么事都好干预。王衍对她很发愁，但又拿她没办法。当时王衍有个任幽州刺史的同乡叫李阳，此人是京城有名的大侠，郭氏一向惧怕他。王衍对郭氏说："不但我说你不对，李阳也说你不对。"郭氏这才稍有收敛。王衍憎恶郭氏的贪婪和粗俗，所以嘴里从不言"钱"字。郭氏想要测试一下，就让婢女用钱把床围起来，让他无法走开。王衍早晨起来看见钱，就对婢女说："把这东西拿掉！"他随

却[④]！"其措意如此。

时留意到这种地步。

注释 ① 贾后：晋惠帝妻，贾充女，专擅朝政，逼害储君，是挑起"八王之乱"的祸首。后赵王司马伦率兵入宫，矫诏使自尽。 ② 幽州：晋代十三州之一，治所在今河北涿州。刺史：一州的最高行政长官。 ③ 卿：夫妻互称之语。 ④ 阿堵物：指钱。阿堵，这个。

原文

后历北军中候、中领军、尚书令。女为愍怀太子妃[①]，太子为贾后所诬，衍惧祸，自表离婚。贾后既废，有司奏衍，曰："衍与司徒梁王肜书[②]，写呈皇太子手与妃及衍书，陈见诬之状。肜等伏读，辞旨恳恻。衍备位大臣，应以义责也。太子被诬得罪，衍不能守死善道[③]，即求离婚，得太子手书，隐蔽不出。志在苟免，无忠蹇之操[④]。宜加显责，以厉臣节。可禁锢终身[⑤]。"从之。

翻译

王衍后来历任北军中候、中领军、尚书令等职。他的女儿是愍怀太子的妃子，太子遭到贾后的诬陷，王衍怕遭祸，上表要求离婚。贾后被废以后，有关的官员参奏王衍，说："王衍给司徒梁王司马肜写信，录呈皇太子写给妃子和王衍的亲笔信，太子陈述自己遭诬陷的情状。梁王司马肜等读了感到辞意恳切悲痛。王衍身为大臣，本当以义要求自己。太子遭诬陷而获罪，王衍不能坚持善道、为善道而死，却马上提出女儿与太子离婚。得到太子的亲笔信，隐藏着不拿出来。心里所想的只是如何侥幸免祸，没有忠直敢言的操守。应当给予公开的谴责，以此激励大臣们的气节。可给予永不叙用的处分。"皇帝批准了这个建议。

注释 ① 愍怀太子：惠帝长子，非贾后所生，后被废并遭谋杀。 ② 梁王肜(róng)：司马懿之子。 ③ 守死善道：语出《论语·泰伯》，谓宁善而死，不为恶而生。 ④ 忠蹇：忠直敢言。 ⑤ 禁锢终身：永不叙用。

原文

衍素轻赵王伦之为人[①]。及伦篡位，衍阳狂斫婢以自免。及伦诛，拜河南尹[②]，转尚书，又为中书令[③]。时齐王冏有匡复之功[④]，而专权自恣，公卿皆为之拜，衍独长揖焉。以病去官。成都王颖以衍为中军师[⑤]，累迁尚书仆射，领吏部[⑥]，后拜尚书令、司空、司徒。衍虽居宰辅之重，不以经国为念，而思自全之计。说东海王越曰[⑦]：“中国已乱，当赖方伯[⑧]，宜得文武兼资以任之。”乃以弟澄为荆州[⑨]，族弟敦为青州。因谓澄、敦曰：“荆州有江汉之固，青州有负海之险，卿二人在外，而吾留此，足以为三窟矣。”识者鄙之。

翻译

王衍一向瞧不起赵王司马伦的为人。等到赵王司马伦篡夺了皇位，王衍便假装精神失常砍伤婢女，以求自己免祸。等到司马伦被杀死，王衍当上河南尹，改任尚书，又做了中书令。当时齐王冏有救乱复国之功，但是专权独断、为所欲为，公卿大臣们见了他都要跪拜，唯独王衍只作长揖。王衍因病辞官离任。成都王司马颖任用王衍为中军师，多次升迁以至尚书仆射，兼管吏部，以后当上尚书令、司空、司徒。王衍虽身居宰辅重任，却不时时想着治国大事，想的是自我保全之计。他曾对东海王司马越说：“中国已乱，现在应当依靠地方上的重臣，最好寻找文武兼备的人充任。”于是安排他的弟弟王澄任荆州刺史，族弟王敦任青州刺史。同时对王澄、王敦说：“荆州有长江、汉水环绕之险，青州背负大海，形势险要。你们两个人在外，我留在京师，这足以称得上古人所谓‘狡兔三窟’了。”有识之士都对此表示鄙视。

注释 ① 赵王伦：司马懿之子，以罪责贾后为名义，带兵入朝，自称皇帝。八王之乱祸自此起。 ② 河南尹：河南郡长官，因为是京师所在的郡，所以不称太守。 ③ 中书令：实即宰相。 ④ 齐王冏：司马攸之子。匡复：匡正恢复，指起兵诛伦。

⑤ 成都王颖：司马炎之子，为起兵讨赵王伦者之一。 ⑥ 领：兼任较低级的职务。吏部：六部之一，掌用人大权。 ⑦ 东海王越：晋宗室司马泰之子。 ⑧ 方伯：一方诸侯之长，后来泛称地方长官。 ⑨ 为荆州：指任荆州刺史。

原文

及石勒、王弥寇京师[1]，以衍都督征讨诸军事、持节、假黄钺以距之[2]。衍使前将军曹武、左卫将军王景等击贼，退之，获其辎重。迁太尉[3]，尚书令如故。封武陵侯，辞封不受。时洛阳危逼，多欲迁都以避其难，而衍独卖车牛以安众心。

翻译

等到石勒、王弥进犯京城洛阳，朝廷任命王衍为征讨叛乱的总指挥，而且准其持节，借给他皇帝的仪仗，全权率兵拒敌。王衍派前将军曹武、左卫将军王景等进攻叛军，将其击退，缴获许多辎重。王衍晋升为太尉，原尚书令职如旧，封武陵侯，他未接受。当时洛阳危急，许多人主张迁都避难，王衍却卖掉了车和牛，以安定众人之心。

注释 ① 石勒：羯族，随刘渊起兵，后自建政权，称赵王，一度统一北方大部分地区，史称后赵。王弥：刘渊起兵时的部下。 ② 都督征讨诸军事：指挥征讨敌军的一切军事事务。持节：手持符节。假：借。黄钺：以黄金为饰的钺，本为天子所用。大臣出使，假以黄钺，以示威重。 ③ 太尉：名号尊显，一般皆为加官，无实权，与太宰、太傅、太保、司徒、司空、大司马、大将军并称“八公”。

原文

越之讨苟晞也[1]，衍以太尉为太傅军司[2]。及越薨，众共推为元帅。衍以贼寇锋起，惧不敢当，辞曰：

翻译

司马越征讨苟晞的时候，王衍以太尉身份担任太傅军师。等到司马越去世，大家共同推举王衍为元帅。王衍见贼寇四起，其势凶猛，不敢承当，推辞

"吾少无宦情[3]，随牒推移[4]，遂至于此。今日之事，安可以非才处之?"俄而举军为石勒所破。勒呼王公，与之相见，问衍以晋故。衍为陈祸败之由，云计不在己。勒甚悦之，与语移日。衍自说少不豫事，欲求自免，因劝勒称尊号。勒怒曰："君名盖四海，身居重任，少壮登朝，至于白首，何得言不豫世事邪！破坏天下，正是君罪。"使左右扶出。谓其党孔苌曰："吾行天下多矣，未尝见如此人，当可活不?"苌曰："彼晋之三公，必不为我尽力，又何足贵乎!"勒曰："要不可加以锋刃也。"使人夜排墙填杀之。衍将死，顾而言曰："呜呼！吾曹虽不如古人，向若不祖尚浮虚，戮力以匡天下，犹可不至今日。"时年五十六。

说："我年轻时便没有当官的愿望，不过按照常规一步一步升迁，达到今天的地步。现在征讨贼寇的大事，怎么可以让我这不才之人担当呢?"不久，全军被石勒击败。石勒称王衍为王公，和他相见，询问晋朝的旧事。王衍陈述晋发生祸乱及失败的根由，说计谋不是他策划的。石勒听了很高兴，和他谈了好长一段时间。王衍自己说从年轻时就不参与世事，想求得免罪脱身，于是劝石勒称帝。石勒发怒说："你名盖四海，身居重任，年纪轻轻就在朝廷任职，直到满头白发，怎么能说不参与世事呢！破坏天下，正是你的罪过。"命令左右的人把他挟出去。石勒对他的同党孔苌说："我走过天下的地方多了，未曾见过这样的人，应不应当叫他活下来?"孔苌说："他是晋的三公，肯定不能为我们出力，又有什么可惜的!"石勒说："重要的是杀他不可用刀。"于是派人在夜间推倒墙把王衍压死了。王衍临死时，回头对人说："唉！我辈虽然不如古人，但如果不是一向崇尚玄虚，而是努力治理天下，也许不至于到今天这个地步。"王衍死时五十六岁。

注释 ① 越：指东海王司马越。苟晞：西晋后期将领，一度抗击石勒有功，与东海王越关系甚密，后二人分裂。司马越讨伐苟晞在晋怀帝永嘉五年(311)。 ② 太傅军司：即太傅军师。晋代避司马师讳，改师为司。 ③ 宦情：做官的欲望。 ④ 随牒推移：意指自然升迁。牒，授官的簿录。

原文

衍儁秀有令望[①]，希心玄远[②]，未尝语利。王敦过江，常称之曰："夷甫处众中，如珠玉在瓦石间。"顾恺之作画赞[③]，亦称衍岩岩清峙[④]，壁立千仞[⑤]。其为人所尚如此。

翻译

王衍容仪俊秀，有美好的名声，一心全在玄理，而不曾言利。王敦过江以后，常称赞他说："夷甫处在众人之中，就像珠玉在瓦石之间。"顾恺之作画赞，也称道王衍清峻高耸，仿佛千仞峭壁挺立。他就这样受到人们的钦仰。

注释 ① 儁(jùn)秀：才智出众。儁，同"俊"。令望：美好的声望。 ② 希：希求。 ③ 顾恺之：东晋著名画家。赞：文体的一种，用韵。 ④ 岩岩：高峻貌。 ⑤ 仞：长度单位。仞的长度说法不一，有说八尺，有说七尺，还有说五尺六寸。

原文

子玄，字眉子，少慕简旷，亦有俊才，与卫玠齐名[①]。荀藩用为陈留太守[②]，屯尉氏[③]。玄素名家，有豪气，荒弊之时，人情不附，将赴祖逖[④]，为盗所害焉。

翻译

王衍的儿子王玄，字眉子，年轻时希慕简素旷达，也有杰出的才能，和卫玠齐名。荀藩任用他做陈留郡太守，驻守在尉氏县。王玄素来是名门出身，气概豪爽，在国家荒乱破败的时候，当地人心不拥戴他，他将投奔祖逖，途中被强盗所杀。

注释 ① 卫玠:著名书法家卫恒之子,玠以美貌闻名,善谈玄。 ② 荀藩:荀勖之子,参与讨齐王冏,官至尚书令,进太尉。陈留:治所即今河南陈留。 ③ 尉氏:陈留辖县。 ④ 祖逖:东晋初年名将。

刘伶传

导读

刘伶与嵇康、阮籍等史称“竹林七贤”。当时正是魏晋交替、司马氏篡权之际，名士被杀的不在少数。刘伶佯狂饮酒，以求避免当时的政治迫害。他倡言老庄，豁达放纵，对功名利禄不屑一顾，对士大夫阶层深恶痛绝。他的思想和行为，构成了对传统名教和当朝权贵的蔑视与反抗，具有批判的意义。但是，过分的放诞与颓唐，逃避现实，在当时和后代都不足取。本传收入的《酒德颂》，是他自己内心的独白。他“惟酒是务，焉知其余”，是魏晋时代的一个很典型的人物，对于我们认识魏晋这个时代，是有价值的。（选自卷四九）

原文

刘伶，字伯伦，沛国人也①。身长六尺，容貌甚陋。放情肆志，常以细宇宙齐万物为心②。澹默少言，不妄交游，与阮籍、嵇康相遇③，欣然神解，携手入林。初不以家产有无介意。常乘鹿车，携一壶酒，使人荷锸而随之④，谓曰：“死便埋我。”其遗形骸如此。尝渴甚，求

翻译

刘伶，字伯伦，沛国人。身长六尺，容貌很丑。他放纵自己的感情和志趣，他一贯的思想是，把宇宙看得很小，把万物看成一样。他恬静沉默，很少讲话，不随便与人来往，和阮籍、嵇康一相遇，就高兴地相互理解，手携手走入竹林。从来不把有无家产放在心上。常常坐着用人力推挽的小车，带上一壶酒，让人扛着铁锹跟在后面，对跟着的人说：“如果我死了，就随手把我埋掉。”他就这样不顾自己的身体。有一回想

酒于其妻。妻捐酒毁器，涕泣谏曰："君酒太过，非摄生之道，必宜断之。"伶曰："善！吾不能自禁，惟当祝鬼神自誓耳。便可具酒肉。"妻从之。伶跪祝曰："天生刘伶，以酒为名。一饮一斛[5]，五斗解酲[6]。妇儿之言，慎不可听。"仍饮酒御肉，隗然复醉[7]。尝醉与俗人相忤，其人攘袂奋拳而往。伶徐曰："鸡肋不足以安尊拳[8]。"其人笑而止。

酒想得厉害，向妻子讨酒吃。他妻子倒掉酒并毁弃了酒器，一边哭着一边规劝他说："你喝酒喝得太厉害，这不是养生之道，一定要戒掉。"刘伶说："好！我自己戒不了酒，应当祈求鬼神，向鬼神发誓。你可立刻准备酒肉。"其妻按他的话做了。刘伶跪着祝祷说："天生我刘伶，凭着喝酒出了名。一喝就是十斗，喝醉了再喝五斗才能醒。老婆孩子的话，谨慎不可听。"照旧举杯吃肉，一下子又醉了。有一回他喝醉酒，与人吵起来，那个人挽袖挥拳朝着他来，刘伶慢声地说："我这瘦弱的身体，不足以安放你的老拳。"那人笑着罢手。

注释 ① 沛国：今安徽宿州西北。 ② 齐：等齐，划一。《庄子》有《齐物论》篇，内容以齐是非、齐彼此、齐物我、齐夭寿为主。 ③ 阮籍：竹林七贤之一。能长啸，善弹琴，博览群书，尤好老庄。不满现实，因此纵酒谈玄，不评论时事，不臧否人物，以求其全。嵇康：竹林七贤之一。本为魏宗室婿，仕魏为中散大夫，博洽多闻，崇尚老庄。当时司马氏掌朝政，嵇康遭钟会诬陷，为司马昭所杀。 ④ 锸（chā）：铁锹。 ⑤ 斛（hú）：容量单位，古代以十斗为一斛。 ⑥ 解酲（chéng）：以饮酒来消除酒病。酲，酒醉醒后困乏如病。 ⑦ 隗（wěi）然：颓然。 ⑧ 鸡肋：喻身体瘦弱。

原文

伶虽陶兀昏放[1]，而机应不差。未尝厝意文翰[2]，惟著《酒德颂》一篇。其辞

翻译

刘伶虽然一副醉徒的狂傲样子迷糊而放诞，可头脑的反应能力并不差。他从未把舞文弄墨的事情放在心上，只

曰："有大人先生，以天地为一朝，万期为须臾[3]，日月为扃牖[4]，八荒为庭衢[5]。行无辙迹，居无室庐，幕天席地，纵意所如。止则操卮执觚[6]，动则挈榼提壶[7]，惟酒是务，焉知其余！有贵介公子、搢绅处士[8]，闻吾风声，议其所以，乃奋袂攘襟，怒目切齿，陈说礼法，是非蜂起。先生于是方捧罂承槽[9]，衔杯漱醪[10]，奋髯箕踞[11]，枕曲藉糟，无思无虑，其乐陶陶[12]。兀然而醉[13]，恍尔而醒[14]。静听不闻雷鸣之声，熟视不睹泰山之形。不觉寒暑之切肌，利欲之感情。俯观万物，扰扰焉若江海之载浮萍。二豪侍侧焉[15]，如蜾蠃之与螟蛉[16]。"

做了一篇《酒德颂》。文中说："有位大人先生，以从天地开辟至今为一个早晨，以万年为一瞬间，以日月为门窗，以八荒为庭院和道路。他到处行走不择道路，睡觉没有房屋，以天为帐幕，以地为床席，想到哪里就到哪里，想干什么就干什么。坐下来便拿起酒具，出游时就把酒碗酒壶带在身边，他只知道喝酒，哪里还懂得其他！有贵族公子、士大夫们，听到我讲的这些风言风语，议论他这样做的原因，于是一个个撩袖掀衣，瞪大眼睛咬紧牙，陈说礼法，闲话纷纷不绝。这时先生正捧着酒瓮，衔杯饮酒，摆动着胡须，叉着两腿坐着，枕着酒曲，垫着酒糟，无思无虑，其乐陶陶。突然醉倒，忽然醒来。雷霆的声音，他细听也听不见；泰山的形状，他仔细看也看不到。气候冷热他感觉不到，利欲之心他也没有。他俯视世间万物，纷纷扰扰就像江海水面上漂着的浮萍。贵族公子和处士站在他身边，就像蜾蠃与螟蛉。"

注释 ① 陶兀：酒醉狂傲的样子。 ② 厝意：在意。厝，同"措"。文翰：指信札、文书。 ③ 期(jī)：周年。 ④ 扃(jiōng)：门。牖：窗。 ⑤ 庭：庭院。衢：四通八达的道路。 ⑥ 卮(zhī)：一种圆形盛酒器。觚(gū)：一种饮酒器。 ⑦ 挈：提。榼(kē)：一种盛酒器。 ⑧ 搢绅：插笏于带间。绅，大带。古时仕宦者垂绅搢笏，因称士大夫为搢绅。处士：隐居的人。 ⑨ 罂(yīng)：小口大腹的盛酒器。槽：贮酒之器。 ⑩ 醪(láo)：浊酒。 ⑪ 奋髯：晃起胡子，表示悠闲自得，毫不在意。箕踞：一种坐势，臀部着地，两足前伸，这是不敬、不合礼法的坐姿。 ⑫ 陶陶：和乐的样子。 ⑬ 兀然：无知觉的样子。 ⑭ 怳尔：忽然。 ⑮ 二豪：指公子和处士。 ⑯ 蜾蠃(guǒ luǒ)：蜂的一种，体青黑，细腰，用泥在墙上或树上作窝。螟蛉：蛾的幼虫。传说蜾蠃以螟蛉为子。

原文

尝为建威参军[①]。泰始初对策[②]，盛言无为之化。时辈皆以高第得调，伶独以无用罢。竟以寿终。

翻译

刘伶曾经当过建威将军的参军。泰始初年曾经接受皇帝的考试，他大讲无为的效用。当时一起参加考试的人都以成绩好而升了官，惟独刘伶因为主张没用而罢官。但他一生无祸，居然享尽天年而死。

注释 ① 建威参军：建威将军参军。参军，将军属下官员。 ② 对策：自汉以来，考试取士，以政事、经义等设问并写在简策上，让应考者回答。

周 处 传

导读

周处，三国时吴国义兴阳羡人。前半生仕吴为东观左丞，孙皓末年为无难督。后半生入晋，官至散骑常侍、御史中丞，在平定氐人齐万年的叛乱中战死。周处的一生有三点得称道。一是少年时代不修细行，纵情肆欲，是乡里人眼中的三害之一，但他知错而改，励志好学，终成为有用的人才。二是为官正直，不畏强暴。在战场，知死不退，力战而殁。三是著有《默语》三十篇及《风土记》《吴书》等书。《周处传》着重写了他的前两方面事迹，选材得当，写得很生动。文中人物对话描写尤为精彩，把周处的思想性格恰如其分地表现出来了。（选自卷五八）

原文

周处，字子隐，义兴阳羡人也[①]。父鲂，吴鄱阳太守[②]。处少孤，未弱冠[③]，膂力绝人。好驰骋田猎，不修细行，纵情肆欲，州曲患之。处自知为人所恶，乃慨然有改励之志，谓父老曰："今时和岁丰，何苦而不乐耶?"父老叹曰："三害未除，何乐之有?"处曰："何谓也?"答曰：

翻译

周处，字子隐，义兴郡阳羡县人。父亲周鲂，是原吴国的鄱阳郡太守。周处年幼丧父，还没到成年时，臂力便已超过一般人。他喜欢骑马打猎，不注意小节，行为放肆，不加检点，乡里之间把他视为祸患。周处自知为人厌恶，于是慷慨激昂地立下自勉自励、改正错误的志向，他对父老们说："现在世道太平，庄稼丰收，为什么愁眉苦脸不快活呢?"父老们叹息着说："三害未除，哪里有快乐可言?"周处说："这话怎么讲?"回答

“南山白额猛兽，长桥下蛟，并子为三矣。”处曰：“若此为患，吾能除之。”父老曰：“子若除之，则一郡之大庆，非徒去害而已。”处乃入山射杀猛兽，因投水搏蛟，蛟或沉或浮，行数十里，而处与之俱。经三日三夜，人谓死，皆相庆贺。处果杀蛟而反，闻乡里相庆，始知人患己之甚，乃入吴寻二陆[④]。时机不在，见云，具以情告，曰：“欲自修而年已蹉跎[⑤]，恐将无及。”云曰：“古人贵朝闻夕改，君前涂尚可，且患志之不立，何忧名之不彰！”处遂励志好学。有文思，志存义烈，言必忠信克己。期年[⑥]，州府交辟，仕吴为东观左丞[⑦]。孙皓末[⑧]，为无难督[⑨]。

说：“南山上的白额猛虎，长桥下的蛟龙，加上你，就成了三害了。”周处说：“如果这些造成祸患，我能除掉它们。”父老们说：“你要能除掉他们，那就是一郡的大喜事，不只是除掉祸害而已。”周处于是进山射杀猛虎，又跳到水里与蛟龙搏斗，蛟龙时沉时浮，游了几十里远，周处始终紧追不舍。过了三天三夜，有人说周处已经死了，大家互相庆贺。但是周处终于杀死蛟龙而回，知道乡里人互相庆贺的事，才了解到大家害怕和忧虑自己多么严重，于是到吴国去见陆机、陆云兄弟。陆机不在，周处找到了陆云，讲了事情的全部经过，说：“我想自修学业但已浪费了好时光，恐怕来不及了。”陆云说：“古人推崇早晨听到真理傍晚就照着改正错误，你未来的日子还长，况且人只担心壮志不立，何必忧虑美名不被人知道！”周处于是激励自己努力学习，逐渐提高了文学能力，养成了忠义刚烈的志向，讲话一定是忠义诚实，并严格要求自己。一年以后，各州府都争着征召他出去做官，周处做了吴国的东观左丞。孙皓末年，周处任无难督。

注释 ① 义兴：郡名，即今江苏宜兴。阳羡：义兴郡属县，故城在今江苏宜兴南。② 鄱阳：郡名，其地属扬州。③ 弱冠：古时男子二十成人，初加冠，称弱冠。④ 二陆：即陆机、陆云。孙吴名将之后，兄弟并以文学著称，并称“二陆”。⑤ 蹉跎：虚度光阴。⑥ 期(jī)年：一周年。⑦ 东观左丞：官名。东观，图书聚藏之处。⑧ 孙皓：孙权之孙，东吴最后一个皇帝，以残暴著称，亡国后被晋封为归命侯。⑨ 无难督：官名。

原文

及吴平[1]，王浑登建邺宫酾酒[2]，既酣，谓吴人曰：“诸君亡国之余，得无戚乎？”处对曰：“汉末分崩，三国鼎立，魏灭于前，吴亡于后，亡国之戚，岂惟一人！”浑有惭色。

翻译

等到吴国平定，王浑登上建邺的宫殿，摆上酒宴，大家都喝得尽兴时，王浑对吴国臣下说：“各位都是亡国之人，难道不悲伤吗？”周处回答说：“汉末以来，天下分崩离析，三国鼎立，魏灭亡在先，吴灭亡在后，亡国的悲伤，岂只是吴国的臣子才有！”王浑听了这话后，不觉面有愧色。

注释 ① 吴平：吴被灭，时当晋武帝太康元年(280)。② 王浑：平吴大将，早年为曹魏臣子，魏亡后入晋。酾(shāi)酒：斟酒。

原文

入洛，稍迁新平太守[1]。抚和戎狄，叛羌归附[2]，雍土美之[3]。转广汉太守[4]。郡多滞讼，有经三十年而不决者，处详其枉直，一朝决遣。以母老罢归。寻除楚内

翻译

周处到了京城洛阳，升任新平太守。他在任职期间能安抚稳定当地的戎狄，叛乱的羌人纷纷归附，雍州之人都赞美周处。周处调任广汉太守。这个郡有许多多年积压下来的旧案子，甚至有历时三十年未判决的，周处仔细地

史[5]，未之官，征拜散骑常侍。处曰："古人辞大不辞小。"乃先之楚。而郡既经丧乱，新旧杂居，风俗未一。处敦以教义，又检尸骸无主及白骨在野收葬之，然始就征，远近称叹。

研究这些案件的是非曲直，一天之内便都判决发落。后来周处以母亲年老辞官而归。不久又任楚国内史。他还没有到任，又被征召任命为散骑常侍。周处说："古人拒绝做官，是拒绝大官，不拒绝职位低下的官。"楚内史比散骑常侍要小，于是先到楚任内史。这个郡经历过丧乱，当地旧户与外来新户杂居，风俗不一样。周处对百姓着重进行教化，又收拾无主的尸体和野外的白骨，加以埋葬，把这些事办完，才到朝廷上任，无论距离远近都称赞叹服他。

注释 ① 新平：郡名，属雍州，故城在今陕西彬县境。 ② 羌：古代西部地区的少数民族，东汉以来，散居关中诸郡，与汉人杂处。 ③ 雍土：雍州之地，今陕西及甘肃部分地区。 ④ 广汉：郡名，属梁州，在今四川广汉。 ⑤ 除：拜官授职。内史：诸侯国所置官名，负责政务。

原文

及居近侍，多所规讽。迁御史中丞[1]，凡所纠劾[2]，不避宠戚。梁王肜违法，处深文案之。及氐人齐万年反[3]，朝臣恶处强直，皆曰："处，吴之名将子也，忠烈果毅。"乃使隶夏侯骏西征[4]。

翻译

等到周处做了皇帝近侍，对皇帝有很多规劝和讽喻。升为御史中丞后，他进行纠察弹劾，对高官宠臣和宗室毫不手软。梁王司马肜犯法，周处细致追究治罪。氐族人齐万年反叛，朝廷大臣憎恶周处的强直，都说："周处是吴国的名将之子，其人忠直、刚烈、坚决果断。"于是派他做夏侯骏部下参加西征。伏波伏波将军孙秀知其将死[5]，谓之曰："卿有老母，可以此辞也。"处曰："忠孝之道，安得两全！既辞亲事君，父母复安得而子乎？今日是我死所也。"万年闻之，曰："周府君昔临新平[6]，我知其为人，才兼文武，若专断而来，不可当也。如受制于人，此成擒耳。"既而梁王肜为征西大将军、都督关中诸军事。处知肜不平，必当陷己，自以人臣尽节，不宜辞惮，乃悲慨即路，志不生还。中书令陈准知肜将逞宿憾[7]，乃言于朝曰："骏及梁王皆是贵戚，非将率之才，进不求名，退不畏咎。周处吴人，忠勇果劲，有怨无援，将必丧身。宜诏孟观以精兵万人，为处前锋，必能殄寇[8]。不然，肜当使处先驱，其败必也。"朝廷不从。时贼屯梁山，有众七万，而骏逼处以五千兵击之。处曰：

将军孙秀知道他此行必死，对他说："你有老母在堂，可以凭这个理由推辞掉的。"周处说："忠孝何能两全！既然辞别父母侍奉君王，父母哪里还能指望我尽儿子的孝道呢？现在就是我尽忠献身的时候了。"齐万年听到周处前来征讨的消息后说："周府君过去统管新平郡，我了解他的为人，文武全才，如果他任主帅，能独自决断，那是抵挡不住的。如果是受人辖制，这次来必然被活捉。"不久梁王肜当上征西大将军、都督关中诸军事。周处知道司马肜心里不平，一定陷害自己，认为人臣为君王恪尽职责，不应当推辞畏惧，于是悲壮慷慨地走上了西征之路，决心不活着回来。中书令陈准看透了司马肜要报旧怨，就在朝廷上说："夏侯骏和梁王都是贵戚，不是将帅之才，他们取胜不为求名，失败也不怕犯罪。周处本是吴国的人，忠勇果敢，因得罪过人而将没有后援，他率兵出征一定丧身。应当下诏让孟观带领精兵万人，给周处充当前锋，这样做一定能消灭敌人。如果不这样，司马肜一定派周处担任前锋，他打败仗是确定无疑的。"朝廷没有采纳这个建议。这时，敌军屯驻梁山，有部众七万人，但是司马骏胁迫周处以五千兵去迎战。周

“军无后继，必至覆败，虽在亡身，为国取耻。”肜复命处进讨，乃与振威将军卢播、雍州刺史解系攻万年于六陌。将战，处军人未食，肜促令速进，而绝其后继。处知必败，赋诗曰：“去去世事已，策马观西戎。藜藿甘粱黍[9]，期之克令终。”言毕而战，自旦及暮，斩首万计。弦绝矢尽，播、系不救。左右劝退，处按剑曰：“此是吾效节授命之日，何退之为！且古者良将受命，凿凶门以出[10]，盖有进无退也。今诸军负信，势必不振。我为大臣，以身徇国，不亦可乎！”遂力战而没。追赠平西将军，赐钱百万，葬地一顷，京城地五十亩为第，又赐王家近田五顷。诏曰：“处母年老，加以远人，朕每愍念，给其医药酒米，赐以终年。”

处说：“军队没有后继，一定大败，虽然我身遭灭亡，这并不足惜，只是这将给国家带来耻辱。”司马肜又命令周处进军，于是和振威将军卢播、雍州刺史解系从六陌攻打齐万年。就要开战了，周处的军队还没有吃饭，司马肜一再催促快速前进，同时断绝了他的后援。周处自知必败，吟诗道：“去吧，去吧！世事已经结束。如今，我策马迎战西戎。藜藿比粱黍还甘美，只期望能有个好的结果。”吟完立即投入战斗，从早打到晚，斩敌首数以万计。弦断了，箭射完了，卢播、解系不来援救。左右劝他退走，周处手把剑说：“这是我效忠君王、献出生命的时候，为什么要退走！况且古代良将接受君命，要凿凶门出征，就是表明只有前进，绝不后退。现在各军失信，形势不会好转了。我作为大臣，以身殉国，不是可以么！”于是奋力而战，战死沙场。朝廷追赠周处为平西将军，赐钱百万，葬地一顷，京城土地五十亩作兴建住宅之用，又赐皇室的近处田地五顷。诏书说：“周处母亲年老，加上离京师遥远，我很怜悯惦念，供给她医药酒米，到死为止。”

注释 ① 御史中丞：官名，掌监察工作。 ② 纠劾：举发弹劾。 ③ 氐：古族名，又称西戎。惠帝元康六年(296)，关西一带氐羌万余人起兵反晋，齐万年称帝，驻梁山(在陕西乾县)。 ④ 夏侯骏：时为安西将军。 ⑤ 孙秀：本孙吴宗室，降晋后，为伏波将军。 ⑥ 府君：太守的尊称。 ⑦ 中书令：中书省长官，相当于宰相，任此职者多为文学名士。 ⑧ 殄(tiǎn)：消灭。 ⑨ 藜藿：泛指野菜，贫者所食。藜，似藿而表赤。藿，豆叶。粱黍：指美食。粱，谷子。黍，今俗称黄米，性黏。 ⑩ 凶门：古代将军出征时，开一扇向北的门，由此出发，以示必死的决心，故称凶门。

原文

处著《默语》三十篇及《风土记》，并撰集《吴书》。时潘岳奉诏作《关中诗》曰[①]："周徇师令，身膏齐斧[②]，人之云亡，贞节克举。"又西戎校尉阎缵亦上诗云[③]："周全其节，令问不已。身虽云没，书名良史。"及元帝为晋王[④]，将加处策谥[⑤]，太常贺循议曰[⑥]："处履德清方，才量高出；历守四郡，安人立政；入司百僚，贞节不挠；在戎致身，见危授命。此皆忠贤之茂实，烈士之远节。案谥法执德不回曰孝。"遂以谥焉。有三子：玘、靖、札。靖早卒，玘、札

翻译

周处著有《默语》三十篇及《风土记》，并编集有《吴书》。当时潘岳奉旨作《关中诗》，说："周处服从军令，用身体去抵挡刀斧，人已没世，贞节之名得以发扬。"还有西戎校尉阎缵也向皇帝献诗，诗中咏道："周处保全了气节，美誉流传不止。身体虽然不在人间，但英名永垂青史。"等到元帝在东渡后做晋王时，将要为周处议定谥号，太常贺循建议说："周处躬行道德，为人清平方正，才能和度量突出；先后担任过四郡郡守，安定人民建立政绩；入朝管理百官，贞节不屈；在军队勇于牺牲，见到危险就献出了生命。这都具有忠贞贤良臣子的盛美品德，忠烈之士的杰出节操。查谥法的规定，执德不回就谥为'孝'。"于是就用"孝"作为周处的谥。周处有三个儿子：周玘、周靖和周札。

并知名。	周靖早年去世,周玘、周札都是一时的名士。

注释 ① 潘岳:著名文学家,与陆机同为太康文坛领袖,后被赵王伦杀害。《关中诗》:载《昭明文选》第二十卷。 ② 齐(zī)斧:利斧。 ③ 西戎校尉:掌管少数民族地区的军事长官。 ④ 元帝:司马睿。公元316年西晋灭亡,次年,司马睿建立东晋王朝,318年即位,改元太兴。 ⑤ 策谥:议定谥号,以纪其功。 ⑥ 太常:九卿之一,掌礼乐郊庙社稷事宜。

王 导 传

导读

王导(276—339),辅佐元帝建立东晋政权的名臣,元帝、明帝、成帝三朝宰辅。作为封建社会的政治家,王导的政治生涯是成功的。他最大的特点是简朴寡欲,谦退无争。他施行的治国方针是正确可行的。例如寻求江南土著大姓的合作、重视学校教育、坚持光复中原等,都取得很好的效果。当时朝廷内外关系错综复杂,而王导诚意相待精心处理,既稳固了政权,又保全了自己。王敦和苏峻两次叛乱,使东晋濒临倾覆,王导谨慎为之,终于化险为夷。庾亮权倾中外,野心勃勃,王导从大局出发,克制忍让,保持了两人的共事关系。本篇传记对王导的刻画比较实在、具体、生动,只是评价略高。(选自卷六五)

原文

王导,字茂弘,光禄大夫览之孙也[①]。父裁,镇军司马[②]。导少有风鉴,识量清远。年十四,陈留高士张公见而奇之[③],谓其从兄敦曰[④]:“此儿容貌志气,将相之器也。”初袭祖爵即丘子[⑤],司空刘寔寻引为东阁祭酒[⑥],迁秘书郎、太子舍

翻译

王导,字茂弘,是光禄大夫王览的孙子。父亲王裁,做过镇军将军的司马。王导年少时风度气质出众,识见清澈,度量弘远。十四岁的时候,陈留郡的一位高士张公,看到他以后感到惊奇,对王导的堂兄王敦说:“看这少年的容貌志气,是个做将相的材料。”开始时王导承袭祖父爵位即丘子,司空刘寔不久引荐他担任东阁祭酒,后来又升迁为秘书郎、太子舍人、尚书郎,但他一概没

人、尚书郎[7]，并不行。后参东海王越军事[8]。

有就任。王导后来担任了东海王司马越的参军。

注释 ①光禄大夫：一种加官，魏晋时代多赐给年老致仕的中朝大官及内外在职的卿尹，以示优宠，地位在列卿之上。览：王览，琅邪临沂人，字玄通，封即丘子。②镇军司马：镇军将军的属官。③陈留：郡名，治所在小黄（今开封东）。④敦：王敦，字处仲，王导的堂兄，娶武帝女襄城公主，拜驸马都尉。元帝渡江，王敦与王导同心辅佐。后起兵造反，攻陷都城，入朝自为丞相。明帝太宁二年再反，途中病死。⑤即丘子：王览受封的爵称。⑥司空：晋三公之一。刘寔：字子真，平原高唐人，著有《崇让论》。官至司空、太保、太傅，封侯爵。为官不弃学问，尤精“三传”。东阁祭酒：晋三公的属官，负责接引宾客。⑦秘书郎：秘书省官员。掌管图书经籍。⑧参东海王越军事：即做了东海王越的参军。东海王越，晋宗室，讨杨骏有功，封东海王，是后来八王之乱的祸首之一。

原文

时元帝为琅邪王[1]，与导素相亲善。导知天下已乱，遂倾心推奉，潜有兴复之志。帝亦雅相器重，契同友执。帝之在洛阳也，导每劝令之国。会帝出镇下邳[2]，请导为安东司马[3]，军谋密策，知无不为。及徙镇建康[4]，吴人不附，居月余，士庶莫有至者，导患之。会敦来朝，导谓之曰：“琅邪王

翻译

当时元帝司马睿正做琅邪王，和王导素来关系友善亲密。王导知道天下已乱，于是全心全力侍奉支持元帝，暗中立下兴复国家的志愿。元帝也特别器重王导，二人融洽得如同挚友。元帝在洛阳时，王导常常劝他到自己的封国去。恰巧赶上元帝出京去镇守下邳，就请王导担任自己的司马，军谋密策，王导尽智尽力。等到元帝调转去镇守建康，当地吴人不前来依附，过了一个多月，士人和庶人没有一个来拜访，王导很忧虑。恰逢王敦来朝，王导对他说：

仁德虽厚，而名论犹轻。兄威风已振，宜有以匡济者。”会三月上巳[5]，帝亲观禊[6]，乘肩舆[7]，具威仪，敦、导及诸名胜皆骑从。吴人纪瞻、顾荣[8]，皆江南之望，窃觇之，见其如此，咸惊惧，乃相率拜于道左。导因进计曰：“古之王者，莫不宾礼故老，存问风俗，虚己倾心，以招俊乂[9]。况天下丧乱，九州分裂，大业草创，急于得人者乎！顾荣、贺循[10]，此土之望，未若引之以结人心。二子既至，则无不来矣。”帝乃使导躬造循、荣，二人皆应命而至，由是吴会风靡[11]，百姓归心焉。自此之后，渐相崇奉，君臣之礼始定。

“琅邪王仁德虽然高尚，但是名望还轻。兄长您威风已经远扬，应当对琅邪王有所帮助。”正逢三月上巳节日，元帝亲赴水边观看人们修禊活动，他坐着肩舆，仪表威严庄重，王敦、王导和许多名流都骑马跟在后面。吴人纪瞻、顾荣，都是江南著名的望族，私下里偷看，看到元帝这样威严，全都吃惊害怕，于是一个个跪拜于道路的左边。王导因而献计说：“古代为王的，没有不以宾客之礼对待故老，关怀各地风俗，谦卑虚心，以招揽天下贤士。况且现在天下衰败混乱，中国分裂，您的伟大事业刚刚开始，正是急需人才的时候。顾荣、贺循，是这里众望所归的人物，不如把他们拉到身边来，以拉拢人心。这两个人来了，那就没有不来的了。”元帝于是派王导亲自拜访贺循、顾荣，两人都接受邀请到元帝的府中，由这时起吴地人士纷纷前来，百姓归心于元帝。自此以后，逐渐尊奉元帝，君臣关系开始确定。

注释 ① 元帝：司马睿，东渡前曾被封琅邪王。 ② 下邳：故地在今江苏宿迁。 ③ 安东司马：安东将军的司马。当时司马睿任安东将军。 ④ 建康：吴称“建业”，后为东晋京城，即今南京。 ⑤ 三月上巳：古代的节日，即农历三月上旬的巳日。自魏以后，一般习用三月三日，不必一定是巳日。 ⑥ 禊(xì)：古代风俗，于三月上巳在水边洗濯，袚除不祥。 ⑦ 肩舆：六朝盛行的一种肩扛的代步工具，类似现在的滑竿。⑧纪瞻:东吴大姓,祖父纪亮为吴尚书令。顾荣:东吴大姓,祖父顾雍为吴丞相。⑨俊乂(yì):杰出的人才。⑩贺循:东吴大姓,其父贺邵为吴中书令。⑪吴会:指今江浙一带。

原文

俄而洛京倾覆,中州士女避乱江左者十六七,导劝帝收其贤人君子,与之图事。时荆扬晏安[1],户口殷实,导为政务在清静,每劝帝克己励节,匡主宁邦。于是尤见委杖,情好日隆,朝野倾心,号为"仲父"[2]。帝尝从容谓导曰:"卿,吾之萧何也。"对曰:"昔秦为无道,百姓厌乱,巨猾陵暴,人怀汉德,革命反正,易以为功。自魏氏以来[3],迄于太康之际[4],公卿世族,豪侈相高,政教陵迟,不遵法度,群公卿士,皆餍于安息,遂使奸人乘衅,有亏至道。然否终斯泰[5],天道之常。大王方立命世之勋,一匡九合,管仲、乐毅[6],于是乎在,岂区

翻译

不久,京城洛阳沦陷,中原上层男女大部分来到江南避乱,王导劝元帝选用其中贤人君子,和他们一起谋划大事。这时荆州和扬州社会安定,人口众多,王导治理政事力求清静安民,经常劝导元帝严格约束自己,砥砺节操,辅助君王,安宁国家。于是王导更受元帝重用,两人感情一天比一天深厚,朝野上下都爱慕他,元帝称之为"仲父"。元帝曾轻松地对王导说:"你是我的萧何呀。"王导回答说:"当初秦朝无道,百姓厌恶祸乱,恶棍欺凌压迫百姓,百姓向往汉军的仁德,那时实行革命反正,容易成功。自曹魏到太康之间,公卿和世族竞比豪华奢侈,刑政教化衰落,大家不遵守法度,群公和卿士都满足于安逸,于是让奸人钻了空子,使治国大道受损害。但是,闭塞到了极点就要转向通达,这是天道常规。大王刚立下名闻一代的功勋,将成就匡正天下的事业,管仲、乐毅于是便出现了,这岂是我等普通国臣所能筹划的!愿您深运神思、

区国臣所可拟议！愿深弘神虑，广择良能。顾荣、贺循、纪瞻、周玘[⑦]，皆南土之秀，愿尽优礼，则天下安矣。”帝纳焉。

广泛选拔贤良智能之士，顾荣、贺循、纪瞻、周玘，都是南方的杰出人才，希望能以最优厚的礼仪对待他们，这样天下就定了。”元帝采纳了他的意见。

注释 ① 荆扬：荆州和扬州。荆州主要在今湖南湖北。扬州当今江浙皖赣之地。② 仲父：齐桓公曾尊称管仲为“仲父”，后世帝王有时也以此尊称宰相。 ③ 魏氏：指曹魏政权(220—265)。 ④ 太康：晋武帝司马炎年号(280—289)。 ⑤ 否终斯泰：否发展到极点就是泰。《易》有否卦和泰卦。否，闭塞不通；泰，通达顺畅。⑥ 乐毅：战国时燕国将领，联赵楚韩魏伐齐，攻占七十余城，以功封于昌国，号昌国君。 ⑦ 周玘：周处之子。

原文

永嘉末[①]，迁丹杨太守[②]，加辅国将军。导上笺曰：“昔魏武[③]，达政之主也，荀文若，功臣之最也[④]，封不过亭侯[⑤]；仓舒[⑥]，爱子之宠[⑦]，赠不过别部司马[⑧]。以此格万物，得不局迹乎！今者临郡，不问贤愚豪贱，皆加重号，辄有鼓盖[⑨]，动见相准。时有不得者，或为耻辱。天官混杂[⑩]，朝望颓毁。导忝荷重任，不能崇浚山

翻译

永嘉末年，王导升任丹杨郡太守，加官辅国将军。王导上表奏道：“当年魏武帝是实行开明政治的君主，荀文若是他的第一功臣，不过封个亭侯；曹冲是他最宠爱的儿子，所赠不过是别部司马。用魏武帝的做法作标准，来衡量一下我们对待各种人事的安排，能不收敛谨慎么！如今，做到郡守的，不问才能高低和出身贵贱，一律都加崇高的官号，动不动就有高官的仪仗，而且互相攀比。得不到这种优待的，有的就以为是耻辱。百官的品阶混杂不清，朝廷的威信遭到毁坏。我实不才却身负重任，

海，而开导乱源，饕窃名位[11]，取紊彝典[12]。谨送鼓盖加崇之物，请从导始。庶令雅俗区别，群望无惑。”帝下令曰：“导德重勋高，孤所深倚，诚宜表彰殊礼。而更约己冲心，进思尽诚，以身率众，宜顺其雅志，式允开塞之机[13]。”拜宁远将军，寻加振威将军。愍帝即位[14]，征吏部郎[15]，不拜。

不能给陛下和朝廷增添光彩，反而引发了混乱的发展，窃取名位，乱了国家的常典。赏赐鼓盖这些加崇之物，要谨慎从事，请就从我开始。希望能让雅与俗有所区别，使大家的期望不至于因得不到满足而迷乱困惑。”元帝下令说：“王导德重功高，是我非常倚重的大臣，实在应当用特殊的礼遇表彰他。但他反而更加严于律己，心怀淡泊，所想的是竭尽忠诚，以自身的行动作众人的表率，应当按照他平素的志愿，允许他让我受到启示的请求。”元帝于是拜他为宁远将军，不久又加振威将军。愍帝即位，征召为吏部郎，王导不受。

注释 ① 永嘉：晋怀帝司马炽年号(307—312)。 ② 丹杨：郡名，属扬州，治所在建康。 ③ 魏武：魏武帝曹操。按：曹操生前未即帝位，武帝号是死后他的儿子文帝曹丕追尊的。 ④ 荀文若：荀彧，字文若，曹操的重要谋臣，曹操比之为张良。⑤ 亭侯：食禄限于亭的列侯，地位在县侯、乡侯之下，关内侯之上。荀彧曾封万岁亭侯。亭，古代设于大道边的休息之所，也是行政管理的单位，一般十里设一亭。⑥ 仓舒：指曹冲，字仓舒，曹操的儿子。幼年聪慧，为曹操所宠爱。卒年十三。⑦ 爱子之宠：指曹操可惜幼子夭折一事。 ⑧ 别部司马：东汉时一种官职，其位在军司马之下。 ⑨ 鼓盖：鼓吹与华盖，古代高官的仪仗。 ⑩ 天官：泛指百官。⑪ 饕(tāo)：贪婪。 ⑫ 彝典：常典，指永久性的法则、规矩。 ⑬ 式：语气词。开塞：开通障塞，指王导的一番使自己受到启发的话。 ⑭ 愍帝：西晋最后的一个皇帝司马邺(313—316 年在位)。 ⑮ 吏部郎：吏部官员。

原文

晋国既建，以导为丞相军谘祭酒[①]。桓彝初过江[②]，见朝廷微弱，谓周顗曰[③]："我以中州多故，来此欲求全活，而寡弱如此，将何以济！"忧惧不乐。往见导，极谈世事，还，谓顗曰："向见管夷吾[④]，无复忧矣。"过江人士，每至暇日，相要出新亭饮宴[⑤]。周顗中坐而叹曰："风景不殊，举目有江河之异。"皆相视流涕。惟导愀然变色曰[⑥]："当共勠力王室，克复神州[⑦]，何至作楚囚相对泣邪[⑧]！"众收泪而谢之。俄拜右将军、扬州刺史、监江南诸军事，迁骠骑将军，加散骑常侍、都督中外诸军、领中书监、录尚书事、假节[⑨]，刺史如故。导以敦统六州，固辞中外都督。后坐事除节[⑩]。

翻译

晋国的基业已经重建，王导被任为丞相军谘祭酒。桓彝初过江时，看到朝廷力量微弱，就对周顗说："我因为中原地区动乱，来到这里想能享尽天年，而朝廷如此势单力薄，怎么能成事呢！"他始终忧愁担心。他前去见王导，两人深谈了国家大事，回来后对周顗说："刚才我见到了'管夷吾'，我不再忧愁了。"过江的人士，每逢有空的日子，相约着去新亭饮宴。周顗坐在席间叹气说："风景未变，但举目所望江河已非旧时模样。"大家相视无语，痛哭流涕。只有王导变了脸色，心情沉重地说："我等本当努力效忠朝廷，光复神州，何至于像一群楚囚相对而泣！"众人止哭表示认错。不久，王导担任右将军、扬州刺史、监江南诸军事，又升为骠骑将军，加官散骑常侍、都督中外诸军、领中书监、录尚书事、假节，刺史官照旧。王导因为王敦统管六州，就坚持不接受中外都督一职。后来他因事获罪，免去持节的头衔。

注释 ①丞相军谘祭酒：东晋丞相府和将军开府者的属官，掌管军事事务的其他属官。②桓彝：东晋名臣，元帝时为吏部郎。明帝时，王敦专朝政，桓彝参与讨敦谋议，有功。③周顗：元帝初到江南，用他为军谘祭酒。后官至尚书左仆射。王敦作乱，被杀。④管夷吾：管仲，春秋齐国桓公时名相。⑤新亭：亭名。故址在今江苏江宁南。⑥愀然：忧惧的样子。⑦神州：泛指中国。⑧楚囚：语出《左传》成公九年，本指被俘的楚国人，后泛指被俘的人。⑨都督中外诸军：官名，是东晋最高的军事头衔。中书监：掌机要，事实上的宰相。录尚书事：总领尚书省事务。南北朝时代，凡掌重权的大臣必带录尚书事的名号。假节：借予符节，以示权威，可以决定处决违反军令者。⑩坐事除节：因事获罪，免除了“假节”的资格。

原文

于时军旅不息，学校未修，导上书曰：

夫风化之本在于正人伦[1]，人伦之正存乎设庠序[2]。庠序设，五教明[3]，德礼洽通，彝伦攸叙[4]，而有耻且格，父子兄弟夫妇长幼之序顺，而君臣之义固矣。《易》所谓“正家而天下定”者也。故圣王蒙以养正，少而教之，使化沾肌骨，习以成性，迁善远罪而不自知，行成德立，然后裁之以位。虽王之世子，犹与国子齿[5]，使知道而后贵。其取才用

翻译

当时战事不断，学校教育还没顾上，王导向皇帝上书说：

风俗教化的根本在于端正人伦关系，而人伦关系的端正则在于设立学校。学校设立了，五教光大了，道德礼仪融洽通畅了，天地人的伦常走上轨道，百姓知耻而且能自我约束，父子兄弟夫妇长幼的关系理顺，君臣的关系就牢固了。这就是《易》所说的“家庭管好了天下就安定了”。所以圣王重视启蒙教育，以培养臣子在人生伊始就入正道，从小就教育他，使教化的影响渗透他的全身，反复积累成为天然习性，时时从善远离罪恶，但是自己却不知道，行动有了成就，品德确立了，然后给他合适的地位。即使是王太子，也要和贵

士，咸先本之于学。故《周礼》[6]，卿大夫献贤能之书于王，王拜而受之，所以尊道而贵士也。人知士之贵由道存，则退而修其身以及家，正其家以及乡，学于乡以登朝，反本复始，各求诸己，敦朴之业著，浮伪之竞息，教使然也。故以之事君则忠，用之莅下则仁。孟轲所谓"未有仁而遗其亲，义而后其君者也"[7]。

族公卿的子弟一起按长幼排列，使他懂得治国之道以才能获得高贵的地位。圣王们取才用士，无不先从学校教育抓起。所以《周礼》说，卿大夫向王进献贤能所著的书，王要行了拜礼再接受，这样做是因为尊重道而崇尚士。人们懂得了士的高贵是由于道，就要回去修身正家，管好家和自己的乡里，在家乡学习然后登朝做官，这是返回到根本的办法，每个人都严格要求自己，敦厚朴实的事业被重视了，浮华虚伪的竞争平息了，这都是教育的结果。所以，用这样的人为君做事就能尽忠，用他去治理百姓就能仁爱。孟子所谓"没有为人仁爱却抛弃双亲，为人正义却把君王放到不重要位置的"，讲得最透彻。

注释 ① 人伦：指阶级社会里男女、夫妇、父子、君臣、上下诸关系。 ② 庠序：古代地方所设的学校，后泛指学校。 ③ 五教：即父义、母慈、兄友、弟恭、子孝。 ④ 彝伦：天地人的常道。叙：同"序"。 ⑤ 国子：公卿大夫的子弟。 ⑥《周礼》：原名《周官》，儒家关于西周官制的重要经典。 ⑦ 见《孟子・梁惠王上》。

原文

自顷皇纲失统，颂声不兴，于今将二纪矣[1]。传曰[2]："三年不为礼，礼必坏；三年不为乐，乐必崩。"而况

翻译

自从近世朝廷的政治失控，听不到太平治世的歌颂之声，至今已近二纪了。书传说"三年不推行礼，礼一定败坏；三年不演奏音乐，音乐一定毁掉"，

如此之久乎！先进忘揖让之容[3]，后生惟金鼓是闻[4]，干戈日寻，俎豆不设[5]，先王之道弥远，华伪之俗遂滋，非所以端本靖末之谓也。殿下以命世之资[6]，属阳九之运[7]，礼乐征伐，翼成中兴。诚宜经纶稽古[8]，建明学业，以训后生，渐之教义，使文武之道坠而复兴[9]，俎豆之仪幽而更彰。方今戎虏扇炽[10]，国耻未雪，忠臣义夫所以扼腕拊心。苟礼仪胶固，淳风渐著，则化之所感者深而德之所被者大。使帝典阙而复补，皇纲弛而更张，兽心革面，饕餮检情[11]，揖让而服四夷，缓带而天下从。得乎其道，岂难也哉！故有虞舞干戚而化三苗[12]，鲁僖作泮宫而服淮夷[13]。桓文之霸，皆先教而后战。今若聿遵前典[14]，兴复道教，择朝之子弟并入于学，选明博修礼之士而为之

更何况如此之久呢！年长的忘掉了揖让之礼，年少的只知道战场上厮杀，天天动干戈，但是行礼的器皿却常年不用，先王之道越来越远，而浮华虚伪的风俗越来越盛，这不是端正根本治理具体事务的做法。殿下您凭着著名当世的资望，碰上了天下多难之时，应当靠礼乐征服天下，助成国家再次振兴。的确应当筹划治国、考察古事，建设、昌明教育事业来训导青年，使之循序渐进地接受教育，让文武之道由衰落获得复兴，礼仪之事由衰微变为彰明昭著。如今，北方戎虏气焰很盛，国耻未雪，忠臣义士因此扼腕捶胸，怒不能已。假如礼仪巩固，淳朴之风逐渐发扬，那么，教化的影响就深，道德的影响就大。让国家典章缺失了能补上，法治松弛了也能再抓紧，没有人心的人可以洗心革面，贪残之徒可以收敛私欲，行礼让而四夷来服，施仁义而天下顺从。治国走上正轨，有什么难的！所以，有虞氏用干戚舞而感化三苗，鲁僖公建学宫于是使淮夷人降服。齐桓、晋文的霸业，都是先行教化而后进行战争的。现在，如果能遵循前人的经验，复兴儒家的德教，选择朝中官员的子弟都来入学，再请明哲博学修礼之士做老师，教化见效，良好

师，化成俗定，莫尚于斯。

帝甚纳之。

的风气形成，没有比这再崇高的了。

皇帝很赞许他的意见。

注释 ① 二纪：二十四年。十二年为一纪。 ② 传：这里指《论语》。引文见《阳货篇》。 ③ 揖让：宾主相见的礼仪，这里泛指礼仪。 ④ 这句是说人们忘记了以文德自勉，只想着以战争取胜。金，金钲，军乐器，军中用以止众。鼓，军乐器，用以号令士兵前进。 ⑤ 俎豆：古代礼器。俎，置肉的几。豆，盛干肉一类食物的器皿。 ⑥ 命世：著名于当世，这里指治世之才。 ⑦ 阳九：灾害之年。阳，阳气。九，阳数之极。阳九，表示阳气过亢。古人以为阳气过亢是造成灾害的原因。 ⑧ 经纶：治丝成绪叫经，编丝成绳叫纶。经纶在这里指治理天下。 ⑨ 文武：周文王和周武王的合称。道：治世治国的方法。 ⑩ 扇炽：煽风使火焰炽烈。扇，同“煽”。 ⑪ 饕餮(tāo tiè)：传说中贪吃的恶兽。这里指贪婪残暴的人。 ⑫ 这句是说有虞氏跳武士之舞，感化了三苗。有虞氏，指虞舜。干戚，盾与斧。三苗，古代部族名，原住长江中游以南之地，后西徙。 ⑬ 这句是说鲁僖公兴建泮宫，臣服淮上各族。泮宫，古代诸侯学官。淮夷，指居住在淮、泗一带的非华夏族。 ⑭ 聿：语气词。

原文

及帝登尊号[①]，百官陪列，命导升御床共坐。导固辞，至于三四，曰：“若太阳下同万物，苍生何由仰照！”帝乃止。进骠骑大将军、仪同三司[②]。以讨华轶功[③]，封武冈侯。进位侍中、司空、假节、录尚书[④]，领中书监。会太山太守徐龛反[⑤]，帝访可以镇抚河南者，导举

翻译

等到元帝当上皇帝，百官并列站在那里，唯独让王导上御床与他共坐。王导坚决推辞了三四次，说：“如果太阳降下与万物同位，那苍生还靠什么照耀！”元帝这才作罢。王导升任骠骑大将军，仪同三司。由于讨华轶之功，封武冈侯。又升任侍中、司空、假节、录尚书，兼领中书监。赶上太山太守徐龛反叛，元帝询问谁可镇抚河南之地，王导举荐太子左卫率羊鉴。不久羊鉴打了败仗，

太子左卫率羊鉴[⑥]。既而鉴败，抵罪。导上疏曰："徐龛叛戾，久稽天诛，臣创议征讨，调举羊鉴。鉴暗懦覆师，有司极法。圣恩降天地之施，全其首领。然臣受重任，总录机衡[⑦]，使三军挫衄[⑧]，臣之责也。乞自贬黜，以穆朝伦[⑨]。"诏不许。寻代贺循领太子太傅[⑩]。时中兴草创，未置史官，导始启立，于是典籍颇具。时孝怀太子为胡所害[⑪]，始奉讳，有司奏天子三朝举哀，群臣一哭而已。导以为皇太子副贰宸极[⑫]，普天有情，宜同三朝之哀。从之。及刘隗用事[⑬]，导渐见疏远，任真推分，澹如也[⑭]。有识咸称导善处兴废焉。

朝廷依法判他有罪。王导上疏说："徐龛反叛，拖延很久未及诛讨，我倡议发兵征讨，并推举羊鉴率兵。羊鉴昏庸懦弱无能，使军队覆没，有关部门治他死罪，皇上降天地之大恩，保全了他的性命。可是我身受重任，总管朝中机要，竟使三军遭受挫败，这是我的责任。我请求自行贬黜，以严肃朝廷规矩。"元帝下诏不同意。不久王导取代贺循兼领太子太傅。当时国家正值中兴，一切工作刚刚开始，没有设置史官，王导着手建立，于是各种典籍稍具规模。这时孝怀太子被胡人杀害。开始办理丧事时，有关部门启奏，天子应哀悼三天，群臣只是按礼哭一次而已。王导认为皇太子是皇帝的副手，普天之下有情于他，大臣们应当与皇帝一起哀悼三天。元帝同意了。等到刘隗当权，王导逐渐被疏远，但他听其自然，随遇而安，看得很淡。有识之士都称道王导善于对待顺境和逆境。

注释 ① 登尊号：指做了皇帝。 ② 骠骑大将军：魏晋在大将军之上冠以称号，"骠骑"即其中之一。仪同三司：原指非三公而给予与三公同等的待遇。魏晋以后指将军开府置僚属。 ③ 华轶：魏太尉华歆之曾孙。晋永嘉中，历官江州刺史。东晋初年，不从朝命，元帝派王敦、周访等讨之，轶兵败，被杀。 ④ 侍中：官名，侍从皇帝左右，出入宫廷，应对顾问。 ⑤ 徐龛：叛将，叛附无常。此次叛乱在元帝太兴二年(319)夏四月。⑥ 卫率:太子属官名,主管守卫。⑦ 机衡:本指北斗星,这里比喻国家政权的枢要机关。⑧ 挫衄(nǜ):挫折,失败。⑨ 穆:肃穆,整肃。⑩ 太子太傅:辅导太子读书学习的官。晋代多由中朝大官兼领。⑪ 孝怀太子:司马铨,晋怀帝之子,太兴三年为刘曜所杀。⑫ 宸极:北极星。喻指帝位。⑬ 刘隗:元帝宠臣,后逃奔石勒。⑭ 澹如:恬静寡欲的样子。澹,同“淡”。

原文

王敦之反也,刘隗劝帝悉诛王氏,论者为之危心。导率群从昆弟子侄二十余人,每旦诣台待罪。帝以导忠节有素,特还朝服,召见之。导稽首谢曰:“逆臣贼子,何世无之,岂意今者近出臣族!”帝跣而执之曰:“茂弘,方托百里之命于卿,是何言邪!”乃诏曰:“导以大义灭亲,可以吾为安东时节假之。”及敦得志,加导守尚书令。初,西都覆没[①],海内思主,群臣及四方并劝进于帝。时王氏强盛,有专天下之心,敦惮帝贤明,欲更议所立,导固争乃止。及此役也,敦谓导曰:“不从吾

翻译

王敦反叛时,刘隗劝元帝把王氏家族都杀掉,论者为王导担心。王导率领本族兄弟子侄二十余人,每天早晨去朝廷等候判罪。皇帝因为王导一直忠诚,特意送还他朝服,召见他。王导叩头谢罪说:“逆臣贼子,哪个时代没有,万没料到如今竟出在臣的家族!”元帝未及提鞋就急着上前握住他的手说:“茂弘,我刚刚封你为侯,你这讲的是什么话呀!”于是下诏说:“王导大义灭亲,可以把我任安东将军时用的符节借给他。”等到王敦垄断朝政,又给王导加上暂时担任尚书令的职务。当初,长安失守,全国都希望确立新帝,群臣和各地一致劝元帝即位。那时王氏家族势力很大,有专擅全国大权之心,王敦怕元帝贤明,想再商议立别人做皇帝,由于王导坚决反对没有进行。等到发生这场变乱,王敦对王导说:“当初你不听我话,几乎招致全族被杀。”但是王导还是坚持正当的

言，几致覆族。”导犹执正议，敦无以能夺。

意见，王敦无法改变他的想法。

注释 ① 西都覆没：指西晋政权灭亡。西都即长安。建兴四年(316)愍帝向刘曜投降，不久被刘曜所杀。

原文

自汉魏已来，赐谥多由封爵，虽位通德重，先无爵者，例不加谥。导乃上疏，称“武官有爵必谥，卿校常伯无爵不谥，甚失制度之本意也”。从之。自后公卿无爵而谥，导所议也。

初，帝爱琅邪王裒[①]，将有夺嫡之议，以问导。导曰：“夫立子以长，且绍又贤[②]，不宜改革。”帝犹疑之。导日夕陈谏，故太子卒定。

翻译

自汉魏以来，死后赐谥多依据封爵，虽然官高德重，生前没封爵的，死后照例不给谥号。王导于是上疏，说：“武官有爵一定赐给谥号，一般文武官员没有爵位就不给谥号，很不符合死后加谥制度的本意。”元帝同意了。从这以后，公卿无爵也加谥，是由于王导的建议。

当初，元帝喜爱琅邪王司马裒，要提出废掉嫡长子司马绍另立司马裒的议题，向王导征询对这件事的意见。王导说：“立太子是根据他年长，况且司马绍又很贤能，不宜改变。”元帝还是主意不定。王导每天早晚不断劝谏，太子终于确定了下来。

注释 ① 琅邪王裒：元帝子，与明帝同母所生。 ② 绍：即明帝司马绍，元帝长子，继元帝而立，在位三年(323—325)。

原文

及明帝即位，导受遗诏辅政，解扬州，迁司徒，一依

翻译

等到明帝即位，王导受元帝遗诏主持朝政，解除扬州刺史的职务，升任司

陈群辅魏故事[①]。王敦又举兵内向。时敦始寝疾，导便率子弟发哀，众闻，谓敦死，咸有奋志。及帝伐敦，假导节，都督诸军，领扬州刺史。敦平，进封始兴郡公，邑三千户，赐绢九千匹，进位太保[②]，司徒如故。剑履上殿[③]，入朝不趋，赞拜不名[④]。固让。帝崩，导复与庾亮等同受遗诏[⑤]，共辅幼主，是为成帝[⑥]。加羽葆鼓吹[⑦]，班剑二十人[⑧]。及石勒侵阜陵[⑨]，诏加导大司马、假黄钺，出讨之。军次江宁[⑩]，帝亲饯于郊。俄而贼退，解大司马。

徒，完全依照陈群辅佐魏朝的旧例。王敦又准备发兵对朝廷动武。这时王敦开始卧病在床，王导便率领本家子弟举办丧事，大家听说后，以为王敦死了，就都振奋起来。及至明帝讨伐王敦，让王导假节，都督诸军，兼扬州刺史。王敦之乱平定后，王导又进封始兴郡公，食邑三千户，赐绢九千匹，进位太保，司徒照旧不变。准他上殿时佩剑着履，入朝不疾行，礼官赞拜时不称王导之名。王导固辞不受。明帝死时，王导又和庾亮等一同接受遗诏，共同辅佐幼主，这就是成帝。成帝加赠王导羽葆鼓吹，班剑二十人。到石勒侵犯阜陵时，又下诏加任王导为大司马，让他手持黄钺，出兵征讨。军队驻扎江宁，皇帝亲自在郊外为他饯行。不久石勒兵退，王导解除大司马职务。

注释 ① 陈群：曹魏顾命大臣。曹操辟为司空掾。曹丕代汉自立后，迁镇国大将军，录尚书事。文帝死，受遗诏，辅明帝。 ② 太保：晋以太宰、太傅、太保为上公，位在三公之上，多为大官加御，以示恩宠而无实权。 ③ 剑履上殿：封建帝王赐给亲信大臣的一种特殊待遇，受赐者可以佩剑着履登殿见皇帝。 ④ 赞拜：臣子拜见君王，司仪宣呼的仪式。 ⑤ 庾亮：历仕东晋元、明、成三朝。成帝初，庾亮以帝舅为中书令，掌握朝政。 ⑥ 成帝：司马衍，在位十六年(326—342)。 ⑦ 羽葆：古代车上以鸟羽连缀为饰的华盖。 ⑧ 班剑：饰有花纹的木剑。班，同“斑”。晋代朝臣佩带班剑。 ⑨ 石勒：十六国后赵的创建者，羯族。一度统一北方大部分地区。阜陵:县名,属淮南郡,故城在今安徽全椒县。 ⑩ 江宁:县名,属丹阳郡,故城在今南京西南。

原文

庾亮将征苏峻[1],访之于导。导曰:"峻猜险,必不奉诏。且山薮藏疾,宜包容之。"固争不从。亮遂召峻。既而难作,六军败绩,导入宫侍帝。峻以导德望,不敢加害,犹以本官居己之右。峻又逼乘舆幸石头[2],导争之不得。峻日来帝前肆丑言,导深惧有不测之祸。时路永、匡术、贾宁并说峻,令杀导,尽诛大臣,更树腹心。峻敬导,不纳,故永等贰于峻。导使参军袁耽潜讽诱永等[3],谋奉帝出奔义军。而峻卫御甚严,事遂不果。导乃携二子随永奔于白石[4]。

翻译

庾亮将要征召苏峻入朝,征求王导意见。王导说:"苏峻猜疑阴险,一定不会接受诏旨。况且荒远之地可以安排像苏峻这样的人,让他继续留任。"虽经力争,庾亮还是不听,庾亮于是召苏峻进朝。不久苏峻进攻朝廷的危难发生,朝廷军队惨败,王导进宫侍奉皇帝。苏峻因为王导德高望重,不敢加害,还让王导以原官在自己之上。苏峻又逼迫成帝去石头城。王导与他争论也没能奏效。苏峻每天在成帝跟前放肆地乱说丑话,王导深恐发生意想不到的灾祸。当时路永、匡术、贾宁一齐劝苏峻杀掉王导,把朝臣也都杀掉,全用自己的心腹。苏峻尊敬王导,没有接受他们的话,所以路永等人对苏峻有了二心。王导派参军袁耽暗地里劝诱路永等人,谋划保护皇帝出奔到讨伐苏峻的义军中去。可是苏峻防守甚严,未能实现。王导于是带两个儿子随路永逃奔到白石。

注释 ① 苏峻:原历阳内史,拥锐兵万人。咸和二年(327),举兵反,三月攻入建康,迁帝于石头。九月为陶侃、温峤等击败而死。 ② 石头:城名,亦名石首城、石城。为攻守金陵必争之地。故址在今南京清凉山。 ③ 参军：晋代军府和王国所置官员。 ④ 白石：东晋建康附近滨江要地。相传陶侃讨苏峻在此筑白石垒，后人又在此筑白下城。故址在今南京金川门外。

原文

及贼平，宗庙宫室并为灰烬，温峤议迁都豫章[1]，三吴之豪请都会稽[2]，二论纷纭，未有所适。导曰："建康，古之金陵，旧为帝里，又孙仲谋、刘玄德俱言王者之宅[3]。古之帝王不必以丰俭移都，苟弘卫文大帛之冠[4]，则无往不可。若不绩其麻，则乐土为虚矣。且北寇游魂，伺我之隙，一旦示弱，窜于蛮越[5]，求之望实，惧非良计。今特宜镇之以静，群情自安。"由是峤等谋并不行。

翻译

等到苏峻之乱平定以后，宗庙宫室已全部化作灰烬，温峤倡议迁都到豫章，而三吴的豪门大族则请以会稽为国都，两种意见争来争去，没有定论。王导说："建康，是古代的金陵，过去就是帝都，孙权、刘备也都讲这里是王者居住之地。古代帝王不一定根据一时条件的好坏迁都，倘能弘扬卫文公那种大帛之冠的精神，那么在哪里都可以。如果不知像卫文公那样埋头苦干，就是乐土也要变为废墟了。况且北方的敌人像游魂一般，正想钻我们的空子，一旦我们暴露了弱点，流窜到蛮越之地，还想实现希望，我担心这并不是良计。如今要特别注意镇之以静，这样才能做到群情自安。"因此温峤等人的迁都意见都未实行。

注释 ① 豫章：郡名，属扬州。故治在今江西南昌。 ② 三吴：指吴兴、吴郡和会稽三地（据《水经注》四十"浙江水"）。会稽：郡名，故址当今浙江绍兴。 ③ 孙仲谋：三国吴主孙权，字仲谋。刘玄德：三国蜀主刘备，字玄德。 ④ 这句是说要有发愤图强、艰苦奋斗的精神，像古代的卫文公那样。据《左传》闵公二年载，卫国遭狄乱，齐桓公率诸侯伐狄，封卫于楚丘，立文公为卫君。卫文公服大布之衣，大帛之冠，务材训农，通商惠工，敬教劝学，国力得以增强。大帛，古书中又称“大白”，即白布。⑤ 蛮越：指南方。蛮，古时对南方少数民族的泛称。越，族名，古时江浙粤闽为越人所居，谓之百越。

原文

导善于因事，虽无日用之益，而岁计有余。时帑藏空竭[①]，库中惟有练数千端[②]，鬻之不售，而国用不给。导患之，乃与朝贤俱制练布单衣，于是士人翕然竞服之[③]，练遂踊贵[④]。乃令主者出卖，端至一金。其为时所慕如此。

翻译

王导善于顺着事态办事，虽然收入没有增加，可是一年下来总有余裕。当时国家金帛储备空虚，库里只有几千端练，卖不出去，而开支却供给不上。王导很犯愁，就和朝中名臣一齐缝制练布单衣穿上，于是士人们争着仿效，练价因而变得昂贵。王导于是命令主管官员出卖，一端练价竟高到了一金。王导为人们所仰慕到了这个地步。

注释 ① 帑藏：国库。 ② 練(shū)：粗丝织成的布。端：古布帛长度名，布以六丈为一端。 ③ 翕(xī)然：聚合、趋赴的样子。 ④ 踊贵：物价上涨。春秋时期，齐景公滥用酷刑，受刖(yuè)刑者多，踊价上涨。踊，刖足者之屦。刖，断足。

原文

六年冬，蒸[①]，诏归胙于导[②]，曰：“无下拜。”导辞疾不敢当。初，帝幼冲[③]，见导，每拜，又尝与导书手诏，则云“惶恐言”，中书作诏[④]，

翻译

咸和六年(331)冬，天子举行烝祭，诏令赠祭肉给王导，告诉他：“不要下拜。”王导以病为借口表示不敢接受。当初，成帝年幼，见到王导每每下拜，又曾经给王导亲笔诏书，其中说“我惶恐地

则曰“敬问”，于是以为定制。自后元正，导入，帝犹为之兴焉。

说”，中书代成帝给王导写诏书时就说“敬问”，以后就成了定制。从这以后每逢元旦王导入宫朝拜，成帝还为他起身。

注释 ① 蒸：同“烝”，天子冬祭。 ② 归：同“馈”，馈赠。胙：祭肉。 ③ 幼冲：年幼之时。 ④ 中书：中书省。

原文

时大旱，导上疏逊位。诏曰：“夫圣王御世，动合至道，运无不周，故能人伦攸叙，万物获宜。朕荷祖宗之重，托于王公之上，不能仰陶玄风[①]，俯洽宇宙，亢阳逾时[②]，兆庶胥怨[③]，邦之不臧[④]，惟予一人[⑤]。公体道明哲，弘犹深远，勋格四海，翼亮三世[⑥]，国典之不坠，实仲山甫补之[⑦]。而猥崇谦光[⑧]，引咎克让，元首之愆，寄责宰辅[⑨]，只增其阙[⑩]。博综万机，不可一日有旷。公宜遗履谦之近节，遵经国之远略。门下速遣侍中以下敦喻。”导固让。诏累逼之，然后视事。

翻译

当时遇上大旱，王导上疏请求解除职务。成帝下诏说：“圣明的君王统治天下，做事合于最高的道，行动没有任何缺失，所以伦常有序，万物各得其宜。我承担着继承祖业之重任，位在王公大臣之上，我对上不能陶冶玄风，对下不能和洽宇宙，致使阳气太过，万民皆怨，国家不宁，责任全在我。您懂得道并且明智，弘大深远，功勋达于四海，辅翼光大三朝，国家纲纪保持至今，实在是您这‘仲山甫’匡救的结果。您反而非常谦虚，将罪责归己，功劳让人，把君主的过错加到宰相头上，这只能增加我的过失。宰相总理国家一切事务，不可一日没有宰相。您应当放下谨慎谦恭的小节，考虑治国经邦的大事。门下省迅速派遣侍中传达我这勉励的谕旨。”王导坚持推让。诏书多次逼令他，他之后才又管事。

注释 ① 玄风：玄远之风，指大自然的变化。 ② 亢阳逾时：久旱不雨。亢阳，阳气极盛。 ③ 兆庶：万民。 ④ 臧：善。 ⑤ 予一人：帝王自称。 ⑥ 三世：指元帝、明帝和成帝在位期间。 ⑦ 仲山甫：西周宣王卿士，这里借指王导。《诗经》："衮职有缺，惟仲山甫补之。" ⑧ 猥：副词，表示谦卑。谦光：因谦让而愈有光辉，后用以形容谦让有礼的风度。 ⑨ 宰辅：皇帝的辅政大臣，一般指宰相或三公。 ⑩ 阙：过失。

原文

导简素寡欲，仓无储谷，衣不重帛。帝知之，给布万匹，以供私费。导有羸疾[1]，不堪朝会，帝幸其府，纵酒作乐，后令舆车入殿，其见敬如此。

翻译

王导生活简朴，没有什么追求，家中仓里没有存粮，穿衣服也从不讲究。成帝知道了，给他一万匹布，供他家中使用。王导有风湿病，承受不了朝会的劳累，成帝便亲自到他家去，饮酒作乐，后来允许他乘坐小轿上殿，他就是这样受尊重。

注释 ① 羸疾：风痺一类的病。

原文

石季龙掠骑至历阳[1]，导请出讨之。加大司马、假黄钺、中外诸军事[2]，置左右长史、司马，给布万匹。俄而贼退，解大司马，复转中外大都督，进位太傅，又拜丞相，依汉制罢司徒官以并

翻译

石季龙的骑兵侵犯历阳，王导请求带兵出讨。加官大司马、假黄钺、都督中外诸军事，为他设置左右长史、司马，供给布帛万匹。不久敌人退走，王导就解除了大司马职，又一次转任中外大都督，进位太傅，又拜官丞相，依照汉朝的官制，撤掉司徒官职和丞相合并。成帝的册封诏书说："我早年丧父，登上帝

之[3]。册曰[4]："朕夙罹不造，肆陟帝位，未堪多难，祸乱旁兴。公文贯九功[5]，武经七德[6]，外缉四海，内齐八政[7]，天地以平，人神以和。业同伊尹[8]，道隆姬旦[9]。仰思唐虞[10]，登庸隽乂[11]，申命群官，允厘庶绩[12]。朕思凭高谟[13]，弘济远猷[14]，维稽古建尔于上公，永为晋辅。往践厥职，敬敷道训，以亮天工[15]。不亦休哉！公其戒之！"

位，还不能承担国家的众多灾难，天下的祸乱此起彼伏。您文事能贯彻'九功'，武事厉行'七德'，对外能团结天下之人，对内能使'八政'和协，天地因此而无灾害，人神因此而和睦。您的功勋同伊尹一样大，道高能比周公。您仰思尧舜，起用贤德，向群官讲明皇命，各方面事务都取得了成功。我要依赖您高深的谋略，以助成未来的计划，参照古代的惯例，立您为上公，永远做大晋的辅弼。请您就任上公之职，恭谨地宣传礼义的思想，以显示上天的恩惠。真是太好了！您一定要注意啊！"

注释　① 石季龙：石勒的侄子，石勒死后夺得皇位。历阳：郡名，在今安徽和县境内。 ② 中外诸军事：据校本"中外诸军事"上当有"都督"二字。 ③ 这句的意思是设丞相时就撤去司徒职，使二职合并。 ④ 册：册书。凡立皇后、太子和封王、尊贤、委任高官等，都用册书。 ⑤ 九功：六府三事之功。六府是水、火、金、木、土、谷，三事是正身之德、利民之用、厚民之生。 ⑥ 七德：依据《左传·宣公十二年》记载，禁暴、戢兵、保大、定功、安民、和众、丰财是武七德。 ⑦ 八政：古代国家施政的八个方面。众说不一。《尚书·洪范》以食、货、祀、司空、司徒、司寇、宾、师为八政。 ⑧ 伊尹：商代名相，佐汤伐夏，被尊为阿衡（宰相）。 ⑨ 姬旦：周公旦（姬是姓），文王子，武王弟，辅佐成王治理天下，是古代著名的辅弼之臣。 ⑩ 唐虞：陶唐氏（尧）和有虞氏（舜）。 ⑪ 隽：同"俊"。 ⑫ 允厘庶绩：管理各种事务，都取得显著的成就。语本《尚书·尧典》："允厘百工，庶绩咸熙。"允，诚，真。厘，分，治理。庶，众多。 ⑬ 谟：同"谋"。 ⑭ 猷：谋划。 ⑮ 天工：天的职能。

原文

是岁，妻曹氏卒，赠金章紫绶[①]。初，曹氏性妒，导甚惮之，乃密营别馆，以处众妾。曹氏知，将往焉。导恐妾被辱，遽令命驾，犹恐迟之，以所执麈尾柄驱牛而进。司徒蔡谟闻之[②]，戏导曰："朝廷欲加公九锡[③]。"导弗之觉，但谦退而已。谟曰："不闻余物，惟有短辕犊车，长柄麈尾。"导大怒，谓人曰："吾往与群贤共游洛中，何曾闻有蔡克儿也[④]。"

翻译

这一年，王导妻曹氏死了，朝廷赠她金章紫绶。起初，曹氏生性嫉妒，王导很怕她，就秘密地另建住宅，用来安置众妾。曹氏知道了，要到那里去。王导怕众妾们受辱，就急令驾车，还怕慢，就用手里的麈尾柄赶牛快走。司徒蔡谟闻知此事，跟王导开玩笑说："朝廷要给你加九锡之礼。"王导没觉察话中有意，只是客气一番。蔡谟说："没听说有别的东西，只有短辕的牛车，长柄的麈尾。"王导大怒，对别人说："我过去与众位贤者一起游洛阳时，何曾听说有个蔡克的儿子呢!"

注释 ① 金章紫绶：金章，金印。紫绶，系于印柄的紫色丝带。在封建社会里，大小官员的印章、服色及其他各种佩饰均有严格区别。金章紫绶最为高贵。 ② 蔡谟：朝臣。元帝为相时，曾为属官，平苏峻有功。 ③ 九锡：传说古代帝王尊礼大臣所赐与的九种器物。 ④ 蔡克：蔡谟之父。

原文

于时庾亮以望重地逼，出镇于外。南蛮校尉陶称间说亮当举兵内向[①]，或劝导密为之防。导曰："吾与元规休戚是同，悠悠之谈[②]，

翻译

这时，庾亮由于威望太重，地位形成威胁，正在外镇守地方。南蛮校尉陶称乘机劝说庾亮，让他举兵向朝廷移动，有人劝王导暗作防备。王导说："我和庾亮休戚与共，这些没有根据的闲

宜绝智者之口。则如君言，元规若来，吾便角巾还第[3]，复何惧哉!”又与称书，以为庾公帝之元舅，宜善事之。于是谗间遂息。时亮虽居外镇，而执朝廷之权，既据上流，拥强兵，趣向者多归之。导内不能平，常遇西风尘起[4]，举扇自蔽，徐曰:“元规尘污人。”

话，聪明人应当绝口不谈。即使像您所说的那样，庾亮如果率兵入朝，我就带上角巾回家，又有什么可怕呢!”王导又给陶称写信，说庾亮是当今皇帝的大舅，应当好好侍奉他。于是一场谗言和离间才告平息。这时，庾亮虽然身居外镇，而实际上执掌着朝廷的实权，他既然占着主宰朝政的地位，手握强兵，于是趋炎附势之徒多归属其门下。王导心里不能平静，有一次遇到西风刮起尘土，他举起扇子遮住自己，慢慢地说道:“庾亮那边来的尘土把人弄脏了。”

注释 ① 校尉:武官，职位低于将军。 ② 悠悠:荒谬。 ③ 角巾:方巾，未做官者所戴。 ④ 常:同“尝”，曾经。

原文

自汉魏以来，群臣不拜山陵[1]。导以元帝眷同布衣[2]，匪惟君臣而已，每一崇进，皆就拜，不胜哀戚。由是诏百官拜陵，自导始也。

翻译

自汉魏以来，群臣不朝拜已故皇帝的陵墓。王导因为元帝对他的照顾关怀有如布衣之交，不仅是君臣关系而已，每次官位晋升，都要到元帝陵去朝拜，极为悲痛。由这时起皇帝命令百官拜陵，这件事是从王导开始的。

注释 ① 山陵:指帝王陵墓。 ② 眷:关心照顾。

原文

咸康五年薨[①]，时年六十四。帝举哀于朝堂三日，遣大鸿胪持节监护丧事[②]，赗襚之礼[③]，一依汉博陆侯及安平献王故事[④]。及葬，给九游辒辌车、黄屋左纛、前后羽葆鼓吹、武贲班剑百人[⑤]，中兴名臣莫与为比。册曰："盖高位以酬明德，厚爵以答懋勋；至乎阖棺标迹，莫尚号谥，风流百代，于是乎在。惟公迈达冲虚[⑥]，玄鉴劭邈[⑦]；夷淡以约其心，体仁以流其惠；栖迟务外，则名隽中夏，应期濯缨[⑧]，则潜算独运。昔我中宗、肃祖之基中兴也[⑨]，下帷委诚而策定江左，拱己宅心而庶绩咸熙[⑩]。故能威之所振，寇虐改心，化之所鼓，梼杌易质[⑪]；调阴阳之和，通彝伦之纪；辽陇承风[⑫]，丹穴景附[⑬]。隆高世之功，复宣武之绩[⑭]，旧物不失[⑮]，公协其

翻译

王导在咸康五年(339)去世，时年六十四岁。成帝在朝堂哀悼三日，派大鸿胪手持符节监护丧事，赠死者车马衣物之礼，规格完全按照汉朝博陆侯霍光和本朝安平献王司马孚的旧例。等到下葬时，赐给九游辒辌车、黄屋左纛、前后羽葆鼓吹、虎贲班剑一百人，中兴以来的名臣所受的殊荣，没有能和王导相比的。成帝的册书说："高位用以酬答高尚的品德，崇高的爵位用以报答巨大的功勋；到了盖棺论定指出一生的功业，谥号最重要，人能流芳百世，就在谥号上。王导胸怀宽广谦逊，心如明镜，见识高远；平和恬淡，约束己心，仁爱宽厚，流布世人；淹留于仕途之外，则名俊中国，应期献身，志守高洁，则妙算独运。昔日，我中宗、肃祖奠定中兴大业的基础，您专心指教，委诚求当，从而策定了江左的局面，您尽责尽力，使各项事业取得成就。所以能振之以威，贼寇为之改心，施之以教化，暴徒为之易质；调和阴阳二气，融洽天地人之常道；北地辽陇，承风而顺；南疆丹穴，影从而附。发扬高世之功，复兴宣、武之绩，使先代的旧物不失，您是参与谋划的。至于担承先帝顾命之托，保护我这个幼

猷。若乃荷负顾命[16]，保朕冲人，遭遇艰圮，夷险委顺；拯其沦坠而济之以道，扶其颠倾而弘之以仁，经纬三朝而蕴道弥旷[17]。方赖高谟，以穆四海，昊天不吊[18]，奄忽薨殂[19]，朕用震恸于心。虽有殷之殒保衡[20]，有周之丧二南[21]，曷谕兹怀！今遣使持节、谒者仆射任瞻锡谥曰文献[22]，祠以太牢[23]，魂而有灵，嘉兹荣宠！”

童，遭遇艰厄，您总能化险为夷，转逆为顺；拯救沦坠而以道济之，扶起颠倾而以仁解决问题，经纬三朝而蕴积的治国之德更加宽阔。正要依靠您高明的谋略，以平静四海，上天不善，使您忽然去世，我以此心中大感震惊悲痛。虽殷之失去保衡，周之丧失二南，何能表达我此刻的哀情！现在派遣使持节、谒者仆射任瞻赐谥‘文献’，祭祀用太牢，如果您在天之魂有灵的话，一定为获此荣宠而高兴！”

注释 ① 咸康：成帝司马衍年号。 ② 大鸿胪：九卿之一，在晋代为赞襄礼仪的官。 ③ 赗襚（fèng suì）：向丧家赠送丧具衣物。 ④ 博陆侯：西汉霍去病之弟霍光。历事武、昭、宣三朝，死时丧事隆重，皇帝、皇太后亲临。安平献王：司马懿之弟司马孚，事魏文帝、明帝及晋武帝数朝，终年九十三岁，死时葬事隆重。 ⑤ 九游辒辌车：丧车。九游，旗名，天子之旗。辒辌车，本为卧车，有窗，闭之则温，开之则凉，故名辒辌车。后用以称丧车。黄屋：指帝王的车盖，以黄缯为盖里。纛（dào）：旗，古代帝王乘舆的装饰物，设在车衡的左边。羽葆：仪仗之名，以鸟羽为饰。鼓吹：指仪仗乐队。武贲：虎贲，指勇士。唐人避太祖李虎讳，改“虎”为“武”。 ⑥ 冲虚：冲淡虚静，无所拘系。 ⑦ 玄鉴：玄镜，喻高超的见解。 ⑧ 应期：顺应天运，指王导出任朝臣。濯缨：洗涤冠缨，比喻超脱尘俗，操守高洁。 ⑨ 中宗、肃祖：元帝司马睿和明帝司马绍。 ⑩ 宅心：居心，存心。 ⑪ 梼杌：传说远古时的凶人。 ⑫ 辽陇：辽东和陇右，喻边远之地。 ⑬ 丹穴：古人心目中的南方极远之地。 ⑭ 宣武：宣帝司马懿和武帝司马炎。 ⑮ 旧物：指先代的典章制度。 ⑯ 顾命：本《尚书》篇名，这里指天子遗诏。 ⑰ 经纬：规划治理。 ⑱ 昊：元气博大的样子。 ⑲ 奄忽：迅疾，倏忽。⑳ 保衡：商代名相伊尹的尊称。㉑ 二南：指周、召二公。周成王时，周公和召公共同辅政。㉒ 谒者仆射：掌朝觐宾飨及奉诏出使。㉓ 太牢：牛、羊、豕三牲齐备为太牢。

原文

二弟：颖、敞，少与导俱知名，时人以颖方温太真[①]，以敞比邓伯道[②]，并早卒。导六子：悦、恬、洽、协、劭、荟。

翻译

王导有两个弟弟：王颖、王敞，年轻时和王导都是知名的，当时人把王颖比为温太真，把王敞比为邓伯道，两人都早死。王导有六子：王悦、王恬、王洽、王协、王劭、王荟。

注释 ① 方：比。温太真：温峤。② 邓伯道：邓攸，以忠孝节义为人称道。

葛 洪 传

导读

葛洪(283—363),字稚川,丹阳句容人,是出身江东名门的士族知识分子。父祖两代在东吴朝廷历任要职,西晋时家境渐衰,年幼丧父,生活艰难。他刻苦好学,广览群书。成年以后,从从祖葛玄的弟子郑隐学炼丹秘术,又兼学道术与医术。西晋末年曾从军当过将兵都尉,因功迁伏波将军。八王之乱时,归还乡里,不应征辟,专心著述。东晋时,因王导引荐当过州主簿、司徒掾、谘议参军。最后以年老为由弃官南赴广州,居罗浮山炼丹和撰述,终年八十一岁。他的主要著作是《抱朴子》内篇、外篇。葛洪是在魏晋时代特殊的社会文化环境下成长起来的特殊类型的思想家。他的整个思想是儒、道、法、玄的综合体。他一方面追求个人的解脱超俗,长生成仙;一方面又不忘治国安邦,医时救世。思想上道儒兼容而以道为本、以儒为末,政治上则崇尚法治,以德辅刑,反对儒家尊崇周公及孔子的复古倒退主张。

这篇传记简明扼要地记述了葛洪的生平。欲进一步了解他的思想,请参阅《抱朴子》。(选自卷七二)

原文

葛洪,字稚川,丹杨句容人也[①]。祖系,吴大鸿胪。父悌,吴平后入晋,为邵陵太守[②]。洪少好学,家贫,躬

翻译

葛洪,字稚川,丹杨句容人。祖父葛系,是吴国的大鸿胪。父亲葛悌,吴国灭亡以后归入晋朝,任邵陵太守。葛洪年少时就好学,由于家境贫寒,亲自

自伐薪以贸纸笔，夜辄写书诵习，遂以儒学知名。性寡欲，无所爱玩[③]，不知棋局几道[④]，摴蒱齿名[⑤]。为人木讷[⑥]，不好荣利，闭门却扫，未尝交游。于余杭山见何幼道、郭文举[⑦]，目击而已，各无所言。时或寻书问义，不远数千里崎岖冒涉，期于必得。遂究览典籍，尤好神仙导养之法。从祖玄，吴时学道得仙，号曰葛仙公，以其炼丹秘术授弟子郑隐。洪就隐学，悉得其法焉。后师事南海太守上党鲍玄[⑧]。玄亦内学[⑨]，逆占将来，见洪深重之，以女妻洪。洪传玄业，兼综练医术，凡所著撰，皆精核是非，而才章富赡。

砍柴卖钱买纸笔，夜里就抄书念书，于是以通晓儒学知名于时。葛洪生性清淡寡欲，没有什么爱好，不知道棋盘上有几条道，也不知道摴蒱骰子的名字。为人质朴，不善辞令，不求名利，总是关门在家，从不与人交往。在余杭山见何幼道、郭文举这样的权贵和名士，只是用眼睛看着，对谁也没说一句话。有时为了寻书和请教义理，不远数千里长途跋涉，不达目的不罢休。于是他读了各种典籍，尤其喜好神仙修炼和导引养生的方法。他的堂祖父葛玄，在吴国统治江南时学道得仙，号葛仙公，把炼制丹砂的秘法传授给弟子郑隐。葛洪又跟郑隐学习，全都掌握了他的方法。以后葛洪又做了南海太守上党人鲍玄的弟子。鲍玄也是懂秘学的，能预卜未来。他很器重葛洪，把自己的女儿嫁给了他。葛洪又继承鲍玄的事业，另外还研究医术，撰写的书和文，问题讲得清楚，是就是是，非就是非，绝不含糊，而且才气和文思都特别好。

注释 ① 丹杨：即丹阳，郡名，属扬州。郡治在今江苏南京。句容：县名，地在今江苏句容。 ② 邵陵太守：邵陵郡太守。邵陵，今湖南邵陵。 ③ 玩：喜好，玩习。 ④ 棋局：指棋盘。 ⑤ 摴蒱齿名：摴蒱，博戏名，晋代盛行，其法后来失传。齿，骰子。 ⑥ 木讷：质朴而不善于言辞。 ⑦ 余杭山：在今浙江省境内，杭州附近。何幼道：即何准，晋穆帝司马聘之岳父，其兄何充身居宰辅，权倾一时，而幼道不及人事。郭文举：名举，名士之流。 ⑧ 南海太守上党鲍玄：南海太守，南海郡太守。南海，郡治即今广东广州市。上党，郡名，属并州，在今山西境内。 ⑨ 内学：此指图谶之书，其事秘密，故称内。

原文

太安中[1]，石冰作乱[2]，吴兴太守顾秘为义军都督[3]，与周玘等起兵讨之[4]，秘檄洪为将兵都尉[5]，攻冰别率，破之，迁伏波将军[6]。冰平，洪不论功赏，径至洛阳，欲搜求异书以广其学。

翻译

惠帝太安年间，石冰作乱，吴兴郡太守顾秘做义军都督，和周玘等起兵征讨。顾秘传檄征召葛洪任将兵都尉，攻打石冰的别部。葛洪打败了石冰，迁升伏波将军。石冰之事平定以后，葛洪不求功赏，直接去了洛阳，搜求各种奇异的书，以充实自己的学识。

注释 ① 太安：惠帝年号(302—303)。 ② 石冰：西晋后期，流民遍地，张昌等聚众于江夏，一时间势力扩展到荆、扬等五州之地。石冰为其部将之一。 ③ 吴兴：郡名，属扬州，郡治在今浙江湖州。义军都督：史称顾秘被推为都督扬州九郡军事，实际上指的是反动地主武装的首领。 ④ 周玘：周处之子，出身江东大族，官至建武将军、南郡太守。 ⑤ 将兵都尉：此为临时授职。都尉：位低于将军。 ⑥ 伏波将军：位在骠骑将军、车骑将军、卫将军之下。

原文

洪见天下已乱，欲避地南土，乃参广州刺史嵇含军事[1]。及含遇害，遂停南土多年，征镇檄命一无所就。

翻译

葛洪看到天下已乱，想要到南方去躲避，就做了广州刺史嵇含的参军。嵇含被害以后，他在南方又住了许多年，他对让他征讨镇守的任命，全部没有到后还乡里，礼辟皆不赴。元帝为丞相[2]，辟为掾[3]。以平贼功，赐爵关内侯[4]。咸和初[5]，司徒导召补州主簿[6]，转司徒掾[7]，迁谘议参军。干宝深相亲友[8]，荐洪才堪国史，选为散骑常侍，领大著作[9]，洪固辞不就。以年老，欲炼丹以祈遐寿，闻交阯出丹，求为句扁令[10]。帝以洪资高，不许。洪曰："非欲为荣，以有丹耳。"帝从之。洪遂将子侄俱行。至广州，刺史邓岳留不听去[11]，洪乃止罗浮山炼丹[12]。岳表补东官太守[13]，又辞不就。岳乃以洪兄子望为记室参军[14]。在山积年，优游闲养，著述不辍。其自序曰：

任。后来返回乡里，朝廷以礼征召他做官，他也都不接受。元帝当丞相时，召他做了属官，因他平定乱事有功，赐给他关内侯的爵号。咸和初年，司徒王导委任他做了州主簿，转任司徒府属官，迁谘议参军。干宝和他关系很密切，推荐他，说他的才能可以任国史的修撰工作，结果被选任为散骑常侍，兼任大著作郎，葛洪坚决推辞不干。由于年纪已老，想要炼丹以求长寿，听说交阯地方出丹砂，葛洪就请求做句扁县令。皇上考虑到葛洪地位、声望都高，不答应他到远方去当小县官。葛洪说："我不是想要荣华，是因为那里有丹砂。"皇上同意了。葛洪就带着子侄辈一起南行。到了广州，刺史邓岳留下了他，不让他去。葛洪就住进了罗浮山炼丹。邓岳上表请求任他为东官太守，葛洪不干。邓岳就把葛洪的侄子葛望委为记室参军。葛洪在山里住了许多年，悠闲颐养，不停地写书。在他所著的《抱朴子》一书序里这样写道：

注释 ①"乃参"句："参广州刺史嵇含军事"实际即参军。这句话是说葛洪做了广州刺史嵇含的参军。广州，州名，秦南海郡地，汉置交州。三国吴时复分交州置广州，治番禺。晋太康中，平吴之后，以荆州、始安、始兴、临贺等郡划归广州，广州共辖十郡。刺史，州的最高行政长官。 ②"元帝为"句：元帝即司马睿，东晋的开国君主。初封琅邪王,怀帝蒙尘后,愍帝即位,加封丞相、大都督中外诸军事,东渡后以晋王即皇帝位。 ③ 掾:本为佐助之义,后通称为副官佐贰吏。 ④ 关内侯:爵位名。但有爵号,居京师,而无封国。 ⑤ 咸和:成帝年号(326—334)。 ⑥ 司徒导:司徒王导。主簿:掌管文书簿籍及玺印,为掾史之首。汉以后中央机关及州、郡、县官府都设有主簿。 ⑦ 司徒掾:司徒王导的属官。 ⑧ 干宝:史学家,著有《晋纪》一书,已佚。 ⑨ 大著作:即大著作郎,专掌史任。 ⑩ 句漏令:句漏县令。句漏亦作"勾漏",本为山名,在今广西北流。 ⑪ 邓岳:陈郡人,字伯山,做过王敦的参军,后参加平苏峻之乱。封宜城伯,官至平南将军。 ⑫ 罗浮山:粤中名山,主峰飞云顶在博罗西北。 ⑬ 东官太守:东官郡太守。东官,成帝时设郡,辖今广东宝安、惠阳等地。 ⑭ 记室参军:按:参军有单称参军者,有冠以职名者,记室参军掌章表书记文檄。

原文

洪体乏进趣之才,偶好无为之业。假令奋翅则能陵厉玄霄,骋足则能追风蹑景[①],犹欲戢劲翮于鷦鹩之群[②],藏逸迹于跛驴之伍,岂况大块禀我以寻常之短羽[③],造化假我以至驽之蹇足[④]?自卜者审,不能者止,又岂敢力苍蝇而慕冲天之举,策跛鳖而追飞兔之轨;饰嫫母之笃陋[⑤],求媒阳之美谈[⑥];推沙砾之贱质,索千金于和肆哉[⑦]!夫僬侥之步

翻译

我这个人生来缺乏进取做官的才能,偶然的机会使我爱上了道家的事业。假使我振奋翅膀,便能冲上云霄,拔腿即能追风踏影,我还是想收起健羽而混在小鸟群里,掩藏飞快的足迹而夹杂在跛驴群里,更何况大自然授给我的是寻常的短羽,造化给予我的是驽钝的跛足?自我卜筮者行动审慎,无能者根本不应当行动,我岂敢以苍蝇之力而慕冲天之举,赶着跛鳖去追飞兔的足迹;修饰嫫母的丑容,寻求媒阳的美誉;拿着沙砾的贱物,换取玉店里价值千金之宝!迈着矮人的步子而想追赶上夸父的踪迹,浅薄之才所以跌倒;以要离瘦

而企及夸父之踪[8]，近才所以踬碍也[9]；要离之羸而强赴扛鼎之势[10]，秦人所以断筋也[11]。是以望绝于荣华之途，而志安乎穷圮之域；藜藿有八珍之甘[12]，蓬荜有藻棁之乐也[13]。故权贵之家，虽咫尺弗从也；知道之士，虽艰远必造也。考览奇书，既不少矣，率多隐语，难可卒解，自非至精不能寻究，自非笃勤不能悉见也。

弱的身躯硬去做扛鼎的事情，秦武王所以折断筋骨。所以我对富贵荣华绝不妄求，安心于穷愁潦倒的境地；藜藿之羹有八珍一般的美味，草屋柴门住在里边，有雕梁画栋般的快乐。所以权贵之家，虽近在咫尺，我也不靠近它；通晓知道的人，虽远在天边，我也一定登门造访。天下奇书，我看到不少了，大多是隐语，很难完全明白，自然不是至精的人不能探出究竟，不是功夫笃勤的人不能完全了解。

注释 ① 蹑景：追赶日影，喻极快。景，同“影”。 ② 鷦鷯：小鸟。 ③ 大块：大自然。 ④ 造化：指大自然的创造化育。蹇：跛，行动迟缓。 ⑤ 嫫母：古代丑妇。 ⑥ 媒阳：古代美人。 ⑦ 和肆：陈列出售宝玉的地方。和指和氏之璧，省称和璧。古书记载，春秋时楚人和氏（卞和）曾觅得宝玉。 ⑧ 僬侥：古代传说中的矮人国名。夸父：古代神话人物，传说他健走疾行，能追逐太阳。 ⑨ 踬碍：踬作跌倒解。踬碍即颠仆障碍，不能前进之意。 ⑩ 要离：春秋末年秦著名刺客，体弱残废。 ⑪ 秦人：这里指的是秦武王，以举鼎力尽失手，伤足而死。 ⑫ 八珍：古代八种烹饪法，所用八物，后来用以泛指珍贵的食品。 ⑬ 蓬荜：蓬门荜户。蓬，蓬蒿。荜，草名。藻棁（zhuō）：画藻文的短柱。

原文

道士弘博洽闻者寡，而意断妄说者众。至于时有好事者，欲有所修为，仓卒

翻译

道士弘博多闻的很少，而臆断妄说的却是大有人在。至于现在有一些好事的人，欲修炼有所成就，一时之间不

不知所从，而意之所疑又无足谘。今为此书，粗举长生之理。其至妙者不得宣之于翰墨[①]，盖粗言较略以示一隅，冀悱愤之徒省之可以思过半矣[②]。岂谓暗塞必能穷微畅远乎？聊论其所先觉者耳。世儒徒知服膺周孔，莫信神仙之书，不但大而笑之，又将谤毁真正。故予所著子言黄白之事[③]，名曰《内篇》[④]，其余驳难通释，名曰《外篇》，大凡内外一百一十六篇。虽不足藏诸名山，且欲缄之金匮[⑤]，以示识者。

知跟谁学好，有想不明白的疑问也无人可以询问。现在我写出的这本书，粗举长生之道，有些极奥妙的东西不能用笔墨讲明白，只能粗略地举出全部问题之一隅，希望那些善于冥思苦想的人，思考一下就可以明白一大半了。岂能指望昏昧无知的人一定能够穷微知远呢？我不过是对那些先知先觉的人说说罢了。世间儒生只相信周公和孔子，不信神仙之书，不但大加耻笑，而且还要诽谤诋毁道家的真正学问。所以我作的这本书讲的黄白之事，名叫《内篇》，其余驳难通释各种事理的，名叫《外篇》，内外篇凡一百一十六篇。虽然不值得藏在名山，但我是想封在金匮里，留给有见识的人看。

注释 ①翰墨：笔墨。翰，毛笔，古用羽毛为笔，故以翰代称。②悱愤：《论语·述而》："不愤不启，不悱不发。"后来以悱愤或愤悱二字形容冥思苦想而言语不能表达。③黄白：指道家所谓炼丹化成金银的法术。④内篇：古书中如《庄子》《晏子春秋》《淮南子》等都分内外篇，大抵表达宗旨的列为内篇，有所发挥的列为外篇。葛洪所著《抱朴子》也分内外篇。后因以内篇指神仙家言。⑤金匮：以金属制成的藏书匮，国家用以珍藏重要文献。

原文

自号抱朴子，因以名书。其余所著碑诔诗赋百

翻译

葛洪自号抱朴子，也就用"抱朴子"作为他的书名。其余所著的碑诔诗赋

卷[1]，移檄章表三十卷[2]，神仙、良吏、隐逸、集异等传各十卷[3]，又抄《五经》、《史》、《汉》、百家之言、方技杂事三百一十卷[4]，《金匮药方》一百卷[5]，《肘后要急方》四卷[6]。

等百卷，移檄章表三十卷，属于神仙、良吏、隐士、集异等传者各十卷，又抄录《五经》、《史记》、《汉书》、百家之言、方技杂事等三百一十卷，有《金匮药方》一百卷，《肘后要急方》四卷。

注释 ① 诔：哀悼死者之文。 ② 移：官府文章之一种，犹檄文。檄：古代官方文书用木简，长尺二寸，多作征召、晓谕、申讨等用。若有急事，则插上羽毛，称为羽檄，后泛称这类官文书为檄。 ③ 隐逸：隐士，逸民。集异：搜集编录各种风流怪异颇具传闻之力的材料。 ④《五经》：即《诗》《书》《礼》《易》《春秋》五书。方技杂事：方技指医、卜、星、相之术。杂事是说非主一体的社会内容的记载。 ⑤《金匮药方》：是葛洪的医药学著作。 ⑥《肘后要急方》：缩编《金匮药方》而成，原称《肘后卒救方》。其书经后人增补，流传至今。

原文

洪博闻深洽，江左绝伦[1]。著述篇章富于班马[2]，又精辩玄赜[3]，析理入微。后忽与岳疏云：“当远行寻师，克期便发。”岳得疏，狼狈往别[4]。而洪坐至日中，兀然若睡而卒，岳至，遂不及见。时年八十一。视其颜色如生，体亦柔软，

翻译

葛洪知识广博，江东一带无与伦比。著述篇章之多超过班固和司马迁，而且精于谈玄论道，分析细致入微。后来他突然给邓岳写信，说：“我将要远行寻师，出发的日期已定。”邓岳得到信后，匆匆忙忙前往告别。而葛洪坐到日中时分，浑然无知地像是睡着似的去世了，等到邓岳赶到时，最终没有来得及见一面。葛洪时年八十一岁。看他的颜色，宛如生前一样，肢体也柔软，抬尸

举尸入棺，甚轻，如空衣，世以为尸解得仙云[⑤]。	入棺很轻，就像只有衣服一样，世人以为他的尸体已分解，与灵魂一起成仙而升天了。

注释 ① 江左：长江下游以东地区，即今江苏省一带，古人叙地理以东为左，故江东称江左，这里指东晋统治地区。 ② 班马：班固和司马迁。 ③ 玄赜：幽微深密。赜，精微，深奥。 ④ 狼狈：比喻为难窘迫。 ⑤ 尸解：道家认为修道者死后，留下形骸，魂魄散去成仙，称为尸解。

谢 安 传

导读

谢安(320—385),东晋名相,出身望族世家。他生活在东晋这个偏安王朝的后期,政治环境相当复杂,北方有前秦咄咄南进,国内官场腐败不堪,权力之争更是你死我活。谢安在这逆境之中上下斡旋,左右平衡,一方面巧妙地保全了自己,一方面为国家赢得了一定的政治稳定和军事上的胜利。谢安作为一个政治家是极有特色的,从政实属时势使然,而退隐之心始终未渝;为政弘大纲而不存小察,尚虚谈而不急当务;用人多方平衡,以国家安定为怀,不树私党;大难不惧,大吉不喜,有雷震不惊的气派。这篇传记把谢安的这些特点很精彩地表现出来了。文字精练、活泼,且多有生动的细节描写。读起来,一个聪慧、幽默、潇洒、沉敏,为政不专不贪却又敢于决断的活脱脱的政治家谢安,跃然纸上。(选自卷七九)

原文

谢安,字安石,尚从弟也[①]。父裒,太常卿[②]。安年四岁时,谯郡桓彝见而叹曰[③]:“此儿风神秀彻,后当不减王东海[④]。”及总角神识沉敏,风宇条畅,善行书。弱冠诣王濛[⑤],清言良久[⑥],

翻译

谢安,字安石,是谢尚的堂弟。他的父亲谢裒,做过太常卿。谢安四岁时,谯郡的桓彝看见了他,赞叹说:“这个孩子神情清秀透彻,以后不会亚于王东海。”等到他长成一个少年,头脑聪敏,识见深沉,风度爽直,气宇顺畅,善作行书。弱冠时,拜访王濛,与王濛清谈多时。走后,王濛的儿子王修说:“刚才这位客人,既去，濛子修曰："向客何如大人？"濛曰："此客亹亹[⑦]，为来逼人。"王导亦深器之，由是少有重名。

比得上父亲您吗？"王濛说："这位客人勤奋上进，将来是要逼人的。"王导也很器重他。因此谢安少年即有大名。

注释 ① 从弟：堂弟。 ② 太常卿：官名。为九卿之一，掌礼乐郊庙社稷事宜。 ③ 谯郡：治所在今安徽亳州。桓彝：元帝时为吏部郎。明帝时，王敦专朝政，桓彝参与讨敦谋议，有功。后任宣城内史。 ④ 王东海：即王承，字安期，西晋末任东海太守。后去官渡江。声望在王导、庾亮之上。 ⑤ 王濛：贵戚，以善于清谈著名，曾任司徒左长史。 ⑥ 清言：清谈。 ⑦ 亹（wěi）亹：勤勉不倦貌。

原文

初辟司徒府[①]，除佐著作郎[②]，并以疾辞。寓居会稽[③]，与王羲之及高阳许询、桑门支遁游处[④]，出则渔弋山水，入则言咏属文，无处世意。扬州刺史庾冰以安有重名[⑤]，必欲致之，累下郡县敦逼，不得已赴召，月余告归。复除尚书郎、琅邪王友[⑥]，并不起。吏部尚书范汪举安为吏部郎[⑦]，安以书距绝之。有司奏安被召，历年不至，禁锢终身，遂栖迟东土。尝往临安山中[⑧]，坐

翻译

他先被征召入司徒府，又被任命为佐著作郎，都以有病为由推辞不干。他客居会稽，和王羲之及高阳的许询、僧人支遁相交游，出则游山玩水，钓鱼打鸟，入则清谈吟诗作文，没有出来做官的意思。扬州刺史庾冰，因为谢安有大名，一定要把他请出来，多次下令郡县敦促谢安，谢安不得已赴召，但是一个多月后又辞官不干了。接着又委任他做尚书郎、琅邪王友，他都没有接受。吏部尚书范汪举荐谢安做吏部郎，谢安写信拒绝。有关部门弹劾谢安，指责他被召，长期不到任，应禁锢他一辈子，永不任用。谢安就在浙东一带隐遁下来。有一次他到临安山里，坐石室，临深谷，

石室，临浚谷，悠然叹曰："此去伯夷何远[9]！"尝与孙绰等泛海，风起浪涌，诸人并惧，安吟啸自若。舟人以安为悦，犹去不止。风转急，安徐曰："如此将何归邪？"舟人承言即回。众咸服其雅量。安虽放情丘壑，然每游赏，必以妓女从。既累辟不就，简文帝时为相[10]，曰："安石既与人同乐，必不得不与人同忧，召之必至。"时安弟万为西中郎将，总藩任之重。安虽处衡门[11]，其名犹出万之右，自然有公辅之望，处家常以仪范训子弟。安妻，刘惔妹也[12]，既见家门富贵，而安独静退，乃谓曰："丈夫不如此也？"安掩鼻曰："恐不免耳。"及万黜废，安始有仕进志，时年已四十余矣。

悠然长叹说："这里离伯夷所居多么遥远啊！"还有一次谢安和孙绰等人浮海出游，风起浪涌，大家都害怕了，谢安却吟唱自如。船工被谢安的镇静所鼓舞，继续扬帆远去。风更大了，这时谢安才慢慢地说："如果这样，将怎么往回走呀？"船工听从他的话，即时返回。大家都很佩服他气度不凡。谢安虽然放情山谷间，无意于世事，但是每次游玩，一定带着歌妓。谢安多次被征召不就任，简文帝这时为相，就说："谢安石既然与人同乐，必不得不与人同忧，召他一定来。"这时谢安的弟弟谢万做西中郎将，负责守卫北部边境的重任。谢安虽然野处隐居，但名气在谢万之上，自然就有三公宰辅的声望，在家中常按礼仪规范教训子弟。谢安的妻子，是刘惔的妹妹，她看到家人都做官，只有谢安退隐不仕，就对他说："大丈夫不想富贵吗？"谢安捂着鼻子说："我怕是免不了要这样。"等到谢万罢了官，谢安才有做官的打算，那时他已经四十多岁了。

注释 ① 辟：辟召，因推荐而征召入仕。司徒府：官署名，或称丞相府。 ② 佐著作郎：史官。 ③ 会稽：今浙江绍兴。 ④ 王羲之：东晋书法家，一代名士，官至右军将军，会稽内史。高阳许询：高阳，国名，晋武帝泰始初置，治所在博陆（今河北蠡县)。许询,字元度,体便登升,好游山水。桑门支遁:桑门,僧。梵语,即"沙门"的异译。支遁,即支道林,高僧,本姓关氏。 ⑤ 扬州刺史:扬州,东晋时治所在建康(今江苏南京)。庾冰:曾继王导任中书监,录尚书事,领扬州刺史。康帝即位,领江州刺史。 ⑥ 琅邪王友:琅邪,本郡名,秦置,地在今山东胶南诸城一带。东晋尽失江淮以北地,太兴三年又于白下(今南京北)侨置琅邪郡,至隋废。南朝所称琅邪,皆指此。友,王国的属官名。 ⑦ 吏部尚书:尚书吏部曹的长官,掌官吏任免、考课、升降、调动等事务。吏部郎:尚书吏部曹的属官。 ⑧ 临安山:在浙江临安西南。 ⑨ 伯夷:与其弟叔齐,是商代孤竹君的两个儿子。武王灭商后,他们不食周粟,逃到首阳山,采薇而食,饿死在山里。封建社会里把他们当作高尚守节的典型。 ⑩ 简文帝:司马昱,在位二年(371—372)。 ⑪ 衡门:横木为门,喻简陋的房屋。后借指隐者所居之处。 ⑫ 刘惔:与王濛同为"谈客",善清谈。曾任丹阳尹。

原文

征西大将军桓温请为司马[①],将发新亭[②],朝士咸送,中丞高崧戏之曰[③]:"卿累违朝旨,高卧东山[④],诸人每相与言,安石不肯出,将如苍生何[⑤]! 苍生今亦将如卿何!"安甚有愧色。既到,温甚喜,言生平,欢笑竟日。既出,温问左右:"颇尝见我有如此客不?"温后诣安,值其理发,安性迟缓,久而方罢,使取帻[⑥]。温见,留之曰:"令司马著帽进。"其见

翻译

征西大将军桓温请谢安担当他的司马,出征的部队将要从新亭出发,朝中官员全都相送,中丞高崧对谢安开玩笑说:"你多次违背朝廷旨意,高卧东山不出,大家常谈论说,安石不肯出仕,把百姓怎么样! 现在你终于出来做官了,百姓又能把你怎么样!"谢安听后很有愧色。谢安到了任,桓温非常高兴,同他诉说生平往事,足足谈笑一天。谢安走后,桓温问他的左右:"你们曾看到过我有这样的客人么?"桓温后来看望谢安,正赶上他梳头发,谢安是慢性子人,很久才理完,唤人把头巾拿来。桓温看见了,劝他不必,说:"今天你不必戴头

重如此。

巾，只着上冠出来就行了。”他竟如此受到尊重。

注释 ① 桓温：桓彝之子，明帝驸马。初为荆州刺史，定蜀，攻前秦，破姚襄，威权自盛，官至大司马，后北伐，与燕慕容垂战于枋头，大败而回。回朝后以大司马专朝政，废帝奕，立简文帝。谋篡晋自立，事未成病死。司马：军府之官，在将军之下，综理一府之事，参与军事谋划。 ② 新亭：故址在今江苏南京，三国吴立。东晋时，过江诸人每至春秋佳日，多在此地饮宴。 ③ 中丞：官名，即御史中丞，为御史台的长官，掌监察。 ④ 东山：在浙江上虞西南，谢安早年隐居于此，后因以东山指隐居。 ⑤ 苍生：百姓。 ⑥ 帻：包头巾。

原文

温当北征，会万病卒，安投笺求归，寻除吴兴太守[①]。在官无当时誉，去后为人所思。顷之，征拜侍中[②]，迁吏部尚书、中护军[③]。

翻译

正当桓温北征时，谢万病死，谢安投笺请求辞官回家，不久他被任命为吴兴郡太守。在官任上的作为，与当时的声誉不相称，离任后却又令人思念。不久，召为侍中，迁吏部尚书、中护军。

注释 ① 吴兴：郡名，治所在乌程（今浙江吴兴南）。晋义熙初，移治今吴兴。 ② 侍中：侍从皇帝左右，备应对、顾问。在晋代实际上就是宰相。 ③ 中护军：掌管禁军的将官。

原文

简文帝疾笃，温上疏荐安宜受顾命[①]。及帝崩，温入赴山陵，止新亭，大陈兵卫，将移晋室，呼安及王坦之[②]，欲于坐害之。坦之甚

翻译

简文帝病危，桓温上疏推荐谢安为顾命大臣。简文帝一死，桓温入京，驻新亭，摆出很多军队，想要篡位，传唤谢安和王坦之，想在座中把他俩杀掉。王坦之很害怕，问谢安怎么办。谢安神色

惧,问计于安。安神色不变,曰:“晋祚存亡[3],在此一行。”既见温,坦之流汗沾衣,倒执手版[4]。安从容就席,坐定,谓温曰:“安闻诸侯有道,守在四邻,明公何须壁后置人邪?”温笑曰:“正自不能不尔耳。”遂笑语移日。坦之与安初齐名,至是方知坦之之劣。温尝以安所作简文帝谥议以示坐宾,曰:“此谢安石碎金也[5]。”

不变,说:“晋朝是存是亡,就在咱们这一次出行了。”二人见了桓温,王坦之吓得大汗淋漓,沾湿了衣服,倒拿着笏板。谢安从容入席,坐定以后,对桓温说:“我听说诸侯有道,守在四邻。明公何须在壁后藏人呢?”桓温笑着说:“恰因为如此,我才不能不这样啊。”于是欢谈了半天。王坦之与谢安先前名气一样大,到这时人们才知道王坦之不如谢安。桓温曾把谢安作议简文帝谥号的文章拿给座中宾客看,说:“这是谢安石的碎金之作。”

注释 ① 顾命:《书》篇名,取临终遗命之意。后因称天子的遗诏为顾命。 ② 王坦之:曾为桓温长史,简文帝时任侍中。简文帝死后,与谢安一起辅佐幼主孝武帝。 ③ 祚:皇位。 ④ 手版:笏。古代官吏上朝或谒见上司时所执,备记事用。 ⑤ 碎金:比喻珍贵而简短的作品。

原文

时孝武帝富于春秋[1],政不自己,温威振内外,人情噂嗒[2],互生同异。安与坦之尽忠匡翼,终能辑穆。及温病笃,讽朝廷加九锡[3],使袁宏具草[4]。安见,辄改

翻译

这时新君孝武帝年纪已经不算小,而政不由己出,桓温威振朝廷内外,人心不稳,议论纷纭,互有歧异。谢安与王坦之尽忠辅助,终能做到和睦共事。等到桓温病重,他暗示让朝廷给他加九锡,由袁宏起草加九锡的奏章。谢安见

之，由是历旬不就。会温薨，锡命遂寝。

了奏章，就给修改，因此拖延了十多天没有办。等桓温一死，加九锡之事也就作罢。

注释 ① 孝武帝：司马昌明，在位二十四年(373—396)。 ② 噂喈(zǔn tà)：议论纷杂。 ③ 九锡：古代帝王赏赐给有特殊功勋大臣的九种器物。《汉书·武帝纪》元朔元年诏，有“乃加九锡”语，为“九锡”见于书面的最早出处。“九锡”包括哪九种器物，各书说法不尽相同。汉末献帝赐曹操九锡，采用《礼纬·含文嘉》的说法，即车马、衣服、乐则、朱户、纳陛、虎贲、弓矢、斧钺、秬鬯。历代相袭沿用。前汉王莽阴谋建立新王朝前，先加九锡，后来魏晋南北朝掌政大臣夺取政权，建立新王朝前，都加九锡，成为例行公事。 ④ 袁宏：文学家，曾为桓温记室。撰集《后汉书》三十卷。

原文

寻为尚书仆射，领吏部，加后将军。及中书令王坦之出为徐州刺史①，诏安总关中书事②。安义存辅导，虽会稽王道子亦赖弼谐之益③。时强敌寇境，边书续至，梁益不守④，樊邓陷没⑤，安每镇以和靖，御以长算。德政既行，文武用命，不存小察，弘以大纲，威怀外著，人皆比之王导，谓文雅过之。尝与王羲之登冶城⑥，悠然遐想，有高世之

翻译

不久谢安当上尚书仆射，兼管吏部，加官后将军。等到中书令王坦之出任徐州刺史，诏令谢安总管中书事。谢安坚守忠贞，一心想着辅佐君王，就连会稽王司马道子也从谢安辅佐新君中获得益处。当时强敌侵犯边境，边境上告急的军书接连不断发到朝廷，梁、益两州失守，樊城和邓城陷没，谢安对这些十万火急的问题，每每采取和靖的态度，从长远考虑加以解决。他实行德政，文武大臣都肯效力，对人对事，从大处着眼，不计较小问题，恩威并用，影响极好，人们都拿他比王导，甚至认为在文雅方面比王导有过之而无不及。有

志。羲之谓曰:“夏禹勤王,手足胼胝[7];文王旰食[8],日不暇给。今四郊多垒,宜思自效,而虚谈废务,浮文妨要,恐非当今所宜。”安曰:“秦任商鞅[9],二世而亡,岂清言致患邪?”

一次和王羲之登冶城,一副悠然闲适、怆然思古的样子,表现出超乎世俗的志趣。王羲之对他说:“夏禹勤于王事,十分辛劳,手脚长满了老茧;周文王勤于政事,白天事多,晚上才得吃饭。现在四郊都是营垒,应当考虑自己如何报效国家的办法,而你却务清谈,尚浮文,忽略当务之急,妨碍了主要问题的解决,这恐怕是不合时宜的。”谢安说:“秦国用商鞅,二世而亡,难道是清谈造成的吗?”

注释 ① 徐州:领郡国七,治彭城(今江苏徐州)。元帝渡江之后,徐州所得唯半。后复得淮北,义熙七年(411),分淮北为徐州,治彭城;淮南为南徐州,治京口(今江苏镇江)。 ② 总关中书事:指由谢安一人全面掌管中书部门的事权。总,统领。③ 道子:司马道子,简文帝子,孝武帝弟。初封琅邪王,后改会稽王。以司徒与谢安同录尚书事。 ④ 梁益:梁州和益州。梁州治所在南郑(今陕西汉中),益州治所在成都(今四川成都)。 ⑤ 樊邓:樊城和邓城。樊城,在今湖北襄阳市,与襄阳隔汉水相对。邓城,在今河南邓州。 ⑥ 冶城:古城名,故址在今南京朝天宫一带。⑦ 胼胝(pián zhī):手掌脚底因长期劳动摩擦而生的茧。 ⑧ 旰食:晚食,指事忙不能按时吃饭。 ⑨ 商鞅:先秦著名法家,相秦十九年,辅助秦孝公变法,使秦国富强。其基本思想是主张法治,实行耕战,不尚浮末之业。

原文

是时宫室毁坏,安欲缮之。尚书令王彪之等以外寇为谏[1],安不从,竟独决之。宫室用成,皆仰模玄

翻译

当时宫室毁坏,谢安想要修缮。尚书令王彪之等以外寇当前为由进行谏阻,谢安不听,最终独断决定。宫室因而修缮完成,布局全模仿天象,与北极

象[2]，合体辰极[3]，而役无劳怨。又领扬州刺史，诏以甲仗百人入殿。时帝始亲万机，进安中书监、骠骑将军、录尚书事[4]，固让军号。于时悬象失度[5]，亢旱弥年，安奏兴灭继绝[6]，求晋初佐命功臣后而封之。顷之，加司徒[7]，后军文武尽配大府[8]，又让不拜。复加侍中、都督杨豫徐兖青五州幽州之燕国诸军事、假节[9]。

星相吻合，而这场工程没有引起怨言。谢安又兼领扬州刺史，皇帝下诏允许他可以带百名甲士入殿。这时皇帝开始亲自处理政事，于是晋升谢安为中书监、骠骑将军、录尚书事，谢安坚持辞去骠骑将军的头衔。这期间气候反常，一年不下雨，谢安奏请兴灭继绝，访求晋初佐命功臣的后人加给封爵。不久，给谢安加司徒衔，使后军将军府的文武官员，全部配给司徒府，谢安推辞不受。又加官侍中、都督扬豫徐兖青五州幽州之燕国诸军事、假节。

注释 ① 王彪之：王导堂侄。孝武帝即位，迁尚书令，与谢安同掌朝政。 ② 仰模玄象：模仿天象。 ③ 合体辰极：与星斗相吻合。 ④ 中书监：与中书令职务相等而位次略高，同掌朝廷机要。 ⑤ 悬象：天象。 ⑥ 兴灭继绝：古指复兴衰败灭亡之诸侯国和贵族世家。后泛指使灭亡之事物重新兴起。语出《论语》。 ⑦ 司徒：三公之一。 ⑧ 后军：指后将军府。大府：指司徒府。 ⑨ 都督扬豫徐兖青五州幽州之燕国诸军事：扬豫徐兖青五州，相当于今苏、豫、皖三省淮河以南和湖北长江以北的东部及江浙地区。幽州之燕国：这里是侨置所辖者，地在南徐州境内。假节：持节。

原文

时苻坚强盛[1]，疆埸多虞，诸将败退相继。安遣弟石及兄子玄等应机征讨，所在克捷。拜卫将军、开府仪

翻译

当时苻坚国势强盛，边境多事，诸将领相继败退。谢安派遣他的弟弟谢石和侄子谢玄等相机征讨，他们攻无不克，战无不胜。谢安被任为卫将军、开

同三司[②]，封建昌县公。坚后率众，号百万，次于淮肥[③]，京师震恐。加安征讨大都督[④]。玄入问计，安夷然无惧色，答曰："已别有旨。"既而寂然。玄不敢复言，乃令张玄重请。安遂命驾出山墅，亲朋毕集，方与玄围棋赌别墅。安常棋劣于玄，是日玄惧，便为敌手而又不胜。安顾谓其甥羊昙曰："以墅乞汝。"安遂游涉，至夜乃还，指授将帅，各当其任。玄等既破坚，有驿书至，安方对客围棋，看书既竟，便摄放床上，了无喜色，棋如故。客问之，徐答云："小儿辈遂已破贼。"既罢，还内，过户限，心喜甚，不觉屐齿之折。其矫情镇物如此[⑤]。以总统功，进拜太保。

府仪同三司，封建昌县公。随后苻坚率领大量兵众而来，号称百万，驻扎在淮河淝水一带，震动了京城，人们恐惧不安。谢安被任命为征讨大都督，负责指挥抵御前秦的战争。谢玄进京问计，谢安很平静，毫无惊恐之色，答道："已另有安排。"说完这句话，就再无言语。谢玄不敢再问，就叫张玄请命。谢安于是命驾来到城外的别墅，亲戚朋友全都聚集在这里，这才开始和谢玄对下围棋，打赌赢别墅。平时谢安的棋艺不如谢玄，这一天谢玄由于心里恐慌，棋下得不但不比谢安高明，而且输给了谢安。谢安回头对外甥羊昙说："把这个别墅给你吧。"说完就出去漫游，到夜里才回来给各将帅下达命令，各人的任务指派得清楚、恰当。谢玄等打败苻坚，有驿站传递的报告前线战胜的信件到，谢安正和客人下围棋，看完了信，顺手折叠一下就放到床上了，脸上没有一点喜色，继续下棋。客人问他，他慢悠悠地回答说："小孩子们到底破了贼。"下完了棋，回身入内，过门槛的时候，由于心里过于高兴，屐齿折断了还不知道。谢安就是这样善于掩饰真情，安定人心。因为这场战争他是总指挥，所以授给他太保的头衔。

注释 ① 苻坚：十六国时氐族首领，前秦皇帝。淝水大战以前，已统一北方大部分地区，并夺取东晋梁、益二州。 ② 开府仪同三司：开设府署，设置属官，仪制与三司同。三司，即太尉、司徒、司空三公的官署。 ③ 淮肥：淮，淮水。肥，也作淝水，在今安徽省，源出合肥西北将军岭，为今东肥河和南肥河的总称。肥水两岸自古即为用兵之地。 ④ 征讨大都督：出征时的统帅。 ⑤ 矫情镇物：矫情，掩饰真情。镇物，谓安定人心。

原文

安方欲混一文轨[①]，上疏求自北征，乃进都督扬、江、荆、司、豫、徐、兖、青、冀、幽、并、宁、益、雍、梁十五州军事[②]，加黄钺[③]，其本官悉如故，置从事中郎二人[④]。安上疏让太保及爵，不许。是时桓冲既卒[⑤]，荆、江二州并缺[⑥]，物论以玄勋望，宜以授之。安以父子皆著大勋，恐为朝廷所疑，又惧桓氏失职，桓石虔复有沔阳之功[⑦]，虑其骁猛，在形胜之地，终或难制，乃以桓石民为荆州，改桓伊于中流，石虔为豫州。既以三桓据三州，彼此无怨，各得所任。

翻译

谢安想收复失地，统一天下，就上疏请求亲自北伐，皇帝就任命他为都督扬、江、荆、司、豫、徐、兖、青、冀、幽、并、宁、益、雍、梁十五州军事，给黄钺，原有的官衔不变，府中置从事中郎二人。谢安上奏请求不当太保，削去县公的爵位，皇帝不允许。这时桓冲已经去世，荆、江二州都缺刺史，舆论上认为谢玄功勋大，名望高，应当把缺位授给他。谢安以为自家父子都建立了很大的功勋，恐被朝廷疑忌，又担心桓氏失去职位，桓石虔还有沔阳战胜之功，他骁勇凶猛，占着形势险要之地，终究难以控制，于是就任桓石民为荆州刺史，改桓伊为江州刺史，在荆、扬二州之间，石虔则为豫州刺史。安排三桓分据三州，各得其所，大家都没有意见。谢安经略深远，不争私利，大抵其经远无竞，类皆如此。

就是这样。

注释 ① 文轨：指车同轨，书同文。后来因以“同文轨”为国家统一之称。 ② 十五州：包括除交、广以外当时东晋全部领土和准备收复的中原诸州。按：谢安被进任为都督加十五州军事一职，是朝廷对他的最大委任和倚重。 ③ 加：赐给。黄钺：以黄金为饰之钺。天子所用。后世遂作为帝王之仪仗。有时遣大臣出师，亦假以黄钺以示威重。 ④ 从事中郎：官名。将帅的幕僚。 ⑤ 桓冲：桓温弟。桓温擅权时，桓冲为江州刺史，桓温死，冲任中军将军，扬、豫二州刺史。后来主动解除扬州刺史职，让谢安执政，与谢安合作，防御前秦的进攻。后出任荆州刺史。 ⑥ 江州：西晋元康元年分荆、扬二州地，因江水之名而置江州。治所初在豫章，后移浔阳。 ⑦“桓石虔”句：桓石虔，桓冲之侄，官至冠军将军，河东太守。沔阳之功，太元六年(381)，桓石虔曾败前秦军于沔阳竟陵(今湖北钟祥)一带。

原文

性好音乐，自弟万丧，十年不听音乐。及登台辅[①]，期丧不废乐。王坦之书喻之，不从，衣冠效之，遂以成俗。又于土山营墅，楼馆林竹甚盛，每携中外子侄往来游集，肴馔亦屡费百金[②]，世颇以此讥焉，而安殊不以屑意。常疑刘牢之既不可独任，又知王味之不宜专城。牢之既以乱终，而味之亦以贪败，由是识者服其知人。

翻译

谢安爱好音乐，自从弟弟谢万死去，十年不听音乐。等到他官至台辅的时候，为期一年之丧就不废乐了。王坦之写信劝他，他不听，士大夫都效法他，期丧不废乐也就成了风俗。又在土山营造别墅，楼馆林竹很多，每每带着中表子侄们来此游玩集会，佳肴美味常常一次百金之多，世人很有非议，而谢安却殊不以为然。他常常怀疑刘牢之，认为不可让他独当一面，又知道王味之不能专守一城。刘牢之最后终于发动叛乱，而王味之也以贪得无厌而失败。由此，有识之士佩服他的知人之明。

注释 ①台辅：指三公宰相之位。②肴馔：指珍馐美味。肴，鱼肉之类的荤菜。馔，食物。

原文

时会稽王道子专权，而奸谄颇相扇构[①]。安出镇广陵之步丘[②]，筑垒曰新城以避之。帝出祖于西池[③]，献觞赋诗焉。安虽受朝寄，然东山之志始末不渝，每形于言色。及镇新城，尽室而行，造泛海之装，欲须经略粗定，自江道还东。雅志未就，遂遇疾笃。上疏请量宜旋旆[④]，并召子征虏将军琰解甲息徒[⑤]，命龙骧将军朱序进据洛阳[⑥]，前锋都督玄抗威彭沛[⑦]，委以董督。若二贼假延，来年水生，东西齐举。诏遣侍中慰劳，遂还都。闻当舆入西州门[⑧]，自以本志不遂，深自慨失，因怅然谓所亲曰："昔桓温在时，吾常惧不全。忽梦乘温舆行十六里，见一白鸡而

翻译

当时会稽王司马道子专权，以谄媚权贵为能事的奸佞小人竞相煽动诬陷，加害于人。谢安出京到广陵县的步丘镇守，构筑一个叫作新城的营垒，在那里避祸。皇帝在西池举行祖祭，为他送行，为谢安进酒作诗。谢安虽然受到朝廷的倚重，可是他的退隐之心始终未改，常在言语表情上显露出来。在他出镇新城的时候，家室全带着，还建造了渡海的设备，想在统一大业搞得差不多的时候，从江道还归故里。然而未及他的雅志实现，就病重垂危了。他上疏请求皇上根据实际情况考虑撤军，召回他的儿子征虏将军谢琰，解甲息兵，命令龙骧将军朱序进据洛阳，前锋都督谢玄在彭沛一带驻防，威慑敌人，让他负总管的责任。如果后秦、后燕两国苟延不亡，明年水涨的时候，可以东西两方一齐举兵进击。皇帝下诏派遣侍中前往慰劳谢安，谢安于是回到了京城。当听到他坐的车子入西州门时，自己觉得初志未能实现，心中顿生无限感慨，于是怅然若失地对身边人说："当年桓温在

止。乘温舆者，代其位也。十六里，止今十六年矣。白鸡主酉，今太岁在酉[9]，吾病殆不起乎！”乃上疏逊位，诏遣侍中、尚书喻旨。先是，安发石头，金鼓忽破，又语未尝谬，而忽一误，众亦怪异之。寻薨，时年六十六。帝三日临于朝堂，赐东园秘器、朝服一具、衣一袭、钱百万、布千匹、蜡五百斤[10]，赠太傅[11]，谥曰文靖。以无下舍，诏府中备凶仪。及葬，加殊礼，依大司马桓温故事。又以平苻坚勋，更封庐陵郡公。

世时，我总是担忧自己不得保命全身。刚才我忽然做了个梦，梦见我坐桓温的车走了十六里，看到一个白鸡，车就停下来了。坐桓温的车，表示我取代了他的相位。十六里，表示到现在已十六年。白鸡在酉，今年是酉年，我的病大概是不能好了！”于是就上表要求解职退位，皇帝下诏派遣侍中、尚书说明旨意，当初谢安从石头城出发时，军中金鼓忽然破了，又谢安说话从没出过差错，而现在突然出现失误，大家也感到有点反常。谢安接着就去世了，时年六十六岁。皇帝连续三天亲临朝堂视事，赏赐棺椁以及朝服一套、衣服一套、钱百万、布千匹、蜜蜡五百斤，追赠太傅，谥号文靖。由于家中没有停柩的地方，诏令在官府中备办丧事。下葬时，给予特殊的礼遇，按照大司马桓温的成例办理。又因谢安有平定苻坚的功勋，改封庐陵郡公。

注释 ① 扇构：煽动陷害。 ② 广陵：县名，今江苏扬州。步丘：今扬州北邵伯镇。 ③ 祖：祭名。出行以前，祭祀路神。引申为饯行送别。 ④ 旋旆（pèi）：班师。旆，旗帜的通称。 ⑤ 息徒：息众。 ⑥ 朱序：东晋将领。淝水之战前为梁州刺史，镇襄阳。前秦破襄阳时被俘。淝水之战，秦兵小却，序于阵后大呼兵败，秦兵大溃，遂归晋。后防守洛阳、襄阳等地。 ⑦ 抗威：抗衡和举威。 ⑧ 西州门：西州城城门。东晋曾筑西州城，为扬州治所，因在都城之西而得名。故址在今南京朝天宫望仙桥一带。 ⑨ 太岁在酉：即是酉年。太岁，古代天文学中假设的星名。认为太岁十二年一循环，这是古代的一种纪年方法。⑩ 东园：官署名，专掌制造丧葬器物。⑪ 太傅：上公，位极显贵，但多以他官兼领。

原文

安少有盛名，时多爱慕。乡人有罢中宿县者[①]，还诣安，安问其归资，答曰："有蒲葵扇五万。"安乃取其中者捉之，京师士庶竞市，价增数倍。安本能为洛下书生咏，有鼻疾，故其音浊，名流爱其咏而弗能及，或手掩鼻以敩之[②]。及至新城，筑埭于城北[③]，后人追思之，名为召伯埭[④]。

翻译

谢安少年有大名，时人对他多有爱慕。他有个同乡，从中宿县县令任上罢官下来，回乡时前来拜望谢安，谢安问他有多少回乡的盘费，回答说："有蒲葵扇五万把。"谢安就从中取出一把中等质量的握在手中，京师的士人与庶民争相购买，蒲葵扇的价格一下子涨了好几倍。谢安本来会用洛阳书生腔来咏诗，他有鼻病，所以发音重浊，名流们喜爱他的"洛阳书生咏"，但又不像他那浊音，有人就捂着鼻子来仿效他。等他来到新城，在城北修了一道土坝，后人追念他，就把那道坝叫作召伯埭。

注释 ① 中宿县：今广东清远。 ② 敩：同"学"。 ③ 埭（dài）：土坝。 ④ 召伯：姬姓，名奭，周的支族，周武王之臣。因封地在召，故称召公或召伯。武王灭纣后，封召公于北燕。成王时，与周公旦分陕而治，自陕以西，召公主之，自陕以东，周公主之。有善政，谥康。

原文

羊昙者，太山人[①]，知名士也，为安所爱重。安薨后，辍乐弥年，行不由西州

翻译

羊昙，太山郡人，是知名之士，受到谢安的喜爱和看重。谢安死后，他一年不听乐，走路不走西州路。有一次他在

路。尝因石头大醉，扶路唱乐，不觉至州门。左右白曰："此西州门。"昙悲感不已，以马策扣扉，诵曹子建诗曰："生存华屋处，零落归山丘②。"恸哭而去。

石头城喝得大醉，一路唱着歌，不知不觉到了州门，左右告诉他说："这里是西州门。"羊昙悲伤极了，就用马鞭扣打门扇，唱曹子建的诗："生时住在华丽的屋舍，零落成尘回到山丘。"痛哭一场才离去。

注释 ① 太山：郡名，西晋时属兖州。 ② "生存"二句：《乐府四首》之一，见《文选》第二十七卷"乐府"上。

原文

安有二子：瑶、琰。瑶袭爵，官至琅邪王友，早卒。子该嗣，终东阳太守①。无子，弟光禄勋模以子承伯嗣②，有罪，国除。

翻译

谢安有两个儿子：谢瑶和谢琰。谢瑶继承他的爵位，官做到琅邪王友，早年去世。谢瑶的儿子谢该嗣爵，官至东阳太守。谢该没有儿子，他的弟弟光禄勋谢模以自己的儿子谢承伯为谢该后，由于获罪，封国被除掉。

注释 ① 东阳太守：东阳郡太守。东阳，治所在长山县，即今浙江金华。 ② 光禄勋：官名，掌领宿卫之官，统辖武贲中郎将、羽林郎将、守宫令、黄门令、掖庭令等。

原文

刘裕以安勋德济世，特更封该弟澹为柴桑侯，邑千户，奉安祀。澹少历显位。桓玄篡位，以澹兼太尉，与王谧俱赍册到姑孰①。元熙

翻译

刘裕根据谢安有匡时济世的功德，又特封谢该之弟谢澹为柴桑侯，给邑千户，奉谢安的祭祀。谢澹年轻就做高官。桓玄篡位，以谢澹兼太尉，他和王谧一起带着册书到姑孰。晋元熙年间，

中[②]，为光禄大夫，复兼太保，持节奉册禅宋。	谢澹任光禄大夫，又兼太保，持节奉册，把晋皇位禅让于宋。

注释 ①姑孰：古城名。晋时置城戍守，今当涂。 ②元熙：晋恭帝（司马德文）年号。

陈 寿 传

导读

陈寿，西晋史学家，《三国志》一书的撰写者。《三国志》是继司马迁《史记》、班固《汉书》之后的纪传体史学名著，它的成书比范晔《后汉书》早百余年。《三国志》一出，即受到好评，陈寿死后，朝廷很重视它，把它藏入史馆。陈寿以前，有魏王沈《魏书》、吴韦昭《吴书》、魏鱼豢《魏略》等，但是都没有流传下来，对后世的影响都无法与《三国志》相比。《三国志》是把魏、蜀、吴三国分写。陈寿是晋臣，晋受魏禅，故尊魏为正统，肯定司马氏的得国。三国谁为正统，在历史上曾经引起很多争议。今天看来，尊谁为正统已不是什么问题。《三国志》一书，取材谨严，编著有法，但叙事过于简略。全书只有本纪和列传，无志。

陈寿是蜀人，蜀亡入晋。他仕途坎坷，尤其在父母的两次丧事上，曾遭到非难。《晋书》本传所载事迹，其叙述与其他文献略有不同，但总体看来，是较完整的。（选自卷八二）

原文

陈寿，字承祚，巴西安汉人也[①]。少好学，师事同郡谯周[②]，仕蜀为观阁令史[③]。宦人黄皓专弄威权[④]，大臣皆曲意附之，寿独不为之屈，由是屡被谴黜。

翻译

陈寿，字承祚，巴西郡安汉县人。少时喜好读书，以同郡谯周为师，在蜀国做观阁令史。蜀国宦官黄皓专弄威权，大臣们都曲意攀附他，唯独陈寿不屈服于他；由于这个原因，他屡次被谴责和罢黜。他父亲死了，他在守丧期间遭父丧，有疾，使婢丸药，客往见之，乡党以为贬议。及蜀平，坐是沉滞者累年[⑤]。司空张华爱其才[⑥]，以寿虽不远嫌，原情不至贬废，举为孝廉[⑦]，除佐著作郎[⑧]，出补阳平令[⑨]。撰《蜀相诸葛亮集》，奏之。除著作郎[⑩]，领本郡中正[⑪]。撰《魏吴蜀三国志》[⑫]，凡六十五篇。时人称其善叙事，有良史之才。夏侯湛时著《魏书》[⑬]，见寿所作，便坏己书而罢。张华深善之，谓寿曰："当以《晋书》相付耳。"其为时所重如此。或云丁仪、丁廙有盛名于魏[⑭]，寿谓其子曰："可觅千斛米见与[⑮]，当为尊公作佳传。"丁不与之，竟不为立传。寿父为马谡参军[⑯]，谡为诸葛亮所诛，寿父亦坐被髡[⑰]，诸葛瞻又轻寿[⑱]。寿为亮立传，谓亮将略非长，无应敌之才；言瞻惟工书，名过其实。议者以此少之。

生了病，令婢女调制丸药，被客人看见了，乡里人对此事有贬议。蜀平以后，陈寿因此在家闲赋多年不得出仕。司空张华爱他的才华，认为陈寿虽未避嫌，但推考实情，还不到贬废的地步，于是推举他为孝廉，任佐著作郎，出补阳平县令。陈寿撰写《蜀相诸葛亮集》进呈朝廷。又拜为著作郎，兼领本郡中正官。他又撰写《魏吴蜀三国志》，共六十五篇。当时人称赞他擅长叙事，有良史之才。夏侯湛此时正撰写《魏书》，读到陈寿的《三国志》，便毁掉自己的书稿，不再写了。张华非常赞赏他，对他说："应当把撰修《晋书》的事交给你。"陈寿如此受到当时人的敬重。有人说丁仪、丁廙兄弟在魏时享有盛名，陈寿修史时对他们的儿子说："可以讨得千斛米给我，我便给你们的父亲写篇好传。"丁家未给送米，陈寿竟不给丁氏兄弟立传。陈寿的父亲是马谡的参军，马谡被诸葛亮处死，陈寿的父亲也因此受髡刑，诸葛瞻又看不起陈寿。所以陈寿给诸葛亮立传时，说诸葛亮的谋略不高明，缺少应敌的才能；说诸葛瞻只擅长书法，名过其实。议论陈寿的人，以此贬低他。

注释 ① 巴西安汉:今四川南充。 ② 谯周:蜀中名儒,官至光禄大夫。魏将攻入西蜀后,谯周主降,后主刘禅从之。 ③ 观阁令史:观阁,图书收藏处。令史,掌文书的属官。按《华阳国志》有关陈寿的记载,陈寿仕蜀时曾任东观秘书郎,与《晋书》所记有异,观阁即指东观。 ④ 黄皓:蜀后主时宦官,蜀汉终至国破,与黄皓把持朝政、败坏吏治有关。 ⑤ 累:积累,累年即是很多年。 ⑥ 张华:武帝时官至中书令,伐吴有功。学识富厚,好延誉时才,陈寿是前朝降臣,能被起用,与张华善识人才有关。 ⑦ 孝廉:选拔人才的科目之一,由地方郡国推荐。 ⑧ 佐著作郎:掌编修国史,官职低于著作郎。 ⑨ 阳平令:阳平县令。 ⑩ 著作郎:秘书省官职,掌修国史之任。 ⑪ 中正:察访地方人才的官。 ⑫《魏吴蜀三国志》:即《三国志》。⑬ 夏侯湛:晋初名士,能文章,善辞藻。 ⑭ 丁仪、丁廙:两兄弟,曹魏时人,都有才名,因拥立曹植,在曹丕称帝后,皆被杀害。 ⑮ 觅:寻。千斛:万斗。与:给。⑯ 马谡:蜀将,后主建兴六年(228),诸葛亮攻魏时,任为前锋,因违亮节度,大败于街亭,被诸葛亮诛杀。参军:军府幕僚,筹谋划,备咨询。 ⑰ 坐:坐罪,受牵连而被治罪。髡(kūn):古刑名,剃去头发。 ⑱ 诸葛瞻:诸葛亮子,蜀亡时,魏将邓艾、钟会分兵攻蜀,他与邓艾交战,死于绵竹。

原文

张华将举寿为中书郎[①],荀勖忌华而疾寿[②],遂讽吏部迁寿为长广太守[③]。辞母老不就。杜预将之镇[④],复荐之于帝[⑤],宜补黄散[⑥]。由是授御史治书[⑦]。以母忧去职[⑧]。母遗言令葬洛阳,寿遵其志。又坐不以母归葬,竟被贬议。初,谯

翻译

张华将要举荐陈寿任中书郎,荀勖既忌恨张华,又讨厌陈寿,于是授意吏部让陈寿去做长广太守。陈寿借口母亲年老而不就任。杜预将离京赴镇,行前又把陈寿推荐给皇帝,认为应当让他补任黄门侍郎、散骑常侍一类的官。因此授陈寿为御史治书的官。后来因母丧去职。母亲遗嘱要葬在洛阳,他遵从了母亲的志愿,又因不把母亲归葬蜀中,遭到贬议。当初,他的老师谯周曾

周尝谓寿曰："卿必以才学成名，当被损折，亦非不幸也，宜深慎之。"寿至此，再致废辱，皆如周言。后数岁，起为太子中庶子[9]，未拜。

经对他说："你以后必能凭着才学而成名，同时也会遭受贬损，但这也不算不幸，不过你要特别谨慎。"陈寿到这时，两次废官辱名，都应了谯周的话。过后几年，被起用为太子中庶子，他未接受。

注释 ①中书郎：主掌朝仪，表奏之事。②荀勖：曹魏时官侍中，入晋领秘书监，久掌机密。曾与张华一起整理典籍。③讽：授意。长广：郡名，在今山东崂山北。④杜预：曾任征南大将军，都督荆州诸军事，镇守襄阳。⑤帝：指武帝司马炎。⑥黄散：即散骑黄门侍郎，其职侍从皇帝，备顾问，传达诏命。⑦御史治书：也叫治书御史，主掌律令。⑧忧：指父母的丧亡。⑨太子中庶子：太子侍从官。

原文

元康七年[1]，病卒，时年六十五。梁州大中正、尚书郎范頵等上表曰[2]："昔汉武帝诏曰：'司马相如病甚[3]，可遣悉取其书。'使者得其遗书，言封禅事[4]，天子异焉。臣等案：故治书侍御史陈寿作《三国志》，辞多劝诫，明乎得失，有益风化，虽文艳不若相如，而质直过之，愿垂采录。"于是诏下河

翻译

元康七年(297)，陈寿病故，年六十五岁。梁州大中正、尚书郎范頵等上表说："过去，汉武帝曾经下诏说：'司马相如病情严重，可派人把他的书文都收归朝廷。'使者奉旨取到他的遗书，其中有说封禅的事，武帝感到奇异。我等认为：已故治书侍御史陈寿作《三国志》，书中言辞多劝诫，对得失成败有明确看法，对风俗教化有益，虽然文辞美艳不如相如，而文笔朴直则是超过相如的，愿圣上降旨采录其书。"于是诏命河南尹、洛阳令，派人到陈寿家抄写其书。

南尹、洛阳令[5]，就家写其书。寿又撰《古国志》五十篇，《益都耆旧传》十篇，余文章传于世。

陈寿又撰写过《古国志》五十篇，《益都耆旧传》十篇，其余文章都在世间流传。

注释 ① 元康：晋惠帝年号(291—299)。 ② 梁州：西晋十九州之一，治所在南郑(今陕西汉中)。大中正：州中正官。 ③ 司马相如：西汉文学家，长于辞赋。 ④ 封禅：祭祀天地。 ⑤ 河南尹：相当于河南太守，因是京师之地，故太守称尹。

陶潜传

导读

陶潜，一名渊明，生于晋哀帝兴宁三年(365)，卒于宋元帝元嘉四年(427)。晋宋时期著名诗人，山水田园诗的奠基者。他的诗对后代文学影响较深，在中国文学史上有很高地位。他生当乱世，晚年值晋宋鼎革禅代之际，桓玄叛乱，刘裕篡政，他都经历过。混乱的社会状况，使得部分知识分子产生隐遁思想，有的则弃官做了隐士，陶潜就是著名的"浔阳三隐"之一。传中选录的《五柳先生传》《归去来辞》和他的名篇《桃花源记》都反映出一种浓厚的归隐思想。他坚持不与权贵世俗势力合流，"不为五斗米折腰"，是可称道的，但也有脱尘归隐、孤芳自赏的消极思想。此传在《晋书·隐逸》中，材料全面，取舍恰当。《宋书》《南史》也有他的传。(选自卷九四)

原文

陶潜，字元亮，大司马侃之曾孙也[①]。祖茂，武昌太守[②]。潜少怀高尚，博学善属文[③]，颖脱不羁，任真自得，为乡邻之所贵。尝著《五柳先生传》以自况曰："先生不知何许人，不详姓字，宅边有五柳树，因以为

翻译

陶潜，字元亮，是大司马陶侃的曾孙。祖父陶茂，做过武昌郡太守。陶潜年少时就志趣高尚，学识广博，善于词章，聪颖洒脱，而无所拘束，性格率真而不矫情掩饰，受到乡邻的爱重。他曾经写了一篇《五柳先生传》，用以比况自己，他说："先生不知是哪里的人，也不知他的姓名，他家宅边有五棵柳树，因

号焉。闲静少言，不慕荣利，好读书，不求甚解，每有会意，欣然忘食。性嗜酒，而家贫不能恒得。亲旧知其如此，或置酒招之，造饮必尽，期在必醉，既醉而退，曾不吝情。环堵萧然[④]，不蔽风日，短褐穿结，箪瓢屡空[⑤]，晏如也[⑥]。常著文章自娱，颇示己志，忘怀得失，以此自终。”其自序如此，时人谓之实录。

而就以五柳为号。他安静少言，不羡慕荣华利禄。喜爱读书，但又不咬文嚼字，不求甚解，每有心得体会，就高兴得忘了吃饭。天生好饮酒，而由于家贫又不能常得到酒。亲朋好友知道他这样的情况，有时备酒请他，他去了就喝，喝必尽情，不醉不休，醉了才走，从来没有客气过。家中四壁皆空，房屋破破烂烂，遮不住风吹日晒，身上穿着满是补丁的粗布短衫，穷得常常连箪食瓢饮的生活也保证不了，但他却安然自在。常写些文章自乐，表达自己的心志，而不考虑利害得失，他这样一直到老。”他的自序如此，人们认为这是他自己的真实写照，没有一点虚构。

注释 ① 大司马侃：侃，陶侃，东晋初期名臣，官至侍中、太尉，都督荆、江等八州诸军事，封长沙郡公，死后追赠大司马。 ② 武昌：武昌郡，三国吴始置，郡治在今湖北鄂州。 ③ 属文：写作文章。属，缀辑。 ④ 环堵：堵，墙。环堵即室内。 ⑤ 箪瓢：箪，盛饭用的竹器，圆形。瓢，剖葫芦做成的舀水或盛酒器。 ⑥ 晏如：安然自在。

原文

以亲老家贫，起为州祭酒[①]，不堪吏职[②]，少日自解归。州召主簿，不就，躬耕自资，遂抱羸疾，复为镇军、

翻译

由于父母年老，家里困难，陶潜出任江州祭酒，但他受不了吏职在身的拘束，不多日子就辞职回家了。州里召他做主簿，他不干，在家种田维持生活，落

建威参军[3]。谓亲朋曰："聊欲弦歌，以为三径之资可乎[4]？"执事者闻之，以为彭泽令[5]。在县公田悉令种秫谷[6]，曰："令吾常醉于酒足矣。"妻子固请种粳[7]，乃使一顷五十亩种秫，五十亩种粳。素简贵，不私事上官。郡遣督邮至县[8]，吏白应束带见之，潜叹曰："吾不能为五斗米折腰，拳拳事乡里小人邪[9]！"义熙二年[10]，解印去县，乃赋《归去来》[11]。其辞曰：

得瘦弱多病，后来又做了镇军将军、建威将军的参军。他对亲朋说："想弄个县官做做，为我隐居田园讨碗饭吃，可以吗？"州里执事的听说后，任他为彭泽县令。县里的公田他让全种了可以酿酒的秫谷，说："我能常醉于酒，足矣。"他的妻子坚持请种粳谷，于是以一顷之半五十亩种秫，五十亩种粳。陶潜历来简慢自尊，不讨好上级。郡里派督邮到县里巡察，属吏提醒他说，要束带拜见这位督邮才是，陶潜叹口气说："我不能为五斗米折腰，恭敬一个乡里小儿！"义熙二年(406)，陶潜解印离县回乡，于是撰写了《归去来》一文。文中说：

注释 ① 州祭酒：指江州祭酒。祭酒是州学官。 ②"不堪"句：是说陶潜不习惯官场生活。 ③ 镇军：镇军将军，指刘裕。建威：建威将军，当指刘敬宣。参军：晋代军府和王国所置的官员，有单称的，有冠以职名的，如谘议、记室参军等。 ④"聊欲"句：大意是陶潜想做一个县令之职。弦歌，以琴瑟伴奏而歌。《论语·阳货》记载孔子学生子游作武城宰(相当后世县令)，用弦歌作为教民之具。后世因以"弦歌"作为出任邑令的典故。三径，汉朝蒋诩，隐居乡里，在院中辟三条小路，只与其二好友同行。后因以指归隐后所住的田园。 ⑤ 彭泽令：彭泽县令。彭泽，今江西九江。 ⑥ 公田：官府之田。秫(shú)：粘高粱，可酿酒。 ⑦ 粳(jīng)：黏性强的米。 ⑧ 郡：指浔阳郡。督邮：郡守属吏，掌郡中督察纠举违法之事。 ⑨ 拳拳：忠谨貌。 ⑩ 义熙：晋安帝年号(405—418)。 ⑪《归去来》：归去，归还田里，离去县职。来，语助词，无义。

原文

归去来兮，田园将芜，胡不归？既自以心为形役，奚惆怅而独悲？悟已往之不谏，知来者之可追。实迷途其未远，觉今是而昨非。舟遥遥以轻飏，风飘飘而吹衣，问征夫以前路①，恨晨光之希微②。乃瞻衡宇③，载欣载奔④。僮仆来迎，稚子候门。三径就荒，松菊犹存。携幼入室，有酒盈樽。引壶觞以自酌⑤，眄庭柯以怡颜⑥，倚南窗以寄傲，审容膝之易安。园日涉而成趣，门虽设而常关；策扶老而流憩⑦，时翘首而遐观。云无心而出岫⑧，鸟倦飞而知还；景翳翳其将入⑨，抚孤松而盘桓⑩。

翻译

归去啊，田园将要荒芜，为什么还不把家归？既然自己让心志服从形体，为什么要惆怅而独自伤悲？我明白往日之事已不可谏止，自今而后尚可挽回。误入迷途其实未远，顿觉我现在和以前不一样了。船，任其轻轻地漂荡远行；风，听其将我衣服飘飘吹起。问行人前面路程还有几许，恨天亮前的光明何其希微。看到我的居室，高兴地往家飞奔。僮仆出来迎接，孩子等候在家门。院中小路已长满杂草，而松树和菊花依旧留存。携着幼子进屋，那里有酒满樽。拿来酒壶酒杯自酌自饮，看着院中树枝，我心旷神怡，依着南窗寄托自己高傲的情趣，审视这狭小的家舍最易安身。园中每日散步自有佳趣，门虽不废，却常关闭；我拄着手杖随走随坐，时而抬头向远方望去。云，无心无意飘出山顶；鸟，倦于飞翔而知还巢。天色渐近黄昏，太阳快要落山，我抚摸孤松盘桓不前。

注释 ① 征夫：行人，旅人。 ② 希微：天微明貌。希同“熹”。 ③ 衡宇：指简陋的房屋。衡，横木为门。 ④ 载：语词。 ⑤ 壶觞：泛指酒器。觞，酒杯。 ⑥ 眄(miǎn)：斜视。柯：树枝。 ⑦ 扶老：老，筇竹别名。扶老，因竹可为杖，故称手杖为扶老。 ⑧ 岫(xiù)：山。 ⑨ 翳翳：暗貌。 ⑩ 盘桓：迟疑不前的样子。

原文

归去来兮，请息交以绝游，世与我而相遗，复驾言兮焉求[①]！悦亲戚之情话，乐琴书以消忧。农人告余以暮春，将有事乎西畴[②]。或命巾车[③]，或棹孤舟[④]，既窈窕以寻壑[⑤]，亦崎岖而经丘。木欣欣以向荣，泉涓涓而始流，善万物之得时，感吾生之行休。

翻译

归去啊，我要停止与朋友的一切交游，世俗将遗弃我，我也将遗弃世俗，更何言什么驾车出游，或者说我有什么企求！我喜欢与亲人叙天伦谈家常，我乐于用琴书消除我心中的忧愁。农人告诉我时令已至暮春，他们将有农事在西边田畴。这时我或驾上篷车，或泛起孤舟，去寻觅幽远的深壑，也踏遍崎岖的山坡。树木欣欣向荣，泉水涓涓细流，我羡慕万物沐浴在大好的时光里，而感叹自己的一生，行将结束。

注释 ① 驾言：指驾车。言，语辞。 ② 西畴：西边的田地。畴，田一井。 ③ 巾车：有车衣遮盖的车。 ④ 棹(zhào)：划水行船。 ⑤ 窈窕(yǎo tiǎo)：深远貌。此处形容山水径路曲折。

原文

已矣乎[①]！寓形宇内复几时，曷不委心任去留？胡为乎遑遑欲何之？富贵非吾愿，帝乡不可期[②]。怀良晨以孤往，或植杖而芸耔[③]，登东皋以舒啸[④]，临清流而赋诗。聊乘化而归尽[⑤]，乐夫天命复奚疑！

翻译

就这样吧！我这个躯体在世上还能寄存几时，何不任其死生，不作思虑？为什么这样惶惶不安，还想去何处？富贵不是我所愿，天上的仙境渺茫不可预期。我想选择良辰，任自然而独往，或者置杖耕耘，登山长啸，临水赋诗。姑且顺乎自然变化使生命归于尽，也乐于顺从天命，还有什么可迟疑的！

注释 ① 已矣乎：就这样吧。 ② 帝乡：天帝所居，意谓仙境。 ③ 植杖：斜倚手杖，即放下手杖。芸耔：泛指农活。芸，除草。耔，培土。 ④ 皋（gāo）：高。 ⑤ 乘化：因循自然，顺应造化。

原文

顷之，征著作郎[1]，不就。既绝州郡觐谒[2]，其乡亲张野及周旋人羊松龄、宠遵等或有酒要之[3]，或要之共至酒坐，虽不识主人，亦欣然无忤，酣醉便反。未尝有所造诣[4]，所之唯至田舍及庐山游观而已。

翻译

不久，朝廷征召他做著作郎，他不去。他断绝与州郡官府的来往，他的乡亲张野和朋友羊松龄、宠遵等有时请他喝酒，有时邀他到别家做客，他虽然不认识主人，也高兴接受，不加拒绝，喝得大醉就回家。他哪儿也不去，谁也不拜访，只去农家田舍，或者到附近庐山游览而已。

注释 ① 征：征召。 ② 觐谒：参见。 ③ 周旋人：指朋友。要（yāo）：邀请。 ④ 造诣：拜访。

原文

刺史王弘以元熙中临州[1]，甚钦迟之[2]，后自造焉。潜称疾不见，既而语人云："我性不狎世[3]，因疾守闲，幸非洁志慕声，岂敢以王公纡轸为荣邪[4]！夫谬以不贤，此刘公干所以招谤君子[5]。其罪不细也。"弘每令

翻译

王弘在元熙年间到江州做刺史，对陶潜甚为钦仰，后来亲自登门拜访。陶潜借口有病不出见，过后对人说："我生性和世俗不接近，我在家待着也是因为有病，不是故作高洁，爱慕名声，我怎敢把王公趋车枉驾当作光荣呢！把我看错了，以为我是贤者，这是刘公干遭到大人物毁谤的原因。这个罪不小啊！"王弘常派人守候他，暗中获悉他要去庐

人候之，密知当往庐山，乃遣其故人庞通之等赍酒[6]，先于半道要之。潜既遇酒，便引酌野亭，欣然忘进。弘乃出与相见，遂欢宴穷日。潜无履，弘顾左右为之造履。左右请履度，潜便于坐申脚令度焉。弘要之还州，问其所乘，答云："素有脚疾，向乘篮舆[7]，亦足自反。"乃令一门生二儿共舆之至州[8]，而言笑赏适，不觉其有羡于华轩也[9]。弘后欲见，辄于林泽间候之。至于酒米乏绝，亦时相赡。

山，就派遣他的朋友庞通之等人带着酒食，先在半路上等着请他喝酒。陶潜一见酒就到野亭子里去喝，高兴得忘记走路。这时王弘出来与他相见，两人就欢宴一天。陶潜没有鞋，王弘让手下的人给他做鞋。手下人要量量鞋的尺寸，陶潜就在座位上伸出脚来让人量尺寸。王弘请他回州，问他乘坐什么，他说："我有脚病，平日常坐竹轿，但也能够自己回去。"王弘于是派门生的两个儿子抬着轿子送他回州，陶潜一路上谈笑自若，十分适意，看不出他羡慕华贵的车子。王弘以后若要见陶潜就在林间水边等候他。陶潜家中缺米少酒时，王弘常常提供帮助。

注释 ① 王弘：江州刺史。陶潜集中《王抚军座送客》诗中之王抚军，即指王弘。元熙：晋恭帝年号(419—420)。恭帝是东晋最后一个皇帝。 ② 钦迟：敬仰。 ③ 狎：亲近。 ④ 纡轸：纡，屈曲。轸，车。纡轸即言枉驾，屈驾。 ⑤ 刘公干：即刘桢，"建安七子"之一，汉末文学家，由于倨傲失礼，被曹操治罪。 ⑥ 庞通之：陶潜有《答庞参军》诗。赍：随身携带。 ⑦ 篮舆：竹轿。 ⑧ 门生：门下使役之人。 ⑨ 轩：车。

原文

其亲朋好事，或载酒肴而往，潜亦无所辞焉。每一醉，则大适融然。又不营生

翻译

陶潜的亲朋中有好事的，带着酒菜去他家，他也从不推辞。每到喝醉，就心满意足，其乐融融。他不事生产，家

业，家务悉委之儿仆。未尝有喜愠之色，惟遇酒则饮，时或无酒，亦雅咏不辍。尝言夏月虚闲，高卧北窗之下，清风飒至，自谓羲皇上人[①]。性不解音，而畜素琴一张，弦徽不具[②]，每朋酒之会，则抚而和之，曰："但识琴中趣，何劳弦上声！"以宋元嘉中卒[③]，时年六十三，所有文集并行于世。

务全交给儿辈和仆人管。他未曾有过喜怒之色，只是遇酒就喝，有时没有酒，就不断地咏诗。他曾说，夏天空闲无事，高卧北窗之下，清风飒飒而至，自己就如太古之民。他不懂音乐，可是家有素琴一张，但琴上没有丝弦，每当朋友聚会饮酒，他就抚琴而和，说："只要懂得琴中之情趣，何劳弦上出声！"陶潜在宋文帝元嘉年间去世，享年六十三岁，他的文集都流传于世。

注释 ① 羲皇上人：太古之民。意谓恬淡无营，最为愉快。 ② 徽：系弦之绳。 ③ 元嘉：宋文帝年号(424—453)。

北 狄 传

导读

《北狄传》选自《晋书·四夷列传》。《四夷列传》除《北狄传》，还有“东夷”“西戎”“南蛮”三传。此四个分传，将晋朝四周少数民族都写了进去。

晋朝北方的少数民族，主要是匈奴。当时所谓北狄，即指匈奴，《北狄传》就是匈奴的传。

匈奴的问题是影响两汉及魏晋数百年历史进程的大问题。《史记》《汉书》已有详细记载。《晋书》承接二书线索撰写，对两汉及曹魏时期的情况略加回顾，重点叙述的是晋代中原汉族政权与匈奴的关系。

《北狄传》作为一篇历史文献，写得很有特色。它篇幅不长，内容重要。仅用一千五百字，就把匈奴对晋叛附无常、双方复杂交错的历史过程明白表述出来。其所以能够如此，是因为立传主旨清楚，取舍精当。无用的史料不取，已取的史料没有一条可以舍去。

此传可与《史记》《汉书》中的有关记载并《晋书·江统传》等参阅校读。(选自卷九七)

原文

匈奴之类，总谓之北狄。匈奴地南接燕赵，北暨沙漠，东连九夷[①]，西距六戎[②]。世世自相君臣，不禀

翻译

匈奴这类少数民族，总括一起称为北狄。匈奴生活的区域南接燕赵，北及沙漠，东连九夷，西至六戎。他们历代都是自相统属，不奉中原华夏的正朔。

中国正朔[3]。夏曰薰鬻，殷曰鬼方，周曰猃狁，汉曰匈奴。其强弱盛衰、风俗好尚、区域所在[4]，皆列于前史[5]。

夏代称薰鬻，殷代称鬼方，周代称猃狁，汉代称匈奴。它的强弱盛衰、风俗习惯、所在区域，都记载在前代史书之中。

注释 ① 九夷：又称东夷，是古籍中记载居住在东方的少数民族。 ② 六戎：指居住在西方的少数民族。 ③“不禀”句：中国，指中原地区的华夏政权。正朔，一年的第一天。正，一年的开始；朔，一月的开始。古时改朝换代，新王朝表示“应天承运”，须重定正朔。正朔，后代通指帝王新颁之历法。这句话说不奉行中国的正朔，即不接受中原华夏族政权的统治。 ④ 好尚：喜好和崇尚。 ⑤ 前史：指《史记》《汉书》等史书。

原文

前汉末，匈奴大乱，五单于争立，而呼韩邪单于失其国，携率部落，入臣于汉[1]。汉嘉其意，割并州北界以安之[2]。于是匈奴五千余落入居朔方诸郡[3]，与汉人杂处。呼韩邪感汉恩，来朝，汉因留之，赐其邸舍[4]，犹因本号，听称单于，岁给绵绢钱谷，有如列侯[5]。子孙传袭，历代不绝。其部落随所居郡县，使宰牧之[6]，与

翻译

前汉末年，匈奴内部发生大乱，五个单于互相争位，而呼韩邪单于在斗争中失去权力，率领部落南下，对汉称臣。汉朝嘉许他来归的好意，划出并州北境一带让他们住下来。从此匈奴五千余户入居朔方各郡，和汉人混杂居处。呼韩邪感谢汉朝对他的恩惠，亲自来朝拜见汉天子，汉朝借机把他留下，赏赐他官邸，还允许他保留原有的尊号，依旧称单于，每年供给绵、绢、钱币和粮谷，相当于汉朝的列侯。他的子孙继承传位，历代不绝。匈奴的部落住在哪个郡县，就由其郡县的长官进行管理，与汉

编户大同[7]，而不输贡赋。多历年所[8]，户口渐滋，弥漫北朔[9]，转难禁制。后汉末，天下骚动，群臣竞言胡人猥多[10]，惧必为寇，宜先为其防。建安中[11]，魏武帝始分其众为五部[12]，部立其中贵者为帅，选汉人为司马以监督之[13]。魏末，复改帅为都尉[14]。其左部都尉所统可万余落，居于太原故兹氏县[15]；右部都尉可六千余落，居祁县[16]；南部都尉可三千余落，居蒲子县[17]；北部都尉可四千余落，居新兴县[18]；中部都尉可六千余落，居大陵县[19]。

族居民大体相同，但不缴纳赋税。经过许多年之后，匈奴人口渐渐增多，遍布北方各地，逐渐变得难以控制了。后汉末年，天下骚动不安，朝中大臣纷纷议论胡人太多了，恐怕迟早要为寇作乱，应当先作防范。建安年间，魏武帝曹操开始把匈奴人划分为五个部，每部立他们当中的尊贵者为帅，选派汉人当司马监督他们。魏末，又把帅改称都尉。其中左部都尉所管大约有一万多户，住在太原郡原来的兹氏县；右部都尉所管大约有六千多户，住祁县；南部都尉所管大约有三千多户，住蒲子县；北部都尉所管大约有四千多户，住新兴县；中部都尉所管大约有六千多户，住大陵县。

注释　①“前汉”句：按“五单于争立”一事发生在汉宣帝五凤元年（前57）。呼韩邪一度获胜，后遭失败，单于庭被占，故称“失其国”。呼韩邪归附汉朝，在宣帝甘露三年（前51）。单于，匈奴君主之称。　②并州：始置于西汉，今内蒙古、山西大部及河北一部，三国时缩小至今山西汾水中游地区。　③落：户。朔方：并州辖郡，其地在今内蒙古自治区黄河河套一带。西晋初年，皆游牧部落所居，未设治。　④邸舍：府第，即住宅。　⑤列侯：汉代非刘氏的功臣封侯者。　⑥宰：官长。牧：治理。　⑦编户：编入户籍的平民。　⑧所：助词，表示大概数字。　⑨北朔：泛指北方。　⑩猥：众多。　⑪建安：汉献帝年号。　⑫魏武帝：曹操。曹操生前未称帝，武帝是其谥号，曹丕所追尊。　⑬司马：武职，位在将军以下。　⑭都尉：武职，略低于将军。⑮ 太原:并州辖郡,治晋阳,今山西太原。兹氏县:今山西汾阳。⑯ 祁县:今山西晋中。⑰ 蒲子县:今山西汾阳。⑱ 新兴县:今山西忻府。⑲ 大陵县:今山西交城。

原文

武帝践阼后[①],塞外匈奴大水,塞泥、黑难等二万余落归化,帝复纳之,使居河西故宜阳城下。后复与晋人杂居,由是平阳、西河、太原、新兴、上党、乐平诸郡靡不有焉[②]。泰始七年,单于猛叛,屯孔邪城。武帝遣娄侯何桢持节讨之[③]。桢素有志略,以猛众凶悍,非少兵所制,乃潜诱猛左部督李恪杀猛[④]。于是匈奴震服,积年不敢复反。其后稍因忿恨,杀害长史[⑤],渐为边患。侍御史西河郭钦上疏曰[⑥]:"戎狄强犷,历古为患。魏初人寡,西北诸郡皆为戎居。今虽服从,若百年之后有风尘之警[⑦],胡骑自平阳、上党不三日而至孟津[⑧],北

翻译

晋武帝即位以后,塞外匈奴游牧区发生大水,塞泥、黑难等部的二万余户归服晋朝,晋武帝又收下了,叫他们住河西原来的宜阳城下。后来又和汉人杂居,从此以后,平阳、西河、太原、新兴、上党、乐平等郡到处有匈奴人。泰始七年(271),单于刘猛叛变,屯聚孔邪城。晋武帝派遣娄侯何桢以持节的名义去讨伐。何桢一向有智谋,他考虑到刘猛的部下凶悍,不是少数兵力所能制服的,就暗地里诱使刘猛的左部帅李恪杀掉刘猛。于是匈奴人远近震服,多年不敢再反。其后他们因稍有怨恨,将长史杀害,逐渐成为晋朝边患。侍御史西河郭钦上疏奏说:"戎狄强悍凶犷,自古就是中原的祸患。魏初人口稀少,西北各郡成了他们居住地。现在虽然服从朝廷,如果百年之后边境出现军情的急报,匈奴骑兵从平阳、上党出发,用不了三天时间就能到达孟津,北地、西河、太原、冯翊、安定、上郡将全变成北狄的天下。应当趁着平吴的声威,凭借谋臣猛

地、西河、太原、冯翊、安定、上郡尽为狄庭矣[9]。宜及平吴之威，谋臣猛将之略，出北地、西河、安定，复上郡，实冯翊，于平阳已北诸县募取死罪，徙三河、三魏见士四万家以充之[10]。裔不乱华[11]，渐徙平阳、弘农、魏郡、京兆、上党杂胡[12]，峻四夷出入之防，明先王荒服之制[13]，万世之长策也。”帝不纳。至太康五年，复有匈奴胡太阿厚率其部落二万九千三百人归化。七年，又有匈奴胡都大博及萎莎胡等各率种类大小凡十万余口，诣雍州刺史扶风王骏降附[14]。明年，匈奴都督大豆得一育鞠等复率种落大小万一千五百口、牛二万二千头、羊十万五千口，车庐什物不可胜纪[15]，来降，并贡其方物。帝并抚纳之。

将的韬略，出兵北地、西河、安定，收复上郡，充实冯翊，在平阳以北各县征募死罪犯人，迁移三河、三魏地区现有的人口四万家以充实那里的人口。根据‘裔不乱华’的古训，逐渐把居住在平阳、弘农、魏郡、京兆、上党等地的各类胡人迁出，严守四夷出入汉境的禁防，明确先王‘荒服’制度的教导，这是万世的良策。”皇帝没有采纳他的意见。到了太康五年(284)，又有匈奴太阿厚率领其部落二万九千三百人归服晋朝。七年，又有匈奴都大博和萎莎部落等各率领其宗族十万余人，向雍州刺史、扶风王司马骏降附。第二年，匈奴都督大豆得一育鞠等又率领其种族一万一千五百余人、牛二万二千头、羊十万五千只，以及大量车辆、帐幕、各种杂物等，前来投降，而且贡献了他们的特产。武帝将他们全部安抚收纳。

注释 ①“武帝”句:践阼,皇帝登位。公元265年晋灭魏,司马炎称帝,改元泰始,武帝践阼即指此。 ②平阳:今山西临汾。西河:今山西汾阳。上党:今山西潞城。乐平:今山西昔阳。 ③持节:节,符节。古代使臣出使,必持以作凭证。魏晋以后持节为官名,一般是刺史兼管军事。 ④左部督:即左部帅。 ⑤长史:边郡太守属官,掌军。 ⑥侍御史:朝廷掌纠察弹劾的官。 ⑦“若百”句:百年之后,泛指远期。风尘,铁骑所至,风起尘扬。指出现战事。 ⑧胡骑:匈奴骑兵。孟津:又名盟津,是古代黄河著名的渡口,在今河南孟州。 ⑨北地:今陕西耀县。冯翊:今陕西西安。安定:今甘肃泾川。上郡:今陕西榆林。狄庭:匈奴单于的王庭。此处谓其地皆为匈奴所统治。 ⑩三河:指河东、河内、河南三郡。三魏:汉高帝置魏郡,治邺县,王莽更名魏城,后分魏郡置东西都尉,故名之。魏郡西晋属司州。见士:现有的人口。 ⑪裔:概指四方少数民族。 ⑫弘农:今河南灵宝。京兆:今陕西西安。 ⑬荒服之制:即古代的畿服之制。按《国语》的说法,古代天子管辖的天下自京师向外分为五个层次,即五服。京师附近方圆千里为甸服,其外依次是侯服、宾服、要服、荒服。荒服去京师最远,是戎狄居住的地方。本文强调华夷的界限,所以把畿服之制说成荒服之制。 ⑭骏:司马骏,字子臧,司马懿之子。代汝南王亮镇守关中,封扶风王。 ⑮车庐:车辆和庐帐。什物:各种器物。

原文

北狄以部落为类[①],其入居塞者有屠各种、鲜支种、寇头种、乌谭种、赤勒种、捍蛭种、黑狼种、赤沙种、郁鞞种、萎莎种、秃童种、勃蔑种、羌渠种、贺赖种、钟跂种、大楼种、雍屈种、真树种、力羯种,凡十九

翻译

北狄是以部落划分种族,其中入居塞内的,有屠各种、鲜支种、寇头种、乌谭种、赤勒种、捍蛭种、黑狼种、赤沙种、郁鞞种、萎莎种、秃童种、勃蔑种、羌渠种、贺赖种、钟跂种、大楼种、雍屈种、真树种、力羯种,共十九种,他们都有自己的部落,分部定居,不相杂错。其中屠各种最为强大尊贵,所以得为单于,统领其他各部。其国世传的国官之号有

种，皆有部落，不相杂错。屠各最豪贵，故得为单于，统领诸种。其国号有左贤王、右贤王、左奕蠡王、右奕蠡王、左於陆王、右於陆王、左渐尚王、右渐尚王、左朔方王、右朔方王、左独鹿王、右独鹿王、左显禄王、右显禄王、左安乐王、右安乐王[②]，凡十六等，皆用单于亲子弟也。其左贤王最贵，唯太子得居之。其四姓[③]，有呼延氏、卜氏、兰氏、乔氏。而呼延氏最贵，则有左日逐、右日逐，世为辅相；卜氏则有左沮渠、右沮渠；兰氏则有左当户、右当户；乔氏则有左都侯、右都侯。又有车阳、沮渠、余地诸杂号，犹中国百官也。其国人有綦毋氏、勒氏[④]，皆勇健，好反叛。武帝时，有骑督綦毋伣邪伐吴有功，迁赤沙都尉。

左贤王、右贤王、左亦蠡王、右亦蠡王、左於陆王、右於陆王、左渐尚王、右渐尚王、左朔方王、右朔方王、左独鹿王、右独鹿王、左显禄王、右显禄王、左安乐王、右安乐王，共十六等，所用都是单于的亲子弟。其中左贤王最贵，只有太子能担任。国中四个贵姓，为呼延氏、卜氏、兰氏、乔氏。而呼延氏为最贵，则有左日逐、右日逐，世代都是单于的辅相；卜氏则有左沮渠、右沮渠；兰氏则有左当户、右当户；乔氏则有左都侯、右都侯。匈奴还有车阳、沮渠、余地的一些官号，相当于中原汉族政权机构中的百官。国中一般平民族属有綦毋氏、勒氏，都很勇健，好反叛。晋武帝时，有个叫綦毋伣邪的骑将因伐吴有功，升为赤沙都尉。

注释 ①"北狄"句：部落，即指氏族部落。按：匈奴就其族类关系而言，是一庞大的部落联盟，由于氏族是建筑在血亲基础上的亲族单位，所以氏族部落重视血统。本文下边提到的"种"，正是部落以血统划分之一证。 ②国号：即世传的国官之号。文中开列的十六个名号，例如左贤王，就其自身说，由于有分地，立国设治，很像诸侯国，左贤王就是国号。就整个匈奴说，由于是官，而且分等，左贤王就是官号。 ③其四姓：匈奴国家中的四个贵姓，都是世袭贵族。 ④其国人：一般族人。

原文

惠帝元康中[①]，匈奴郝散攻上党，杀长吏，入守上郡。明年，散弟度元又率冯翊、北地羌胡攻破二郡[②]。自此已后，北狄渐盛，中原乱矣。

翻译

惠帝元康年间，匈奴人郝散率众攻打上党，杀死官吏，占据了上郡。第二年，郝散的弟弟度元又率领冯翊、北地的羌胡攻破这两个郡。从此以后，北狄渐盛，中原就乱起来了。

注释 ①惠帝：司马衷，武帝司马炎之子。元康：惠帝年号(291—299)。 ②羌：马兰羌。胡：卢水胡。

孙 恩 传

导读

《孙恩传》和《卢循传》是写东晋末年孙恩、卢循领导的农民大起义的起因、经过和结果的。孙恩就是这次起义的发动者和主要领导人。他死后，其妹夫卢循率众坚持斗争。这次起义历时较久，规模较大，影响也较深远。腐朽的东晋王朝受到致命打击，起义被镇压后不久，晋朝也随之灭亡。

《孙恩传》主要是写这次农民大起义前一阶段的历史过程，从孙恩自海上发动起义，八郡响应，势如潮涌，扫荡地方，怒杀官吏，直至最后孙恩兵败自沉而死，全部过程叙述得清楚细致，首尾连贯，有声有色，而文字简约不繁。

《晋书·孙恩传》与《卢循传》是姊妹篇。此二传之外，《资治通鉴》对这次起义叙述更为详赡，尤当参照，今人冯君实著《晋书孙恩卢循传笺证》一书亦可参考。（选自卷一〇〇）

原文

孙恩，字灵秀，琅邪人[①]，孙秀之族也[②]。世奉五斗米道[③]。恩叔父泰，字敬远，师事钱唐杜子恭[④]。而子恭有秘术，尝就人借瓜刀，其主求之，子恭曰："当

翻译

孙恩，字灵秀，琅邪人，是孙秀的同族。他们家族世世信奉五斗米道。孙恩的叔父孙泰，字敬远，奉钱唐的杜子恭为老师。而杜子恭有秘术，曾有一次借用人家的瓜刀，刀的主人过后向他索取，杜子恭说："我马上就还给你。"不久

即相还耳。"既而刀主行至嘉兴[5]，有鱼跃入船中，破鱼得瓜刀。其为神效往往如此。子恭死，泰传其术。然浮狡有小才，诳诱百姓，愚者敬之如神，皆竭财产，进子女，以祈福庆。王珣言于会稽王道子[6]，流之于广州。广州刺史王怀之以泰行郁林太守[7]，南越亦归之[8]。太子少傅王雅先与泰善[9]，言于孝武帝[10]，以泰知养性之方，因召还。道子以为徐州主簿，犹以道术眩惑士庶。稍迁辅国将军、新安太守[11]。王恭之役[12]，泰私合义兵，得数千人，为国讨恭。黄门郎孔道、鄱阳太守桓放之、骠骑谘议周勰等皆敬事之[13]，会稽世子元显亦数诣泰求其秘术[14]。泰见天下兵起，以为晋祚将终[15]，乃扇动百姓，私集徒众，三吴士庶多从之。于时朝士皆惧泰为乱，以其与元显交厚，咸

刀的主人走到嘉兴，有鱼从水里跳进船舱，割破鱼腹就拿到了瓜刀。他的秘术施展起来往往如此神奇。杜子恭死后，孙泰继承了他的秘术。但是孙泰虚浮奸狡，只有一点小伎俩，善于欺诱百姓，无知的人把他当成神仙一样崇敬，都拿出全部家产，献出子女，以祈求福庆。王珣把孙泰的行为反映给会稽王司马道子，司马道子便把孙泰流放到广州。广州刺史王怀之用孙泰暂代郁林太守之职，连南越那个地方也交给他管。太子少傅王雅早就和孙泰有友谊，就把孙泰的情况讲给孝武帝，因为孙泰懂得养性保身的方术，孝武帝把他从广州召了回来。司马道子安排他做了徐州主簿，但他还是照旧用道术迷惑士族和庶族。孙泰逐渐被提升为辅国将军、新安太守。在平王恭叛乱的战争期间，孙泰私募义兵，聚集数千人，为国讨伐王恭。黄门郎孔道、鄱阳太守桓放之、骠骑谘议周勰等大官都恭敬地奉他为师，连会稽王的世子司马元显也多次登门求教，想学到他的秘术。孙泰看到天下兵乱已起，认为晋朝统治将要结束，就煽动百姓，私下聚集徒众，三吴地区的士庶民众好多都信从他。当时朝中官员都怕孙泰蓄谋作乱，但又因为他和司马元

莫敢言。会稽内史谢辖发其谋,道子诛之。

显交情很深,大家都不敢说。会稽内史谢辖揭发了孙泰的阴谋,司马道子将孙泰杀死。

注释 ① 琅邪:属徐州,初为赵王伦封国,治开阳,今山东临沂。② 孙秀:赵王伦的帮凶,八王乱起,秀助伦谋废贾后,逼惠帝禅位。任中书令,专擅朝政。后齐王冏讨伦,秀被杀。③ 五斗米道:东汉末年流行的一宗教组织,是张陵在蜀地创立的。教义反映出农民的平等愿望。教徒须缴纳五斗米。公元 191 年张陵的孙子张鲁攻占汉中,建立起政教合一的政权。后张鲁归附曹操。④ 钱唐:吴郡属县,今浙江杭州。⑤ 嘉兴:吴郡属县,今浙江嘉兴。⑥ 王珣:字元琳,琅邪人,王导之孙,晋朝大臣。会稽王道子:会稽是东晋大郡,属扬州,治山阴。今浙江绍兴。道子即司马道子,简文帝司马昱之子,封会稽王,专断朝政,后被桓玄所杀。⑦ 行:暂代,特指以小衔摄大官,唐宋官制以大兼小也称行,与此相反。郁林:郡名,属广州,治布山,今广西玉林。太守:郡的行政长官。⑧ 南越:交广地区。归:委任。⑨ 太子少傅:辅导太子的官。王雅:东海剡人,王肃之曾孙,官至尚书左仆射,多参朝政,素被优遇。⑩ 孝武帝:司马曜,在位 24 年(373—396)。⑪ 新安:属扬州,郡治始新,今浙江淳安。⑫ 王恭之役:王恭,孝武帝后兄,前将军,兖、青二州刺史。安帝隆安元年(397)举兵反,次年被杀。这是东晋帝室与大族间的一场权力争夺。⑬ 黄门郎:黄门侍郎,侍从皇帝,传达诏命。鄱阳:属扬州。骠骑谘议:是骠骑谘议参军的省称,谘议参军是军府幕僚。⑭ 元显:司马道子之子。道子父子曾一度把持朝政,元显谋划征调东方各郡“免奴为客”者为兵,到建康集合,号称“乐属”,社会因此动荡不安,孙恩起义与此有关。⑮ 祚:皇帝的地位。

原文

恩逃于海。众闻泰死,惑之,皆谓蝉蜕登仙[①],故就海中资给。恩聚合亡命得百余人,志欲复仇。及元显

翻译

孙恩逃到海上。信徒们听到孙泰已死的消息不相信,都说孙泰脱却躯壳上天成仙了,所以到海上接济供应。孙恩聚合亡命之徒,共得百余人,想要给

纵暴吴会，百姓不安，恩因其骚动，自海攻上虞[②]，杀县令，因袭会稽，害内史王凝之[③]，有众数万。于是会稽谢针、吴郡陆瑰、吴兴丘尫、义兴许允之、临海周胄、永嘉张永及东阳、新安等凡八郡[④]，一时俱起，杀长吏以应之，旬日之中，众数十万。于是吴兴太守谢邈，永嘉太守谢逸，嘉兴公顾胤，南康公谢明慧，黄门郎谢冲、张琨，中书郎孔道，太子洗马孔福[⑤]，乌程令夏侯愔等皆遇害。吴国内史桓谦，义兴太守魏傿，临海太守、新蔡王崇等并出奔。于是恩据会稽，自号征东将军，号其党曰“长生人”，宣语令诛杀异己，有不同者戮及婴孩，由是死者十七八。畿内诸县处处蜂起[⑥]，朝廷震惧，内外戒严。遣卫将军谢琰、镇北将军刘牢之讨之[⑦]，并转斗而前。吴会承平日久，人

孙泰报仇。等到司马元显在吴会滥施暴政，百姓惶惶不安。孙恩乘机起事，自海上攻打上虞，杀掉县令，接着袭击会稽，杀死内史王凝之，拥有兵众数万人。于是会稽的谢针、吴郡的陆瑰、吴兴的丘尫、义兴的许允之、临海的周胄、永嘉的张永及东阳、新安等八郡，一时之间都起义了，杀掉当地官吏，响应孙恩，十天左右工夫部众就发展到几十万人。这时吴兴太守谢邈，永嘉太守谢逸，嘉兴公顾胤，南康公谢明慧，黄门郎谢冲、张琨，中书郎孔道，太子洗马孔福，乌程令夏侯愔等都被杀死。吴国内史桓谦，义兴太守魏傿，临海太守新蔡王崇等都弃官逃跑。于是孙恩占领了会稽郡，自号征东将军，给他的同党起名叫“长生人”，号召他们诛杀异己，有不顺从而敢抗拒者和他们的婴孩都一起杀死，因此被杀害的人十有七八。京城附近各县处处蜂起，朝廷震惊，城里城外实行戒严。派遣卫将军谢琰、镇北将军刘牢之率军进讨，一同转战前进。这时吴会之地承平已久，人不习战，又没有兵器，所以很多郡县被攻破。各部叛军都烧粮仓，焚室屋，砍伐树木，填塞水井，劫掠财物，陆续聚到会稽。其中妇女有的由于婴儿连累不能随队，就用

不习战，又无器械[8]，故所在多被破亡。诸贼皆烧仓廪[9]，焚邑屋，刊木堙井，虏掠财货，相率聚于会稽。其妇女有婴累不能去者，囊簏盛婴儿投于水[10]，而告之曰："贺汝先登仙堂，我寻后就汝。"

袋子或竹筐装着婴儿扔到水里，告诉婴儿说："祝贺你先上仙堂，我随后跟你去。"

注释 ① 蝉蜕：蝉脱皮。此处意谓脱掉形骸而灵魂不灭。 ② 上虞：属会稽，今浙江上虞。 ③ 王凝之：王羲之之子。 ④ 吴郡：治吴，今江苏苏州。吴兴：治乌程，今浙江吴兴。义兴：治阳羡，今江苏宜兴。临海：治章安，今浙江临海。永嘉：治永宁，今浙江永嘉。东阳：治长山，今浙江东阳。 ⑤ 太子洗马：东宫官属，掌图籍。⑥ 畿内：畿辅以内，即国都附近之地。 ⑦ 谢琰：谢安之子。淝水之战时，任将军，与堂兄谢玄共立战功。其后，任徐州刺史，控制北府兵，驻京口。孙恩起义以后，谢琰奉命镇压，在战斗中被击毙。刘牢之：字道肩，彭城人，寒族出身，北府军著名将领。 ⑧ 器械：兵甲。 ⑨ 仓廪：粮仓。 ⑩ 簏：竹筐。

原文

初，恩闻八郡响应，告其属曰："天下无复事矣，当与诸君朝服而至建康。"既闻牢之临江，复曰："我割浙江，不失作句践也[1]。"寻知牢之已济江，乃曰："孤不羞走矣。"乃虏男女二十余万

翻译

起初，孙恩得知八郡一时俱起响应他，告诉他的徒众说："天下不会再有战事了，我将和各位一起穿上朝服到建康去。"等到听说刘牢之率领的官军临近长江，他又说："我割据浙江，还仍然能做越王勾践呢。"随后又得知刘牢之的部队已经渡过长江，又说："我不羞于逃跑了。"于是虏获男女二十余万口，一时

口,一时逃入海。惧官军之蹑,乃缘道多弃宝物子女,时东土殷实,莫不粲丽盈目,牢之等遽于收敛,故恩复得逃海。朝廷以谢琰为会稽[2],率徐州文武戍海浦[3]。

逃到海上。因为害怕官军随后追击,就顺路扔下许多宝物和子女。当时江东一带很富庶,所以他们沿路扔下的东西莫不光灿耀目,刘牢之等忙于拾取宝物,所以孙恩得以再次逃到海上。朝廷用谢琰担任会稽内史,率领原驻徐州的文武将士在海边驻防。

注释 ① 句践:即勾践,春秋末越国君主,被吴王夫差击败,退守会稽,后复国灭吴。 ②"朝廷"句:指东晋政权任谢琰为会稽内史,负责东南之会稽、新安、东阳、临海、永嘉五郡军事。会稽,指会稽内史。 ③ 徐州文武:指北府军将士。海浦:海边。

原文

隆安四年,恩复入余姚[1],破上虞,进至刑浦[2]。琰遣参军刘宣之距破之[3],恩退缩。少日,复寇刑浦,害谢琰。朝廷大震,遣冠军将军桓不才、辅国将军孙无终、宁朔将军高雅之击之,恩复还于海。于是复遣牢之东屯会稽。吴国内史袁山松筑扈渎垒[4],缘海备恩。

翻译

隆安四年(400),孙恩又从海上登陆进入余姚,攻破上虞,进抵刑浦。谢琰派参军刘宣之击破来军,孙恩暂时退兵。不多日,又攻打刑浦,杀死谢琰。朝廷大为震惊,派遣冠军将军桓不才、辅国将军孙无终、宁朔将军高雅之抗击,孙恩又回到海上。于是朝廷又派遣刘牢之东屯会稽,吴国内史袁山松修筑扈渎垒,沿着海岸防备孙恩。

注释 ① 余姚：属会稽郡，今浙江余姚。 ② 刑浦：在山阴北，为戍守要地。③ 距：同“拒”，抗拒。 ④ 扈渎垒：在今上海北。

原文

明年，恩复入浃口[1]，雅之败绩。牢之进击，恩复还于海。转寇扈渎，害袁山松，仍浮海向京口[2]。牢之率众西击，未达，而恩已至，刘裕乃总兵缘海距之[3]。及战，恩众大败，狼狈赴船。寻又集众，欲向京都，朝廷骇惧，陈兵以待之。恩至新州[4]，不敢进而退，北寇广陵[5]，陷之，乃浮海而北。刘裕与刘敬宣并军蹑之于郁洲[6]，累战，恩复大败。由是渐衰弱，复沿海还南。裕亦寻海要截[7]，复大破恩于扈渎，恩遂远进海中。

翻译

次年，孙恩又进入浃口，高雅之吃了败仗。刘牢之率部进击，孙恩又回到海上。转攻扈渎，杀死袁山松，又经海路指向京口。刘牢之率众往西出击，还未到达，孙恩已经先到，刘裕就集中兵力沿着海岸抵御。等到双方交战，孙恩部众大败，狼狈上船。不久又集合余众，打算向京师进发，朝廷惊骇，就部署兵力等待迎战。孙恩到了新州，未敢轻进，随即后退，继而北进攻陷广陵，又经海路北上。刘裕和刘敬宣合军追随他们到郁洲，经过几次战斗，孙恩都大败。从此孙恩的军力逐渐由强变弱，沿着海岸折回南方。刘裕循着海路截去，大破孙恩于扈渎。孙恩遂率领残兵远远地散落在海里。

注释 ① 浃口：在余姚、鄮县之间，当今甬江入口处。 ② 京口：今江苏镇江。③ 刘裕：即宋武帝，曾经是刘牢之部下。 ④ 新州：地在京师北部。 ⑤ 广陵：徐州领郡，治广陵，今江苏扬州。 ⑥ 刘敬宣：刘牢之之子。郁洲：在今江苏连云港以东海上。 ⑦ 要(yāo)截：半路拦截。

原文

及桓玄用事[①]，恩复寇临海，临海太守辛景讨破之。恩穷戚，乃赴海自沉，妖党及妓妾谓之水仙，投水从死者百数。余众复推恩妹夫卢循为主[②]。自恩初入海，所虏男女之口，其后战死及自溺并流离被传卖者，至恩死时裁数千人存，而恩攻没谢琰、袁山松，陷广陵，前后数十战，亦杀百姓数万人。

翻译

桓玄执掌朝政时，孙恩又进攻临海，临海太守辛景击败孙恩。孙恩穷困无路，只好跳海自杀，他的党羽和身边妓妾称他是水仙，投水从死的有百余人。余众又推举孙恩的妹夫卢循做首领。自孙恩第一次入海，所虏获的男女人口，后来有的战死，有的自溺，有的流离各地并被转卖，到孙恩死的时候，只剩下几千人，而孙恩攻杀谢琰、袁山松，攻陷广陵，前后数十战，也杀百姓数万人。

注释　① 桓玄用事：桓玄是桓温之子，江州刺史，是东晋后期的藩镇势力，握兵长江上游，与朝廷对抗。一度攻入建康，政权全归桓氏。用事：指掌握朝政。 ② 卢循：起义后期首领，《晋书》卷一百有《卢循传》。

王猛载记

导读

王猛(325—375),汉人,十六国时期前秦名相,辅佐苻坚二十余年,文治武功都有显著的成绩。前秦之所以能够一度统一北方,与王猛的贡献有很大的关系。王猛作为一名宰相,一生谨慎、忠诚,这一点很像诸葛亮。皇帝苻坚对他的赏识和重用,也与刘备对待诸葛亮类似。王猛与诸葛亮一样,都有强烈的封建正统观念。诸葛亮以蜀汉为正统,所以他与曹魏对抗到死。王猛以东晋为正统,所以直到临终还劝谏苻坚切勿图晋。王猛不图晋的主张是高明的,可惜苻坚不听,前秦终于一败涂地。

《晋书》把晋以外诸国的人物传一律降格称作"载记",反映《晋书》作者的正统观念和民族偏见极其严重,不过对于人物事迹的记述还是很客观、很真实的。王猛的这一篇载记尽管史料不多,也没有作者的评论,但是我们读完之后,印象十分深刻,顿觉一个为政多谋善断、胆大心细,为人忠于职守、谦和谨慎的政治家形象矗立在眼前。(选自卷一一四)

原文

王猛,字景略,北海剧人也[①],家于魏郡[②]。少贫贱,以鬻畚为业[③]。尝货畚于洛阳,乃有一人贵买其

翻译

王猛,字景略,北海郡剧县人,定居于魏郡。他少时贫贱,以卖畚为业。有一次他去洛阳卖畚,有一个人主动出高价买他的畚,而说身上没带钱,自称家

畚，而云无直，自言家去此无远，可随我取直。猛利其贵而从之，行不觉远，忽至深山，见一父老，须发皓然，踞胡床而坐[4]，左右十许人，有一人引猛进拜之。父老曰："王公何缘拜也！"乃十倍偿畚直，遣人送之。猛既出，顾视，乃嵩高山也[5]。

离这里不远，可以随他去取钱。王猛图他给钱多就跟他去了，没觉得走多远，忽然到了深山，看到一位长者，须发皆白，靠着一把交椅坐着，左右围着十来个人，有一个人引进王猛向前跪拜。长者说："王公为什么缘故拜我呀？"长者就用十倍的大价给了畚钱，派人送王猛，等他出来，回头一看，原来是嵩高山。

注释 ① 北海剧：北海郡剧县。今山东寿光东南。 ② 魏郡：汉置。西晋时属司州。 ③ 畚(běn)：用草绳或竹篾编织的盛物器具。 ④ 胡床：一种可以折叠的轻便坐具。也叫交椅、交床。由胡地传入，故名。 ⑤ 嵩高：中岳嵩山，五岳之一，在河南登封北。古称外方，又名嵩高，因处四方之中，山形高大，故称。

原文

猛瑰姿俊伟[1]，博学好兵书，谨重严毅，气度雄远。细事不干其虑，自不参其神契[2]，略不与交通，是以浮华之士咸轻而笑之。猛悠然自得，不以屑怀。少游于邺都[3]，时人罕能识也。惟徐统见而奇之，召为功曹[4]。遁而不应，遂隐于华阴山。怀佐世之志，希龙颜之主[5]，

翻译

王猛生得仪表堂堂，英俊魁伟，博学而好读兵书，谨慎持重，严肃沉毅，气度雄劲深远。与他思虑无关的小事，他绝不费精神，一般也不与人打交道，因此，一些浅薄的人都轻蔑他、讥笑他。王猛却悠然自得，不放在心上。王猛年轻时，游学邺都，当时很少有人能认识到他是个人才。只有徐统见到他，感到此人不一般，就召他担任功曹。王猛逃走而不应召，于是隐居于华阴山。王猛胸怀佐世的大志，求遇英明的君主，像

敛翼待时，候风云而后动。桓温入关[6]，猛被褐而诣之[7]，一面谈当世之事，扪虱而言，旁若无人。温察而异之，问曰："吾奉天子之命，率锐师十万，仗义讨逆，为百姓除残贼，而三秦豪杰未有至者何也[8]？"猛曰："公不远数千里，深入寇境，长安咫尺而不渡灞水[9]，百姓未见公心故也，所以不至。"温默然无以酬之。温之将还，赐猛车马，拜高官督护[10]，请与俱南。猛还山谘师，师曰："卿与桓温岂并世哉！在此自可富贵，何为远乎！"猛乃止。

大鹏一样，收敛着双翼等待时运，一旦风起云涌，他就要展翅高飞了。桓温入函谷关，王猛穿着粗衣去拜访他，只管自己高谈当世之事，一边捏着虱子说话，好像旁边根本没有别人似的。桓温一看，觉得此人不简单，就问道："我奉行天子之命，率领精兵十万，仗义讨伐叛逆，替百姓除掉残贼，而三秦豪杰竟没有一个人到我这儿来，这是什么原因？"王猛回答说："您不远数千里，深入敌寇之境，现在长安近在咫尺，而您却不渡灞水，百姓看不出您的真心，所以不来。"桓温默然无语，没话回答。桓温将要撤军，赏赐王猛车马，给他高官督护做，请他一起南下。王猛回到山里征求老师意见，老师说："你和桓温怎能并世而立！在此自可富贵，为什么一定要往远走呢？"王猛于是留下不走。

注释 ① 瑰(guī)姿：美丽的容姿。 ② 神契：精神的投合。 ③ 邺都：即邺。春秋齐邑，桓公于此作邺城。战国魏都。汉置县，属魏郡。汉末袁绍为冀州牧，镇邺。绍败亡，又以封曹操，魏置邺都，与长安、谯、许昌、洛阳合称五都。故城在今河北临漳县北。 ④ 功曹：州郡佐吏。 ⑤ 龙颜：皇帝的颜貌。 ⑥ 桓温入关：桓温，东晋大将。公元354年(永和十年)，桓温率军攻击前秦，进攻关中，直到长安附近的灞上。 ⑦ 被褐：被，同"披"，穿着。褐，粗毛或粗麻织的短衣，泛指贫苦人的衣服。⑧ 三秦：地名，即指今陕西省一带。以项羽破秦入关，三分秦关中之地得名。

⑨ 咫尺：八寸为咫。咫尺比喻距离很近。灞水：今灞河，渭河支流，在陕西中部。
⑩ 督护：武官名。起于西晋，南北朝时，凡居方面镇将，其部将有督护。

原文

苻坚将有大志[1]，闻猛名，遣吕婆楼招之[2]，一见便若平生，语及废兴大事，异符同契，若玄德之遇孔明也[3]。及坚僭位[4]，以猛为中书侍郎[5]，时始平多枋头西归之人[6]，豪右纵横，劫盗充斥[7]，乃转猛为始平令。猛下车，明法峻刑，澄察善恶，禁勒强豪。鞭杀一吏，百姓上书讼之，有司劾奏，槛车征下廷尉诏狱[8]。坚亲问之，曰："为政之体，德化为先，莅位未几而杀戮无数，何其酷也！"猛曰："臣闻宰宁国以礼，治乱邦以法。陛下不以臣不才，任臣以剧邑[9]，谨为明君翦除凶猾。始杀一奸，余尚万数，若以臣不能穷残尽暴，肃清轨法者[10]，敢不甘心鼎镬[11]，以谢

翻译

苻坚将要做皇帝，闻王猛大名，派吕婆楼招他，一见面，便如同多年的老朋友，论及天下兴亡事，两人就像符节一样一拍即合，真像刘玄德遇见诸葛孔明。等到苻坚篡了帝位，用王猛当中书侍郎，这时始平地方有许多从枋头西归的流人，豪强大族横行无忌，打家劫舍的强盗到处皆是，苻坚就调王猛担任始平县令。王猛下车伊始，就明法严刑，清察善恶，约束豪强。王猛鞭杀了一个小吏，百姓上书控告他，主管部门把情况奏禀给苻坚，并用槛车拿下王猛交付廷尉，关进牢狱。苻坚亲自审问他，说："为政要把德化放在首位，你到任不久就杀戮许多人，为什么这般残暴！"王猛说："我听说，治安定之国用礼教，治乱邦就得用法。陛下不认为我不称职，把一个复杂难治的县交给我，让我替英明的君主剪除坏人。刚刚杀掉一个奸人，剩下的还有成千上万呢。如果我不能把残贼暴吏悉数除掉，不能肃清一切违法的人，我怎敢不甘心领受鼎镬之刑，以谢辜负君王之罪！说我实行酷政，随

孤负[12]！酷政之刑，臣实未敢受之。”坚谓群臣曰：“王景略固是夷吾、子产之俦也[13]。”于是赦之。

便杀人，我实在不敢接受。”苻坚对群臣说：“王景略确实是管仲、子产一流的人。”于是宽赦了他。

注释 ① 苻坚：十六国时氐族首领，前秦皇帝，一度统一北方大部分地区。后来攻晋，败于淝水。公元385年为羌族首领姚苌所杀。 ② 吕婆楼：王猛的同乡，坚自立为大秦天王时，被封为司隶校尉，曾把王猛引见给苻坚。 ③ “若玄”句：诸葛亮(181—234)，字孔明，琅邪阳都(今山东沂水)人，曾隐居南阳郡的隆中(今湖北襄阳)。公元207年，刘备三顾茅庐，请出了诸葛亮。初次会见时，诸葛亮向刘备提出了占据荆州、益州，联吴抗曹的战略建议，刘备很赞成，之后，两人情同鱼水。 ④ 僭(jiàn)位：超越身份，自立王位。封建王朝以正统自居，称割据对立的王朝为僭伪。《晋书》尊晋为正统，故对前秦苻坚政权以僭越论。 ⑤ 中书侍郎：中书监、令的副职，参与朝政。 ⑥ 始平：郡名，今陕西咸阳、宝鸡一带。枋头：位于今河南浚县西南淇门渡，是古时黄河渡口，为当时军事要地。 ⑦ 充斥：众多，比比皆是。 ⑧ 廷尉：官名，掌刑狱。 ⑨ 剧邑：繁杂难以统治的州邑。 ⑩ 轨法：乱法。轨，同“宄”。 ⑪ 鼎镬：鼎、镬俱为烹饪器，此处作重刑解，即以鼎镬烹人。 ⑫ 孤负：即辜负。 ⑬ 夷吾：即管仲，曾相齐桓公成就霸业。子产：郑子产，春秋时郑国宰相，治国有成效。

原文

迁尚书左丞、咸阳内史、京兆尹[1]。未几，除吏部尚书、太子詹事[2]，又迁尚书左仆射、辅国将军、司隶校尉[3]，加骑都尉，居中宿卫。时猛年三十六，岁中五迁，

翻译

王猛接着升任尚书左丞、咸阳内史、京兆尹。不久，当上吏部尚书、太子詹事，又升为尚书左仆射、辅国将军、司隶校尉，加官骑都尉，住在禁中担任宿卫。这时王猛年仅三十六，一年之内五次升迁，权重朝野，皇族贵戚和旧臣都

权倾内外，宗戚旧臣皆害其宠。尚书仇腾、丞相长史席宝数谮毁之[④]，坚大怒，黜腾为甘松护军[⑤]，宝白衣领长史[⑥]。尔后上下咸服，莫有敢言。顷之，迁尚书令、太子太傅，加散骑常侍。猛频表累让，坚竟不许。又转司徒、录尚书事，余如故。猛辞以无功，不拜。

很忌惮他的受宠。尚书仇腾和丞相长史席宝多次诬陷他，苻坚大怒，罢了仇腾的官，降为甘松护军，席宝免为庶人，留任长史。从这以后，上下皆服，没有再敢讲话的了。过不久，王猛又升任尚书令、太子太傅，加官散骑常侍。王猛屡次上表辞让，苻坚终不允许。王猛又被转授司徒、录尚书事，其余的官职依旧。这一次王猛以自己无功为理由，没有接受。

注释 ① 尚书左丞：古官名。秦置尚书丞，汉沿用。东汉时，分置左右丞，主持尚书台。晋制不改，左丞主台内禁令、宗庙祠祀、朝仪礼制、选用署吏等工作。咸阳内史、京兆尹：内史在魏晋时代是封建王国的主管政务的长官，京兆尹是前秦京城长安的行政长官。二者地位皆与郡太守相当。 ② 太子詹事：掌太子家事。 ③ 尚书左仆射：尚书台长官，本为尚书令的副手，魏晋以后，令、仆射同居宰相之任。司隶校尉：掌纠察京师百官及所辖附近各部，地位相当于州刺史。 ④ 丞相长史：汉相国、丞相，后汉太尉、司徒、司空、将军府，各有长史，职任颇重，号为三公辅佐。三国、晋、南北朝沿置不改。 ⑤ 甘松：本羌地，取州界甘松岭为名。今地当在四川松潘一带。护军：将领。 ⑥ 长史：此处当指郡府官，辅佐太守者。

原文

后率诸军讨慕容暐[①]，军禁严明，师无私犯。猛之未至邺也，劫盗公行，及猛之至，远近帖然，燕人安之[②]。军还，以功进封清河

翻译

后来，王猛率领诸军征讨慕容暐，军纪严明，没有侵犯百姓的行为。邺这个地方，在王猛没有到的时候，盗贼公开活动，等到王猛一到，远近帖然服从，燕国人也不再叛乱。王猛撤军以后，以

郡侯，赐以美妾五人，上女妓十二人，中妓三十八人，马百匹，车十乘。猛上疏固辞不受。

功进封清河郡侯，赏赐他美妾五人，上等歌女十二人，中等歌女三十八人，一百匹马，十辆车。王猛上疏表示坚决不受。

注释　① 慕容暐：鲜卑族，前燕国君。公元370年，王猛率秦兵攻燕，攻破邺城，慕容暐被俘，前燕国亡。② 燕人：指前燕国人。

原文

时既留镇冀州[①]，坚遣猛于六州之内听以便宜从事[②]，简召英俊，以补关东守宰[③]，授讫，言台除正。居数月，上疏曰："臣前所以朝闻夕拜，不顾艰虞者，正以方难未夷，军机权速，庶竭命戎行[④]，甘驱驰之役，敷宣皇威，展筋骨之效。故僶俛从事[⑤]，叨据负乘[⑥]，可谓恭命于济时，俟太平于今日。今圣德格于皇天[⑦]，威灵被于八表[⑧]，弘化已熙[⑨]，六合清泰[⑩]，窃敢披贡丹诚，请避贤路。设官分职，各有司存，岂应孤任愚臣，以速倾败！东夏之事[⑪]，非臣区区所能

翻译

当时王猛留下来镇守冀州，苻坚令王猛在六州以内有权相机行事，选用优秀人才，关东各地的地方官，可以先任命，后报朝廷批准。过了几个月，王猛上疏说："臣此前所以朝闻命夕拜官，不顾艰难，是因为四境危难未平，军情又急切多变，我不能不效命于军中，驱驰于疆场，弘扬皇威，施展筋骨之劳。所以我勤勉从事，以不才之身叨据兴国之重任，可以说是奉命于匡时救世之际，等待今天这样的太平之时。如今皇上的圣德已经感动上天，皇上的威灵已经散播于八荒四海，教化光明远照，天下清平安泰，我冒昧地向陛下剖白我的一颗赤诚之心，请允许我退下来，让开贤路，使真正有才能的人出来做官。国家设官分职，各有职掌，怎可独用我一人

康理，愿徙授亲贤，济臣颠坠。若以臣有鹰犬微勤，未忍捐弃者，乞待罪一州，效尽力命。徐方始宾[12]，淮汝防重[13]，六州处分，府选便宜，辄以悉停。督任弗可虚旷，深愿时降神规。”坚不许，遣其侍中梁谠诣邺喻旨，猛乃视事如前。

加速国运倾败！东方（新征服）地区，不是我区区一人之力所能管好的，希望改任亲而又贤的人，使我渡过这难以支撑的困境。如果认为我还有一点微小的鹰犬之用不忍舍弃，那么就让我做个州官，以奉献我的全部力量甚至生命。徐州一带刚刚归附，淮水、汝水流域防务重要，对六州的处置，及州府官员人选的安排，因此就都停办了。关东六州总督的职位不可空虚，我深愿陛下及时做出决定来。”苻坚不许，乃派他的侍中梁谠到邺都去向王猛宣旨，王猛这才和以前一样工作。

注释 ① 冀州：古九州之一。包括今山西全省、河北西北部、河南北部、辽宁西部。汉以后，历代都设置冀州，但所辖地区逐渐缩小，一般包括今河北、河南北部，州治亦时有变动。 ② 便宜：因利乘便，见机行事。 ③ 关东：指函谷关以东之地。守宰：泛指地方官。 ④ 戎行：军队、行伍。 ⑤ 僶俛（mǐn miǎn）：勤勉、努力。⑥ 叨据：叨窃，不当得而得，谦词。负乘：意谓背东西的小人乘坐君子之车骑。⑦ 格：感动。 ⑧ 八表：八荒四海。 ⑨ 弘化：推广教化。熙：光明。 ⑩ 六合：指天、地、东、西、南、北。 ⑪ 东夏之事：函谷关以东的事情。 ⑫ 徐方：徐州。⑬ 淮汝：淮水汝水。

原文

俄入为丞相、中书监、尚书令、太子太傅、司隶校尉[1]，持节、常侍、将军、侯如

翻译

不久，王猛入朝做丞相、中书监、尚书令、太子太傅、司隶校尉等职，原来的持节、常侍、将军、侯诸衔都照旧不变。

故[2]。稍加都督中外诸军事[3]。猛表让久之。坚曰："卿昔螭蟠布衣[4]，朕龙潜弱冠[5]，属世事纷纭，厉士之际，颠覆厥德[6]。朕奇卿于暂见，拟卿为卧龙，卿亦异朕于一言，回《考槃》之雅志[7]，岂不精契神交，千载之会！虽傅岩入梦[8]，姜公悟兆[9]，今古一时，亦不殊也。自卿辅政，几将二纪[10]，内厘百揆[11]，外荡群凶，天下向定，彝伦始叙[12]。朕且欲从容于上，望卿劳心于下，弘济之务，非卿而谁！"遂不许。其后数年，复授司徒。猛复上疏曰："臣闻乾象盈虚[13]，惟后则之[14]，位称以才，官非则旷。郑武翼周[15]，仍世载咏；王叔昧宠[16]，政替身亡。斯则成败之殷监[17]，为臣之炯戒。窃惟鼎宰崇重[18]，参路太阶[19]，宜妙尽时贤，对扬休命[20]。魏祖以文和为公，贻笑孙后[21]；千秋一

渐而又加官都督中外诸军事。王猛上表久让不受。苻坚说："你早年是个隐藏才能的百姓，我早年是个龙潜在渊的天子，适逢世事纷纭，厉王苻生当政，我们的社会良好的品行被颠覆。我在一次偶然的相见中发现你这个人不一般，把你比作卧龙，你也对我的一句话感到惊异，终于放弃了不求功名的《考槃》之志，你我之相识真可谓精契神交，千载难逢之会。即便殷武丁之梦傅岩，周文王之悟姜太公，也不过如此，今天和古代都是一样的。自你辅佐朝政以来，几近二十年，内治百事，外荡群凶，天下走向安定，国家的一切秩序开始有了眉目。我还想在上面更从容轻松一些，指望你在下面更辛苦操劳一些，弘济国家危难的重任，除了你还有谁能承担！"于是不许。几年之后，又让他当司徒。王猛再次上疏说："我听说，天上日月之有盈虚，只有皇帝能效法，官位与才能要相称，如果没有相称的人，就把官位空着。郑武公辅佐周王室，累代都记载传诵；王叔得宠而冲昏头脑，落得个政败身亡。这既是国事成败的殷鉴，也是为臣的明戒。我认为，三公位崇而任重，如天上星座的参路太阶，应当认真寻求当今贤能之士担任，以对答和宏扬王

言致相,匈奴哂之[22]。臣何庸猬,而应斯举!不但取嗤邻远,实令为虏轻秦。昔东野穷驭,颜子知其将弊[23]。陛下不复料度臣之才力,私惧败亡是及。且上亏宪典,臣何颜处之!虽陛下私臣,其如天下何!愿回日月之鉴,矜臣后悔,使上无过授之谤,臣蒙覆焘之恩。”坚竟不从。猛乃受命。军国内外万机之务,事无巨细,莫不归之。

命。魏文帝任用贾诩为相,给孙权以笑柄;田千秋因一句话做了宰相,被匈奴耻笑。我是多么平庸拘谨,而受到这么高的抬举!不但会招致远近诸国的讥笑,实际上更是使敌国轻视我们秦国。古时东野之马穷力奔驰,颜子就知道要出问题。陛下不考虑我的才力,我担心败亡就要来临。况且,这种任命缺少宪典根据,让我以何面目对待!虽然陛下对我好,但又能奈天下人何!希望陛下回心转意,如同日月之明鉴,使我免生日后之悔,也使陛下不蒙授官不当之非议,我受陛下覆被之恩。”苻坚最终也没有听从。王猛于是受命。军事与政治,朝中与朝外,一切机要事务,不论大小,没有不归他掌握的。

注释 ① 丞相:魏晋时代辅佐皇帝的最高行政长官。多由权臣担任。王猛做前秦的丞相,地位也是极高的。中书监:三国魏时置,与中书令职务相等而地位略高,同掌机要。 ② 常侍:散骑常侍的简称。 ③ 都督中外诸军事:官名,掌管全国军事的最高长官。 ④ 螭蟠布衣:螭蟠,龙蜷曲未动。螭蟠布衣,指一个才干非凡的人处在普通百姓地位而未得施展的时候。 ⑤ 龙潜:龙潜伏水中未动,喻帝王未即位时。 ⑥ 厉士:厉士的“士”,据《晋书》校勘记应是“王”,指苻生,苻坚的堂兄,为苻坚所杀,谥厉王。 ⑦ 回《考槃》之雅志:《考槃》是《诗经·卫风》中的一篇,颂扬不图名位的志向。此句指王猛应邀任官职。 ⑧ 傅岩入梦:传说,古时殷高宗(即武丁)得傅岩辅政之前,梦见傅岩。 ⑨ 姜公悟兆:姜太公吕尚辅政之前,文王预先已有所领悟。 ⑩ 纪:古代纪年的单位,十二年为一纪。 ⑪ 百揆:犹百度,泛指庶政。 ⑫ 彝伦始叙:彝伦,天地人之常道。叙,次序。 ⑬ 乾象盈虚:天体气象之盈虚。

⑭ 惟后则之：惟有皇帝仿效做到。后，皇帝。 ⑮ 郑武翼周：郑武公辅佐周。⑯ 王叔昧宠：王叔得宠而冲昏头脑。王叔，周惠王之叔父颓。 ⑰ 殷鉴：本指殷灭夏，殷后代应以夏亡为鉴戒。后泛指可作鉴戒的前事。 ⑱ 鼎宰：三公，宰辅。⑲ 参路太阶：夜间天上星宿群集之处的太阶星座。古时迷信，以天上的星宿比喻人间朝廷的官职。参路有三个星座组合，比喻三公；而太阶星座影射朝廷三公之一。 ⑳ 对扬休命：对扬，对答称扬。休命，美命。 ㉑ "魏祖"句：曹丕以贾诩这个董卓集团的人物为宰相，被孙权所取笑。文和，贾诩字。孙后，指孙权。 ㉒ "千秋"句：田千秋一言做了宰相，匈奴取笑这件事。千秋，田千秋，汉武帝的宰相。㉓ "昔东"二句：东野的马穷力奔驰，颜回知道将要出问题。东野，地名，曲阜东二十里。颜子，颜回。典故出自《孔子家语》卷第五。

原文

猛宰政公平，流放尸素[①]，拔幽滞，显贤才，外修兵革，内崇儒学，劝课农桑，教以廉耻，无罪而不刑，无才而不任，庶绩咸熙[②]，百揆时叙[③]。于是兵强国富，垂及升平，猛之力也。坚尝从容谓猛曰："卿夙夜匪懈，忧勤万机，若文王得太公，吾将优游以卒岁。"猛曰："不图陛下知臣之过，臣何足以拟古人！"坚曰："以吾观之，太公岂能过也！"常敕其太子宏、长乐公丕等曰：

翻译

王猛为政公平，流放尸位素餐、为官不做事的人，起用幽隐失意、当用未用的人，提拔有德有才的人，外面整治武备，内里崇尚儒学，勉励百姓务农植桑，教化百姓知廉知耻，没有罪的不处刑罚，无能的不给官做，各种政绩全都兴盛起来，各项事业因此都成绩显著，井井有条。由此前秦兵强国富，几乎达到升平的程度，这都是王猛的功劳。有一次苻坚闲暇时对王猛说："你起早贪晚而不懈怠，对国务忧心勤苦，我好比文王得到太公，可以一年到头悠闲自在了。"王猛说："我不图陛下看到我的过错，我哪里够得上与古人相比呢！"苻坚说："在我看来，姜太公岂能超过你！"苻

"汝事王公,如事我也。"其见重如此。

坚经常告诫太子苻宏、长乐公苻丕说:"你们对待王公,应当像对待我一样。"王猛竟被尊重到如此程度。

注释 ① 尸素:居位食禄而不理事。 ② 庶绩咸熙:庶绩,各种政绩。熙,兴盛。 ③ 百揆时叙:冢宰总领百事,使当时政治有秩序。百揆,在此处指古代总领国政的长官。

原文

广平麻思流寄关右,因母亡归葬,请还冀州。猛谓思曰:"便可速装,是暮已符卿发遣。"及始出关,郡县已被符管摄。其令行禁整,事无留滞,皆此类也。性刚明清肃,于善恶尤分。微时一餐之惠,睚眦之忿[1],靡不报焉,时论颇以此少之。

翻译

广平郡人麻思,客居潼关以西,因为母亲去世而要求回家办理丧事,就请求返回冀州。王猛对麻思说:"现在就可以快些整备行装上路,今晚守关官吏已能奉符放行你。"等到麻思开始出关时,沿途郡县已受符予以办理。王猛令行禁止,办事雷厉风行,说办就办的作风都像这样。王猛性情刚强明快,清廉严肃,对于善与恶尤其分得清楚。早年人们对他的一饭之恩,或者一怒之忿,他都要报。因此当时舆论对他颇有看法。

注释 ① 睚眦:同"睚眦"。怒目而视,借指小怨小忿。

原文

其年寝疾[1],坚亲祈南北郊、宗庙、社稷[2],分遣侍臣祷河岳诸祀,靡不周备。

翻译

这一年王猛卧病不起,苻坚亲自郊天,祭宗庙、社稷,为他祈祷,又分派侍臣祭山川诸祀,祈神求福,能做的都做猛疾未瘳[3]，乃大赦其境内殊死已下。猛疾甚，因上疏谢恩，并言时政，多所弘益。坚览之流涕，悲恸左右。及疾笃，坚亲临省病，问以后事，猛曰："晋虽僻陋吴越[4]，乃正朔相承。亲仁善邻，国之宝也。臣没之后，愿不以晋为图。鲜卑、羌虏[5]，我之仇也，终为人患，宜渐除之，以便社稷。"言终而死，时年五十一。坚哭之恸。比敛，三临，谓太子宏曰："天不欲使吾平一六合邪？何夺吾景略之速也！"赠侍中，丞相余如故。给东园温明秘器[6]，帛三千匹，谷万石。谒者仆射监护丧事，葬礼一依汉大将军霍光故事[7]。谥曰武侯。朝野巷哭三日。

了。王猛的病终于没见好，于是就大赦国内死刑以下的犯人。王猛的病更重了，于是上表谢恩，并陈说时政，其中有许多宝贵的见解。苻坚看了流下了眼泪，悲痛之情感动了左右。等到王猛病危，苻坚亲自来看望他，问到后事，王猛说："晋国虽然偏居旧时吴越之地，却是中国的正统相承。亲仁善邻，是一个国家最重要的事情。我死以后，希望不要把晋国作为攻取的对象。鲜卑人、羌人，这才是我们的仇敌，终究是个祸患，应当逐渐地把他们除掉。以利国家。"话说完王猛就死了，时年五十一。苻坚哭得极其悲痛。王猛入敛时，他三次到场，对太子苻宏说："天不想叫我统一天下吗？为什么夺我的景略夺得这么快呀！"追赠王猛侍中，丞相等职照旧。赐给王猛东园的贵重棺具，帛三千匹，谷万石。由谒者仆射监护丧事，葬礼一依汉大将军霍光的先例。追谥王猛武侯。朝野上下，巷哭三天。

注释 ① 寝疾：卧病。 ② 郊：距都城百里谓之郊。郊亦指祭天地。古代冬至祀天于南郊，夏至祀地于北郊，为封建王朝的大典。社稷：土、谷之神，是国家政权的标志。 ③ 瘳（chōu）：病愈。 ④ 吴越：古代的吴国和越国，在今江浙一带。 ⑤ 鲜卑：古民族名。东胡的一支。汉初居于辽东，后汉时移于匈奴故地，势力渐盛。晋初分数部，以慕容、拓跋二氏为最著。羌：我国古代西部民族之一。五胡十六国时期曾建立后秦政权，公元394年，苻坚为其所灭。⑥东园：是给皇帝生前造棺和放棺的地方。温明：古代葬器，据古书解释，其形如方漆桶，以镜置其中，悬尸上，大敛并盖之。⑦霍光：霍去病异母弟。出入宫廷二十余年，汉昭帝八岁即位，霍光以大司马、大将军受遗诏辅政，政事一决于光。历事三朝，死时以大将军礼葬之。

宋书

漆泽邦 孔毅 译注
李国祥 审阅

导 言

《宋书》是南朝沈约修撰的一部记载刘宋历史的史书。沈约历仕宋、齐、梁三代,《宋书》是在南齐时奉齐武帝之命编写的,永明五年(487)春动笔,六(488)年二月书成上奏。

沈约字休文,吴兴(今浙江吴兴南)武康人,生于宋文帝元嘉十七年(440),死于梁武帝天监十二年(513),是南朝著名的文学家和史学家,也热衷于政治。吴兴沈氏为江东名门望族,《晋书·周楚传附周札传》说:"江东之豪,莫强周、沈。"其沈即指吴兴沈氏。《南史》《梁书》皆为沈约立传。《宋书·自序》更详细地记载了沈约的先祖多以军功而致高位,门第显赫。沈约的父亲沈璞,元嘉末任淮南(今安徽寿县)太守,因未响应刘骏起兵讨伐刘劭,被刘骏处死,株连家属。年仅十三岁的沈约随母出逃避祸,刘骏即位后大赦天下,才出而定居;又流寓异乡,孤贫无靠,沈氏家族一度衰败。但沈约并不甘于门户中衰,立志重振家声。虽曾遇坎坷,仍不懈跻身政坛,意欲步步青云。经过宋、齐、梁三代,沈氏一门仕宦通显,家族得以振兴。

沈约最早入仕于宋文帝时,任奉朝请。宋明帝时,济阳(今河南兰考东北)蔡兴宗任郢州刺史,引用沈约为安西外兵参军,兼领记室,对他非常钦佩。明帝末,蔡兴宗任荆州刺史,又以沈约为征西记室参军。最后调入京师任尚书度支郎。

公元479年,萧道成建立南齐,沈约又出仕齐朝。齐武帝时,入东宫主管文书,又在永寿省理四部图书,甚得太子萧长懋亲待。当时太子弟竟陵王萧子良亦招引宾客,开西邸结纳文士。沈约离开东宫,入竟陵王府，与谢朓、王融、萧琛、范云、任昉、陆倕及以后的梁武帝萧衍共为西邸八友。此后，沈约还担任过著作郎、尚书左丞、御史中丞，又出任过东阳（今浙江金华）太守和南清河（宋侨治）太守等职，并带将军号。

沈约的政治生涯主要是在梁朝。因梁武帝与他在西邸有旧情，齐末萧衍封梁王，就任沈约为梁国散骑常侍、吏部尚书，兼右仆射。公元501年，萧衍与齐宗室萧颖胄在江陵拥立萧宝融为齐和帝，次年带兵攻入齐都建康（今江苏南京），诛杀齐末帝东昏侯萧宝卷，立即任用沈约为骠骑司马。这时沈约建议萧衍称帝，并事先准备好禅位的诏书和百官人选名单。于是萧衍下定决心，派人杀了萧宝融，立即自称皇帝，即梁武帝，建立梁朝。梁武帝因此对沈约怀有感激之情，认为他才智纵横，贤明卓识，便任沈约为尚书仆射，封建昌县侯，封沈母谢氏为建昌国太夫人，荣宠已极。不久又升迁为左仆射。以后历任各种要职。此时沈约志得意满，以为三公名位唾手可得，不料梁武帝始终不满足他的愿望。他又求外出任地方官，梁武帝也不同意。这时他才心灰意冷，在建康城郊东田修建了一幢别墅，住在那里，作《郊居赋》抒发心中郁闷。梁武帝的态度，反映了寒门出身的皇帝对没落中的士族的抑制。天监十二年（513），沈约去世，终年七十二岁。梁武帝下诏谥为“隐侯”。

沈约一生虽热衷功名利禄，但喜好读书，少年时代流寓孤贫时，仍手不释卷，孜孜不倦，终于成为一个很有学问的人。得志以后，他更是广收天下典籍，家中藏书达两万卷，是京城里收聚图书最多的。沈约擅长作诗，文赋也作得精美。当时人认为谢朓工于诗，任昉长于文，沈约诗文兼善，只是不能超过他们罢了。齐武帝永明年间，沈约与周颙等人开创“声律学”，称“永明声律说”。他还专门撰有《四声谱》。“声律说”的创立，为唐代律诗的形成奠定了基础，这是沈约对文学发展做出的重大贡献。又因历仕三代，通晓典章制度，学识渊博，这些都为他修史打下了良好的基础。

沈约二十岁左右，就有编写晋朝史书的意图，他得到蔡兴宗赞助，并征得宋明帝同意，用了二十多年时间，修成晋史一百二十卷。以后又撰成《齐纪》二十卷、《梁武纪》十四卷，都是史书。另有《迩言》十卷，《谥例》十卷，《文章志》三十卷，文集一百卷，皆流行于世。

《宋书》的编写，只用了一年左右，所记载的历史上起宋武帝刘裕建立宋朝(420)，终于萧道成篡宋(479)，共一百卷。其中帝纪十卷，志三十卷，列传六十卷。何以百卷大书竟能如此神速地编写成功呢？主要原因在于沈约大量地利用了何承天、山谦之、苏宝生和徐爰等人原有的宋史著作，这批著作记载了宋初至孝武帝时期的史事。孝武帝后，历经前废帝、宋明帝、后废帝到顺帝时萧道成篡宋，只有十三四年时间，沈约独立撰成的就只是这段历史，其余的就是把别人编好的史书，进行一番整理就行了。但《宋书》的最后定稿还经过了相当时间，八志三十卷是后来续成的。《宋书》全稿的完成当在齐明帝即位以后，甚至到梁武帝即位以后了。现在，其他人所编的刘宋历史都已亡佚，只散见于一些书籍的注释和类书中。比较完整地保留下来的记载刘宋一代历史的书，就只有这部《宋书》了。

门阀制度经过东晋一代的发展，至南朝开始没落。由于高门士族竭尽全力维护自己的特权地位，所以，士庶之间的等级界限比门阀制度充分发展的东晋还要森严，沈约就是一个门阀制度的卫道士。他曾在齐武帝永明八年(490)，痛心疾首地上书弹劾王源嫁女与“士庶莫辨”的富阳满氏，说“王、满连姻，实骇物听”，应将王源从士族中清洗出去，并建议皇帝免王源官，将其“禁锢终身”。这种顽固地维护门阀等级制度的思想，不能不反映在他编著的《宋书》中，这是读者在读《宋书》时首先应当注意的。在列传的人物中，高门士族占了很大比例，仅就当时最主要的士族王、谢而论，王氏在列传中有十五六人，谢氏也有十多人，而且都是佳传。如写王华、王弘之、谢庄、谢晦等，沈约对他们都赞扬备至。

至于给那些并无什么功绩可记的士族立传，只是徒然增多《宋书》的篇幅而已。对一些具有反对门阀的思想而又有才华的人物，沈约却很不重视，如大诗人鲍照，沈约只把他附在临川王刘义庆传后，除去收录的《河清颂》，正文只有一百多字，这是很不公平的。他又把一些由寒门爬上统治阶级上层的人物及文人，放在《恩幸传》内，以示他们是以恩宠幸进的人，而且对他们时有贬抑之词。这些都十分鲜明地表现了沈约维护门阀制度的立场。

其次，《宋书》对于统治阶级多有回护。赵翼评论说：《宋书》书法“全多回护忌讳而少直笔”(《陔余丛考》)。特别是他由宋入齐后，修史对宋代君臣多有贬损，欲以此取媚新朝。当然，这些做法也是封建史学家的通病。

尽管如此，《宋书》的史料价值仍不可低估。

第一，《宋书》保存了许多珍贵史料。在本书所选的篇目中，有记载宋武帝末年以来宋室内部骨肉相残情况的，如《徐湛之传》《刘义康传》《刘义真传》等；有记载没落中的高门士族顽固地维护门阀等级，以及他们与寒门庶族之间矛盾和斗争情况的，如《刘穆之传》《谢方明传》《张敷传》等；有记载寒人勃兴，执掌朝政情况的，如《阮佃夫传》《沈庆之传》等；有记载大臣与中央政府争斗及大臣之间勾心斗角情况的，如《殷景仁传》《谢晦传》《王华传》等，这些都展现出刘宋一朝的时代特色。又有记载大地主封山占泽、大肆兼并土地及商业方面情况的，如《孔灵符传》《羊希传》《颜竣传》《谢弘微传》等；记载各地人民暴动及孙思、卢循起义对门阀地主打击情况的，如《谢方明传》《刘道济传》等；记载刘宋与北魏边境互市情况的，如《张畅传》《颜竣传》等。其他方面，文人隐士如谢惠连、颜延之、王弘之；武人如宗悫；廉吏如阮长之等传，本书也加以选入。这些都为我们了解和研究刘宋历史提供了不少有价值的史料。

另外，《宋书》还收录了许多诏令奏议、表章疏书及一些人的作品。

如《武帝纪》中的《禁淫祠诏》、《何承天传》中的《谏北伐表》、《王徽传》中的《与江敩辞官书》、《谢灵运传》中的《劝伐河北疏》及自注的《山居赋》、《顾觊之传》中的《定命论》等，都是有关当时历史真相的重要文献。正是由于沈约不厌其烦的收录，使得这许多文献得以保留下来。唐人李延寿编著《南史》，把《宋书》各纪传内的文献删去，以期文字简洁，读起来倒也顺畅，但作为史书来说，过于简洁对于后人研究历史是不利的。

第二，《宋书》的八志写得十分详细，材料丰富。从篇幅上看，八志几乎占了全书的一半。叙述的方法是由古代写到刘宋末，具有完整的体系，使读者能了解一些制度的发展演变情况。如《州郡志》对南方地理沿革、东晋以来侨州、郡、县的分布及其户数和人口数等，都作了详细的考察和记载。《律历志》《天文志》是据当时大天文学家何承天的撰述写的，十分精详，体现了当时自然科学的成就。《乐志》详细记载了古代各种乐器，保留了一些古代乐歌歌词，是研究这一时期音乐文学的史料。我国古代有些史书是没有志的，沈约这样修志，说明他对典章制度的重视，这是一个史学家应有的识见。当然，八志中如《符瑞志》《五行志》等，多是宣扬怪异、天命，史料价值不很高。

第三，为少数民族和外邦小国立传。南北朝是我国历史上民族大融合的时代，无论南方北方，都有民族之间的关系和对外关系。所以，为少数民族和外国立传是很有必要的。《宋书》编写了《索虏传》，是南朝史籍中记载北魏前期历史最有参考价值的一篇。又有《吐谷浑传》，叙述吐谷浑建国的历史。西北方面记载了略阳清水氐杨氏和卢水胡大且渠蒙逊的事迹。至于对南方少数民族的记载则更为详细。这些都说明作者的眼光不局限于汉族统治地区，而能放眼“化外”，这对于我们今天了解和研究当时的民族关系和海外关系，以及民族融合方面的情况，都提供了重要史料。

此外，《宋书》还有其他特色。由于沈约在文学方面造诣很深，领袖文坛数十年，所以《宋书》的文字优美典雅，富有文采。如《谢灵运传论》，文论俱备，谈到了魏晋以来文学的发展与演变，及沈约自己关于诗歌声律的主张，不仅是研究魏晋六朝文学发展的重要资料，而且也是文辞富丽、音律婉谐的骈文作品。但由于他叙事用词多有讲究，使得读者阅读《宋书》时有一定的困难。

《宋书》列传叙事时常常采用带叙法，即把某些没有专传的人的简历和事迹，在他人的传记中夹带写出，这也是《宋书》的特点之一。如本书所选注的《褚叔度传》中，插入了有关褚秀之、褚淡之的事迹。这种叙事法的优点是，在不增加传目的情况下，保留更多历史人物及事件的材料。

现在流传的《宋书》已非沈约原著的全貌。由于当时印刷术还未发明，书籍全靠手抄。所以《宋书》在流传过程中，多有散佚。到北宋时，《宋书》不但有脱页，甚至有全卷脱漏的情况。据历代学者考证，脱漏部分是后人用李延寿《南史》和高峻的《高氏小史》等书补上去的。由于是补缺，难免有疏漏之处。如卷四十六《到彦之传》全篇缺而未补；原来已有《张畅传》（卷五十九）和《张敷传》（卷六十二），但补书人却又在卷四十六《张邵传》后补有张畅和张敷的附传；还有一些传记许多文字缺漏无法补上，就用“□”符号代替，使文章显得重复和不够连贯，给读者带来不便。

《宋书》洋洋一百卷，大多篇幅较长。本书只选译并注释了二十篇，凡《南史》已选过的纪、传不再选入；又由于节录较多，且删去了原文中的诏令奏议、文章疏书等方面的文字，故虽力图较好地覆盖《宋书》繁富的内容，也难免挂一漏万，有所疏忽。

本书在选译过程中，得李运益教授审读文稿，又得研究生李琼英等同志大力协助，在此一并表示感谢！

漆泽邦　孔　毅

武 帝 纪

导读

宋武帝刘裕(362—422),字德舆,小名寄奴,彭城(今江苏徐州)人,出身寒门。过江后寓居京口(今江苏镇江),初为北府兵下级军官,东晋末年,曾追随刘牢之镇压孙恩、卢循起义,逐渐发迹。晋安帝元兴元年(402),荆州都督桓玄攻入建康,次年,逼安帝退位,自立为帝,建国号楚。元兴三年(404),刘裕与何无忌、刘毅、诸葛长民等于京口起兵讨桓玄,迎安帝复位,由此执掌东晋朝政。又兴师北伐,灭南燕、后秦,声望日隆。公元420年,废晋恭帝,即皇帝位,建立南朝第一个寒门政权——宋。

刘裕建立宋朝后,革除东晋门阀腐朽统治下的一些弊政,减轻赋税,减省刑罚,留心狱讼,赦免罪犯,举拔贤才,兴办学校。又提倡节俭,并能以身作则。虽在位仅三年,宋政权得以巩固,为宋文帝元嘉之治奠定了基础,表现出寒门庶族主宰政治舞台后的新兴气象。

本篇节录部分主要记载了刘裕建宋后的一些重要活动。篇末以一系列具体例子,说明刘裕获取天下的原因,史料处理甚为精当。(选自卷三)

原文

永初元年夏六月……设坛于南郊[①],即皇帝位,柴燎告天[②]。……

翻译

永初元年(420)夏六月……宋武帝在京城南郊设坛,即皇帝位,举行烧柴告天仪式。……

注释 ① 坛:土筑的高台,祭天的台为圆形,亦称圆丘。南郊:汉族帝王祭天的场所。旧时国家有大事即于京师南郊设坛祭天,表示“告天成礼”。此指刘裕即皇帝位时祭告天帝。 ② 柴燎告天:举行祭天仪式时,烧柴让烟上达天空,以告天帝。

原文

礼毕,备法驾幸建康宫[①],临太极前殿。诏曰:“……改晋元熙二年为永初元年[②]。赐民爵二级[③]。鳏寡孤独不能自存者[④],人谷五斛[⑤]。逋租宿债勿复收[⑥]。其有犯乡论清议[⑦]、赃污淫盗,一皆荡涤洗除,与之更始[⑧]。长徒之身[⑨],特皆原遣。亡官失爵,禁锢夺劳[⑩],一依旧准。”……

翻译

祭天礼毕,宋武帝乘坐法驾到达建康宫,登上太极前殿。下诏说:“……改东晋恭帝元熙二年(420)为永初元年。赐给人民爵位二级。鳏寡孤独不能自谋生计的,每人赐给谷五斛。原先拖欠未交的租和旧日所负的债不再征收。那些得罪于名教的、贪赃污秽淫乱盗窃的,罪名一概消除不予究论,使他们能重新做人。被判处无期徒刑的,特为赦免遣返回家。前代失去官爵、被禁锢的,仍然遵照旧日决定。”……

注释 ① 法驾:皇帝出行的车驾。幸:帝王驾临。 ② 改晋元熙二年为永初元年:元熙为东晋恭帝的年号,元熙二年(420),刘裕废晋恭帝,自立为帝,建立宋朝,改元永初。 ③ 赐民爵:爵,爵位。赐民爵源于战国时商鞅变法,制定军功爵二十级,不论出身,斩敌首一,赐爵一级。每级爵位可得到相应的田宅。后皇帝即位,赐民爵位,给予相应的田地房宅,表示宽厚爱民。 ④ 鳏(guān)寡孤独:老而无妻曰鳏,老而无夫曰寡,幼年死父曰孤,老而无子曰独。 ⑤ 斛(hú):容量单位。十斗为一斛。 ⑥ 逋租宿债:逋(bū),欠。逋租即拖欠未交的租。宿,旧。宿债即久不偿还的债。 ⑦ 乡论清议:古时乡里对官吏的舆论。两汉以至魏晋还沿袭这种制度。

得罪于名教的，终身不得录用。犯乡论清议即得罪名教。⑧ 更(gēng)始：除旧布新，意即重新开头。⑨ 长徒：徒即刑徒，长徒为无期徒刑。⑩ 禁锢夺劳：古时禁锢是限制、不许做官。不得做官，等于剥夺从事公务的权利，故称夺劳。

原文

诏曰："古之王者，巡狩省方[1]，躬览民物，搜扬幽隐，拯灾恤患[2]，用能风泽遐被，远至迩安。……可遣大使分行四方，旌贤举善，问所疾苦。其有狱讼亏滥[3]，政刑乖愆[4]，伤化扰治，未允民听者，皆当具以事闻。"……

翻译

宋武帝又下诏说："古代的君主，巡行省视各方，亲自了解百姓生活情况，搜求、提拔埋没隐居的人，拯救灾荒，周济忧患，故能使教化德泽布于四方，远者来朝，近者安居。……可派遣使者分别巡行四方，表彰贤者，举荐善士，存问疾苦。如发现有狱讼滥施、政事刑法违背常规、伤害风化扰乱治安、不能听取民众呼声等事，都应当上奏。"……

注释 ① 巡狩(shòu)：帝王巡行视察地方官治理的地方。② 恤(xù)：救济、周济。③ 狱讼：以罪相告为狱，以财货事相告为讼，即今之打官司。④ 乖愆(qiān)：违背常规。

原文

秋七月……原放劫贼余口没在台府者[1]，诸流徙家并听还本土。又运舟材及运船，不复下诸郡输出，悉委都水别量[2]。台府所须，皆别遣主帅与民和市，即时裨直，不复责租民求

翻译

秋七月……赦免释放因犯盗劫罪而家中余口被没入官府服役的人，那些流落迁徙在外的家口允许回归本土。造船的材料和运输船只，不再下达诸郡命其备办，全都委托都水台官员另外审度。中央及各官府所需之物，另派主持采购的官吏与人民公平交易，按当时的

办。又停废虏车牛，不得以官威假借。又以市税繁苦，优量减降。从征关、洛[3]，殒身战场[4]，幽没不反者，赡赐其家。……

市价补足，不再让承受田租的人民备办。又禁止掳掠人民的车、牛，不得凭借官府威势强行借用。又因市场税收繁重苦民，下令把税收减少到最低的数额。跟从宋武帝北伐后秦，战死沙场、葬身异域未能还乡的，赐给财物赡养他们的家口。……

注释 ① 台府：台为中央政府代称，台府连用指中央政府各种机构。 ② 都水：官名。晋置都水台，南北朝时沿袭设置，主管水运、河渠等事，隶属尚书省。 ③ 征关、洛：指刘裕在晋安帝义熙十二年(416)北伐后秦。后秦建都长安(今陕西西安)，在关中。刘裕分兵四路，水陆并进，一路由王镇恶、檀道济率步兵自淮河、淝水向许昌、洛阳进军，故称伐后秦为征关、洛。 ④ 殒(yǔn)：死。

原文

诏曰："往者军国务殷，事有权制，劫科峻重，施之一时。今王道惟新[1]，政和法简，可一除之，还遵旧条。"……

翻译

宋武帝又下诏说："往昔军国大事众多，办事多有权宜之制，在一个时期内施行峻极苛重的刑法。今新朝建立，政事平和，法令简约，可一一除去弊端，仍依旧章。"……

注释 ① 王道惟新：儒家主张以仁义治天下，称为王道，王道是君主治天下的正道。此指东晋灭亡后，宋朝新建，国家已进入正道。

原文

三年春正月……诏刑罚无轻重，悉皆原降。……

翻译

(永初)三年(422)春正月……宋武帝下诏刑罚无论轻重，全都赦免或减诏曰："古之建国，教学为先…… 自昔多故，戎马在郊，旍旗卷舒[1]，日不暇给。遂令学校荒废，讲诵蔑闻，军旅日陈，俎豆藏器[2]，训诱之风，将坠于地。……今王略远届，华域载清，仰风之士，日月以冀。便宜博延胄子[3]，陶奖童蒙，选备儒官，弘振国学。主者考详旧典，以时施行。"……

降。……又下诏说："自古以来建立国家，首先要兴办教育事业……从前国家尚未安宁，军事不息，戎装战马，充盈郊野，战旗飘扬，无日闲暇。遂使学校荒废，听不到讲解诵读的声音，每日陈兵布旅，祭器深藏，祀礼不修，训教诱导之风，已将扫地以尽。……如今新朝王道布于远方，中华大地呈现出清平景象，仰慕风化的人，每月每日都在希冀入学。宜广泛延揽贵胄子弟，教化奖励蒙昧儿童，选择配备儒学教官，振兴国学。主持教育的官员应详细参考旧日典章，及时施行。"……

注释　① 旍：同旌，古代用羽毛装饰的旗帜，也泛指旗帜，此为战旗。 ② 俎(zǔ)豆：古代祭祀时用于陈放祭品的器物。 ③ 胄(zhòu)子：贵族官僚子弟。

原文

三月，上不豫[1]。……群臣请祈祷神祇，上不许，唯使侍中谢方明以疾告庙而已[2]。……

五月，上疾甚，召太子诫之曰[3]："檀道济虽有干略，而无远志……徐羡之、傅亮当无异图。谢晦数从

翻译

三月，皇上患病。……群臣请求到神庙祈祷，皇上不同意，只是派侍中谢方明将皇上患病的事祭告宗庙而已。……

五月，皇上病势沉重，召太子刘义符到病榻前告诫说："檀道济虽有才干谋略，但无远大志向……徐羡之、傅亮应当不会有叛离的图谋。谢晦多次随我东征西伐，很懂得机智权变，如果有

征伐，颇识机变，若有同异，必此人也。小却[4]，可以会稽、江州处之[5]。”又为手诏曰：“……后世若有幼主，朝事一委宰相，母后不烦临朝。仗既不许入台殿门，要重人可详给班剑[6]。”……上崩于西殿[7]，时年六十。秋七月……葬丹阳建康县蒋山初宁陵[8]。

异心的话，必定是这个人。可在稍后一些时间在会稽、江州二地安置他。”又亲手写诏说：“……后代如果皇帝年幼，朝中大事完全委托宰相，不麻烦太后上朝听政。官僚仪仗不许进入皇宫殿门，重要大臣可赐给班剑。”……皇上死于西殿，时年六十岁。秋七月……葬于丹阳郡建康县蒋山初宁陵。

注释 ① 不豫：帝王患病。 ② 庙：此指皇室宗庙，内供列祖列宗牌位。 ③ 太子：刘裕长子刘义符，小字车兵，即宋少帝。继位两年，即为权臣徐羡之、傅亮等废杀。 ④ 小却：指稍晚或稍后一些时间。 ⑤ 会(kuài)稽：郡名，治所在今浙江绍兴。 ⑥ 班剑：木制的剑，无刃，上有虎斑装饰。位高的大臣，有佩带班剑的仪仗队随从以表示威严。 ⑦ 崩：皇帝死称崩。 ⑧ 丹阳：郡名，治所在今南京东南，为拱卫京师而置，长官称尹。蒋山：即今南京钟山。

原文

上清简寡欲，严整有法度，未尝视珠玉舆马之饰，后庭无纨绮丝竹之音。宁州尝献虎魄枕，光色甚丽。时将北征，以虎魄治金创，上大悦，命捣碎分付诸将。平关中，得姚兴从女，有盛

翻译

皇上清静简素，无多欲望，为人严谨持重，按法度行事，没见他用珠玉装饰车轿马匹，后宫没有穿着艳丽的女乐队。宁州曾进献琥珀做的枕头，色彩光洁美丽。当时正将北伐后秦，因琥珀能医治刀伤，皇上大喜，命捣碎分发给诸将。平定关中，得到后秦王姚兴的侄

宠，以之废事。谢晦谏，即时遣出。财帛皆在外府，内无私藏。宋台既建，有司奏东西堂施局脚床[1]、银涂钉，上不许；使用直脚床，钉用铁。诸主出适[2]，遣送不过二十万，无锦绣金玉。内外奉禁，莫不节俭。性尤简易，常着连齿木屐[3]，好出神虎门逍遥，左右从者不过十余人。时徐羡之住西州，尝幸羡之，便步出西掖门，羽仪络驿追随[4]，已出西明门矣。诸子旦问起居，入阁脱公服[5]，止着裙帽，如家人之礼。孝武大明中[6]，坏上所居阴室，于其处起玉烛殿，与群臣观之。床头有土鄣[7]，壁上挂葛灯笼、麻绳拂[8]。侍中袁顗盛称上俭素之德。孝武不答，独曰："田舍公得此，以为过矣。"故能光有天下，克成大业者焉。

女，非常宠爱，因此荒废政事。谢晦劝谏后，即刻遣送出府。财帛都放在外廷府库，不私藏于内室。宋朝建立，有关官员上奏请在东西堂安放局脚床，做床用镀银的钉子，皇上不同意；命用直脚床、铁钉。公主们出嫁，陪嫁不过二十万钱，没有锦绣金玉一类的奢侈品。宫内宫外都禁止奢侈，没有不节俭的。皇上本身性格俭朴，经常穿一种底上有齿钉的木鞋，喜欢出神虎门玩耍，左右侍从不过十多人。当时徐羡之住在西州，皇上曾因驾临羡之家，信步走出西掖门，仪仗队发现后，紧跟着去追随，但皇上已经走出西明门了。儿子们每晨请安，进入内殿小门即脱去公服，只穿着普通裙帽，以家人之礼相见。孝武大明年间，拆毁皇上居住过的暗室，在那里修建玉烛殿。孝武帝与群臣前往观看，见暗室中床头有土筑的屏障，壁上挂着葛藤编的灯笼、麻绳做的拂子。侍中袁顗极力称颂皇上节俭朴素的美德。孝武不回答，自言自语地说："田舍老翁能得到这些，已经是过分了。"因此他能取得天下，终于成就大业。

注释 ① 局脚床:局,曲。局脚床,脚弯曲的坐床。南北朝时,还没有椅凳,都坐在窄而低矮的床上,皇帝的宝座也是床,称御床。 ② 主:公主。适:女子出嫁。③ 连齿木屐(jī):底上安有齿钉的木底鞋子。 ④ 羽仪:皇帝及有地位大臣的仪仗。络驿:连续不断。 ⑤ 阁(gé):旁门、小门。 ⑥ 孝武:宋孝武帝刘骏,454—464 年在位。 ⑦ 鄣:同“障”。 ⑧ 拂:拂拭灰尘的长刷。

刘穆之传

导读

刘穆之(359—417),出身寒门,博学多才。宋武帝刘裕起兵灭桓玄后,着手创建大业,穆之尽心辅佐,对刘裕执掌东晋朝政,发展实力,诛除刘毅、诸葛长民等异己和平定东晋宗室司马休之,以至于建立宋朝都起了相当重要的作用。本篇记述了刘穆之一生的重要活动及刘裕和他之间君臣相得的事迹,读者从中可以了解到刘宋建立前后统治阶级内部权力的争斗及转移,而文中对刘穆之奢豪生活的描写,也有助于读者了解寒门地主一旦成为暴发户后的情况。(选自卷四二)

原文

刘穆之,字道和,小字道民,东莞莒人①……世居京口②。少好《书》《传》,博览多通,为济阳江敳所知③。敳为建武将军,琅邪内史④,以为府主簿。

翻译

刘穆之,字道和,小字道民,东莞莒人……其家世代居住京口。自幼喜欢读《尚书》《左传》一类典籍,博览群书,大都能通晓文意,受到济阳江敳的赏识。江敳任建武将军、琅邪王内史,便任用穆之为将军府主簿。

注释 ① 东莞(guǎn):郡名,治所在今山东莒(jǔ)县。 ② 京口:今江苏镇江。 ③ 济阳:郡名,治所在今河南兰考。 ④ 琅邪内史:琅邪指琅邪王司马德文,后为东晋恭帝,411—420年在位。内史为王国官吏。

原文

初，穆之尝梦与高祖俱泛海[①]，忽值大风，惊惧。俯视船下，见有二白龙夹舫[②]。既而至一山，峰崿耸秀[③]，林树繁密，意甚悦之。及高祖克京城[④]，问何无忌曰："急须一府主簿，何由得之？"无忌曰："无过刘道民。"高祖曰："吾亦识之。"即驰信召焉。时穆之闻京城有叫噪之声，晨起出陌头[⑤]，属与信会。穆之直视不言者久之。既而反室，坏布裳为绔[⑥]，往见高祖。高祖谓之曰："我始举大义，方造艰难，须一军吏甚急，卿谓谁堪其选[⑦]？"穆之曰："贵府始建，军吏实须其才，仓卒之际，当略无见逾者。"高祖笑曰："卿能自屈，吾事济矣。"即于坐受署。

翻译

早先，穆之曾梦见与刘裕一起乘船漂游在海上，忽然遇到大风，惊吓恐惧。低头看船下，见两条白龙夹着他们的船前进。后来到达一山，峰崖高耸秀丽，树木茂盛，他们心里很喜欢这个地方。等到刘裕讨桓玄攻克京城，问何无忌说："我急需一个军府主簿，到哪里去找呢？"无忌说："无人能超过刘道民。"刘裕说："我也认识他。"立即派信使快马召穆之。当时穆之听到京城内有许多人叫喊闹嚷的声音，早晨起床后到田间小路上漫步，恰好与信使相遇。穆之惊诧得直直地看着信使，许久说不出话来。后来回到家中，刘穆之把布裙改作为套裤，前往进见刘裕。刘裕对他说："我才开始举办大事，创业正遇艰难，迫切需要一个军吏，卿认为谁够条件入选？"穆之回答说："贵军府才开始建立，的确需要一个有才干的军吏，在这匆忙之际，应当说没有人比我更合适。"刘裕笑着说："卿自愿委屈承当，我的事业就成功了。"刘裕当场就签署授穆之为主簿。

注释 ① 高祖：宋武帝刘裕。 ② 舫（fǎng）：船。 ③ 崿（è）：崖。 ④ 高祖克京城：安帝元兴三年（404），刘裕与北府兵下级军官何无忌等自京口起兵讨桓玄，攻克东晋京城建康。刘裕迎晋安帝复位。⑤陌(mò):田间小路。⑥裳:下裙。上曰衣,下曰裳。绔:即裤。⑦卿:上对下或平辈之间的爱称。

原文

从平京邑,高祖始至,诸大处分,皆仓卒立定,并穆之所建也。遂委以腹心之任,动止咨焉。穆之亦竭节尽诚,无所遗隐。时晋纲宽驰,威禁不行,盛族豪右,负势陵纵,小民穷蹙[①],自立无所。重以司马元显政令违舛[②],桓玄科条繁密[③]。穆之斟酌时宜,随方矫正,不盈旬日,风俗顿改。迁尚书祠部郎,复为府主簿,记室录事参军,领堂邑太守[④]。以平桓玄功,封西华县五等子。

翻译

刘穆之随同大军平定京城之后,刘裕才入城,各种大事的安排处置都很快定了下来,全都是穆之一手办。刘裕于是将最重要的事都交给穆之办理,一举一动都要与穆之商议。穆之也竭忠尽诚,将自己的才能毫无保留地贡献出来。当时东晋法纪宽松,权威禁令都行不通,大族豪右,都倚仗自己的势力肆意欺侮百姓,人民穷困不堪,无立足之地。更加上司马元显政令违背常规而失误,桓玄法令条文繁密。穆之结合当时实际情况加以斟酌,随宜纠正,不到十天,风俗立即改变。刘穆之升任尚书祠部郎之后,仍兼任刘裕将军府主簿、记室录事参军,还兼任堂邑太守。因平桓玄之功,拜封西华县五等子爵。

注释 ①蹙(cù):紧迫。②舛(chuǎn):失误。③桓玄:字敬道,晋大司马桓温之子,晋孝武帝时为广州刺史。晋安帝隆安二年(398),举兵响应王恭反叛朝廷,据有荆江上游。沿江东下,元兴元年(402)三月攻入京城建康,杀权臣司马道子及司马元显,逼安帝退位,于403年自立为帝,改国号楚,次年为刘裕讨灭。④堂邑:郡名,治所在今江苏六合。

原文

义熙三年，扬州刺史王谧薨[①]，高祖次应入辅。刘毅等不欲高祖入[②]，议以中领军谢混为扬州。或欲令高祖于丹徒领州[③]，以内事付尚书仆射孟昶[④]。遣尚书右丞皮沈以二议咨高祖。沈先见穆之，具说朝议。穆之伪起如厕，即密疏白高祖曰："皮沈始至，其言不可从。"高祖既见沈，且令出外，呼穆之问曰："卿云沈言不可从，其意何也？"穆之曰："昔晋朝失政，非复一日，加以桓玄篡夺，天命已移[⑤]。公兴复皇祚[⑥]，勋高万古。……公今日形势，岂得居谦自弱，遂为守藩之将邪？……扬州根本所系，不可假人。前者以授王谧，事出权道，岂是始终大计必宜若此而已哉。今若复以他授，便应受制于人。一失权柄，无由可得。……今朝议

翻译

义熙三年(407)，扬州刺史王谧死，刘裕按其地位理应入京为宰辅。刘毅等人不愿刘裕入京，建议以中领军谢混为扬州刺史。又有人想让刘裕在丹徒遥任扬州刺史，朝中之事交尚书仆射孟昶处理。刘毅派遣尚书右丞皮沈将这两种意见去和高祖商议。皮沈先去见穆之，详细告知朝中这些议论。穆之假装起身上厕所，立即秘密地将此事禀告刘裕说："皮沈刚才来，他说的话不能听从。"刘裕已接见皮沈，暂且令他到外面去，叫来穆之问道："卿说皮沈的话不能听从，是什么用意？"穆之说："以往晋朝政治衰败，并非一日之间造成的，加以桓玄篡位，天命已经转移。公恢复了晋恭帝的皇位，万古以来没有比你功勋更高的。……按公今日的情况，哪里能自谦示弱，当一个守边的将领呢？……扬州关系到国家的根本，决不可以让给别人。以前授王谧为刺史，事情出于权宜之计，哪里是长久大计而必须要遵循的呢？现在如果又让给别人，就必然受人制约。一旦失去权柄，就无法再得到了。……现在朝廷如此议论，还是应该回答。但如果说必须由我来担任，话又难以出口。只能说：'治国的根本，最重

如此，宜相酬答，必云在我，厝辞又难[7]。唯应云‘神州治本，宰辅崇要，兴丧所阶，宜加详择。此事既大，非可悬论，便暂入朝，共尽同异’。公至京，彼必不敢越公更授余人明矣。”高祖从其言，由是入辅。

要的是宰辅，这是国家兴亡的来由，应该仔细选择。这件事情既然重大，就不可以空谈，我这就暂时入朝，共同商议什么办法最好。’公到京城，他们决不敢在公之外而另授职给别人，这是明摆着的。”刘裕听从穆之的意见，于是入朝做了宰辅。

注释 ① 薨(hōng)：古代诸侯及有地位的大臣死称薨。 ② 刘毅：字希乐，彭城(今江苏徐州)人，晋安帝元兴三年(404)与刘裕共起兵诛桓玄，后与刘裕兵戎相见，驻兵江陵，刘裕发兵征讨，刘毅兵败自杀。 ③ 丹徒：今江苏镇江东南，时刘裕驻兵于此。 ④ 仆射(yè)：尚书省长官。昶：音 chǎng。 ⑤ 天命：按儒家君权天授的思想，古人将改朝换代说成是天帝的命令。 ⑥ 公：下对上的尊称。皇祚(zuò)：皇位。指迎安帝复位。 ⑦ 厝辞：措辞。

原文

从征广固[1]，还拒卢循[2]，常居幕中画策[3]，决断众事。刘毅等疾穆之见亲，每从容言其权重，高祖愈信仗之。穆之外所闻见，莫不大小必白，虽复闾里言谑[4]，涂陌细事，皆一二以闻。高祖每得民间委密消息以示聪明，皆由穆之也。又爱好

翻译

刘穆之跟从刘裕灭南燕，回师又镇压卢循起义，经常在幕府中出谋划策，决定许多军机大事。刘毅等人忌恨穆之受刘裕亲信，每每委婉地对刘裕说穆之权力太重，高祖却更加信赖倚仗穆之。穆之在外面所见所闻，无论大小事没有不告诉刘裕的，虽然是在乡间所听到的玩笑话语，道路上所见到的细小事情，都一是一二是二地告知。刘裕常常得以用民间秘密消息显示自己的聪明，

宾游，坐客恒满，布耳目以为视听，故朝野同异，穆之莫不必知。虽复亲昵短长，皆陈奏无隐。人或讥之，穆之曰："以公之明，将来会自闻达。我蒙公恩，义无隐讳，此张辽所以告关羽欲叛也[⑤]。"高祖举止施为，穆之皆下节度。高祖书素拙，穆之曰："此虽小事，然宣彼四远，愿公小复留意。"高祖既不能厝意，又禀分有在。穆之乃曰："但纵笔为大字，一字径尺[⑥]，无嫌。大既足有所包，且其势亦美。"高祖从之，一纸不过六七字便满。凡所荐达，不进不止，常云："我虽不及荀令君之举善[⑦]，然不举不善。"穆之与朱龄石并便尺牍[⑧]，尝于高祖坐与龄石答书。自旦至日中，穆之得百函，龄石得八十函，而穆之应对无废也。转中军太尉司马。八年，加丹阳尹。

都是由穆之提供的。又喜欢宾朋游客，家中坐客常满，他布置心腹之人监视偷听，所以朝廷民间各种各样的议论，穆之没有不知道的。即使是十分亲密的人的是非善恶，也都毫不隐讳地向刘裕陈述上奏。有人讥笑他，穆之说："以刘公的精明，将来会自己知道的。只是我蒙受刘公的恩德，从道义上说应该没有隐讳，就好比张辽要向曹操报告关羽打算背叛一样。"刘裕的举止办事，穆之都要提出主张。刘裕素来字写得不好，穆之说："这虽然是小事，但您的命令要公布四方，请公稍稍留心一下。"刘裕既不能留意，但又禀受了这种身份。穆之于是说："您就提笔写大字，一个字写一尺见方，也无妨碍。写得大，既能把较差之处遮掩着，而且气势也很可观。"刘裕采纳了这个建议，一张纸不过六七个字就写满了。凡向刘裕荐举人才，不任用就不罢休，经常说："我虽比不上荀令君的推举善士，但决不举荐不善的人。"刘穆之和朱龄石都善写书信，曾经在刘裕座前与龄石相对写信，互相酬答。从早晨到中午，穆之写了一百封信，龄石写了八十封，而穆之信中的应酬答对都可取。不久，穆之调任中军太尉司马。义熙八年(412)，加官为丹阳尹。

注释 ① 征广固：广固（今山东益都西北），为南燕都城。晋安帝义熙六年（410），刘裕北伐，攻取广固，灭南燕。 ② 卢循：字于先，小名元龙，范阳涿（今河北涿州）人。东晋末年爆发孙恩起义，卢循为孙恩妹夫，同在义军。安帝元兴元年（402），孙恩失败投海自杀，义军推卢循为领袖，卢循退入广州。刘裕北伐南燕时，卢循乘机再起，辗转攻至建康。刘裕闻讯立刻率军归还，镇压了卢循起义。 ③ 幕：幕府。军旅出征，施用幕帐，为军中决策之地，称幕府。将军府亦因此称幕府。 ④ 闾（lǘ）里：乡里。谑（xuè）：笑语。 ⑤“张辽”句：张辽为曹操大将，关羽为刘备大将。汉献帝建安五年（200），曹操征徐州，关羽被擒，在曹营备受优待，与张辽特相友善。关羽对张辽谈及曹操虽对己不薄，但自己终究要回到刘备身边。张辽忠于曹操，不顾友情，立即告诉曹操说关羽将背叛离去。 ⑥ 尺：中国古代尺度变化很大，各代不尽相同。南朝时每尺合今 24.5 厘米。 ⑦ 荀令君：指荀彧（yù）。荀彧为曹操谋士，后因功进位侍中、尚书令。古尚书令称令君，故称荀令君。荀彧举荐许多才识之士进曹营，西晋荀勖（xù）对晋武帝说：“魏武帝（曹操）说荀彧举荐善士，不达目的不罢休。” ⑧ 尺牍（dú）：书信。

原文

高祖西讨刘毅，以诸葛长民监留府，总摄后事。高祖疑长民难独任，留穆之以辅之。加建威将军，置佐吏，配给实力。长民果有异谋[①]，而犹豫不能发，乃屏人谓穆之曰：“悠悠之言，皆云太尉与我不平[②]，何以至此？”穆之曰：“公溯流远伐，而以老母稚子委节下[③]，若

翻译

刘裕西征刘毅，让诸葛长民监管留守将军府，总管发兵期间政务。刘裕怀疑长民难以独立承担，留下穆之辅助。刘穆之被加官为建威将军，设置辅佐的官吏，配给人员办理各种具体事务。长民果然图谋背叛，而犹豫不敢发难，于是令左右侍从退去之后对穆之说：“许多议论，都说太尉与我不和，何以至此呢？”穆之说：“刘公逆流而上，远伐江陵，将老母幼子委托给您，如有丝毫不和的意思，哪里还容得这样呢？”长民听

一毫不尽，岂容如此邪？”意乃小安。高祖还，长民伏诛。十年，进穆之前将军，给前军府年布万匹，钱三百万。十一年，高祖西伐司马休之[4]，中军将军道怜知留任，而事无大小，一决穆之。迁尚书右仆射，领选，将军、尹如故。十二年，高祖北伐[5]，留世子为中军将军[6]，监太尉留府；转穆之左仆射，领监军、中军二府军司，将军、尹、领选如故。甲仗五十人，入殿。入居东城[7]。

了才稍微安心。刘裕回京，长民就被杀了。义熙十年(414)，穆之升任为前将军，赐给前将军府每年布一万匹，钱三百万。义熙十一年，刘裕率兵西进征伐司马休之，中军将军刘道怜留守，不论大小事，都由穆之决定。穆之被升任为尚书右仆射，掌管选举，仍旧为前将军丹阳尹。义熙十二年(416)，刘裕北伐后秦，留世子为中军将军，监管太尉府留守；转调穆之为左仆射，兼领监军、中军二府军司，仍旧为前将军、丹阳尹，并掌管选举。刘裕被赐给带甲仪仗队五十人，仪仗队特许进入皇宫殿内。他又被安排进入东府城居住。

注释 ① 长民果有异谋：诸葛长民，琅邪(今山东临沂)人，与刘裕、刘毅等同在京口举兵灭桓玄。刘毅死后，长民畏惧，准备叛乱。刘裕回建康，埋伏力士丁旿(wǔ)于幕中，长民入府，为丁旿打杀。 ② 太尉：时刘裕为太尉。 ③ 节下：对长官的尊称。 ④ 西伐司马休之：休之字季豫，河内温(今河南温县)人，晋宗室。原为荆州刺史，安帝元兴元年(402)，桓玄占据荆州，休之北奔投南燕。刘裕诛桓玄后，还建康，复任荆州刺史。休之颇得江汉人心，刘裕怀疑他有异谋，义熙十一年(415)发兵讨休之，休之与儿子司马文思及司马宗之等投奔后秦。次年，刘裕北伐灭后秦，休之等降于北魏。荆州治江陵，在建康之西，故称西伐。 ⑤ 高祖北伐：指刘裕北伐后秦。 ⑥ 世子：诸侯王公之嫡长子。时刘裕已封为宋公，故其子称世子。 ⑦ 东城：建康之东府城。当时建康由台城、东府城、石头城三部分组成。台城为皇宫所在地，位于今南京玄武湖侧；东府城位于通济门附近，为宰相兼扬州刺史府第所在；

石头城在清凉山一带，为建康之军事要地。

原文

穆之内总朝政，外供军旅，决断如流，事无拥滞。宾客辐辏[①]，求诉百端，内外咨禀，盈阶满室，目览辞讼，手答笺书，耳行听受，口并酬应，不相参涉，皆悉赡举。又数客昵宾，言谈赏笑，引日亘时[②]，未尝倦苦。裁有闲暇，自手写书，寻览篇章，校定坟籍。性奢豪，食必方丈[③]，旦辄为十人馔[④]。穆之既好宾客，未尝独餐，每至食时，客止十人以还者，帐下依常下食，以此为常。尝白高祖曰："穆之家本贫贱，赡生多阙。自叨忝以来[⑤]，虽每存约损，而朝夕所须，微为过丰。自此以外，一毫不以负公。"

翻译

穆之对内总理朝政大事，对外供给军队之用，决断事情非常迅速，经手之事从无积压。宾客众多，要向他诉说各种各样的事情，内外办事人员来请求禀报的，台阶上和屋子里都挤满了，他眼看辞讼文件，手写回答的便条书信，耳朵正听着别人的说话，口中同时就在回答，从不混淆，全都做得很周到。他又频繁地亲近宾客，在一起谈笑，从早到晚，都不觉疲倦辛苦。只要有空闲，就动手写书，寻求和阅览文章，校定书籍。穆之性格奢侈豪放，吃一餐饭面前要摆满一大桌子菜，每天都要命厨师备办供十个人吃的饭菜。穆之既然喜欢宾客，从来不独自一人吃饭，每到吃饭时，客有十人左右的样子，帐下就按平常规矩摆饭，这已经是常例了。他曾经对刘裕说："穆之我家境本来贫贱，赡养家口缺乏用度。自承蒙看重提拔以来，虽每每想节俭，而每天的用费，还是稍微过多了一些。除此以外，我丝毫也没辜负公的好意。"

注释 ① 辐辏(fú còu):人或物像车辐集中于车毂那样聚集在一起。 ② 亘(gèn):时间很长,连续不断。 ③ 食必方丈:方丈谓面积一平方丈。食必方丈形容吃饭时面前摆了很多菜,要占用很宽的地方。 ④ 馔(zhuàn):饭食。 ⑤ 叨忝(tāo tiǎn):旧时谦词,犹言自身条件不足而承蒙提拔重看。

原文

十三年,疾笃[①],诏遣正直黄门郎问疾。十一月卒,时年五十八。

高祖在长安,闻问惊恸[②],哀惋者数日。本欲顿驾关中[③],经略赵、魏[④]。穆之既卒,京邑任虚,乃驰还彭城,以司马徐羡之代管留任,而朝廷大事常决穆之者,并悉北咨。……追赠穆之散骑常侍、卫将军、开府仪同三司。……

翻译

义熙十三年(417),穆之患重病,安帝下诏派正在值班的黄门郎去问候病情。十一月死,时年五十八岁。

刘裕灭后秦,驻兵长安,听到噩耗又惊诧又悲痛,哀伤惋惜了许多天。本来想留在关中,平定北方其他政权。穆之既已死去,京城事务无人管理,于是立即回到彭城,以司马徐羡之在京中代管留守,朝廷大事凡平时由穆之决定的,都到彭城去请示刘裕。……刘裕追赠穆之为散骑常侍、卫将军、开府仪同三司。……

注释 ① 疾笃(dǔ):疾病沉重。 ② 问:音信,此为凶问,即某人去世的噩耗。 ③ 驾:车辆,或称车驾,借用为对皇帝或有地位的人的尊称。关中:今陕西别称关中,此代指长安。 ④ 赵、魏:代指北方十六国政权。刘裕本打算灭后秦后,一举消灭北方大夏、北凉等国,统一天下。

原文

高祖受禅[①]，思佐命元勋[②]……谥穆之曰文宣公[③]。

翻译

刘裕即皇帝位后，思念辅佐完成大业的开国功臣……加穆之之谥号为文宣公。

注释 ① 受禅：以帝位让人叫禅，承受禅让的帝位则为受禅。② 佐命：古时谓帝王创业是承受天的命令，佐命为辅助创业的大臣。③ 谥（shì）：古时帝王及有地位的大臣死后，依其生前行迹定一名号称谥。

谢 晦 传

导读

谢晦(388—425),出身高门大族。东晋末年即随宋武帝刘裕征战,受到刘裕的赏识。刘裕即皇帝位建立宋朝后,以辅佐建业的功绩先后封予谢晦各种高官。刘裕死,遗诏谢晦等人辅佐少帝刘义符。后与徐羡之等废杀少帝,迎立荆州刺史宜都王刘义隆为帝,即宋文帝。既有废杀之事,不能不考虑保全自身。徐羡之用谢晦为荆州刺史以为外援,自己与傅亮居于朝中执政。他们的阴谋被宋文帝识破,元嘉二年(425),文帝杀徐、傅及谢晦子谢世休,逮捕在京的谢氏家族成员,同时拉拢檀道济,发兵西征谢晦。谢晦兵败出逃,在安陆被捕,押送京城,与本族成员及同党同时被杀。宋文帝诛杀谢氏,反映了南朝时寒门对高门的打击。(选自卷四四)

原文

谢晦,字宣明,陈郡阳夏人也①。祖朗,东阳太守。父重,会稽王道子骠骑长史②。兄绚,高祖镇军长史③,蚤卒④。

翻译

谢晦,字宣明,陈郡阳夏人。祖父谢朗,晋东阳太守。父亲谢重,晋会稽王司马道子骠骑长史。兄长谢绚,担任宋武帝刘裕镇军长史,很早就死了。

注释 ① 陈郡阳夏(jiǎ):今河南太康。 ② 道子:晋宗室司马道子。 ③ 高祖:指刘裕。 ④ 蚤:同“早”。

原文

晦初为孟昶建威府中兵参军。昶死，高祖问刘穆之："孟昶参佐，谁堪入我府？"穆之举晦，即命为太尉参军。高祖尝讯囚，其旦刑狱参军有疾，札晦代之，于车中一览讯牒，催促便下。相府多事，狱系殷积，晦随问酬辩，曾无违谬。高祖奇之，即日署刑狱贼曹，转豫州治中从事。义熙八年，土断侨流郡县[①]，使晦分判扬、豫民户，以平允见称。入为太尉主簿。从征司马休之。时徐逵之战败见杀，高祖怒，将自被甲登岸，诸将谏，不从，怒愈甚。晦前抱持高祖，高祖曰："我斩卿！"晦曰："天下可无晦，不可无公，晦死何有！"会胡藩已得登岸，贼退走，乃止。

翻译

谢晦最初任孟昶建威将军府中兵参军。孟昶死后，刘裕问刘穆之："孟昶的参佐，谁可以选入我的府中？"穆之推举谢晦，刘裕便任命晦为太尉府参军。刘裕曾审讯囚犯，那一天早晨刑狱参军患病，发布命令要谢晦代替，谢晦在车中披览审讯的文书，马上就能够得出结论。相府事情很多，刑狱案件大量积压，谢晦边问边判，竟然没有差错。刘裕认为他不同常人，当天就任命为刑狱贼曹，又转调为豫州治中从事。晋安帝义熙八年(412)，实行土断侨置郡县，派谢晦分别审查扬州、豫州的民户，以公平允当而受到称赞。谢晦后又调进府中为太尉主簿。他随军征讨司马休之。当时徐逵之因战败而被杀，刘裕很愤怒，将要披上铠甲亲自登岸杀敌，诸位将领劝谏，刘裕不听，更加愤怒。谢晦上前抱住刘裕，刘裕说："我要将你斩首！"谢晦说："天下可以没有我谢晦，但不可以没有您，我死了有什么关系！"这时胡藩已经登岸，敌人退走，刘裕才没有行动。

注释 ① 土断：东晋、南朝时，设置了许多侨州郡县，安置过江流民，于是把原南方的州郡县分割出许多土地作为侨地。有时一个郡分割为四五块，一个县分割为三四处。这样一来，必然引起户籍紊乱，影响国家租调收入。因此，自东晋成帝以来实行土断，以人民当时居住在什么土地上为依据，重新登记户籍，无论土著居民还是南渡人士，住在什么地方就成为那里的人。在土断过程中，取消及合并了一些侨郡县，也重新分置了一些侨郡县。

原文

晦美风姿，善言笑，眉目分明，鬓发如点漆。涉猎文义，朗赡多通。高祖深加爱赏，群僚莫及。从征关、洛，内外要任悉委之。刘穆之遣使陈事，晦往往措异同，穆之怒曰："公复有还时不？"高祖欲以为从事中郎，以访穆之，坚执不与。终穆之世不迁。穆之丧问至，高祖哭之甚恸。晦时正直，喜甚，自入阁内参审穆之死问。其日教出，转晦从事中郎。

翻译

谢晦风姿俊美，善于言谈说笑，眉清目秀，头发漆黑。对文辞只要粗阅，就能完全领会，通晓大义。他深得刘裕的爱护赏识，各位大臣都比不上。他随刘裕征伐关、洛，内外机要任务全都委托他办。刘穆之派遣特使陈说朝中各种事情，谢晦往往发表不同的意见，穆之生气地说："公还有回来的时候没有？"刘裕想让谢晦担任从事中郎，征求穆之的意见，穆之坚持不同意。刘穆之在世时，谢晦一直没有升官。刘穆之去世的消息传来，刘裕哭得很伤心。谢晦当时正在值班，高兴极了，亲自入内弄明白穆之的死讯。果然当天就发出命令，升任谢晦为从事中郎。

原文

宋台初建[①]，为右卫将军，寻加侍中。高祖受命[②]，于石头登坛[③]，备法驾入宫。晦领游军为警备，迁中领军，侍中如故。以佐命功，封武昌县公，食邑二千户。二年，坐行玺封镇西司马[④]、南郡太守王华大封[⑤]，而误封北海太守球[⑥]，版免晦侍中[⑦]。

翻译

刘裕封宋王后建立王府机构，谢晦任右卫将军，不久又升任侍中。刘裕即皇帝位，在石头城登上祭天的坛，祭祀礼毕，备置法驾进入皇宫。谢晦率领游军为警备部队，升官为中领军，仍然任侍中。他又因辅佐刘裕成就大业有功，封为武昌县公，得收取二千户食邑的租税。宋武帝永初二年(421)，因为他在颁行大封时，将本来是封镇西司马、南郡太守王华的重要军职，错封给北海太守王球，被皇帝下诏免去了侍中官职。

注释 ① 宋台：指刘裕封宋王后建立的王府官僚机构。 ② 受命：接受天的命令。 ③ 石头：石头城。 ④ 坐：指定罪的原由。玺(xǐ)：印。秦以后专指皇帝的印。 ⑤ 南郡：郡名，治所在今湖北江陵。大封：古时封拜军职时举行的一种军礼。 ⑥ 北海：郡名，东汉时治所在今山东昌乐西。魏晋改置不常。 ⑦ 版：同板。大臣上朝拿着的手板。上面记载见皇帝时准备说的事情，以备遗忘。可引申为大臣向皇帝奏事，后引申为皇帝下的诏书，或地方长官任命府吏签署的文件，或大臣向皇帝上奏谈事及请求任用、升迁、惩罚和免职等事。

原文

寻转领军将军、散骑常侍。依晋中军羊祜故事[①]，入直殿省，总统宿卫。三月，高祖不豫，给班剑二十人，与徐羡之、傅亮、檀道济

翻译

不久谢晦又转调为领军将军、散骑常侍。依据晋中领军羊祜时的成例，进入殿内值班，总统禁卫军。三月，宋武帝患病，赐给谢晦带班剑二十人的仪仗队，谢晦与徐羡之、傅亮和檀道济一起

并侍医药。少帝即位[2]，加领中书令，与羡之、亮共辅朝政。少帝既废，司空徐羡之录诏命，以晦行都督荆湘雍益宁南北秦七州诸军事、抚军将军、领护南蛮校尉、荆州刺史，欲令居外为援，虑太祖至或别用人[3]，故遽有此授。精兵旧将，悉以配之，器仗军资甚盛。太祖即位，加使持节，依本位除授。晦虑不得去，甚忧惶，及发新亭[4]，顾望石头城，喜曰："今得脱矣。"寻进号卫将军，加散骑常侍，进封建平郡公，食邑四千户，固让进封。又给鼓吹一部。

侍奉宋武帝治病吃药。少帝刘义符即位，为谢晦加官为中书令，与徐羡之、傅亮共同辅佐朝政。少帝被废后，司空徐羡之抄录诏命，用谢晦代理都督荆、湘、雍、益、宁、南北秦七州诸军事、抚军将军、总管南蛮校尉、荆州刺史，想让他在外地做官以为声援，因担心文帝将来或许任用其他人，所以才仓猝授这些官给谢晦。武帝的精兵旧将，全部配给他，兵器军费都很充裕。宋文帝即位，加谢晦使持节，并授予原来的官职。谢晦原担心不能逃脱，非常忧虑害怕，等到了从新亭出发时，回顾遥望石头城，欣喜地说："现在得以逃脱了。"不久进官卫将军，又加官为散骑常侍，进封建平郡公，得收取四千户食邑的租税。谢晦坚持推让进封的爵位。又赐给谢晦鼓吹军乐一部。

注释 ① 羊祜(hù)：字叔子，西晋大臣，泰山南城(今山东费县西南)人。魏末任中领军，执掌兵权，入晋后参与灭吴大计。故事：前代成例旧事。 ② 少帝：即刘义符。 ③ 太祖：宋文帝刘义隆，424—453 年在位。 ④ 新亭：在今南京市南。

原文

初为荆州，甚有自矜之色[1]。将之镇，诣从叔光禄

翻译

谢晦刚被任命为荆州刺史时，很有些骄傲自大的神气。将出发到荆州时，

大夫澹别[2]。澹问晦年,晦答曰:“三十五。”澹笑曰:“昔荀中郎年二十七为北府都督[3],卿比之,已为老矣。”晦有愧色。

到堂叔光禄大夫谢澹那里去告别。谢澹问谢晦的年龄,谢晦答道:“三十五岁。”谢澹笑着说:“过去晋荀羡二十七岁就做了北府都督,卿与他相比,自己算是老了。”说得谢晦显出惭愧的脸色。

注释 ① 矜(jīn):骄傲。 ② 诣:向。 ③ 荀中郎:指荀羡。荀羡字令则,东晋人。二十七岁时因有才干,当了北中郎将、徐州刺史,监徐兖二州扬州之晋陵诸军事,当时东晋的地方大官,还没有一个像荀羡那样年轻的。

原文

至江陵[1],深结侍中王华,冀以免祸。二女当配彭城王义康、新野侯义宾,元嘉二年,遣妻曹及长子世休送女还京邑。先是景平中,索虏为寇[2],覆没河南。至是上欲诛羡之等,并讨晦。声言北伐,又言拜京陵[3],治装舟舰。傅亮与晦书曰:“薄伐河朔[4],事犹未已。朝野之虑,忧惧者多。”又言:“朝士多谏北征,上当遣外监万幼宗往相咨访。”时朝廷处分异常,其谋颇泄。三

翻译

到了江陵,谢晦深交侍中王华,企望以此免除祸患。他的两个女儿应嫁给彭城王刘义康、新野侯刘义宾,文帝元嘉二年(425),派遣妻子曹氏和长子世休送女回京城建康。早在少帝景平年间(423—424),北魏南侵,河南丢失。这时文帝想要诛灭徐羡之等人,并且讨伐谢晦,于是就声言要北伐,又扬言要拜谒赵太后京陵,准备好了舟舰装备。傅亮写信给谢晦说:“说是要征伐河朔,事情仍然没有完,朝廷内外为之忧虑,担心害怕的人很多。”他又说:“朝廷很多大臣谏阻北伐,皇上可能派遣万幼宗来征求你的意见。”当时朝廷行事没按常规,其谋划多有泄漏。元嘉三年(426)正月,谢晦的弟弟黄门侍郎谢皭

年正月，晦弟黄门侍郎皭驰使告晦，晦犹谓不然，呼谘议参军何承天，示以亮书，曰："计幼宗一二日必至，傅公虑我好事，故先遣此书。"承天曰："外间所闻，咸谓西讨已定[5]，幼宗岂有上理。"晦尚谓虚妄，使承天豫立答诏启草，言伐虏宜须明年。江夏内史程道惠得寻阳人书[6]，言"朝廷将有大处分，其事已审"，使其辅国府中兵参军乐冏封以示晦。晦又谓承天曰："幼宗尚未至，若复二三日无消息，便是不复来邪？"承天答曰："诏使本无来理，如程所说，其事已判，岂容复疑？"

派使者很快地来告诉谢晦文帝要讨伐江陵的消息，谢晦仍然认为不会这样，就叫谘议参军何承天来，给他看傅亮的信，说："估计万幼宗一二天肯定要到来，傅亮担心我多事，所以先送来这个信。"何承天说："外边听到的消息，都是说朝廷西讨江陵的计划已定，万幼宗哪有来的道理。"谢晦仍旧认为这事不确实，让何承天预先写好答诏的草稿，说是讨伐北魏最好在明年。江夏内史程道惠得到寻阳人的书信，上面说："朝廷将要有大的行动，这个事情是确实的。"程道惠便派他的辅国将军府中军参军乐冏把信封好拿给谢晦看。谢晦又对何承天说："万幼宗还没有到，如果两三天没有消息，便是不再来了吧？"何承天答道："万幼宗本来就没有来的道理，正如程道惠说的那样，这个事情已经很清楚了，哪里容得再加怀疑呢？"

注释 ① 江陵：荆州治所，今湖北荆州。 ② 索虏：指拓跋鲜卑，其旧俗将头发梳成辫子，称索头鲜卑。虏为汉族对少数民族的蔑称。 ③ 京陵：《资治通鉴》胡三省注即兴宁陵，为宋武帝母亲、宋文帝祖母赵太后陵墓。 ④ 河朔：地区名，泛指黄河以北。 ⑤ 西讨：指朝廷讨伐谢晦。因谢晦在江陵，江陵在建康之西，故称西讨。 ⑥ 江夏：郡名，治所在今湖北武昌。寻阳：郡名，治所在今江西九江西南。

原文

晦欲焚南蛮兵籍[①]，率见力决战。士人多劝发兵，乃立幡戒严[②]，谓司马庾登之曰："今当自下，欲屈卿以三千人守城，备御刘粹[③]。"登之曰："下官亲老在都，又素无旅[④]，情计二三，不敢受此旨。"晦仍问诸佐："战士三千，足守城不?"南蛮司马周超对曰："非徒守城而已，若有外寇，可以立勋。"登之乃曰："超必能办，下官请解司马、南郡以授。"即于坐命超为司马、建威将军、南义阳太守[⑤]，转登之为长史，南郡如故。

翻译

谢晦打算烧掉南蛮校尉府的兵籍簿，统率全部兵力决战。府内官员中很多人劝谢晦发兵，于是谢晦就挂起战旗戒严，他对司马庾登之说："现在我应亲自率兵东下，打算委屈您带三千兵守城，防备抵御刘粹。"庾登之说："下官亲人老小在京城，之前又没有部众，我考虑再三，不敢接受这个重任。"谢晦又问各位辅佐人员："战士三千人，够不够守城?"南蛮司马周超答道："不光是守城而已，如果有外敌侵犯，还可以建立功勋。"庾登之于是说："周超一定能办到这件事，我请求解除司马、南郡太守的职位，授给周超。"于是谢晦当场任命周超为司马、建威将军、南义阳太守，转调庾登之为长史，仍旧为南郡太守。

注释 ① 南蛮：我国古代南方各族之泛称。主要有荆州蛮和豫州蛮等，大体居住在今江汉流域的南部。当时在荆州设有南蛮校尉，专门管理诸蛮，地位与刺史相当，或由刺史兼任。 ② 幡(fān)：挑起来直着挂的长条形旗帜。 ③ 刘粹：字道冲，沛郡(治所在今安徽濉溪西北)人，宋文帝时，任雍州刺史等职。元嘉三年(426)，奉命讨谢晦，被谢晦司马周超所败。 ④ 旅：古代军事编制，五百人为一旅，此指部众。 ⑤ 南义阳：侨郡，治所在今湖北孝感北。

原文

太祖诛羡之等及晦子新除秘书郎世休，收皭、皭子世平、兄子著作佐郎绍等。乐冏又遣使告晦："徐、傅二公及皭等并已诛。"晦先举羡之、亮哀，次发子弟凶问。既而自出射堂，配衣军旅。数从高祖征讨，备睹经略，至是指麾处分，莫不曲尽其宜。二三日中，四远投集，得精兵三万人。……

时益州刺史萧摹之、巴西太守刘道产被征还[①]，始至江陵，晦并系絷，没其财货，以充军资。竟陵内史殷道鸾未之郡[②]，以为谘议参军。以弟遁为冠军[③]、竟陵内史，总留任，兄子世猷为建威将军、南平太守[④]。刘粹若至，周超能破之者，即以为龙骧将军、雍州刺史。晦率众二万，发自江陵，舟舰列自江津至于破冢，旍旂相照，蔽夺日光。晦乃叹

翻译

文帝杀掉徐羡之等及谢晦的儿子新任秘书郎谢世休，逮捕谢皭及其子谢世平、侄儿著作佐郎谢绍等。乐冏又派人告诉谢晦说："徐、傅二人及谢皭等已全部诛灭。"谢晦先为徐羡之、傅亮举哀祭奠，再发布儿子兄弟死去的消息。然后亲自走出射堂，发给军士服装，把部队整饰起来。谢晦多次跟从武帝征讨，亲自看到武帝用兵，到这时指挥军队处理战事，莫不有条有理非常恰当。二三天内，四方军队投奔汇集于江陵，得到精兵三万人。……

当时益州刺史萧摹之、巴西太守刘道产被征调还朝，刚到江陵，谢晦就把他二人拘禁了，没收他们的财货，用来充实军事费用。竟陵内史殷道鸾还没有到郡，就任命他为谘议参军。又以弟谢遁为冠军将军、竟陵内史，总管留守事务，他哥哥的儿子谢世猷为建威将军、南平太守。刘粹到来，周超若能打败他，就以周超为龙骧将军、雍州刺史。谢晦率领二万军士，从江陵出发，舟舰排列从江津到破冢，旌旗互相映照，阳光都被遮蔽了。谢晦感叹道："恨不得以这些兵作为援救皇上的军队啊！"他自己担任湘州刺史，以张邵为辅国将

曰:“恨不得以此为勤王之师!”自领湘州刺史,以张邵为辅国将军,邵不受命。……

军,张邵却不愿接受任命。……

注释 ① 巴西:郡名,治所在今四川阆中。 ② 竟陵:郡名,治所在今湖北钟祥。 ③ 冠军:即冠军将军。 ④ 南平:郡名,治所在今湖南蓝山东。

原文

晦至江口,到彦之已到彭城洲。庾登之据巴陵[1],畏懦不敢进。会霖雨连日,参军刘和之曰:“彼此共有雨耳,檀征北寻至[2],东军方强,唯宜速战。”登之恇怯[3],使小将陈祐作大囊,贮茅数千斛,悬于帆樯[4],云可以焚舰,用火宜须晴,以缓战期。晦然之,遂停军十五日。乃攻萧欣于彭城洲,中兵参军孔延秀率三千人进战,甚力。欣于陈后拥楯自卫[5],又委军还船,于是大败。延秀又攻洲口栅陷之,彦之退保隐圻[6]。……

翻译

谢晦到江口,到彦之已率部队到达彭城洲。庾登之占据巴陵,畏惧胆小不敢进兵。这时正值久雨连日不停,参军刘和之说:“敌我双方都在淋雨,征北将军檀道济不久就到,政府军力量将变强,我们只能速战速决。”庾登之畏惧敌兵,派小将陈祐制作大口袋,贮积茅草几千石,高挂在战船的帆桅上,说是可以用它烧毁敌舰,但用火最好等到晴天,以此来延缓战期。谢晦同意了,军队也就十五天不出战。十五天后在彭城洲攻打萧欣,中兵参军孔延秀率三千人进行战斗,很是得力。萧欣在队列后拿着盾牌自卫,又抛弃军队回到船上,于是政府军大败。孔延秀又攻陷彭城洲口栅寨,到彦之退守隐圻。……

注释 ① 巴陵：郡名，治所在今湖南岳阳。 ② 檀征北：指檀道济。道济，高平(今山东巨野南)人。宋文帝时，为征北将军，故称为檀征北。元嘉八年(431)，北伐北魏，曾多次取胜，后因寡不敌众，全军撤回，进位司空。后为彭城王刘义康所陷害，下狱被杀。 ③ 恇怯(kuāng qiè)：畏惧，胆小。 ④ 樯：船上的桅杆。 ⑤ 陈(zhèn)：交战时的战斗队列。楯(dùn)：同“盾”。 ⑥ 隐圻：地名，不详。

原文

初，晦与徐羡之、傅亮谋为自全之计，晦据上流，而檀道济镇广陵[①]，各有强兵，以制持朝廷；羡之、亮于中秉权，可得持久。及太祖将行诛，王华之徒咸云：“道济不可信。”太祖曰：“道济止于胁从，本非事主。杀害之事，又所不关。吾召而问之，必异。”于是诏道济入朝，授之以众，委之西讨。晦闻羡之等死，谓道济必不独全，及闻率众来上，惶惧无计。

翻译

当初，谢晦与徐羡之、傅亮策划保身的计谋，谢晦占据上游，而檀道济镇守广陵，各自都拥有强兵，用它来牵制朝廷；徐羡之、傅亮在朝中操纵大权，可以得到持久的安全。等到宋文帝将要施行诛讨，王华等人都说：“檀道济不可信。”宋文帝说：“檀道济只是被迫跟从他们的，本来就不是主犯。杀害少帝的事，又与他无关。我召他来问一下，他一定会转变的。”于是下令檀道济入朝，授予他军队，委派他西讨谢晦。谢晦听说徐羡之等人死了，认为檀道济肯定不会一个人逃脱，等到听说他率众来讨伐自己，惶恐畏惧而没有对策。

注释 ① 广陵：郡名，治所在今江苏扬州。

原文

道济既至，与彦之军合，牵舰缘岸。晦始见舰数不多，轻之，不即出战。至晚，因风帆上，前后连咽，西人离阻，无复斗心。台军至忌置洲尾，列舰过江，晦大军一时溃散。晦夜出，投巴陵，得小船还江陵。初，雍州刺史刘粹遣弟竟陵太守道济与台军主沈敞之袭江陵，至沙桥，周超率万余人与战，大破之。俄而晦败问至。晦至江陵，无它处分，唯愧谢周超而已。超其夜舍军单舸诣到彦之降。众散略尽，乃携其弟遁、兄子世基等七骑北走。遁肥壮不能骑马，晦每待之，行不得速。至安陆延头[1]，为戍主光顺之所执。……槛送京师。……

翻译

檀道济抵达后，与到彦之军汇合，把战舰停靠在岸边。谢晦开始看战舰不多，便轻视敌人，不马上出战。到了晚上，政府军才顺着风势挂上船帆，舟舰前后相连，谢晦军被分散阻隔，再也没有斗志了。政府军到忌置洲尾部，排列舰队过长江，谢晦大军立刻就溃散了。谢晦夜晚出逃，投奔巴陵，得到小船返回江陵。早先，雍州刺史刘粹派遣弟弟竟陵太守刘道济与政府军指挥官沈敞之袭击江陵，到了沙桥，周超率领一万多人与他们作战，大败政府军。不久谢晦兵败的消息传到。谢晦到江陵，没有其他行动，只是惭愧地向周超道歉而已。周超当夜离开军队坐一条小船到彦之那里投降。谢晦的兵士几乎全都离散而去，于是他带领弟弟谢遁、哥哥的儿子谢世基等七人骑马北逃。谢遁肥胖不能骑马，谢晦时不时等他，所以走得不快。到了安陆延头，被戍主光顺之捉住。……用囚车把谢晦他们送往京城。……

注释 ① 安陆：今湖北安陆。

原文

周超既降，到彦之以参府事，刘粹遣参军沈敞之告彦之沙桥之败，事由周超，彦之乃执之。先系嚼等，犹未即戮，于是与晦、遁、兄子世基、世猷及同党孔延秀、周超、费愔、窦应期、蒋虔、严千斯等并伏诛。……晦死时，年三十七。庾登之、殷道鸾、何承天并皆原免。

翻译

周超投降之后，到彦之任用他参与府事，刘粹派遣参军沈敞之报告彦之，说沙桥之败，是由于周超的缘故，到彦之于是拘禁周超。原先拘禁起来的谢嚼等人，还没有马上杀掉，于是与谢晦、谢遁、谢晦哥哥的儿子谢世基、谢世猷和同党孔延秀、周超、费愔、窦应期、蒋虔和严千斯等一同杀掉。……谢晦死时，年三十七岁。庾登之、殷道鸾、何承天都免罪不问。

张 敷 传

导读

张敷，吴郡吴县（今江苏苏州）人，生卒年代不详，从本传可知其活动时间为宋文帝元嘉年间。吴郡张氏为江左望族，张敷因此自视甚高。本传记载中书舍人秋当、周赳拜访张敷受到冷遇的情况，反映了南朝时期士族与寒门之间森严的等级界限。

传中描写张敷风流闲雅的士族风度，也只是寥寥数语，足见沈约刻画人物的功力。

本传为《张邵传》后的附传。张邵是张敷的父亲。（选自卷四六）

原文

敷，字景胤。生而母亡，年数岁，问知之，虽童蒙，便有感慕之色。至十岁许，求母遗物，而散施已尽，唯得一扇，乃缄录之[①]。每至感思，辄开笥流涕[②]。见从母，悲感呜咽。性整贵，风韵端雅，好玄言，善属文。初，父邵使与南阳宗少文谈《系》《象》[③]，往复数番，少文每欲屈，握麈尾叹曰[④]："吾

翻译

张敷，字景胤。一出生母亲就亡故了，几岁时，得知母亲已死，虽然年纪幼小，已表现出有所感触而思念的样子。到十岁左右，向家人求取母亲的遗物，但是大多散失或已施予别人，无所剩余，最后找到唯一的一把扇子，张敷就把它封闭珍藏起来。每当感伤怀念母亲的时候，他就打开竹箱看着扇子流泪哭泣。张敷见到姨母就联想到母亲，悲伤感念得呜咽痛哭。他性爱整洁，风度端庄文雅，喜好清谈玄理，善于写文章。起初，父亲张邵命他与南阳宗少文谈论

道东矣[⑤]。”于是名价日重。武帝闻其美[⑥]，召见奇之，曰：“真千里驹也。”以为世子中军参军，数见接引。累迁江夏王义恭抚军记室参军。义恭就文帝求一学义沙门[⑦]，会敷赴假江陵，入辞，文帝令以后车载沙门往，谓曰：“道中可得言晤。”敷不奉诏，上甚不说[⑧]。迁正员中书郎。敷小名查[⑨]，父邵小名梨，文帝戏之曰：“查何如梨？”敷曰：“梨为百果之宗，查何可比。”

《周易》中的《系辞》和《象辞》，两人互相辩难往来问答了几番，宗少文每想驳倒他而不能，握着麈尾叹息说：“我的学识已被带往东边去了。”于是张敷的声望地位日益显重。宋武帝听到他的美名，召见后觉得他异于常人，说：“真是匹千里马啊。”于是任命张敷为世子中军参军，多次召见。后来他不断升官至江夏王刘义恭抚军记室参军。义恭向文帝要一个懂得清谈玄理的僧徒，正值张敷到江陵休假，入宫拜辞，文帝命他把后面的车给僧徒乘坐，把他带走，对张敷说：“你们路上可相互交谈。”张敷不同意，文帝很不高兴。张敷后升职为正员中书郎。张敷小名“楂”，父张邵小名“梨”，文帝与张敷开玩笑说：“山楂比梨子如何？”张敷说：“梨子是百果中最主要的品种，山楂怎能与梨子相比。”

注释 ① 缄(jiān)：封闭。 ② 笥(sì)：盛衣物的竹器，竹箱。 ③ 南阳：郡名，治所在今河南南阳。《系》：《周易》系辞。《易经》为古代占卦的书，相传周文王作辞解释卦的内容，系于卦下，故称系辞。《象》：《周易》象辞，相传为孔子所著，乃解释卦象之辞。魏晋南北朝时，士大夫清谈玄理，多以《老子》《庄子》《周易》为题。此三部书当时称为三玄。 ④ 麈(zhǔ)尾：麈为一种似骆驼的鹿类动物，也名驼鹿。古时取麈之尾为拂子。魏晋以来，清谈家相与清谈时，手中皆执麈尾。 ⑤ 吾道东矣：据《后汉书·郑玄传》，东汉经学家郑玄，北海高密(今山东高密)人，曾从扶风(今陕西扶风)马融学古文经，学成东归，马融对弟子们说：“郑生今去，吾道东矣。”指马融称赞郑玄已经把自己学问完全学到手而带走了。张敷是吴县人，也在南阳的东边，故宗少文借用这个典故来称赞他。 ⑥ 武帝：宋武帝刘裕。 ⑦ 文帝：宋文帝刘义隆。学义沙门：佛教僧侣称沙门。学义沙门为懂得清谈玄理的和尚。 ⑧ 说（yuè）：同“悦”。 ⑨ 查（zhā）：即山楂，又称红果，味酸。

原文

中书舍人秋当[1]、周赳并管要务，以敷同省名家[2]，欲诣之。赳曰：“彼恐不相容接，不如勿往。”当曰：“吾等并已员外郎矣，何忧不得共坐。”敷先设二床，去壁三四尺，二客就席，敷呼左右曰：“移我远客！”赳等失色而去。其自标遇如此[3]。善持音仪，尽详缓之致，与人别，执手曰：“念相闻。”余响久之不绝。张氏后进皆慕之，其源起自敷也。……

翻译

中书舍人秋当、周赳共同管理机密要事，因张敷是与他们同在中书省的知名人士，想去拜访。周赳说：“恐怕他不会接待我们的，不如不去。”秋当说：“我们都已经是员外郎了，何必担忧不得与他同坐。”二人去后，张敷先命人安放两张小床，距屋壁三四尺远，二位客人坐下后，张敷呼唤左右侍仆说：“把我坐的床移动一下与客人隔得远些。”周赳等大惊失色，立即离去。他就是这样自视甚高，说话善于掌握声音仪态的分寸，做到详略适度，缓慢得中，与别人告别时，拉着手说：“希望你知道我思念你。”说完后余音不绝，许久还萦绕在别人耳际。张家后辈都羡慕而仿效，源起就在张敷。……

注释 ① 中书舍人：全称中书通事舍人，中书省中典掌机要的官职，南朝时主要由寒门人士担任，官虽卑而权势极大。 ② 省：官府的称谓，此指中书省。 ③ 标遇：标犹标举，高出他人之意。标遇即自视甚高。

褚叔度传

导读

褚叔度(380—424),出身河南大族。褚叔度父祖三代都在东晋做官,妹妹是晋恭帝的皇后。但褚氏兄弟见晋朝已衰,刘裕势大,便不顾姻亲关系,协助刘裕篡夺东晋大权。刘裕建立宋朝后,褚氏兄弟又尽心辅佐,因而获得高官厚禄。本传用带述方法,夹带写出褚叔度的二兄褚秀之、褚淡之的事迹,其中有宋初富阳孙氏造反的情况,反映出宋政权在文帝元嘉年间尚未完全稳定的史实。(选自卷五二)

原文

褚叔度,河南阳翟人也[①],曾祖裒[②],晋太傅。祖歆,秘书监。父爽,金紫光禄大夫。

长兄秀之,字长倩,历大司马琅邪王从事中郎,黄门侍郎、高祖镇西长史。秀之妹,恭帝后也[③],虽晋氏姻戚,而尽心于高祖。迁侍中,出补大司马右司马。恭帝即位,为祠部尚书、本州大中正[④]。高祖受命,徙为

翻译

褚叔度,河南阳翟人。曾祖褚裒,曾任东晋太傅。祖褚歆,曾任秘书监。父褚爽,曾任金紫光禄大夫。

长兄褚秀之,字长倩,历任大司马琅邪王从事中郎、黄门侍郎、宋高祖刘裕镇西长史。秀之的妹妹,是晋恭帝的皇后,虽然褚氏是晋氏姻亲,但是尽心为刘裕效劳。秀之升为侍中,又出补大司马右司马官缺。晋恭帝即皇帝位,秀之为祠部尚书、本州大中正。刘裕称帝建立宋朝,调职为太常。宋文帝元嘉元年(424)死在任上,时年四十七岁。

太常。元嘉元年卒官，时年四十七。

注释 ① 河南阳翟(dí)：今河南禹州。 ② 裒：音 póu。 ③ 恭帝：晋恭帝司马德文，419—420 年在位。 ④ 大中正：魏晋南北朝实行九品中正制选拔官吏，于各州设大中正，任用世族豪门担任，选取原则以家世为重。故大中正为把持地方选举大权的官。

原文

秀之弟淡之，字仲源，亦历显官，为高祖车骑从事中郎、尚书吏部郎、廷尉卿、左卫将军。高祖受命，为侍中。淡之兄弟并尽忠事高祖，恭帝每生男，辄令方便杀焉，或诱赂内人，或密加毒害，前后非一。及恭帝逊位，居秣陵宫，常惧见祸，与褚后共止一室，虑有酖毒[1]，自煮食于床前。高祖将杀之，不欲遣人入内，令淡之兄弟视褚后，褚后出别室相见，兵人乃逾垣而入，进药于恭帝。帝不肯饮，曰："佛教自杀者不得复人身。"乃

翻译

褚秀之的弟弟褚淡之，字仲源，也先后做过显赫的官，先后担任过刘裕车骑将军府从事中郎、尚书吏部郎、廷尉卿、左卫将军。刘裕即帝位后，为宋侍中。褚淡之兄弟都尽心尽力地为刘裕服务，晋恭帝每次生儿子，他们就命令设法杀死，有的引诱贿赂恭帝宫内左右的人去杀，有的秘密地以毒药害死，这样的事前后不止一次。到了晋恭帝退位，居住在秣陵宫，经常害怕杀身之祸，与褚皇后共住在一间房内，担心有人下毒，自己在床前煮食吃。宋高祖将要杀恭帝，不打算派人进入宫内，命令褚淡之兄弟去看望妹妹褚后，褚后出来到另一间房里与他们相见，士兵们就翻过墙垣进入恭帝住室，给恭帝毒药。恭帝不肯喝，说："佛教认为自杀的人来世不得再转人身。"于是士兵就用被子蒙住恭

以被掩杀之。后会稽郡缺，朝议欲用蔡廓，高祖曰："彼自是蔡家佳儿，何关人事？可用佛。"佛，淡之小字也。乃以淡之为会稽太守。

帝闷死了他。后来会稽郡缺太守，朝廷大臣商议打算任用蔡廓，刘裕说："蔡廓自然是蔡家的好子弟，但与人员的任用有什么关系？可以任用佛。"佛，是褚淡之的小名。于是就以褚淡之为会稽太守。

注释 ① 酖(zhèn)：同"鸩"，毒酒。此泛指毒物。

原文

景平二年，富阳县孙氏聚合门宗[①]，谋为逆乱，其支党在永兴县[②]，潜相影响。永兴令羊恂觉其奸谋，以告淡之，淡之不信，乃以诬人之罪，收县职局。于是孙法亮号冠军大将军，与孙道庆等攻没县邑，即用富阳令顾粲为令，加辅国将军。遣伪建威将军孙道仲、孙公喜、法杀攻永兴。永兴民漏恭期初与贼同，后反善就羊恂，率吏民拒战，力少退败。贼用县人许祖为令，恂逃伏江唐山中，寻复为贼所得，使还行县事。贼遂磐据，更

翻译

宋少帝刘义符景平二年(424)，富阳县孙氏聚集宗族，阴谋作乱，他的支党在永兴县，暗地互相呼应。永兴令羊恂察觉到他们干坏事的阴谋，把这个消息报告了褚淡之，褚淡之不相信，就以诬告别人的罪名，把羊恂拘禁在县里。于是孙法亮号称冠军大将军，与孙道庆等攻打夺取了富阳县，就用富阳令顾粲为县令，加官辅国将军。孙法亮又派遣建威将军孙道仲、孙公喜、法杀攻打永兴。永兴民漏恭期开始与孙氏同谋，后来改变了态度投靠羊恂，率领府吏兵民抵抗，由于力量太小而被击退失败。孙氏用永兴县人许祖为县令，羊恂逃走躲藏在江唐山中，不久再次被造反军捉到，让他回去仍当县令。造反军于是占据各方，大事树立党羽，遥向鄮县发去

相树立，遥以鄮令司马文寅为征西大将军[3]，孙道仲为征西长史，孙道覆为左司马，与公喜、法杀等建旗鸣鼓，直攻山阴[4]。

命令，孙氏任鄮令司马文寅为征西大将军，孙道仲为征西长史，孙道覆为左司马，与公喜、法杀等建立旗号，敲响战鼓，直接攻打山阴。

注释 ① 富阳：县名，在今浙江余杭南。 ② 永兴：县名，今湖南耒阳。 ③ 鄮(mào)：县名，今浙江宁波境内。 ④ 山阴：县名，治所在今浙江绍兴。

原文

淡之自假凌江将军，以山阴令陆邵领司马，加振武将军，前员外散骑常侍王茂之为长史，前国子博士孔欣、前员外散骑常侍谢芩之并参军事，召行参军七十余人。前镇西谘议参军孔宁子、左光禄大夫孔季恭子山士在艰中[1]，皆起为将军。遣队主陈愿、郡议曹掾虞道纳二军过浦阳江。愿等战败。贼遂摧锋而前，去城二十余里。淡之遣陆邵督带戟公石綝、广武将军陆允以水军拒之，又别遣行参军漏

翻译

褚淡之自己临时担任凌江将军，以山阴县令陆邵兼领司马，加官振武将军，原来的员外散骑常侍王茂之为长史，原来的国子博士孔欣、原来的员外散骑常侍谢芩之都参与军事，召集行参军七十多人。原来的镇西谘议参军孔宁子、左光禄大夫孔季恭的儿子孔山士正在居丧，都起用为将军。派遣队主陈愿、郡议曹掾虞道纳率领两支军队过浦阳江。陈愿等人战败，造反军势如破竹地进军，离城只有二十多里了。褚淡之派遣陆邵督促带戟公石綝、广武将军陆允用水军抵抗造反军，又另派行参军漏恭期率领步兵与陆邵合力抵抗。褚淡之统率所领的军队临时驻扎在近郊。漏恭期等与造反军在柯亭作战，大败造反军，造反军退回永兴。造反军派遣宁

恭期率步军与邵合力。淡之率所领出次近郊。恭期等与贼战于柯亭，大破之，贼走还永兴。遣伪宁朔将军孙伦领五百人攻钱唐[2]，与县戍军建武将军战于琦，伦败走还富阳。伦因反善，杀法步帅等十余人，送首京都。诏遣殿中员外将军徐卓领千人，右将军彭城王义康遣龙骧将军丘显率众五百东讨，司空徐羡之版扬州主簿沈嗣之为富阳令领五百人，于吴兴道东出[3]，并未至而贼平。吴郡太守江夷轻行之职[4]，停吴一宿，进至富阳，分别善恶，执送愿徙贼余党数百家于彭城[5]、寿阳[6]、青州诸处。二年，淡之卒，时年四十五。谥曰质子。

朔将军孙伦率领五百人马攻打钱唐，与钱唐守将建武将军在琦地战斗，孙伦战败退回到富阳。孙伦因此投降官军，杀法步帅等十多人，首级送往京城。皇上下令派遣殿中员外将军徐卓带领一千人，右将军彭城王刘义康派遣龙骧将军丘显率领五百人向东讨伐造反军，司空徐羡之奏以扬州主簿沈嗣之为富阳县令率五百人，从吴兴东边出击敌人，他们的军队还没有到达，叛乱就被平定了。吴郡太守江夷轻装到吴郡上任，在吴郡停留一夜，到达富阳，区别造反者的情节轻重，押送愿意迁徙的造反军余党几百家到彭城、寿阳、青州等地。第二年，褚淡之死，时年四十五岁。加谥号为质子。

注释 ① 艰：父母之丧。旧制，父母去世，官吏要离职守孝，称丁艰，亦称丁忧，父死为丁父忧，母死为丁母忧。 ② 钱唐：县名，治所在今杭州西灵隐山麓。 ③ 吴兴：郡名，治所在今浙江吴兴南。 ④ 吴郡：郡名，治所在今江苏苏州。 ⑤ 彭城：今江苏徐州。 ⑥ 寿阳：即寿春，县名，治所在今安徽寿县。

原文

叔度名与高祖同，故以字行。初为太宰琅邪王参军，高祖车骑参军事，司徒左西属，中军谘议参军，署中兵，加建威将军。从伐鲜卑[①]，尽其诚力。卢循攻查浦，叔度力战有功。循南走，高祖版行广州刺史，仍除都督交广二州诸军事、建威将军、领平越中郎将、广州刺史。桓玄族人开山聚众，谋掩广州，事觉，叔度悉平之。义熙八年，卢循余党刘敬道窘迫，诣交州归降。交州刺史杜慧度以事言统府，叔度以敬道等路穷请命，事非款诚，报使诛之。慧度不加防录，敬道招集亡命，攻破九真[②]，杀太守杜章民，慧度讨平之。叔度辄贬慧度号为奋扬将军，恶不先上，为有司所纠，诏原之。

翻译

褚叔度与宋高祖刘裕名相同，所以只称他的字。最初为太宰琅邪王参军，历任刘裕车骑将军府参军事、司徒左西属、中军谘议参军，又被任命为中兵，加官建威将军。随刘裕北伐南燕，竭尽诚心和能力。卢循军攻打查浦，褚叔度奋战有功。卢循南逃，刘裕向皇帝上奏以褚叔度为广州刺史，任命他为都督交、广二州诸军事、建威将军、兼领平越中郎将、广州刺史。桓玄的宗族人等开山聚众，阴谋出其不意地偷袭广州，事情被察觉，褚叔度将他们全部平定。晋安帝义熙八年(412)，卢循余党刘敬道穷途末路，到交州归附投降。交州刺史杜慧度把这件事报告都督府，叔度认为刘敬道无路可走才来投降，不是出于诚意，回报杜慧度杀掉刘敬道。杜慧度没有防备，刘敬道招集亡命之徒，攻破九真，杀死太守杜章民，慧度出兵讨伐才平定了乱事，褚叔度自作主张贬慧度官号为奋扬将军，朝廷不满叔度没有先行向上报告，被有关部门检举，皇上下诏赦免了他。

注释 ① 鲜卑：指鲜卑慕容部建立的南燕。 ② 九真：郡名，治所在今越南境内。

原文

高祖征刘毅，叔度遣三千人过峤[①]，荆州平乃还。在任四年，广营贿货，家财丰积，坐免官，禁锢终身。还至都，凡诸旧及有一面之款，无不厚加赠遗[②]。寻除太尉谘议参军、相国右司马。高祖受命，为右卫将军。高祖以其名家，而能竭尽心力，甚嘉之……寻加散骑常侍。永初三年，出为使持节，监雍梁南北秦四州、荆州之南阳竟陵顺阳义阳新野随六郡诸军事[③]、征虏将军、雍州刺史，领宁蛮校尉、襄阳义成太守[④]。在任每以清简致称。景平二年，卒，时年四十四。……

翻译

刘裕征讨刘毅，褚叔度派遣三千人越过峤地，直到荆州平定后才回广州。在任四年，广为经营财货，家财积累丰盛，因这个罪名被免官，禁锢终身不得为官。回到京都，凡是原来与他有旧情和有一面之交的人，没有不给予丰厚赠送的。不久褚叔度被任命为刘裕太尉府谘议参军、相国府右司马。刘裕称帝，为右卫将军。宋武帝因褚叔度出身名门，而能尽心尽力，非常赞赏他……不久又为他加官为散骑常侍。永初三年(422)，褚叔度出任使持节，监雍、梁、南秦、北秦四州及荆州的南阳、竟陵、顺阳、义阳、新野、随六郡诸军事，征虏将军，雍州刺史，兼领宁蛮校尉、襄阳、义成太守。在任期间常因清静简要而被称赞。宋少帝景平二年(424)，死，时年四十四岁。……

注释 ① 峤(qiáo)：地名。 ② 遗(wèi)：给予，赠送。 ③ 顺阳：郡名，治所在今湖北老河口。义阳：郡名，治所在今河南信阳。新野：郡名，治所在今河南新野。随：郡名，治所在今湖北随县。 ④ 襄阳：郡名，治所在今湖北襄阳。

谢方明传

导读

谢方明(379—426),出身名门大族。陈郡谢氏过江后,居住在浙东会稽郡一带,兼并了大量土地,建立起田园别墅。本传反映了东晋末孙恩起义大量镇压世家大族的情况,陈郡谢氏被消灭殆尽,资产被查抄一空,说明这次起义是士族在南朝时期开始没落的重要原因之一。本传还记述了谢混等名门大族不与寒人刘穆之交往,而一旦交往,寒人受宠若惊的情况,反映出南朝士族与庶族之间所存在的等级界限。谢方明仕于宋初,曾任侍中一类高官,治理郡县亦有好名声,说明南朝初年高门大族中,也还有一些有才干的人。(选自卷五三)

原文

谢方明,陈郡阳夏人,尚书仆射景仁从祖弟也。祖铁,永嘉太守[①]。父冲,中书侍郎。家在会稽,谢病归,除黄门侍郎,不就。为孙恩所杀[②],追赠散骑常侍。

翻译

谢方明,陈郡阳夏人,尚书仆射谢景仁堂弟。祖谢铁,东晋永嘉太守。父谢冲,中书侍郎。家在会稽,因病辞官回家休养,朝廷任命他为黄门侍郎,他却没有到任。谢冲后被孙恩叛军所杀,追赠为散骑常侍。

注释 ① 永嘉:郡名,治所在今浙江温州。 ② 孙恩:字灵秀,琅邪(今山东临沂北)人,其家世奉五斗米道,晋安帝隆安二年(398),利用宗教组织发动农民起义,大量镇压南方名门大族。这次起义是魏晋南北朝时期南方最大的一次农民战争,也是南方士族没落的重要原因之一。

原文

方明随伯父吴兴太守邈在郡，孙恩寇会稽，东土诸郡皆响应[1]，吴兴民胡桀、郜骠破东迁县，方明劝邈避之，不从，贼至被害，方明逃窜遂免。初，邈舅子长乐冯嗣之及北方学士冯翊仇玄达[2]，俱往吴兴投邈，并舍之郡学，礼待甚简。二人并忿愠，遂与恩通谋。恩尝为嗣之等从者，夜入郡，见邈众，遁，不悟。本欲于吴兴起兵，事趣不果，乃迁于会稽。及郜等攻郡，嗣之、玄达并豫其谋。刘牢之、谢琰等讨恩[3]，恩走入海，嗣之等不得同去，方更聚合。方明结邈门生义故得百余人，掩讨嗣之等，悉禽而手刃之。

翻译

谢方明随同伯父吴兴太守谢邈在郡中，孙恩率军攻打会稽城，东南八郡起兵响应，吴兴民胡桀、郜骠攻破东迁县，方明劝谢邈躲避一下，谢邈不听，造反军入吴兴，谢邈被杀，方明逃走才免于难。起初，谢邈舅父的儿子长乐冯嗣之与来自北方的学士冯翊仇玄达，一同前往吴兴投靠谢邈，谢邈将他们安置在学馆中居处，接待的礼数简慢。两人心怀怨愤，因此与孙恩私相勾结。孙恩曾作为冯嗣之等人的随从，夜晚潜入郡城视察，见谢邈兵卫甚多，于是逃了出来，未被发觉。他本打算在吴兴起兵的，由此没有成功，于是转到会稽起事。及至郜骠等攻打郡城，冯嗣之、仇玄达都参与了谋划。刘牢之、谢琰等将领讨伐孙恩，孙恩退入海岛，冯嗣之等没来得及同去海岛，就自行聚合。这时，谢方明结合谢邈的门生义故得到一百多人，围攻讨伐冯嗣之等，全部擒获并亲手杀死了他们。

注释 ① 东土诸郡：指吴郡、吴兴、会稽、临海（治所在今浙江临海）、东阳（治所在今浙江金华）、新安（治所在今浙江淳安）、义兴、永嘉等八郡。 ② 长乐：郡名，治所在今福建闽侯。冯翊（píng yì）：郡名，治所在今陕西大荔。 ③ 刘牢之：字道坚，彭城（今江苏徐州）人，出身寒门，东晋北府兵名将，曾参与镇压孙恩起义。谢琰（yǎn）字瑗度，陈郡阳夏人，东晋名相谢安之子，北府兵宿将，封卫将军，率兵镇压孙恩起义。安帝隆安四年（400）五月在山阳战役中被农民军杀于阵上，自此北府兵落入寒门手中。

原文

于时荒乱之后，吉凶礼废，方明合门遇祸，资产无遗，而营举凶事，尽其力用，数月之间，葬送并毕，平世备礼，无以加也。顷之，孙恩重没会稽，谢琰见害。恩购求方明甚急。方明于上虞载母妹奔东阳，由黄蘖峤出鄱阳[1]，附载还都，寄居国子学[2]。流离险厄，屯苦备经，而贞立之操，在约无改。元兴元年，桓玄克京邑，丹阳尹卞范之势倾朝野，欲以女嫁方明，使尚书吏部郎王腾譬说备至，方明终不回。桓玄闻而赏之，即除著作佐郎，补司徒王谧主簿。

翻译

当时正值兵荒马乱之后，吉凶之事都不能按礼进行，谢方明一家老小都被孙恩义军所杀，资财荡然无存，在办理家人丧事之时，方明竭尽最大的努力，几个月内，都安葬完毕，就是在升平时期按礼行事，也并不比他这次办得好，不久，孙恩又攻下会稽，谢琰在阵前被杀。孙恩急迫地悬赏捉拿方明。方明在上虞带着母亲和妹妹逃到东阳，由黄蘖峤进入鄱阳湖，搭船回到京城建康，寄居国子学房舍中。方明虽流离于险阻困顿之中，备经时运艰难之苦，而正直立身的操守，在十分贫困的情况下也没有改变。晋安帝元兴元年（402），桓玄攻破建康，当时丹阳尹卞范之权势很大，压倒朝中大臣及民间人士，他想将女儿嫁给方明，命尚书吏部郎王腾去百般劝说，方明始终没答应。桓玄听说后对他很赏识，即刻任为著作佐郎，补司徒王谧主簿。

注释 ① 鄱阳：湖名，位于长江之南，与长江水系相通。 ② 国子学：即汉魏之太学，中央最高学府。两晋南北朝称国子学，此指学校的房舍。

原文

从兄景仁举为高祖中兵主簿[①]。方明事思忠益，知无不为。高祖谓之曰："愧未有瓜衍之赏[②]。且当与卿共豫章国禄[③]。"屡加赏赐。方明严恪[④]，善自居遇，虽处暗室[⑤]，未尝有惰容，无他伎能，自然有雅韵。从兄混有重名，唯岁节朝宗而已[⑥]。丹阳尹刘穆之权重当时，朝野辐辏，不与穆之相识者，唯有混、方明、郗僧施、蔡廓四人而已，穆之甚以为恨。方明、廓后往造之，大悦，白高祖曰："谢方明可谓名家驹。直置便自是台鼎人[⑦]，无论复有才用。"

翻译

方明的堂兄谢景仁推荐他为刘裕的中兵主簿。方明每事都竭诚尽心，知道的事没有不去做的。刘裕对他说："我很惭愧不能赏及你的子孙，姑且与你共享豫章国的俸禄罢。"不断对方明加以赏赐。方明严于律己恭敬谨慎，善于待人接物，虽处于服丧的情况下，未曾见他有怠惰的表现。他没有什么特别技能，但仪态自然，气度风雅。堂兄谢混很有名望，他也只是在岁时令节去参拜一下罢了。丹阳尹刘穆之在当时权势很大，朝中大臣和民间人士都向往奉承，不与穆之相结识的，只有谢混、谢方明、郗僧施、蔡廓四人而已。刘穆之对此非常愤恨。后来谢方明和蔡廓前去拜访，穆之大喜，对刘裕说："谢方明真称得上是名门之后，按理安排就该做宰辅，还不说他很有才干。"

注释 ① 中兵:《太平御览》卷633引作“中军”,疑是。 ② 瓜衍:引自《诗经·大雅·绵》,用以比喻子孙之繁衍兴盛,像瓜藤生长不绝一样。 ③ 豫章国禄:晋安帝义熙二年(406),封刘裕豫章(今江西南昌)公,建立封国,豫章国禄即指此封国所食之俸禄。 ④ 恪(kè):恭谨,敬慎。 ⑤ 暗室:居丧的庐舍。 ⑥ 朝宗:原意是诸侯朝见天子,此借用为参拜父兄。 ⑦ 台鼎:即三台,汉代尚书称中书,御史称宪台,谒者称外台,似鼎足而立。古代用以比喻三公,称宰辅之臣为台鼎。

原文

顷之,转从事中郎,仍为左将军道怜长史,高祖命府内众事,皆谘决之。随府转中军长史。寻更加晋陵太守[①],复为骠骑长史、南郡相,委任如初。尝年终,江陵县狱囚事无轻重,悉散听归家,使过正三日还到。罪应入重者有二十余人,纲纪以下[②],莫不疑惧。……方明不纳,一时遣之。囚及父兄皆惊喜涕泣,以为就死无恨。……遂竟无逃亡者。远近咸叹服焉。遭母忧,去职。服阕[③],为宋台尚书吏部郎。

翻译

不久,谢方明调任从事中郎,又为左将军刘道怜长史,刘裕命府内各种事务,都要咨询方明才决定。后来他随刘道怜府转任中军长史。不久更加官晋陵太守,又为骠骑长史、南郡相,刘裕对他的寄托信任仍像当初一样。曾经在一年终结的时候,谢方明命江陵县狱中的囚犯无论罪行轻重,全部听任回家团聚,要他们过了正月初三就自行回狱。罪犯中应该判以重刑的有二十多人,郡主簿以下府吏,没有不对此怀疑忧惧的。……方明不采纳他们的意见,一时之间将囚犯都遣散回家了。囚犯和他们的父兄都感激惊喜得涕泪交流,认为就是立即死去也没有遗恨。……竟然没有一个逃亡的。这件事使远近都为之感叹佩服。方明因母死服丧,离职回乡,服丧期满,做了刘裕宋王台府尚书吏部郎。

注释 ① 晋陵：郡名，治所在今江苏常州。 ② 纲纪：此指州郡中主簿一类官吏。 ③ 服阕(què)：阕，终了。古时父母死，守孝三年，期满脱孝服，称为服阕，为丧服终了之意。

原文

高祖受命，迁侍中。永初三年，出为丹阳尹，有能名。转会稽太守。江东民户殷盛[①]，风俗峻刻，强弱相陵，奸吏蜂起，符书一下[②]，文摄相续。又罪及比伍[③]，动相连坐，一人犯吏，则一村废业，邑里惊扰，狗吠达旦。方明深达治体，不拘文法，阔略苛细，务存纲领。州台符摄，即时宣下，缓民期会，展其办举；郡县监司，不得妄出，贵族豪士，莫敢犯禁，除比伍之坐，判久系之狱。前后征伐，每兵运不充，悉发倩士庶[④]，事既宁息，皆使还本。而属所刻害，或即以补吏。守宰不明，与夺乖舛，人事不至，必被抑塞。方明简汰精当，各

翻译

刘裕建立宋朝，升任方明为侍中。宋武帝永初三年(422)，出任丹阳尹，治理地方有能干的声名。他后来转调会稽太守。浙东地区民户殷实富盛，风俗严峻刻薄，以强凌弱，衙门中奸吏很多，上级一道命令下来，就舞文弄墨连续搜括百姓。犯法牵连邻里入罪，动辄连坐，一人得罪那些奸吏，一村都不能正常营生，村落惊扰不安，狗叫声通宵达旦。方明深深懂得治理的方法，不拘泥于文法规定，无论宽简细刻烦扰之事，必按总纲要领去办。上级州府的文书命令，即刻传达下去，放宽人民期限，使其能舒缓不急地去办理；郡县监察官吏，不准随便出去催督；贵族豪强之家，没有敢犯禁的；废除比伍连坐之法，判决处理了长期囚禁的罪犯。前后有所征伐，每当兵士及运输劳力不够时，就借征于士庶之家，事情宁息后，都使其回到原所在地。他的下属往往迫害那些借征来的人，或者将他们补作在官府服劳役的小吏。郡中官吏不能明察，委

慎所宜，虽服役十载，亦一朝从理，东土至今称咏之。性尤爱惜，未尝有所是非，承代前人，不易其政。有必宜改者，则以渐移变，使无迹可寻。元嘉三年，卒官，年四十七。

任和罢免都搞得十分错乱，不给他们贿赂，必然被排斥不用。针对这些情况，方明对官吏适当地淘汰和选择，使各人都谨慎地做自己该做的事，虽有服役长达十年之久的人，也能很快明了其中的道理，浙东地区至今还在称颂讴歌他。方明性格特别矜重，从不妄生是非，治理地方继承前人之法，不随便改易原来的规定。有必须改变的政令，则慢慢变革，使之不露痕迹。宋文帝元嘉三年(426)，谢方明死于任上，终年四十七岁。

注释　①江东：指浙江(钱塘江)以东地区，又称浙东，会稽郡即位于此。②符书：朝廷或上级下达盖有官印的诏令文书。③比伍：此指邻里，比邻。④倩(qiàn)：意为请人代做。

谢惠连传

导读

谢惠连(406—433),谢方明之子,聪明有文才,受同族兄长、大诗人谢灵运赏识。所著诗文辞赋流传于世。因不拘小节,又年轻去世,故官位不显。

本传附于《谢方明传》之后。(选自卷五三)

原文

子惠连[1],幼而聪敏,年十岁,能属文,族兄灵运深相知赏[2],事在《灵运传》。本州辟主簿,不就。惠连先爱会稽郡吏杜德灵,及居父忧,赠以五言诗十余首,文行于世。坐被徙废塞,不豫荣伍。尚书仆射殷景仁爱其才,因言次白太祖[3]:“臣小儿时,便见世中有此文,而论者云是谢惠连,其实非也。”太祖曰:“若如此,便应通之。”元嘉七年,方为司徒彭城王义康法曹参军。是

翻译

谢方明的儿子谢惠连,从小聪明灵敏。十岁的时候,就会写文章了,他的同族兄长谢灵运非常了解赏识他,这事在《谢灵运传》上有记载。州府征辟他做主簿,没有应征。惠连原来就很喜欢会稽郡吏杜德灵,父亲去世在家居丧时,写了十多首五言诗赠送给德灵,这些诗流传于世上。惠连因此获罪被迁离废黜,不能任职为官。尚书仆射殷景仁爱惜他的才华,于是在言谈之间对文帝说:“臣还是小孩时,就看到民间流传有这些诗,而谈论的人都说是谢惠连作的,实际上并非如此。”太祖说:“如果是这样,就应该让他做官。”元嘉七年(430),谢惠连才进入司徒彭城王刘义

时义康治东府城，城堑中得古冢[4]，为之改葬，使惠连为祭文，留信待成，其文甚美。又为《雪赋》，亦以高丽见奇。文章并传于世。十年，卒，时年二十七。既早亡，且轻薄多尤累，故官位不显。无子。

康府任法曹参军。这时刘义康修整东府城，在城壕中挖出一座古墓，将尸骨另行改葬，命惠连写祭文，留下使者等候他写成，惠连很快就写成了，文辞十分优美。又作了一篇《雪赋》，也以文章词藻高洁华美而称奇。他的文章都流传世上。元嘉十年(433)谢惠连去世，时年二十七岁。因为他早逝，又因为行为轻薄不检点有很多过失牵累，因而官位不显达。没有子嗣。

注释 ① 子：因本传附于《谢方明传》后，故开头便写子惠连，是说谢方明的儿子叫谢惠连。 ② 灵运：指谢灵运，谢惠连的族兄，袭封爵为康乐公，因又称谢康乐。灵运博览群书，善写文章诗赋，喜好书法和绘画，是南朝刘宋时与颜延之齐名的大诗人。后因谋反被宋文帝诛杀。 ③ 太祖：宋文帝刘义隆。 ④ 堑(qiàn)：护城河、壕沟。

谢弘微传

导读

谢弘微(391—433)，出身高门大族，过继给堂叔谢峻为子。谢弘微家甚贫俭，而谢峻家却十分富有，这说明陈郡谢氏已经开始分化，但有的支系仍拥有相当雄厚的资财，仍然是显赫的家族。本传就反映了南朝初年陈郡谢氏仍据有大量田庄别墅的情况。(选自卷五八)

原文

谢弘微，陈郡阳夏人也。祖韶，车骑司马。父思，武昌太守[①]。从叔峻，司空琰第二子也，无后，以弘微为嗣。弘微本名密，犯所继内讳[②]，故以字行。

翻译

谢弘微，陈郡阳夏人。祖父谢韶，晋车骑司马。父亲谢思，武昌太守。堂叔谢峻，因为晋司空谢琰次子，没有后代，便以弘微为儿子。弘微原名谢密，因与继母的名相同而犯讳，故以字相称。

注释 ①武昌：郡名，治所即今湖北武昌。 ②“犯所”句：讳，名字。古时不能提及父母君长的名字，自己的名字也不能与他们的名字相同。如相同，即是犯讳。内讳，母亲名字。此句意为与所过继家的母亲名同而犯讳。

原文

童幼时，精神端审，时然后言。所继叔父混名知

翻译

谢弘微幼年时，就神情端庄行动审慎，该说话时才开口讲话。过继家的叔

人，见而异之，谓思曰："此儿深中夙敏，方成佳器。有子如此，足矣。"年十岁出继。所继父于弘微本缌麻[①]，亲戚中表[②]，素不相识，率意承接，皆合礼衷。义熙初，袭峻爵建昌县侯。弘微家素贫俭，而所继丰泰，唯受书数千卷，国吏数人而已，遗财禄秩，一不关豫。混闻而惊叹，谓国郎中令漆凯之曰："建昌国禄，本应与北舍共之[③]，国侯既不措意，今可依常分送。"弘微重违混言，乃少有所受。……

父谢混以能识别人才而知名，见到谢弘微后认为他不同凡人，对其父谢思说："这个孩子心地深沉，从小就聪敏，正在成长为才德兼备的人才。有个像这样的儿子，该满足了。"弘微年十岁时过继给谢峻为子。他所过继之父与弘微家本是疏远亲族，亲戚中的中表兄弟，从来不相识，但弘微毫不在意地应承接待，行为都符合礼节。晋安帝义熙初年，承袭谢峻封爵为建昌县侯。弘微本家一向贫困用度节俭，而过继家的财产十分丰厚，但他只接受数千卷书，建昌侯国的府吏数人而已，剩余的财产和俸禄收入，通通不去关心或取用。谢混听说后惊诧感叹，对封国的郎中令漆凯之说："建昌封国的俸禄，本来应该和北舍的人一起享用，侯爷既不留意，现可按常例分给北舍。"弘微很看重谢混的意见，不愿违背，才多少接受一些。……

注释 ① 缌麻：五服中最轻的一种。用疏织细麻布制成孝服，服丧三月。宗属关系较远。 ② 中表：姑母的儿女称外表，舅父、姨母的儿女叫内表，互称中表。 ③ 北舍：指弘微本家一房。

原文

晋世名家身有国封者，起家多拜员外散骑侍郎，弘微亦拜员外散骑，琅邪王大司马参军。

义熙八年，混以刘毅党见诛，妻晋陵公主改适琅邪王练[①]，公主虽执意不行，而诏其与谢氏离绝，公主以混家事委之弘微。混仍世宰辅，一门两封，田业十余处，僮仆千人，唯有二女，年数岁。弘微经纪生业，事若在公，一钱尺帛出入，皆有文簿。迁通直郎。高祖受命，晋陵公主降为东乡君，以混得罪前代，东乡君节义可嘉，听还谢氏。自混亡，至是九载，而室宇修整，仓廪充盈，门徒业使[②]，不异平日，田畴垦辟，有加于旧。东乡君叹曰："仆射平生重此子[③]，可谓知人。仆射为不亡矣。"……

翻译

晋代名门之家有封国爵位的，做官多从员外散骑侍郎开始，弘微也拜员外散骑侍郎、琅邪王大司马参军。

晋安帝义熙八年(412)，谢混因与刘毅同党而被诛杀，其妻晋陵公主被指定改嫁琅邪王练。公主虽然坚执不肯遵从，但皇帝下诏命她与谢氏断绝关系，公主离家时将谢混家的事务委托弘微管理。谢混家几代为宰辅大臣，一门有两个封爵，拥有庄园十多处，奴仆上千人，只有两个女儿，年纪只有几岁。弘微经营管理谢混的产业，如像办公家的事，一文钱一尺帛的支出收入，都记录在文簿上。弘微升迁为通直郎。刘裕建立宋朝，晋陵公主降封为东乡君，因谢混是在晋朝时获罪的，东乡君节操义行可嘉，听从她回到谢家。自从谢混死亡，至今已经九年，然而他家房屋修饰整齐，米粮仓库都装得满满的，门生佃客役使之类，都与平日一样，土地开垦，比以前有所增加。东乡君叹息说："仆射平生最看重这孩子，真可谓善于识别人才。仆射虽死犹生。"……

注释 ① 晋陵公主：东晋孝武帝之女。琅邪：郡名，治所在今山东临沂北。② 徒：即徒附，依附于主人的佃客。 ③ 仆射：指谢混。

原文

太祖即位[①]，为黄门侍郎，与王华、王昙首、殷景仁、刘湛等号曰五臣。迁尚书吏部郎，参预机密。寻转右卫将军。诸故吏臣佐，并委弘微选拟。居身清约，器服不华，而饮食滋味，尽其丰美。……

九年，东乡君薨，资财巨万，园宅十余所，又会稽、吴兴、琅邪诸处[②]，太傅、司空琰时事业，奴僮犹有数百人。公私咸谓室内资财，宜归二女，田宅僮仆，应属弘微。弘微一无所取，自以私禄营葬。……十年，卒，时年四十二。

翻译

宋文帝即位，弘微任黄门侍郎，与王华、王昙首、殷景仁和刘湛一起号称五臣。升迁为尚书吏部郎，参与国家机密。不久转调右卫将军。各位故吏和辅佐之臣，都委托弘微选授职务。谢弘微居处清廉俭约，用具服饰都不华丽，但饮食方面讲究滋味，极尽丰富甘美。……

元嘉九年(432)，东乡君死，遗留财产上亿，田园别墅十多处，另外会稽、吴兴、南琅邪几处，还有先祖太傅、司空谢琰经营的产业，奴婢僮仆仍有数百人。公私方面的人都说室内的资财应当归谢混的两个女儿所有，田宅僮仆应该属于弘微，但谢弘微一点也没有要，以自己的俸禄安葬了东乡君。……元嘉十年(433)，弘微去世，时年四十二岁。

注释 ① 太祖：宋文帝刘义隆。 ② 琅邪：此指南琅邪，郡名，东晋侨置，治所在今江苏句容北。

张畅传

导读

张畅(407—457),出身名门大族吴郡张氏,与堂兄张敷等齐名,是张氏家族的后起之秀。宋文帝元嘉二十七年(450),北魏太武帝拓跋焘率军大举南下,围攻彭城。时武陵王刘骏以安北将军职衔与太尉江夏王刘义恭镇守彭城,张畅为安北将军府长史。本传记载张畅在敌军兵临城下的局势下机敏无畏,与刘义恭等人的怯懦恰成鲜明对照;又载张畅与北魏尚书李孝伯在军前的对话,孝伯善于雄辩,而张畅对答如流,义正辞严,双方均得外交辞令之美。本传还记载南北两军互相馈送礼品的情况,这在兵戎相见的战场上是少见的,反映出鲜卑族倾慕华风的心理状态;而宋将与魏兵敷衍,则是畏惧其兵力强大,又反映出当时南北交战中,北方多占优势的史实。本传是《宋书》中记载南北战争彭城之役较为详细的一篇。(选自卷五九)

原文

张畅,字少微,吴郡吴人,吴兴太守邵兄子也。父祎,少有孝行,历宦州府[①],为琅邪王国郎中令。从琅邪王至洛。还京都,高祖封药酒一罂付祎[②],使密加酖毒,祎受命,既还,于道自饮而卒。

翻译

张畅,字少微,吴郡吴县人,吴兴太守张邵的侄儿。父亲张祎,自小很孝顺,历次在州府做官,做到了琅邪王国郎中令。张祎随从琅邪王司马德文到洛阳,回到京城,刘裕封药酒一坛送到他那里,令他秘密地毒死琅邪王。张祎接受命令之后,回京时在途中自饮毒酒而死。

注释 ① 宦：为官。 ② 罂(yīng)：盛酒瓦器。

原文

畅少与从兄敷、演、敬齐名，为后进之秀。起家为太守徐佩之主簿[1]，佩之被诛，畅驰出奔赴，制服尽哀[2]，为论者所美。……州辟从事，衡阳王义季征虏行参军，彭城王义康平北主簿，司徒祭酒，尚书主客郎。未拜，又除度支左民郎，江夏王义恭征北记室参军、晋安太守[3]。又为义季安西记室参军、南义阳太守，临川王义庆卫军从事中郎，扬州治中别驾从事史，太子中庶子。

翻译

张畅小时候与堂兄张敷、张演、张敬齐名，是晚辈中的优秀人才。开始做太守徐佩之的主簿。徐佩之被杀，张畅立即为他奔丧，穿着制度规定的丧服极尽悲哀，为当时谈论的人所赞美。……州里辟召张畅为从事、衡阳王刘义季征虏行参军、彭城王刘义康平北主簿、司徒祭酒、尚书主客郎。还没正式任职，他又被任命为度支左民郎，江夏王刘义恭征北记室参军、晋安太守。又为衡阳王刘义季安西记室参军、南义阳太守、临川王刘义庆卫军从事中郎、扬州治中别驾从事史、太子中庶子。

注释 ① 徐佩之：宋武帝刘裕姻亲。叔徐羡之为武帝时宠臣，参与废宋少帝事。羡之被宋文帝杀后，佩之被特赦，后阴谋反叛，聚党百多人，准备在殿中作乱，被捕诛死。 ② 制服：丧服。 ③ 晋安：郡名，治所在今福建福州。

原文

世祖镇彭城[1]，畅为安

翻译

刘骏镇守彭城，张畅为安北长史、

北长史[2]、沛郡太守。元嘉二十七年，索虏拓跋焘南侵[3]，太尉江夏王义恭总统诸军，出镇彭、泗[4]。时焘亲率大众，已至萧城，去彭城十数里。彭城众力虽多，而军食不足，义恭欲弃彭城南归，计议弥日不定[5]。时历城众少食多，安北中兵参军沈庆之建议，欲以车营为函箱阵[6]，精兵为外翼，奉二王及妃媛直趋历城[7]；分兵配护军萧思话留守。太尉长史何勖不同，欲席卷奔郁洲[8]，自海道还京都。义恭去意已判，唯二议未决，更集群僚谋之。众咸遑扰，莫有异议。畅曰："若历城、郁洲有可致之理，下官敢不高赞。今城内乏食，百姓咸有走情，但以关扃严固[9]，欲去莫从耳。若一旦动脚，则各自散走，欲至所在，何由可得？今军食虽寡，朝夕犹未窘罄[10]，量其欲尽，临时更为

沛郡太守。元嘉二十七年(450)，北魏太武帝拓跋焘南侵，太尉江夏王刘义恭总统各军，出镇彭城、泗口。这时拓跋焘亲率大军，已经到达萧城，离彭城只有十几里了。彭城士兵虽多，但军粮不足，刘义恭打算放弃彭城向南撤退，计划商议整天都不能决定。这时历城兵少粮多，安北中兵参军沈庆之建议，准备把战车营布成函箱阵，精兵置于外侧，侍奉江夏王刘义恭和武陵王刘骏及王妃宫人直奔历城；分一部分兵力配给护军萧思话留守彭城。太尉长史何勖不同意，打算全军奔赴郁洲，然后从海路回建康。刘义恭去意已定，只是两种意见究竟采纳哪一种还没有决定，于是再次召集众多幕僚商议。众人都恐惧惊慌，提不出不同的意见。张畅说："如果历城、郁洲都有可前去的理由，下官不敢不高声赞同。现在城内缺乏粮食，老百姓都有逃走的意思，只是因为城门关闭严实，想走也走不脱罢了。如果我们一朝出走，老百姓就各自逃散，想到他们所要去的地方，我们又怎么能够到历城、郁洲去？现在军粮虽少，短时间内还不至于完全吃光。估计粮食吃完的时候，临时再商议各种适当的对策，哪有舍弃十分安全的办法，而走上危亡

诸宜，岂有舍万安之术，而就危亡之道。若此计必用，下官请以颈血污公马蹄！”世祖既闻畅议，谓义恭曰：“阿父既为总统，去留非所敢干。道民忝为城主[11]，而损威延寇，其为愧恧[12]，亦已深矣。委镇奔逃，实无颜复奉朝廷，期与此城共其存没，张长史言不可异也。”畅言既坚，世祖又赞成其议，义恭乃止。

的道路。如果撤退的计划一定要用，下官只能用自己的血玷污您的马蹄了！”刘骏听了张畅的建议，对刘义恭说：“叔父既为全军统帅，是去是留我不敢干预。道民我愧为守卫彭城的主将，没有威望反而引来敌寇，惭愧之情，是很深的。丢掉彭城奔走逃命，确实无脸再为朝廷做事，我打算与彭城共存亡，张畅的话不能不同意啊。”张畅的话既然十分坚决，刘骏又赞同他的建议，刘义恭于是就不走了。

注释 ① 世祖：宋孝武帝刘骏。 ② 安北：安北将军，即孝武帝刘骏。元嘉十二年(435)封武陵王，二十五年(448)为安北将军、徐州刺史，镇守彭城。 ③ 拓跋焘：小名佛(bì)狸，即北魏太武帝，423—452年在位。 ④ 彭、泗：彭即彭城；泗即泗口，古泗水入淮之口，在江苏淮安西南。 ⑤ 弥(mí)日：整日。 ⑥ 函箱阵：古代作战的一种方形阵式。 ⑦ 二王：指江夏王刘义恭，宋文帝弟；武陵王刘骏，宋文帝子。 ⑧ 郁洲：又名田横岛，在今江苏连云港东云台山一带。 ⑨ 扃(jiōng)：锁闭。 ⑩ 罄(qìng)：尽。⑪ 道民：刘骏小名。⑫ 恧(nǜ)：惭愧。

原文

时太祖遣员外散骑侍郎徐爰乘驿至彭城取米谷定最，爰既去，城内遣骑送之。焘闻知，即遣数百骑急

翻译

这时文帝派遣员外散骑侍郎徐爰骑驿传快马到彭城取米谷统计簿，徐爰离去时，城内派骑兵护送他。拓跋焘听到这个消息，立即派数百骑兵紧追，徐

追，爰已过淮，仅得免。初爰去，城内闻虏遣追，虑爰见禽，失米最，虏知城内食少，义恭忧惧无计，犹欲奔走。爰既免，其日虏大众亦至彭城。

爰已过淮河，仅仅得免于难。起初徐爰走后，城内的人听说敌兵去追，担心徐爰被抓住，丢掉米谷统计簿，让敌人知道城内粮少，刘义恭担忧恐惧无计可施，仍然想要逃奔出走。徐爰虽免于被俘，但当天北魏大军也到达彭城。

焘始至，仍登城南亚父冢，于戏马台立毡屋[①]。先是，焘未至，世祖遣将马文恭向萧城，为虏所破，文恭走得免，队主蒯应见执[②]。至小市门曰："魏主致意安北，远来疲乏，若有甘蔗及酒，可见分。"时防城队主梁法念答曰："当为启闻。"应乃自陈萧城之败。又问应："虏主自来不?"曰："来。"问："今何在?"应举手指西南。又曰："士马多少?"答云："四十余万。"法念以焘语白世祖，世祖遣人答曰："知行路多乏，今付酒二器，甘蔗百挺。闻彼有骆驼，可遣送。"

拓跋焘一到就登临城南亚父冢，在戏马台上建立毡帐。早先，拓跋焘还未到达时，刘骏派将领马文恭去萧城，被北魏军打败，马文恭逃走免于死难，队主蒯应被北魏军俘虏。蒯应到小市门喊话说："魏皇帝向安北将军致意，远道而来非常疲乏，如果有甘蔗和酒，可分些给魏人。"当时在城上防卫的队主梁法念答道："我可以向上边报告。"蒯应于是陈诉萧城兵败的事。梁法念又问蒯应："魏皇帝亲自来不?"回答说："来。"问："现在在哪里?"蒯应举手指西南方。又问："魏军兵力有多少?"回答说："四十多万。"梁法念把拓跋焘的话向刘骏作了报告，刘骏派人答道："知道你们行军疲乏，现在交付酒两坛，甘蔗一百根。听说你们有骆驼，可派人送给我们。"

注释 ① 毡(zhān)屋:即毡房,用毡子蒙在木架上做成的帐篷。北方少数民族多居毡屋。 ② 蒯:音 kuǎi。

原文

明旦,焘又自上戏马台,复遣使至小市门曰:"魏主致意安北,安北可暂出门,欲与安北相见。我亦不攻此城,安北何劳苦将士在城上。又骡、驴、骆驼,是北国所出,今遣送,并致杂物。"又语小市门队主曰:"既有饷物,君可移度南门受之。"焘送骆驼、骡、马及貂裘[①]、杂饮食,既至南门,门先闭,请籥未出[②]。畅于城上视之,虏使问:"是张长史邪?"畅曰:"君何得见识?"虏使答云:"君声名远闻,足使我知。"畅因问虏使姓,答云:"我是鲜卑,无姓。且道亦不可。"畅又问:"君居何任?"答云:"鲜卑官位不同,不可辄道,然亦足与君相敌耳。"虏使复问:"何

翻译

第二天早上,拓跋焘又亲自登上戏马台,再派遣使者到小市门喊话说:"魏皇帝致意安北将军,安北将军可以暂时出门,魏皇帝想与安北将军相见。我们又不攻打这座城池,安北将军何使将士在城上劳苦守卫。又骡、驴、骆驼,是北方出产,现在派人送给你们,连带送点杂物。"又对小市门队主说:"既有送给你们的物品,君可以转移到南门接受。"拓跋焘已经把骆驼、骡、马及裘貂、杂饮食品送到南门,门早先已关闭,请求钥匙还没拿出来。张畅在城上观看,北魏使节问道:"是张长史吗?"张畅说:"君怎么会认识我?"北魏使节回答说:"君声名远扬,足以使我得知。"张畅随之问北魏使节的姓氏,回答说:"我是鲜卑人,没有姓氏。而且也不可以说。"张畅又问:"君现任什么官职?"回答:"鲜卑官位与汉人官职不同,不可以随便说,不过也足以与君相匹敌罢了。"北魏使节又问:"为什么急匆匆地关闭城门提起吊桥?"张畅回答说:"江夏王和武陵王因为魏皇帝营垒没有立定,将士疲

为匆匆杜门绝桥?”畅答曰:“二王以魏主营垒未立,将士疲劳,此精甲十万,人思致命,恐轻相凌践,故且闭城耳。待彼休息士马,然后共治战场,克日交戏。”虏使曰:“君当以法令裁物,何用发桥,复何足以十万夸人。我亦有良马逸足,若云骑四集,亦可以相拒。”畅曰:“侯王设崄[3],何但法令而已邪?我若夸君,当言百万。所以言十万者,政二王左右素所畜养者耳。此城内有数州士庶,二徒营伍,犹所未论。我本斗智,不斗马足。且冀之北土,马之所生,君复何以逸足见夸邪?”虏使曰:“不尔。城守,君之所长;野战,我之所长。我之恃马,犹如君之恃城耳。”城内有具思者,尝在北国,义恭遣视之,思识是虏尚书李孝伯。思因问:“李尚书,若行途有劳。”孝伯曰:“此事应

劳,这里有精兵十万,人人都想为国效命,恐怕轻率地出城欺侮践踏你们,所以暂且闭上城门罢了。等魏军人马休息好了,然后共同安排战场,约定日子互相演习。”北魏使节说:“君应该用法令来管束这件事,何必断绝吊桥,又怎么值得用十万兵力来向人夸耀。我方也有良马,如果骑兵四方云集,也可以抵御你们。”张畅说:“侯王设置险碍,哪里仅只用法令而已呢?如果要向君夸耀,我应当说百万雄师。我之所以说为十万人,正是二王左右素来蓄养的侍卫罢了。这座城内有几个州的士庶人等,两个步兵营的队伍,还没有提到。我们本是与你们斗智,不斗兵力的高低。况且冀州以北的土地,是出产马的地方,君又何必用有良马来夸耀显示呢?”北魏使节说:“不是这样的。守城,是您方的长处;野战,是我方的长处。我方倚仗马匹,犹如您方倚仗城池一样啊。”城内有个叫具思的人,曾经在北魏待过,刘义恭派他去查看,具思认出来是北魏尚书李孝伯。具思因此问道:“李尚书,你一路上辛苦了。”李孝伯说:“这件事情你我都应当明白。”具思回答:“正因为明白,所以才说你辛苦了。”李孝伯说:“感谢君的好意。”

相与共知。”思答：“缘共知，所以有劳。”孝伯曰：“感君至意。”

注释 ①貂裘：貂为一种哺乳动物，皮毛柔软光洁，十分珍贵。貂裘即貂皮衣。②籥(yào)：同“钥”，即钥匙。③崄(xiǎn)：险碍。

原文

既开门，畅屏却人仗，出对孝伯，并进饷物。虏使云：“貂裘与太尉，骆驼、骡与安北，蒲陶酒杂饮，叔侄共尝。”焘又乞酒并甘橘。畅宣世祖问：“致意魏主，知欲相见，常迟面写[1]。但受命本朝，过蒙藩任，人臣无境外之交，恨不暂悉。且城守备防，边镇之常，但悦以使之，故劳而无怨耳。太尉、镇军得所送物[2]，魏主意，知复须甘橘，今并付如别。太尉以北土寒乡，皮绔褶脱是所须[3]，今致魏主。螺杯、杂粽，南土所珍，镇军今以相致。”此信未去，焘复

翻译

城门开后，张畅遣走左右士兵，出来与李孝伯对话，并赠送物品。北魏使节说：“貂裘送给太尉，骆驼、骡送给安北将军，葡萄酒等杂饮料，请送二王叔侄共同品尝。”拓跋焘又乞求酒和甘橘。张畅转达刘骏的问候：“致意魏皇帝，知道他想与我相见，常常希望当面交谈。但受本朝廷的委命，过蒙皇上交给守卫边镇的重任，但为人臣的不能在边境与敌方交往，恨不能顿时就详尽地叙谈。况且城防守备，是边镇的常事，皇上信任交给我这个使命，所以虽然劳苦也无怨言。太尉、镇军已得到所送的物品，魏皇帝的意思，我们知道还需要甘橘，现在与别的东西一样一并交付。太尉以为北方寒冷，皮衣皮裤是需要的，现在送给魏皇帝。螺杯、杂色粽子，是南方的珍品，镇军现在以此赠送。”这些话还没有去报告，拓跋焘又派使者命孝伯

遣使令孝伯传语曰："魏主有诏语太尉、安北，近以骑至，车两在后，今端坐无为，有博具可见借。"畅曰："博具当为申启。但向语二王，已非逊辞，且有诏之言，政可施于彼国，何得称之于此？"孝伯曰："诏之与语，朕之与我[4]，并有何异？"畅曰："若辞以通，可如来谈；既言有所施，则贵贱有等。向所称诏，非所敢闻。"孝伯又曰："太尉、安北是人臣与非？"畅曰："是也。"孝伯曰："邻国之君，何为不称诏于邻国之臣？"畅曰："君之此称，尚不可闻于中华，况在诸王之贵，而犹曰邻国之君邪？"孝伯曰："魏主言太尉、镇军并皆年少，分阔南信，殊当忧邑。若欲遣信者，当为护送；脱须骑者，亦当以马送之。"畅曰："此方间路甚多，使命日夕往来，不复以此劳魏主。"孝伯曰："亦

转达说："魏皇帝有诏给太尉、安北将军，近来我们的骑兵已到，车辆还在后面，现在端坐无事可干，如果有赌博用具是否可以借来一用。"张畅说："要赌博用具我们可以向上报告。但刚才对二位王爷说的话，已经不是谦逊的言辞，而且有'诏'这个词，正好用于你们国内，怎么能够在此处称'诏'？"李孝伯说："称'诏'与称'说'，称'朕'与称'我'，都有什么不同呢？"张畅说："如果辞义通用，倒可以像你所说的那样；既然言辞有施加的对象，那么贵与贱就有等级差别。你刚才所称的'诏'，我是不敢听的。"李孝伯又说："你们太尉、安北将军是不是皇帝的大臣？"张畅说："是啊。"李孝伯说："邻国的君主，为什么不可对邻国的大臣称'诏'？"张畅说："'君'这个称谓，尚且不可对中华其他人说，何况对王爷这种显贵，还说是邻国之君呢？"李孝伯说："魏皇帝说太尉、镇军都很年轻，与南边通信路途遥远，应当很忧虑罢。如果想派人送信，我们愿充当护送；或许送信的使者需要骑马，也当送给马匹。"张畅说："这里近路很多，使者朝夕不断往来，不再因为此事劳累魏皇帝了。"李孝伯说："我们也知道有水路，好像被穿白衣的盗贼断绝

知有水路，似为白贼所断。”畅曰：“君着白衣，故称白贼邪？”孝伯大笑曰：“今之白贼，亦不异黄巾、赤眉[5]。”畅曰：“黄巾、赤眉，似不在江南。”孝伯曰：“虽不在江南，亦不在青、徐也。”畅曰：“今者青、徐，实为有贼，但非白贼耳。”虏使云：“向借博具，何故不出？”畅曰：“二王贵远，启闻难彻。”孝伯曰：“周公握发吐哺[6]，二王何独贵远。”畅曰：“握发吐餐，本施中国耳。”孝伯曰：“宾有礼，主则择之。”畅曰：“昨见众宾至门，未为有礼。”俄顷送博具出，因以与之。

了。”张畅说：“君穿白色衣服，所以称为白贼吗？”李孝伯大笑说：“现在的白贼，与黄巾、赤眉没有什么区别。”张畅说：“黄巾、赤眉似乎不在江南。”李孝伯说：“虽然不在江南，也不在青州、徐州嘛。”张畅说：“现在的青州、徐州，确实有盗贼，但不是白贼罢了。”北魏使节说：“刚才借用赌博器具，为什么不送出来？”张畅说：“二位王爷处于显贵高远的地位，报告难以通达。”李孝伯说：“周公握发吐哺以待客人，二位王爷为什么如此显贵高远不易接近呢？”张畅说：“握发吐餐，本来是对待中华人士的呀。”李孝伯说：“宾客有礼，主人就应该有礼。”张畅说：“可昨日看见众位宾客临门，谈不上有礼。”一会儿，赌博器具送出来，通过张畅送给对方。

注释 ①迟：希望。写：致意。 ②镇军：指刘骏，因程天祚等汝阳之败，降安北将军号为镇军将军。 ③褶（dié）：夹衣。 ④朕：皇帝的自称。 ⑤黄巾、赤眉：黄巾指东汉末年张角领导的农民大起义，因起义军以黄巾裹头，故称“黄巾军”。赤眉指王莽新朝末年樊崇领导的农民大起义。为了在作战时与敌军区别，他们用赤色染眉，故称“赤眉军”。 ⑥“周公”句：相传周公礼贤下士，热心接待来客，一沐三握发，一饭三吐哺。意为正洗头时有客来访，即不待洗完，手握头发接待。因来访的客人多，有时洗一次头要几次中断，握发接待。哺为嘴里含着食物，正在吃饭时，有客来访，即吐掉口中食物接待。吃一顿饭要几次吐哺接待。三为数词，不一定是三次，而是数次的意思。后指握发、吐哺为殷勤待士的行动。

原文

焘又遣人云："魏主致意安北，程天祚一介常人[①]，诚知非宋朝之美，近于汝阳身被九创[②]，落在溵水[③]，我手牵而出之。凡人骨肉分张，并思集聚，辄已语之，但其弟苦辞。今令与来使相见。"程天福谓使人曰："兄受命汝阳，不能死节，各在一国，何烦相见。"焘又送毡各一领，盐各九种，并胡豉[④]："凡此诸盐，各有所宜。白盐是魏主自所食。黑盐治腹胀气懑[⑤]，细刮取六铢[⑥]，以酒服之。胡盐治目痛。柔盐不食，治马脊创。赤盐、驳盐[⑦]、臭盐、马齿盐四种，并不中食。胡豉亦中啖[⑧]。黄甘幸彼所丰，可更见分。"又云："魏主致意太尉、安北，何不遣人来至我间？彼此之情，虽不可尽，

翻译

拓跋焘又派人来说："魏皇帝致意安北将军。程天祚是一个平常的人，的确不是宋朝的优秀人物，最近在汝阳负伤九处，掉进溵水，我用手牵他出来。大凡人骨肉分离，都想团聚。他已经想法告诉了他在城中的家属，但他的弟弟苦苦推辞，不愿相见。现在叫他前来与来使相见。"程天祚的弟弟程天福对使者说："我哥哥奉命守卫汝阳，战败不能为国家尽死节，我们兄弟各在一国，何必麻烦相见。"拓跋焘又送来毡帐各一领，各样盐九种，以及胡豉，说："这几种盐，每一样都有它的用处。白盐是魏帝自己食用的。黑盐治疗腹胀气闷，仔细地刮取六铢，用酒吞服。胡盐治疗眼病。柔盐不能食用，是治疗马背创伤的。赤盐、驳盐、臭盐、马齿盐四种，都不适合食用。胡豉也好吃。甘橘幸而你方丰盛，可以再分些给我们。"又说："魏皇帝致意太尉、安北将军，怎么不派人到我们这里来？彼此之间的情况，虽然不可能尽知，但是可以了解我身材高矮，了解我年纪老少，观察我的为人。如果诸位佐吏不可以派遣，也可命仆人

要须见我小大，知我老少，观我为人。若诸佐不可遣，亦可使僮干来[9]。”畅又宣旨答曰：“魏主形状才力，久为来往所具。李尚书亲自衔命，不患彼此不尽，故不复遣使信。”又云：“魏主恨向所送马，殊不称意。安北若须大马，当更送之，脱须蜀马，亦有佳者。”畅曰：“安北不乏良驷[10]，送自彼意，非此所求。”义恭饷焘炬烛十挺，世祖亦致锦一匹，曰：“知更须黄甘，诚非所吝。但送不足周彼一军，向给魏主，未应便乏，故不复重付。”焘复求甘蔗、安石留[11]，畅曰：“石留出自邺下[12]，亦当非彼所乏。”孝伯又曰：“君南土膏粱[13]，何为着屩[14]。君而着此，使将士云何？”畅曰：“膏粱之言，诚为多愧。但以不武，受命统军，戎阵之间，不容缓服。”孝伯又曰：“长史，我是中州人[15]，久处北国，自

来一趟。”张畅又宣告二王旨意回答道：“魏皇帝的形状、才干、能力，很久以来听到来往的人详细谈到了。李尚书亲自奉命为使者，不怕彼此之间的情况不能尽知。所以不再派使者前去。”魏使又说：“魏皇帝后悔不久前送去的马很不称心如意。安北将军如果需要大马，当再送来，或者需要蜀马，也有好的。”张畅说：“安北将军不缺乏良马，送马是你方的意思，并不是我方要求的。”刘义恭赠送拓跋焘蜡烛十根，刘骏也送去锦缎一匹，说：“知道你们还需要甘橘，的确不是我们吝啬。但是送去不够你们一军之众分用，前不久送给魏皇帝的，不应该已经吃完了，所以不再重新奉送。”拓跋焘再次请求甘蔗、石榴，张畅说：“石榴产地在邺城，也应当不是你方所缺乏的。”李孝伯又说：“君出生于南方富贵之家，为什么穿草鞋。君穿这种东西，使将士们说什么好？”张畅说：“富贵之家的说法，的确使我惭愧。但因为我不是武职人员，而受命统率军队，戎马战阵之间，不容穿着宽缓舒展的衣服。”李孝伯又说：“张长史，我是中原人士，长久居住在北方与各族混杂，自然与中华风俗习惯阻隔，相距虽近，却不能把话说得详尽，这边都是北方人听我

隔华风，相去步武[16]，不得致尽，边皆是北人听我语者，长史当深得我。”孝伯又曰：“永昌王，魏主从弟，自顷常镇长安，今领精骑八万，直造淮南[17]，寿春久闭门自固[18]，不敢相御。向送刘康祖头[19]，彼之所见。王玄谟甚是所悉[20]，亦是常才耳。南国何意作如此任使，以致奔败？自入此境七百余里，主人竟不能一相拒逆。邹山之险[21]，君家所凭，前锋始得接手，崔邪利便藏入穴，我间诸将倒曳脚而出之[22]，魏主赐其生命，今从在此。复何以轻脱遣马文恭至萧县，使望风退挠邪？君家民人甚相忿怨，云清平之时，赋我租帛，至有急难，不能相拯。”畅曰：“知永昌已过淮南，康祖为其所破，比有信使，无此消息。王玄谟南土偏将，不谓为才，但以其北人，故为前驱引导耳。大

说话，长史应当深深地了解我。”李孝伯又说：“永昌王，是魏皇帝堂弟，近来常常镇守长安，现在率领精锐骑兵八万，直奔淮南，寿春很久就闭门自守，不敢抵御。前不久送刘康祖的头颅来，是你方见到的。王玄谟是我们很熟悉的，也不过是平常的人才罢了。你国为何如此任用他，以致奔走失败？我军自从进入你国境内七百多里以来，主人竟然不能作一次抵抗。邹山为险要之地，是君方所凭据的，前锋才开始交战，崔邪利便躲进洞穴，我方诸将倒拉着脚把他拖出来，魏皇帝赐他不死，现在跟从在这里。又为何轻率地派马文恭到萧县，使他远远听说我军到来就退败屈服？贵国人民对此很是愤怒怨恨，说太平时候，收取我们的租税布帛，到危急大难时，不能拯救我们。”张畅说：“知道永昌王已经过了淮南，刘康祖被他打败，最近有传信使者到来，没有报告这个消息。王玄谟是南方一偏将，不能称为有才，只是因为他是北方人，所以他为前锋引导军队罢了。大军没有到达而黄河结冰将要合拢，王玄谟审度时宜撤军，并没有丢失战机，只是因为黑夜回军，以致士兵战马稍有扰乱罢了。我国的悬瓠不过是斗大的小城，守将陈宪是

军未至而河冰向合，玄谟量宜反旆[23]，未为失机，但因夜回师，致戎马小乱耳。我家悬瓠斗城[24]，陈宪小将，魏主倾国，累旬不克。胡盛之偏裨小帅[25]，众无一旅，始济融水，魏国君臣奔迸，仅得免脱，滑台之师，无所多愧。邹山小戍，虽有微险，河畔之民，多是新附，始慕圣化，奸盗未息，亦使崔邪利抚之而已，今没虏手，何损于国？魏主自以十万师而制一崔邪利，乃复足言邪？闻萧、相百姓，并依山险，聊遣马文恭以十队示之耳。文恭谓前以三队出，还走后，大营嵇玄敬以百骑至留城，魏军奔败。轻敌致此，亦非所衄[26]。王境人民，列居河畔，二国交兵，当互加抚养，而魏师入境，肆行残虐，事生意外，由彼无道。官不负民，民何怨人？知入境七百，无复相拒，此自上由太

一个小将，魏皇帝动用全国兵力，几十天不能攻克。胡盛之一个偏裨小将，所带的兵不到五百人，刚开始渡融水，魏国君臣就急忙逃走，仅仅得以逃脱，滑台的军队，没有什么值得惭愧的。邹山一个小小戍守之地，虽然稍微有点险要，而河边的民众，多是新近归附的，才开始接受中华的圣人风化，偷奸劫盗的行为还没有停止，也只是派崔邪利安抚他们而已，现在落入敌手，对于我国有什么损失呢？魏皇帝亲自率十万大军制服一个崔邪利，有什么值得一再宣扬呢？听说萧、相一带百姓，都依山傍险以自卫，姑且派马文恭以十队兵士让他们知道罢了。马文恭说前次派三队人马出兵，开拔后，大营里嵇玄敬仅用一百名骑兵到留城，魏军就败下阵来四处逃跑了。轻敌到了这种地步，也没有被你们打败。我国境内的人民，居住在河边，两国交兵，应该互相加以安抚教养，而魏军进入境内，就肆意施行残酷暴虐的手段，发生这些意外事，是由于你方无道造成的。官府不辜负人民，人民怎么会怨恨官家？知道你们进入境内七百里，没有遇到抵抗，这首先是由于太尉的神机妙算，其次是由于镇军将军的圣明策略。治理国家的要诀，虽然没有

尉神算，次在镇军圣略。经国之要，虽不豫闻，然用兵有机，间亦不容相语。”孝伯曰：“魏主当不围此城，自率众军，直造瓜步。南事若办，彭城不待攻围；若不捷，彭城亦非所须也。我今当南饮江湖以疗渴耳。”畅曰：“去留之事，自适彼怀。若虏马遂得饮江，便为无复天道。各应反命，迟复更悉。”畅便回还，孝伯追曰：“长史深自爱敬，相去步武，恨不执手。”畅因复谓曰：“善将爱，冀荡定有期，相见无远。君若得还宋朝，今为相识之始。”孝伯曰：“待此未期。”焘又遣就二王借箜篌、琵琶、筝、笛等器及棋子，义恭答曰：“受任戎行，不赍乐具[27]。在此燕会，政使镇府命妓，有弦百条，是江南之美，今以相致。”世祖曰：“任居方岳[28]，初不此经虑，且乐人常器，又观前来诸王赠

参与和听说，然而用兵有时机，你我之间不容互相谈论。”李孝伯说：“魏皇帝不准备围攻这座城池了，他要率领大军，直接到瓜步去。南边的事情如果办好了，彭城不待攻围就会占有；如果南边不能取胜，彭城也不是我们所需要的。我们现在要南饮江湖之水解渴啊。”张畅说：“去留之事，自然得适合你方的心意。如果魏国马匹得以在长江饮水，便再也没有天道可言了。我们各自应当回去报告，以后再详细交谈。”张畅回身便走，李孝伯追上去说：“请长史善自珍重，相距不远，恨不能握手相别。”张畅因此再次对李孝伯说：“好生珍重，期望有荡平天下安定局势的时候，你我相见为时不远。君如果得以归还宋朝，今天就是互相认识的开始。”李孝伯说：“等待这一天没有期限啊。”拓跋焘又派人到二王处借箜篌、琵琶、筝、笛等乐器及棋子，刘义恭答道：“受朝廷命令，身在战斗行列中，没有携带音乐器具。在此地举行宴会，只令镇军府命乐妓演奏，有弦乐器百种，是江南的好东西，现可以用来相赠送。”刘骏说：“我身居重要职位，最初是不在意音乐这类事情的，况且搞音乐的人使用的是平常乐器。我检视了以前诸王送别时所赠

别，有此琵琶，今以相与。棋子亦付。”孝伯言辞辩赡，亦北土之美也。畅随宜应答，吐属如流，音韵详雅，风仪华润，孝伯及左右人并相视叹息。

送的东西，有这种琵琶，现在可以相送，棋子也交付来使。”李孝伯言辞雄辩论据充足，也是北方的优秀人才。张畅随机应答，谈吐如流水滔滔不绝，声调韵味安详高雅，风度仪表华美丰润，李孝伯及其左右的人见到张畅都相视叹息。

注释 ① 一介：一个。 ② 汝阳：县名，治所在今河南商水西北。 ③ 溵（yīn）水：河名，未详。 ④ 胡豉（chǐ）：北方的一种豆制品。 ⑤ 懑（mèn）：气闷。 ⑥ 铢（zhū）：古代重量单位，二十四铢为一两。 ⑦ 驳：混杂，杂乱。 ⑧ 啖（dàn）：吃。 ⑨ 僮干：南北朝时最低级的胥吏，如门徒仆人之类。 ⑩ 驷（sì）：四马驾一车，此借指马匹。⑪ 安石留：即安石榴，石榴别名。⑫ 邺：今河北临漳。⑬ 膏粱：谓富贵之家。⑭ 屩（jué）：草鞋。⑮ 中州：指中原地区。⑯ 步武：古以六尺为步，半步为武，步武指相距很近。⑰ 淮南：郡名，治所在今安徽寿县。⑱ 寿春：即寿阳。⑲ 刘康祖：彭城吕人，元嘉二十七年（450）春，刘康祖曾统帅军队在新蔡（今河南新蔡）大败北魏军。转调为左军将军。当年秋，肖斌、王玄谟、沈庆之等入黄河，刘康祖率豫州军出许（今河南许昌东）、洛（今河南洛阳），回军途中，中箭被俘，为魏军所杀。⑳ 王玄谟：字彦德，太原祁（今山西祁县）人。元嘉二十七年（450），宋北伐魏，王玄谟率主力围攻滑台，为拓跋焘所败。㉑ 邹山：即峄山，因在山东邹县东南二十里，故又名邹山。㉒ 曳（yè）：拖。㉓ 旆（pèi）：古代旗边上下垂的装饰品，引申为旗帜。㉔ 悬瓠（hù）：城名，故址在今河南汝南。㉕ 裨（pí）：次，小。㉖ 衄（nù）：损伤，失败。㉗ 赍（jī）：带着。㉘ 方岳：四方之岳。岳，高大的山，此指重要方面。

原文

虏寻攻彭城南门，并放火，畅躬自前战，身先士卒。及焘自瓜步北走，经彭城下

翻译

北魏军一会儿就攻打彭城南门，并且放火，张畅亲自上前督战，身先士卒。及至拓跋焘从瓜步北归，由彭城下面经

过，遣人语城内："食尽且去，须麦熟更来。"义恭大惧，闭门不敢追。虏期又至，议欲芟麦剪苗[1]，移民堡聚，众论并不同，复更会议。镇军录事参军王孝孙独曰："虏不能复来，既自可保，如其更至，此议亦不可立。百姓闭在内城，饥馑日久[2]，方春之月，野采自资，一入堡聚，饿死立至。民知必死，何可制邪？虏若必来，芟麦无晚。"四坐默然，莫之敢对。畅曰："孝孙之议，实有可寻。"镇军府典签董元嗣侍世祖侧[3]，进曰："王录事议不可夺，实如来论。"别驾王子夏因曰："此论诚然。"畅敛板白世祖曰[4]："下官欲命孝孙弹子夏。"世祖曰："王别驾有何事邪？"畅曰："芟麦移民，可谓大议，一方安危，事系于此。子夏亲为州端，曾无同异，及闻元嗣之言，则欢笑酬答，阿意左

过，派人对城内说："我们粮食吃完了暂且回去，等到麦子成熟了再来。"刘义恭大为恐惧，闭门不敢追赶。北魏军再来的期限到了，众人商议打算割麦剪苗，将民众移聚到城堡内。众人讨论意见不统一，只好再次开会商议。镇军录事参军王孝孙一个人主张说："北魏军队不能再来，我们可以自保，如果他们再来，这个意见不能成立。百姓关闭在城内，很久没有粮食蔬菜吃了，现正当春季，野外采集可以自我资助，一进入城堡汇聚，立即便会饿死。人民知道一定会死，有什么办法可以管束他们呢？北魏军如果必定来，那时割麦也不为晚。"王孝孙的话说得四座默然无语，无人敢应对。张畅说："孝孙的意见，确实有可取之处。"镇军府典签董元嗣侍立在刘骏身边，进言说："王录事这番议论不可否认，事实正如他所说的那样。"别驾王子夏跟着说："这个议论的确可行。"张畅整理手板对刘骏说："下官想要命令王孝孙弹纠王子夏。"刘骏说："王别驾犯了什么事呢？"张畅说："割麦移民，可以说是重大议题，一方的安危大事，都与此有关。王子夏身为州郡方面的亲信，不曾表示各种意见，听到了董元嗣的话后，就欢笑应答，迎合左右，这样怎

右，何以事君？”子夏大惭，元嗣亦有惭色。义恭之议遂寝。太祖闻畅屡有正议，甚嘉之。世祖犹停彭城，召畅先反，并使履行盱眙城[⑤]，欲立大镇。

么能够侍奉君上？”王子夏大为惭愧，董元嗣也面有愧色。刘义恭的建议于是就放置不论了。宋文帝听说张畅多次都有正确的议论，非常称赞他。刘骏仍然留守在彭城，召张畅先回京都，并让他视察盱眙城，打算在此设立大镇。

注释 ① 芟（shān）：割。 ② 馑（jǐn）：饥荒，蔬菜和野菜都吃不上。 ③ 典签：州镇处理文书的小吏。南朝以诸王出镇，由朝廷派亲信担任典签辅佐，名为典领文书，实则监视出任方镇的宗室诸王和各州刺史，权力很大，有签帅之称。南朝典签之职多由寒门地主担任。 ④ 板：同“版”。 ⑤ 盱眙（xū yí）：临淮郡治所，在今江苏盱眙西北。

原文

时虏声云当出襄阳，故以畅为南谯王义宣司空长史、南郡太守。又欲畅代刘兴祖为青州及彭城都督，并不果。……

孝建二年，出为会稽太守。大明元年，卒官，时年五十。…… 谥曰宣子。……

翻译

当时北魏军声言要从襄阳出兵，故以张畅为南谯王刘义宣司空长史、南郡太守。又打算让张畅代替刘兴祖为青州和彭城都督，结果都没办到。……

孝武帝孝建二年（455），张畅出任会稽太守。大明元年（457），死于任上，时年五十岁。……加谥号为宣子。……

刘义真传

导读

刘义真(406—424),宋武帝刘裕第二子。十二岁时随刘裕北伐后秦,刘裕撤兵南归,留义真镇守长安。义真年幼无知,不能节制将领,诸将互相残杀,自相削弱力量,终为匈奴人赫连勃勃攻破,义真逃归,最后在宋少帝时,被徐羡之等杀害。

本传记载了关中人民见到刘裕北伐军的兴奋心情,以及见刘裕回军的失望情绪,反映了北方人民渴望摆脱落后民族的残暴统治,结束南北分裂,实现统一的愿望。又记载刘义真军在回归南方时抄掠百姓财货子女的丑行,间接说明了刘宋军将之腐败及北伐终成泡影的原因。(选自卷六一)

原文

庐陵孝献王义真[①],美仪貌,神情秀彻。初封桂阳县公,食邑千户。年十二,从北征大军进长安,留守栢谷坞,除员外散骑常侍,不拜。及关中平定,高祖议欲东还,而诸将行役既久,咸有归愿,止留偏将,不足镇固人心,乃以义真行都督雍

翻译

庐陵孝献王刘义真,仪表相貌都很美,神态十分俊秀。最初封为桂阳县公,得收取一千户食邑的租税。十二岁时,刘义真跟随父亲刘裕的北伐大军进驻长安,留守栢谷坞,被委任为员外散骑常侍,但还没有正式任命。及至关中平定,刘裕与众将商议准备东归,将领们出征在外已经很久,都有回家的愿望,考虑到如果主力部队撤走只留偏师将领,不足以安定人心,于是以刘义真

凉秦三州司州之河东平阳河北三郡诸军事[2]、安西将军、领护西戎校尉、雍州刺史。太尉谘议参军京兆王修为长史[3]、委以关中之任。高祖将还，三秦父老诣门涕诉曰[4]："残民不沾王化，于今百年矣。始睹衣冠[5]，方仰圣泽。长安十陵，是公家坟墓，咸阳宫殿数千间，是公家屋宅，舍此欲何之？"高祖为之愍然[6]，慰譬曰："受命朝廷，不得擅留。感诸君恋本之意，今留第二儿，令文武贤才共镇此境。"临还，自执义真手以授王修，命修执其子孝孙手以授高祖。义真寻除正，加节，又进督并东秦二州、司州之东安定新平二郡诸军事[7]，领东秦州刺史。时陇上流人[8]，多在关中，望因大威，复得归本。及置东秦州，父老知无复经略陇右[9]、固关中之意，咸共叹息。而佛佛虏寇逼交至[10]。……

代理都督雍、凉、秦三州及司州的河东、平阳、河北三郡诸军事，安西将军，兼领护西戎校尉、雍州刺史。以太尉府谘议参军京兆人王修为长史，把关中的重任托付给他。刘裕将要班师回朝的时候，三秦父老们到营门痛哭流涕地诉说道："我们这些残留下来的小民没有沐浴君王教化，至今已有百年光景了。如今刚见衣冠礼乐文明，方才瞻仰到圣王德泽。长安十座陵墓，都是皇家坟园，咸阳宫殿有房屋数千间，都是皇家屋宅，你们要丢掉这些到哪里去呢？"刘裕对此也很感伤，劝喻他们说："我受朝廷之命，不能擅自停留下来。感激诸君怀恋故国的情意，现留下我的二儿子，派文官武将中贤德能干的人共同镇守这块土地。"临走前，刘裕亲自拉着义真的手把他交给王修，又命王修拉着自己儿子的手交给自己。义真不久就得到正式任命，加节，又进而都督并州、东秦州、司州的东安定和新平二郡诸军事，兼任东秦州刺史。当时陇上的流民，大多在关中，希望趁此声威大震的时候，又得重返家园。到了见到设置东秦州，父老们知道刘裕没有继续经略陇右、稳固关中的意思，大家都失望叹息。而这时赫连勃勃的军队已经进逼长安。……

注释 ① 孝献：追赠的谥号。 ② 河东：郡名，治所在今山西永济蒲州。平阳：郡名，治所在今山西临汾西南。 ③ 京兆：郡名，治所在今西安西北。 ④ 三秦：秦亡，项羽三分秦关中故地，封秦降将章邯为雍王，司马欣为塞王，董翳（yì）为翟（dí）王，合称三秦。 ⑤ 衣冠：汉族士大夫的衣帽，这里是用服装来代表汉族的文化。 ⑥ 愍（mǐn）：忧愁。 ⑦ 新平：郡名，治所在今陕西彬县。 ⑧ 陇上：指陇山一带地区。 ⑨ 陇右：泛指陇山以西的地区。古代以西为右故名，约当今甘肃六盘山以西、黄河以东一带。⑩ 佛佛：十六国时夏国皇帝赫连勃勃，匈奴人。南朝人称为佛佛，是勃勃的音转。刘裕攻破后秦后，进入长安，因内患南归，勃勃攻破长安，称皇帝，建号夏，定都统万（故址在今陕西靖边白城子）。

原文

沈田子既杀王镇恶[①]，王修又杀田子。义真年少，赐与左右不节，修常裁减之，左右并怨。因是白义真曰："镇恶欲反，故田子杀之。修今杀田子，是又欲反也。"义真乃使左右刘乞等杀修。……修既死，人情离骇，无相统一。高祖遣将军朱龄石替义真镇关中，使义真轻兵疾归。诸将竞敛财货，多载子女，方轨徐行。虏追骑且至，建威将军傅弘之曰："公处分亟进，恐虏追击人也。今多将辎重[②]，一

翻译

沈田子杀了王镇恶，王修又杀了沈田子。义真年纪幼小，对左右赏赐没有节制，王修常常酌量裁减一些，遭到义真左右人员的怨恨。于是对义真说："王镇恶想谋反，所以沈田子杀了他。王修现在杀沈田子，是又要谋反了。"义真于是派左右人员刘乞等人杀了王修。……王修死后，人心离散，惊恐不安，军队部伍不能统一。刘裕派遣将军朱龄石代替义真镇守关中，命义真轻装上路急速回京。这时诸将争先恐后地搜聚财物，装载许多男女人口，车辆拥挤，前进缓慢。勃勃追赶的骑兵快要到了，建威将军傅弘之说："公吩咐急速前进，是恐怕敌人追上攻击我们。现在带了许多物资，一天行走不过十里，敌人

日行不过十里，虏骑追至，何以待之？宜弃车轻行，乃可以免。”不从，贼追兵果至，骑数万匹。辅国将军蒯恩断后不能禁，至青泥[3]，后军大败，诸将及府功曹王赐悉被俘虏。义真在前，故得与数百人奔散，日暮，虏不复穷追。义真与左右相失，独逃草中。中兵参军段宏单骑追寻，缘道叫唤，义真识其声，出就之，曰：“君非段中兵邪？身在此。”宏大喜，负之而归。义真谓宏曰：“今日之事，诚无算略。然丈夫不经此，何以知艰难！”初，高祖闻青泥败，未得义真审问，有前至者访之，并云：“暗夜奔败，无以知存亡。”高祖怒甚，克日北伐，谢晦谏不从。及得宏启事，知义真已免，乃止。……

骑兵追上来，将怎么对付？应该丢弃车辆轻装前进，才可避免被追上。”众人不听从。敌人追兵果然赶到，有骑兵数万人。辅国将军蒯恩带兵断后不能阻挡，到青泥，断后的宋军大败，众将及府功曹王赐都被俘虏。义真走在前面，因此得和数百人奔走逃散，傍晚时分，敌人不再穷追不舍了。义真与左右侍卫失散，独自一人藏在深草中。中兵参军段宏一人骑马追来寻找，沿路边走边呼喊，义真听出他的声音，走出到段宏面前，说：“君不是段中兵吗？我在这里。”段宏高兴极了，把他背了回去。义真对段宏说：“今天的事，的确没有估计到。然而大丈夫不经历这种磨难，哪能知道世上的艰难！”起初，刘裕听说义真的军队在青泥大败，没有得到义真的详细消息。去访问先回来的人，都说：“在黑夜中奔走溃散，无法知道他是死是活。”高祖愤怒不已，确定日期北伐，谢晦劝谏也不听从。及至接到段宏的报告，知道义真已幸免于难，方才取消北伐的决定。……

注释 ① 王镇恶：东晋北海剧(今山东寿光东南)人。前秦宰相王猛之孙。秦亡归晋，刘裕用为将领。东晋义熙十三年(417)随刘裕北伐后秦，刘裕南归，留辅刘义真镇守关中，与中兵参军沈田子不和，互相猜忌，遂被沈田子所杀。 ② 辎(zī)重：军需物资。 ③ 青泥：今陕西蓝田。

原文

义真聪明爱文义，而轻动无德业。与陈郡谢灵运，琅邪颜延之，慧琳道人并周旋异常，云得志之日，以灵运、延之为宰相，慧琳为西豫州都督。徐羡之等嫌义真与灵运、延之昵狎过甚[1]，故使范晏从容戒之……及至历阳[2]，多所求索，羡之等每裁量不尽与，深怨执政，表求还都。而少帝失德[3]，羡之等密谋废立，则次第应在义真，以义真轻訬[4]，不任主社稷，因其与少帝不协，乃奏废之……乃废义真为庶人，徙新安郡。……

翻译

义真聪明，喜爱文章义理，然而轻佻不稳重，没有德行。与陈郡谢灵运、琅邪颜延之、慧琳道人交往密切，关系异于寻常，说自己如果当了皇帝的时候，就任灵运、延之为宰相，慧琳为西豫州都督。徐羡之等不满义真与灵运、延之过于亲昵不庄重，因此派范晏委婉地告诫他……义真到了历阳，对中央多方请求索取，徐羡之等人每每裁减不完全给予，义真因此非常怨恨主管政务的人，上表请求回京都。这时少帝失去做皇帝的德行，羡之等人密谋废少帝更立新皇帝，按顺序就应该是义真。因义真轻佻不稳重，不能胜任主掌天下的大业，加上他与少帝不和睦，就向少帝上奏废黜他……于是废黜义真为平民，迁徙到新安郡。……

注释 ① 昵狎(xiá)：过分的亲近。 ② 历阳：郡名，治所在今安徽和县。 ③ 少帝：宋少帝刘义符。 ④ 訬(chāo)：不稳重。

原文

景平二年六月……羡之等遣使杀义真于徙所，时年十八。

翻译

少帝景平二年(424)六月……羡之等派遣使者把义真杀死在迁徙地，这年他十八岁。

王 华 传

导读

王华(384—427),出身名门大族,少有大志,才识兼备,为宋武帝刘裕所器重。刘义隆镇荆州,任王华为镇西主簿,辅佐义隆。徐羡之等废杀少帝后,迎宋文帝刘义隆即位。文帝疑惧不敢东下。王华分析当时形势,认为可以入京。宋文帝即位后,任土华为侍中,官位很高。本传记载王华与会稽大族孔宁子对寒门出身的徐羡之等切齿痛恨,最终导致文帝杀徐羡之、傅亮等,反映了南朝初年世家大族与寒门之间的矛盾。(选自卷六三)

原文

王华,字子陵,琅邪临沂人,太保弘从祖弟也。祖荟,卫将军,会稽内史。父廞,太子中庶子,司徒左长史。……

高祖北伐长安,领镇西将军、北徐州刺史,辟华为州主簿,仍转镇西主簿,治中从事史,历职著称。太祖镇江陵,以为西中郎主簿,迁谘议参军,领录事。太祖

翻译

王华,字子陵,琅邪临沂人,太保王弘堂弟。祖父王荟,东晋卫将军,会稽内史。父王廞,历任太子中庶子,司徒左长史。……

刘裕北伐后秦,兼领镇西将军、北徐州刺史,征用王华为州主簿,又转调为镇西将军府主簿,治中从事史,历任各种职务都很称职。宋文帝镇守江陵,以王华为西中郎主簿,升任谘议参军,兼领录事参军。宋文帝进号镇西将军,王华随同镇西将军府一起转任。宋文帝还未亲自执政时,政事都委托给司马

进号镇西，复随府转。太祖未亲政，政事悉委司马张邵。华性尚物，不欲人在己前，邵性豪，每行来常引夹毂[1]，华出入乘牵车，从者不过二三以矫之。尝于城内相逢，华阳不知是邵，谓左右："此卤簿甚盛[2]，必是殿下出行。"乃下牵车，立于道侧，及邵至乃惊。邵白服登城，为华所纠，坐被征，华代为司马、南郡太守，行府州事。

张邵。王华为人性格高傲，不愿意别人的地位或声誉在自己之上。张邵性格豪奢，每次出门常常带着很多人前呼后拥夹车而行，而王华进出则乘坐普通的牵车，随从不过两三人，以此矫正张邵的豪奢。他们曾在城内相逢，王华假装不知道是张邵，对左右说："这个仪仗队规模盛大，一定是殿下出行。"于是就从牵车上下来，恭敬地站在路旁，等到张邵走近才装着吃惊。张邵不穿官服登上城楼，被王华弹劾，以此得罪被惩罚，王华就代张邵任司马、南郡太守，代理军府和荆州事务。

注释 ① 毂(gǔ)：车轮中心的圆木，周围与车辐的一端相连，中有圆孔，可以插轴。这里用作车的代称。 ② 卤簿：帝王及后妃、太子、大臣等外出时的仪仗队。

原文

太祖入奉大统，以少帝见害，疑不敢下。华建议曰："羡之等受寄崇重，未容便敢背德，废主若存，虑其将来受祸，致此杀害。盖由每生情多，宁敢一朝顿怀逆

翻译

宋文帝继承皇位，由于少帝被杀害，心怀疑惧不敢东下。王华建议说："徐羡之等人受高祖寄托，责任重大，不可能就敢背离恩德，废黜的君主如果活着，考虑到将来要发生祸患，因此将他杀害。都是由于贪生的念头很重，哪里敢一时之间就心怀叛逆之意。并且徐

志。且三人势均[1]，莫相推状，不过欲握权自固，以少主仰待耳。今日就征，万无所虑。”太祖从之，留华总后任。上即位，以华为侍中，领骁骑将军，未拜，转右卫将军，侍中如故。

羡之、傅亮、谢晦三人势均力敌，各自不相折服，不过想手握大权以求自保，仗恃控制年轻的皇帝罢了。现在应征入朝，万万不会有什么问题。”宋文帝同意他的意见，留下王华总管走后的事务。宋文帝即位，以王华为侍中，兼领骁骑将军，还没有到职，又转调右卫将军，仍旧任侍中。

注释 ① 三人：指废少帝、立文帝的徐羡之、傅亮、谢晦三位大臣。

原文

先是，会稽孔宁子为太祖镇西谘议参军，以文义见赏，至是为黄门侍郎，领步兵校尉。……

宁子与华并有富贵之愿，自羡之等秉权，日夜构之于太祖。宁子尝东归，至金昌亭，左右欲泊船，宁子命去之，曰：“此弑君亭[1]，不可泊也。”华每闲居讽咏，常诵王粲《登楼赋》曰：“冀王道之一平[2]，假高衢而骋力[3]。”出入逢羡之等，每切

翻译

早先，会稽人孔宁子任宋文帝镇西谘议参军，因为文章义理丰富受到赏识，这时任为黄门侍郎，兼领步兵校尉。……

孔宁子和王华都有追求富贵的愿望，自从徐羡之等人执掌大权以来，日夜在文帝面前说他们的坏话。宁子曾经东归会稽，到达吴郡金昌亭，左右随从想把船停泊下来，宁子命开船，说：“这是臣杀君的亭子，不可在此停泊。”王华经常在闲暇无事时读书，朗诵文章，常诵读王粲《登楼赋》：“冀王道之一平，假高衢而骋力”两句，以此抒发自己的抱负。他进出遇见徐羡之等人，每每

齿愤咤，叹曰：“当见太平时不?”元嘉二年，宁子病卒。三年，诛羡之等，华迁护军，侍中如故。……

咬牙切齿愤怒地大声呵斥，感叹说：“还能见到太平的时候不?”元嘉二年(425)，孔宁子病死。三年(426)，宋文帝诛杀徐羡之等，王华升迁护军，仍旧任侍中。……

注释 ① 弑(shì)君亭：即吴郡(今江苏苏州)金昌亭，为徐羡之等杀少帝处。古代称臣杀君、下杀上为弑。 ②“冀王道”句：意为但愿政治清明。 ③“假高衢(qú)”句：衢，四通八达的道路，高衢喻清平盛世。此句意为凭借清平盛世尽量施展自己的才能。

原文

宋世惟华与南阳刘湛不为饰让，得官即拜，以此为常。华以情事异人，未尝预宴集，终身不饮酒，有燕不之诣。若宜有论事者，乘车造门，主人出车就之。及王弘辅政，而弟昙首为太祖所任，与华相埒[①]，华尝谓己力用不尽，每叹息曰：“宰相顿有数人，天下何由得治!”四年，卒，时年四十三。追赠散骑常侍、卫将军。九年，上思诛羡之之功，追封新建县侯，食邑千户，谥曰

翻译

宋代只有王华与南阳刘湛不故意矫饰假作谦让，朝廷任命他们官职就接受，这已经成了常事。王华以自己所持的人情事理与别人不同，从不曾参加饮宴集会，一生不饮酒，即或是盛大的宴会也不去参加。如果应当找人讨论政事，就乘车前往把车停在主人门外，主人乘车出来到他跟前讨论。及至王弘辅政，弟弟昙首受宋文帝信任，与王华势力相当，王华常常认为自己的才力不能尽量施展，常叹息说：“宰相一时之间有几人，天下怎么能够得到治理!”元嘉四年(427)去世，时年四十三岁。死后追赠散骑常侍、卫将军。元嘉九年(432)，皇上思念王华诛杀徐羡之的功

宣侯。世祖即位，配飨太祖庙庭[②]。

绩，追封他为新建县侯，得收取一千户食邑的租税，加谥号为宣侯。孝武帝即位，把他附祭于太祖的庙庭。

注释 ① 相埒（liè）：相当。 ② 配飨（xiǎng）：也作“配享”。以功臣附祭于皇帝祖庙。魏晋以来沿袭汉制，祭功臣于庙庭。

殷景仁传

导读

殷景仁(389—440),历仕宋武帝、宋少帝及宋文帝三代,主要活动时间在宋文帝时期。景仁以其才华学识深受文帝器重,虽病休在家,仍与文帝密书往来,参与朝中政事的决策。他的官位一直很高,临死前还任职扬州刺史,为宋文帝时重臣。本传记载景仁与刘湛之间的矛盾,刘湛多方设法坑害景仁,而后文帝要诛杀刘湛,景仁又带病安排布置,反映了当时大臣中争夺权势、勾心斗角的情况。(选自卷六三)

原文

殷景仁,陈郡长平人也。曾祖融,晋太常。祖茂,散骑常侍、特进左光禄大夫。父道裕,蚤亡[①]。

景仁少有大成之量,司徒王谧见而以女妻之。初为刘毅后军参军,高祖太尉行参军。建议宜令百官举才,以所荐能否为黜陟[②]。迁宋台秘书郎,世子中军参军,转主簿,又为骠骑将军道怜主簿。出补衡阳太

翻译

殷景仁,陈郡长平人。曾祖父殷融,东晋太常。祖父殷茂,官至散骑常侍、特进左光禄大夫。父亲殷道裕,早亡。

殷景仁少年时代就有做一番大事的抱负,司徒王谧见到他很赏识,就把女儿嫁给他为妻。殷景仁最初任刘毅后军参军、刘裕太尉行参军。他建议应该命文武百官推举有才能的人,以所推举的人有无才能作为升降官职的标准。他后来升任刘裕宋王府秘书郎,宋王世子中军参军,转调主簿,又任骠骑将军刘道怜主簿。外调补任衡阳太守,又内

守[3],入为宋世子洗马,仍转中书侍郎。景仁学不为文,敏有思致,口不谈义,深达理体,至于国典朝仪,旧章记注,莫不撰录,识者知其有当世之志也。高祖甚知之,迁太子中庶子。

少帝即位,入补侍中,累表辞让……寻领射声。顷之,转左卫将军。

调任宋王世子洗马,再转调为中书侍郎。景仁有才学但不写文章,聪敏而善于思考,虽口中不谈论义理,却能深刻领会义理的实质,至于国家典制、朝廷礼仪,旧时的典章记载,没有不撰写记录的,了解他的人都知道他有为当世干一番事业的志向。刘裕对他十分器重,升任为太子中庶子。

少帝即位,内调补任侍中,多次上表辞谢,……不久兼领射声校尉。没过多久,又转任左卫将军。

注释 ① 蚤:同“早”。 ② 否(pǐ):坏,不能干。陟(zhì):升。 ③ 衡阳:郡名,治所在今湖南湘潭南。

原文

太祖即位,委遇弥厚[1],俄迁侍中,左卫如故。时与侍中右卫将军王华、侍中骁骑将军王昙首、侍中刘湛四人,并时为侍中,俱居门下,皆以风力局干,冠冕一时,同升之美,近代莫及。元嘉三年,车驾征谢晦,司徒王弘入居中书下省,景仁长直,共掌留任。晦平,代到

翻译

宋文帝刘义隆即位,对景仁委任礼遇更加隆厚,不久升迁为侍中,仍旧为左卫将军。当时同侍中右卫将军王华、侍中骁骑将军王昙首、侍中刘湛四人,同时担任侍中,都任职门下省,都以风格器量和才干,成为一时之间最荣显的人物,他们共同升官的美事,近代没有人比得上。元嘉三年(426),文帝发兵亲征谢晦,司徒王弘入主中书门下省,殷景仁长期值班,共同掌管留守事务。平定谢晦后,代替到彦之任中领军,仍

彦之为中领军，侍中如故。……

丁母忧，葬竟，起为领军将军，固辞。上使纲纪代拜，遣中书舍人周赳舆载还府。九年，服阕，迁尚书仆射。太子詹事刘湛代为领军，与景仁素善，皆被遇于高祖，俱以宰相许之。湛尚居外任，会王弘、华、昙首相系亡，景仁引湛还朝，共参政事。湛既入，以景仁位遇本不逾己，而一旦居前，意甚愤愤。知太祖信仗景仁，不可移夺，乃深结司徒彭城王义康，欲倚宰相之重以倾之。十二年，景仁复迁中书令，护军、仆射如故。寻复以仆射领吏部，护军如故。湛愈忿怒。义康纳湛言，毁景仁于太祖。太祖遇之益隆。景仁对亲旧叹曰："引之令入，入便噬人[②]。"乃称疾解职，表疏累上，不见许，使停家养病。发诏遣黄门

任侍中不变。……

殷景仁母死居丧，安葬完毕，起用为领军将军，坚决辞谢。皇上命景仁的主簿代他受职，然后派中书舍人周赳用车接他回府。元嘉九年(432)，服丧期满，景仁升任尚书仆射。太子詹事刘湛代任领军将军，刘湛与景仁向来友善，都受到刘裕的厚待，刘裕曾许诺他们任宰相之职。刘湛还在外地担任官职时，正值王弘、王华、王昙首相继死去，景仁引荐刘湛回朝，共同参与朝政大事。刘湛回朝后，认为景仁官位待遇本来没有超过自己，而现在地位在他之上，心里非常气愤不平。他知道文帝信赖倚仗景仁，不能更改，于是深相结交司徒彭城王刘义康，想凭借宰相的权势把景仁推倒。元嘉十二年(435)，景仁又升任中书令，继续任护军、仆射不变。刘湛更加愤怒。刘义康听信刘湛谗言，在文帝面前诋毁景仁。文帝对待景仁却更加信任。景仁对亲友故旧感叹说："引荐刘湛入朝，入朝后就咬人。"殷景仁于是称病辞职，多次向皇帝上表，没有得到许可。皇上让他在家养病，并下诏派遣黄门侍郎去探望病情。刘湛提议派人装成强盗的样子在外面杀死他，认为文帝虽然知道了，也能凭借刘义康的面

侍郎省疾。湛议遣人若劫盗者于外杀之，以为太祖虽知，当有以，终不能伤至亲之爱。上微闻之，迁景仁于西掖门外晋鄱阳主第，以为护军府，密迩宫禁，故其计不行。

景仁卧疾者五年，虽不见上，而密表去来，日中以十数，朝政大小，必以问焉，影迹周密，莫有窥其际者。收湛之日，景仁使拂拭衣冠，寝疾既久，左右皆不晓其意。其夜，上出华林园延贤堂召景仁，犹称脚疾，小床舆以就坐，诛讨处分，一皆委之。

代义康为扬州刺史，仆射领吏部如故。遣使者授印绶[③]，主簿代拜，拜毕，便觉其情理乖错[④]。性本宽厚，而忽更苛暴。问左右曰："今年男婚多？女嫁多？"是冬大雪，景仁乘舆出听事观望[⑤]，忽惊曰："当阁

子免罪，皇上总不会损伤兄弟至亲的情义。皇上对此事稍有所闻，就把景仁迁移到西掖门外东晋鄱阳公主居住过的府第去，把它作为护军府，与皇宫禁廷相距很近，所以刘湛的计策没有得逞。

殷景仁卧病在家五年，虽然不和皇上见面，而秘密表章送去传来，一日之中多达十几次，朝中政事不论大小，必定要向他问讯，这事做得非常周密不露痕迹，没有人能窥察到其中内幕。逮捕刘湛那天，景仁使人收拾干净衣帽，他卧病已久，左右侍从都不明白他的意思。这天晚上，皇上出宫到华林园延贤堂召见景仁，景仁还说腿脚有病，于是用小床载他坐下，诛杀刘湛的各种安排，都交付他处理。

景仁代替刘义康任扬州刺史，仆射兼领吏部尚书之职仍不变。皇上派遣使者授予他官府印信，由主簿代为拜受，拜受完毕，就发觉他神经错乱了。他的性格本来宽大仁厚，这时突然变得非常苛暴，问左右侍者说："今年是男子娶妻多？还是女子出嫁多？"这年冬天下大雪，景仁乘车出厅堂观看雪景，忽然吃惊地说："对面小屋处怎么有棵大树？"一会儿又说："是我看错了吗？"于是病情加重。文帝认为住在扬州府第

何得有大树?”既而曰:“我误邪?”疾转笃[⑥]。太祖谓不利在州司,使还住仆射下省,为州凡月余卒。或云见刘湛为祟[⑦]。时年五十一,追赠侍中、司空,本官如故。谥曰文成公。……

不吉利,使他回到仆射下省居住,任扬州刺史只有一个多月就死了。有人说他是看到刘湛的鬼魂在作怪。这年他五十一岁,追赠为侍中、司空,原任官职不变。加谥号为文成公。……

注释 ① 弥(mí):更加。 ② 噬(shì):咬,吃。 ③ 印绶(shòu):印,官印。绶,系印的丝带。 ④ 乖错:错乱。 ⑤ 听(tīng)事:也作“厅事”,大厅。 ⑥ 疾转笃:病情更加沉重。 ⑦ 祟(suì):鬼神作怪。

刘义康传

导读

刘义康(408—451),宋文帝刘义隆弟。自幼聪颖敏悟,为官称职,元嘉年间专制朝政,权势极大,由此一些心怀异志的人都聚集在他的周围对他表示拥戴。义康的弱点是不学无术,不识大体。在文帝面前全无君臣礼节,任人唯亲,为此文帝开始对他不满。一次文帝患病,义康左右刘湛等准备以东晋成帝死后以其弟康帝继位为先例,拥戴刘义康为皇帝。文帝知情后,将义康党羽一网打尽,出刘义康为江州刺史,削其权势。元嘉二十二年(445)因受范晔、谢综等谋反事件牵连,文帝下诏削去义康王爵,清除皇族籍注,迁徙到安成郡软禁起来。元嘉二十七年(450),北魏大军直逼瓜步,京师危急。文帝担忧存心反叛的人乘动乱之际拥戴义康夺取皇位,因于次年赐义康死于安成。宋文帝与刘义康的斗争,揭开了刘宋一代为争夺皇位长期骨肉相残的序幕,故自元嘉以后,政权逐渐衰落。(选自卷六八)

原文

彭城王义康,年十二,宋台除督豫司雍并四州诸军事、冠军将军、豫州刺史。时高祖自寿阳被征入辅,留义康代镇寿阳。又领司州刺史,进督徐州之钟离[①]、荆

翻译

彭城王刘义康,十二岁时,宋王府就任命他为都督豫州、司州、雍州、并州四州诸军事、冠军将军、豫州刺史,当时刘裕从寿阳被召还建康,辅佐朝廷,留义康代替镇守寿阳,又兼任司州刺史,进位都督徐州的钟离、荆州的义阳诸军事。宋武帝永初元年(420),刘义康封

州之义阳诸军事。永初元年,封彭城王,食邑三千户,进号右将军。二年,徙监南豫豫司雍并五州诸军事、南豫州刺史,将军如故。三年,迁使持节、都督南徐兖二州扬州之晋陵诸军事、南徐州刺史,将军如故。太祖即位,增邑二千户,进号骠骑将军,加散骑常侍,给鼓吹一部。寻加开府仪同三司。元嘉三年,改授都督荆湘雍梁益宁南北秦八州诸军事、荆州刺史,给班剑三十人,持节、常侍、将军如故。义康少而聪察,及居方任,职事修理。

六年,司徒王弘表义康宜还入辅,征侍中、都督扬南徐兖三州诸军事、司徒、录尚书事,领平北将军、南徐州刺史,持节如故。二府并置佐领兵,与王弘共辅朝政。弘既多疾,且每事推谦,自是内外众务,一断之

为彭城王,得收取三千户食邑的租税,进官号为右将军。永初二年(421),调职为监南豫州、豫州、司州、雍州、并州五州诸军事、南豫州刺史,仍旧为右将军。永初三年(422),升任使持节、都督南徐州、兖州二州和扬州的晋陵诸军事、南徐州刺史,仍旧为右将军。宋文帝即位,增加收取二千户食邑的租税,进官号为骠骑将军,加官散骑常侍,给鼓吹军乐一部。不久又加官号为开府仪同三司。元嘉三年(426),改任都督荆州、湘州、雍州、梁州、益州、宁州、南秦州、北秦州八州诸军事、荆州刺史,赐给带有班剑的仪仗队三十人,仍旧任使持节、散骑常侍、右将军。刘义康自小聪慧明察,到独当一方重任之时,办事称职,治理得当。

元嘉六年(429),司徒王弘上表说刘义康应该回建康任职,因此征召义康回京为侍中、都督扬州、南徐州、兖州三州诸军事,司徒,录尚书事,兼任平北将军、南徐州刺史,仍旧任使持节。都督府与将军府都设置辅佐官员,统领士兵,与王弘共辅朝政。王弘后来多病,而且遇事每每推托谦让,于是内外众多事务,都由义康一人裁断。太子詹事刘湛有治国的才能,以前义康在豫州时,刘湛为长史,既然自来情意亲密,到这

义康。太子詹事刘湛有经国才，义康昔在豫州，湛为长史，既素经情款，至是意委特隆，人物雅俗，举动事宜，莫不咨访之，故前后在藩，多有善政，为远近所称。九年，弘薨，又领扬州刺史。其年太妃薨，解侍中，辞班剑。十二年，又领太子太傅，复加侍中、班剑。

义康性好吏职，锐意文案，纠剔是非，莫不精尽。既专总朝权，事决自己，生杀大事，以录命断之。凡所陈奏，入无不可，方伯以下[②]，并委义康授用，由是朝野辐凑[③]，势倾天下。义康亦自强不息，无有懈倦。府门每旦常有数百乘车，虽复位卑人微，皆被引接。又聪识过人，一闻必记，常所暂遇，终生不忘，稠人广席，每标所忆以示聪明，人物益以此推服之。爱惜官爵，未尝以阶级私人[④]，凡朝士有才

时更特别信赖，凡是评雅俗人物，要办理的事务，无不询问于他，所以刘义康前后在地方任职，多有好的政绩，被远近的人士所称颂。元嘉九年(432)，王弘死，刘义康又兼任扬州刺史。这一年义康的母亲彭城太妃去世，因居丧解除侍中职任，辞去带有班剑的仪仗队。元嘉十二年(435)守丧期满，刘义康又兼任太子太傅，仍加侍中官职，赐给带有班剑的仪仗队。

义康性好官吏职事，一心一意扑在文书案卷上，督察甄别是与非，都极为恰当。后来他专制总揽朝政大权，朝廷大事都由自己裁决，生杀大事，以文案命令决断。凡是义康上奏的事，皇上没有不允许的。地方长官以下，都委托他授官录用，于是朝廷内外的人不断聚集在他周围，权势之大可凌驾于一切之上。刘义康也自强不息，没有松懈倦怠。官府门外每天早上经常停着几百辆车，即使是官位卑下出身低贱的人，都被引见接待。又聪明识见越过他人，无论什么事听说一遍就能记住，平常暂时见过一面的人，终生也不会忘记。在有许多人参加的盛大宴席上，义康每每标举记得的事物来显示自己聪明，众人也更以此推崇佩服他。义康舍不得随便给人官职爵位，从来不以官阶作人

用者，皆引入己府，无施及忤旨，即度为台官。自下乐为竭力，不敢欺负。太祖有虚劳疾，寝顿积年，每意有所想，便觉心中痛裂，属纩者相系[5]。义康入侍医药，尽心卫奉，汤药饮食，非口所尝不进；或连夕不寐，弥日不解衣[6]；内外众事，皆专决施行。十六年，进位大将军，领司徒，辟召掾属。

情。凡朝中人士有才干的都引进自己府中，没有才能和违背自己旨意的，就转为朝廷官吏。他手下的人都乐于为他尽力，不敢对他有所欺诈和做辜负他的事。文帝有身体虚弱的疾病，卧病多年，每当有所思虑，便觉得心中撕裂般地疼痛，时常病危。义康进去侍候医药，尽心守卫侍奉，文帝的汤药饮食，不经过他亲口尝过就不进给文帝吃；或者接连几个夜晚不睡觉，整天不脱衣服；朝廷内外众多事务，都由义康裁决施行。元嘉十六年(439)，进位大将军，兼任司徒，特准自行辟召属官。

注释 ① 钟离：郡名，治所在今安徽凤阳东北。② 方伯：一方诸侯之长。后来泛称地方长官为方伯。 ③ 辐凑：同“辐辏”，形容人或物像车辐集中于车毂一样聚集。 ④ 阶级：指尊卑上下之别，如台阶有等级。此处指官阶爵级。 ⑤ 属纩(kuàng)：纩，丝绵，质地轻，易飘动。属纩，人临死时将丝绵放在他的鼻前看是否在飘动，以验证其是否断气，由此将属纩作为人病危临死的代称。 ⑥ 弥日：整日。

原文

义康素无术学，暗于大体，自谓兄弟至亲，不复存君臣形迹，率心径行，曾无猜防。私置僮部六千余人[1]，不以言台。四方献馈，皆以上品荐义康，而以次者

翻译

刘义康自来没有学识，不明大体，自以为他与皇帝是兄弟，至亲骨肉，相处时不存在君臣关系，行动随心所欲，没有猜疑防备。他私自设置僮部六千多人，不告诉朝廷。四方贡献馈送的东西，都以上等的送给义康，而以次等的

供御。上尝冬月啖甘[②]，叹其形味并劣，义康在坐曰："今年甘殊有佳者。"遣人还东府取甘，大供御者三寸。尚书仆射殷景仁为太祖所宠，与太子詹事刘湛素善，而意好晚衰。湛常欲因宰辅之权以倾之，景仁为太祖所保持，义康屡言不见用，湛愈愤。南阳刘斌，湛之宗也，有涉俗才用，为义康所知，自司徒右长史擢为左长史[③]。从事中郎琅邪王履、主簿沛郡刘敬文、祭酒鲁郡孔胤秀[④]，并以倾侧自入，见太祖疾笃[⑤]，皆谓宜立长君。上疾尝危殆，使义康具顾命诏。义康还省，流涕以告湛及殷景仁，湛曰："天下艰难，讵是幼主所御[⑥]。"义康、景仁并不答。而胤秀等辄就尚书仪曹索晋咸康末立康帝旧事[⑦]，义康不知也。及太祖疾豫，微闻之。而斌等既为义康所宠，又威权尽

供献皇帝。皇上曾在冬天吃甘橘，感叹甘橘的形状味道都不好，刘义康当时在坐说："今年甘橘另有好的。"派人回东府取来甘橘，比供皇帝吃的大三寸。尚书仆射殷景仁为文帝宠爱，与太子詹事刘湛自来相好，然而后来感情破裂。刘湛常常想凭借刘义康的宰相权势打倒景仁。景仁受文帝保护支持，义康多次在文帝面前说他的坏话，皇帝都不听信，刘湛更加愤怒。南阳刘斌，是刘湛的同宗，有从事一般事务工作的才能，为刘义康所信任，从司徒右长史提拔为左长史。从事中郎琅邪王履、主簿沛郡刘敬文、祭酒鲁郡孔胤秀，都是通过狡诈不正的途径进入官场的。他们见文帝病情沉重，都说应该立年长的王子为帝。皇上曾经病危，使刘义康准备写辅佐幼主的遗嘱诏令。义康回到官府，流着眼泪告诉刘湛及殷景仁，刘湛说："治理天下实为艰难，岂是年幼之主所能驾驭的。"刘义康、殷景仁都不答话。而孔胤秀等立即去尚书省仪曹索取晋成帝咸康末年立康帝的有关记载，刘义康不知道这事。及至文帝疾病好转，隐隐约约地听说这事。而刘斌等人既为刘义康所宠爱，又见朝廷权威完全掌握在宰相手中，常常想倾覆朝廷，使帝位归于

在宰相，常欲倾移朝廷，使神器有归。遂结为朋党，伺察省禁，若有尽忠奉国，不与己同志者，必构造愆衅，加以罪黜。每采拾景仁短长，或虚造异同以告湛。自是主相之势分，内外之难结矣。

义康。于是结为朋党，伺机窥察政府机构官员及皇帝的言行，如果有尽忠为国，不与他们志向相同的人，必定要编造他们的过错，加以罪名罢去官职。常常收集殷景仁的是非善恶，或者伪造各种罪名告诉刘湛。从此君主与宰相的权势分离，宫内和外府不和的局面形成。

注释　①僮部：即僮干。②啖（dàn）：吃。③擢（zhuó）：提拔。④鲁郡：郡名，治所在今山东曲阜。⑤疾笃：病危。⑥讵（jù）：岂。⑦晋咸康末立康帝旧事：咸康，东晋成帝年号。咸康八年（342），成帝病危，下诏以同母弟司马岳继位而不传儿子，司马岳即晋康帝。刘义康党羽孔胤秀等企图以此为先例，如果文帝死，即由其弟刘义康继位。

原文

义康欲以斌为丹阳尹，言次启太祖，陈其家贫。上觉其旨，义康言未卒，上曰：“以为吴郡。”后会稽太守羊玄保求还，义康又欲以斌代之，又启太祖曰：“羊玄保欲还，不审以谁为会稽！”上时未有所拟，仓卒曰：“我已用王鸿。”自十六年秋，不复幸东府。上以嫌隙既成，将致

翻译

刘义康想以刘斌为丹阳尹，言谈之间启奏文帝，陈诉刘斌家庭贫困。文帝察觉话中的意思，义康话还没有说完，皇上说：“就以刘斌为吴郡太守罢。”后来会稽太守羊玄保请求还朝，刘义康又想以刘斌代替他，又启奏文帝说：“羊玄保打算还朝，不知皇上以谁人为会稽太守？”皇上当时还没有拟定人选，仓猝回答说：“我已经用王鸿了。”从元嘉十六年（439）秋天开始，皇上不再驾临义康

大祸。十七年十月，乃收刘湛付廷尉，伏诛。又诛斌及大将军录事参军刘敬文、贼曹参军孔邵秀、中兵参军邢怀明、主簿孔胤秀、丹阳丞孔文秀、司空从事中郎司马亮、乌程令盛昙泰等。徙尚书库部郎何默子，余姚令韩景之，永兴令颜遥之，湛弟黄门侍郎素、斌弟给事中温于广州，王履废于家。……

其日刺义康入宿[①]，留止中书省，其夕分收湛等，青州刺史杜骥勒兵殿内，以备非常。遣人宣旨告以湛等罪衅，义康上表逊位……。改授都督江州诸军事、江州刺史，持节、侍中、将军如故，出镇豫章[②]。停省十余日，桂阳侯义融，新喻侯义宗、秘书监徐湛之往来慰视。于省奉辞，便下渚[③]。上唯对之恸哭，余无所言。上又遣沙门释慧琳视之[④]，义康曰："弟子有还理不？"慧琳

东府。文帝明白自己与义康之间因猜忌已成仇隙，祸事将要发生了。就于元嘉十七年(440)十月，逮捕刘湛交付廷尉，诛杀于狱中。又杀刘斌及大将军录事参军刘敬文、贼曹参军孔邵秀、中兵参军邢怀明、主簿孔胤秀、丹阳丞孔文秀、司空从事中郎司马亮、乌程县令盛昙泰等。迁徙尚书库部郎何默子、余姚县令韩景之、永兴县令颜遥之、刘湛的弟弟黄门侍郎刘素、刘斌的弟弟给事中刘温于广州，王履罢官废黜回家。……

当天皇帝命令刘义康进殿内值班，留在中书省歇息，晚上就分别逮捕了刘湛等人，青州刺史杜骥领军在殿内，防备非常事变。接着派人传宣圣旨公布刘湛等人的罪状过错，刘义康上表辞职……。皇帝改任义康为都督江州诸军事、江州刺史，仍旧为持节、侍中、将军，出京镇守豫章。义康行前在中书省停留十多天，桂阳侯刘义融、新喻侯刘义宗、秘书监徐湛之往来不断地慰问探视。义康在中书省向文帝上表辞行，就到河边乘船出发。皇上只是对着义康悲恸哭泣，其余什么话也说不出。皇上又派沙门释慧琳探望他，刘义康说："弟子还有回归京都的时候吗？"释慧琳说："恨公不读几百卷书啊。"征虏司马萧斌，过去被刘

曰："恨公不读数百卷书。"征虏司马萧斌，昔为义康所昵，刘斌等害其宠，谗斥之。乃以斌为谘议参军，领豫章太守，事无大小，皆以委之。司徒主簿谢综，素为义康所狎[⑤]，以为记室参军，左右爱念者，并听随从至豫章。辞州，见许，增督广交二州湘州之始兴诸军事[⑥]。资奉优厚，信赐相系，朝廷大事，皆报示之。……

义康所亲信，刘斌等人不满他受宠，在义康面前说坏话排斥他。于是以萧斌为谘议将军，兼任豫章太守，不管大小事情，都委托他办。司徒主簿谢综，自来为义康所亲近，任用为记室参军，义康左右被宠爱亲信的人，全都听任跟从到豫章。义康辞去江州刺史的职务，皇上允准，另授官为都督广州、交州两州及湘州的始兴诸军事。给予优厚的俸禄，书信赏赐接连不断，朝廷大事，都告诉让他知道。……

注释 ① 刺：孙彪（bān）《宋书考论》认为"刺"字可能是"敕"字之误。敕，皇帝的命令。 ② 豫章：郡名，治所在今江西南昌。 ③ 渚（zhǔ）：河边。 ④ 释：释教，即佛教，当时僧侣名字前往往加"释"字。 ⑤ 狎（xiá）：亲近而不庄重。 ⑥ 始兴：郡名，治所在今广东韶关。

原文

二十二年，太子詹事范晔等谋反[①]，事逮义康，事在《晔传》。有司上曰："义康昔擅国权，恣心凌上，结朋树党，苞纳凶邪。重衅彰著，事合明罚。……臣等参

翻译

元嘉二十二年（445），太子詹事范晔等阴谋反叛，事情牵涉到刘义康，这件事在《范晔传》上有记载。有关部门上表说："刘义康过去专制国家权柄，放纵贪欲凌驾于皇帝之上，交结宾朋树立党羽，包庇收纳凶险邪恶的人。罪行严重并十分明显，应该受到公开的惩罚治

议，请下有司削义康王爵，收付廷尉法狱治罪。”诏特宥大辟。于是免义康及子泉陵侯允、女始宁丰城益阳兴平四县主为庶人[2]，绝属籍，徙付安成郡[3]。以宁朔将军沈邵为安成公相，领兵防守。义康在安成读书，见淮南厉王长事[4]，废书叹曰：“前代乃有此，我得罪为宜也。”……

罪。……臣等商议，请下令给有关部门削去刘义康王爵，逮捕交付廷尉依法下狱治罪。”皇帝下诏特赦不杀。于是免除刘义康及儿子泉陵侯刘允、女儿始宁、丰城、益阳、兴平四县主为庶人，从皇族属籍中除名，迁徙交付安成郡管制。以宁朔将军沈邵为安成公相，领兵防备守卫。刘义康在安成郡读书，看到汉淮南厉王刘长的事迹，丢下书叹息说：“前代就有这种事了，我是罪有应得啊。”……

注释 ① 范晔（yè）：字蔚宗，顺阳（今河南淅川东）人，南朝宋史学家，《后汉书》作者。曾任宣城太守、左卫将军、太子詹事。元嘉二十二年（445）末，因牵涉到阴谋迎立彭城王刘义康一案，被杀。 ② 县主：亲王之女封号的称谓。 ③ 安成郡：郡名，治所在今江西安福西。 ④ 淮南厉王长：淮南王刘长，汉高祖刘邦少子，死后加谥号为厉。汉文帝时，刘长骄横，自为法令，与皇帝平起平坐，大臣多次请求汉文帝杀掉刘长，文帝不忍心，只是诛杀了刘长的同盟者。刘长被流放，他对侍从说：“我不算勇敢的人，因为骄横的缘故而不知自己的过错。”于是绝食身亡。

原文

索虏来寇瓜步，天下扰动，上虑异志者或奉义康为乱，世祖时镇彭城[1]，累启宜为之所，太子及尚书左仆射何尚之并以为言。二十八

翻译

北魏大军侵犯到达瓜步，天下纷扰动乱。皇上担忧存心反叛的人或许会奉刘义康作乱。刘骏当时镇守彭城，多次陈述应该为刘义康安排个去处，太子与尚书左仆射何尚之都这样说。元嘉

年正月，遣中书舍人严龙赍药赐死。义康不肯服药，曰："佛教自杀不复得人身，便随宜见处分。"乃以被掩杀之，时年四十三，以侯礼葬安成。……

二十八年(451)正月，派中书舍人严龙送毒药赐刘义康死。刘义康不肯服药，说："佛教认为自杀的人来世不能再变成人，随便怎么处分我都行。"于是用被子掩盖闷死了他，时年四十三岁，死后以侯礼安葬在安成郡。……

注释 ① 彭城：今江苏徐州。

徐湛之传

导读

徐湛之(409—453),宋武帝刘裕外孙。湛之幼年丧父,深受刘裕宠爱。宋文帝时,湛之为刘湛、范晔准备拥戴刘义康谋反事牵连,但因其母亲的关系得到赦免。湛之产业丰厚,生活奢侈,无人能比,尽性游玩,为一时之盛事。元嘉三十年(453),文帝欲废刘劭,另立太子,与湛之商议许久,仍不能定。刘劭知情后入宫杀文帝,湛之亦同时遇害,死年四十四岁。本传反映了南朝时期寒门地主执政后的穷奢极欲,也记载了宋文帝末年皇室内骨肉相残的情况。(选自卷七一)

原文

徐湛之,字孝源,东海郯人[①]。司徒羡之兄孙,吴郡太守佩之弟子也。祖钦之,秘书监。父逵之,尚高祖长女会稽公主[②],为振威将军、彭城沛二郡太守[③]。高祖诸子并幼,以逵之姻戚,将大任之,欲先令立功。及讨司马休之,使统军为前锋,配以精兵利器,事克,当即授荆州。休之遣鲁宗之

翻译

徐湛之,字孝源,东海郯人。司徒徐羡之的侄孙,吴郡太守徐佩之的侄儿。祖父徐钦之,官至秘书监。父亲徐逵之,娶宋武帝刘裕的长女会稽公主为妻,任振威将军和彭城郡、沛郡两郡太守。当时武帝的儿子们都还小,因为与徐逵之是亲戚,将要对他托以重任,想让他先建立大功。到讨伐司马休之的时候,就命徐逵之统领大军为前锋,配给他善战的士兵和锋利的武器,准备在大功告成后,就立即授予他荆州刺史。司马休之派遣鲁宗之的儿子鲁轨打败

子轨击破之，于阵见害。追赠中书侍郎。

了他，逵之在阵前被杀，被追赠为中书侍郎。

注释 ① 东海：郡名，治所在今山东郯（tán）城北。 ② 尚：高攀而为婚配。与帝女公主结亲，实为高攀，故称尚。 ③ 彭城：今江苏徐州。

原文

湛之幼孤，为高祖所爱，常与江夏王义恭寝食不离于侧。……及长，颇涉文义，善自位待。事祖母及母，并以孝谨闻。

元嘉二年，除著作佐郎，员外散骑侍郎，并不就。六年，东宫始建，起家补太子洗马，转国子博士[①]，迁奋威将军、南彭城沛二郡太守[②]，徙黄门侍郎。祖母年老，辞以朝直，不拜。复授二郡，加辅国将军，迁秘书监，领右军将军，转侍中，加骁骑将军。复为秘书监，加散骑常侍，骁骑如故。

翻译

徐湛之幼年丧父，受到外祖父刘裕的宠爱，常和江夏王刘义恭一起睡觉吃饭，从不离开刘裕身边。……湛之长大后，阅读了许多文章，善于遵守按自己地位行事的原则。侍奉祖母和母亲，都以孝顺谨慎为世人称道。

宋文帝元嘉二年（425），任命湛之为著作佐郎，员外散骑侍郎，都没有就职。元嘉六年（429），建立太子东宫，湛之补任太子洗马，开始入仕。转调国子博士，升任奋威将军、南彭城及沛郡二郡太守，转调黄门侍郎。湛之祖母年老，以黄门侍郎要到朝内值班为理由辞去此职，不去就任。只好又授职为南彭城、沛郡二郡太守，加辅国将军号，升任为秘书监，兼领右军将军，转任侍中，加骁骑将军号。徐湛之又为秘书监，加任散骑常侍，骁骑将军不变。

注释 ① 国子博士：国子，即国子学。博士为国子学中授经学的教授。 ② 南彭城：郡名，南朝宋侨置，治所在今江苏扬州、镇江一带。

原文

会稽公主身居长嫡，为太祖所礼[①]，家事大小，必咨而后行。西征谢晦，使公主留止台内，总摄六宫[②]。忽有不得意，辄号哭，上甚惮之。初，高祖微时，贫陋过甚，尝自往新洲伐荻[③]，有纳布衫袄等衣，皆敬皇后手自作[④]，高祖既贵，以此衣付公主，曰："后世若有骄奢不节者，可以此衣示之。"湛之为大将军彭城王义康所爱，与刘湛等颇相附协。及刘湛得罪，事连湛之，太祖大怒，将致大辟。湛之忧惧无计，以告公主。公主即日入宫，既见太祖，因号哭下床，不复施臣妾之礼[⑤]，以锦囊盛高祖纳衣，掷地以示上曰："汝家本贫贱，此是我母为汝父作此纳衣。今日有一

翻译

会稽公主身为刘裕嫡长女，受到文帝的礼遇；家中事情无论大小，都必定先询问她然后施行。文帝西征谢晦，让公主留居宫内，总领六宫事务。公主碰到稍不如意的事，就大声号哭，皇上十分惧怕她。当初，刘裕微贱的时候，非常贫穷，生活简陋，曾经亲自去新洲打柴草，所穿打有补丁的单衣棉袄等，都是敬皇后亲手缝制的。刘裕显贵以后，把这些衣服托付公主收藏，说："后代子孙如有骄纵奢侈不节省的，可把这衣服给他们看。"徐湛之受到大将军彭城王刘义康的宠爱，和刘湛等人很亲近融洽。及至刘湛犯罪，事情牵连徐湛之，宋文帝非常愤怒，将要对他处以死刑。湛之忧愁恐惧无计可想，向公主诉说此事。公主当天就进宫，见到文帝后，大声哭着从坐床上下来，不再对文帝行臣妾礼。把用锦袋装着的武帝穿过的有补丁的破旧衣物，扔在地上让文帝看，并说："你家本来贫穷寒贱，这是我母亲给你父亲制作的有补丁的衣服。现在有一顿饱饭可吃，就想残杀我儿子啦！"

顿饱食，便欲残害我儿子！”上亦号哭，湛之由此得全也。迁中护军，未拜，又迁太子詹事，寻加侍中。

皇上也大声痛哭，湛之因此得免罪不死。升任为中护军，没有就职，又升任太子詹事，不久加官侍中。

注释 ① 太祖：宋文帝刘义隆。 ② 六宫：帝王皇后嫔妃等居住的地方，用作皇帝妻妾的代称。 ③ 伐荻（dí）：荻，一种多年生草本植物，与芦苇相似。伐荻即打柴。 ④ 敬皇后：名臧爱亲，东莞人。刘裕贫时妻，刘裕即帝位，封为皇后，谥敬，故称敬皇后。 ⑤ 臣妾：古时奴隶男称臣，女称妾。这里是作为臣下妻妾、下属之意。

原文

湛之善于尺牍[①]，音辞流畅。贵戚豪家，产业甚厚。室宇园池，贵游莫及。伎乐之妙[②]，冠绝一时。门生千余人，皆三吴富人之子[③]，姿质端妍[④]，衣服鲜丽。每出入行游，途巷盈满，泥雨日，悉以后车载之。太祖嫌其侈纵，每以为言。时安成公何勖，无忌之子也，临汝公孟灵休，昶之子也[⑤]，并各奢豪，与湛之共以肴膳[⑥]、器服、车马相尚。京邑为之语曰：“安成食，临汝

翻译

徐湛之善写书信，语言文辞都很流畅。他生于皇亲国戚豪势之家，资产田业十分丰厚。房宅的豪华和花园的幽美，王公贵族子弟之家也无法相比。歌伎音乐的美妙，为当时第一。他拥有门生一千多人，都是三吴地区的富家子弟，姿态端庄秀美，衣服鲜艳华丽。每当湛之带着他们进出游玩行乐时，道路街巷都挤得满满的，碰到下雨道路泥泞的日子，出行时就让他们乘坐后面的车。文帝不喜欢他奢侈豪纵，常常说起此事。当时安成公何勖，是何无忌的儿子，临汝公孟灵休，是孟昶的儿子，都奢侈豪纵，和徐湛之共同以菜肴饭食、器用服饰、车辆马匹互相夸耀。京都人对此编出顺口溜说：“安成食，临汝饰。”湛

饰。”湛之二事之美，兼于何、孟。……

之在饮食与服饰两方面的精美，与何勖、孟灵休相比兼而有之。……

注释 ① 尺牍：书信。 ② 伎乐(yuè)：女乐队。 ③ 三吴：古地区名。有二说：一说是吴郡、吴兴、会稽；另一说为吴郡、吴兴、丹阳。 ④ 妍：美丽。 ⑤ 昶：音chǎng。 ⑥ 肴(yáo)：荤菜。膳(shàn)：饮食。

原文

湛之迁冠军将军、丹阳尹，进号征虏将军，加散骑常侍，以公主忧不拜。过葬，复授前职，湛之表启固辞，又诣廷尉受罪，上诏狱官勿得受，然后就命。固辞常侍，许之。二十二年，范晔等谋逆，湛之始与之同，后发其事，所陈多不尽，为晔等款辞所连，乃诣廷尉归罪，上慰遣令还郡。……

二十四年，服阕，转中书令，领太子詹事。出为前军将军、南兖州刺史。善于为政，威惠并行。广陵城旧有高楼，湛之更加修整，南望钟山。

翻译

徐湛之升任为冠军将军、丹阳尹，加征虏将军号，又加散骑常侍，因公主死，居丧不就职。埋葬公主后，又授予以前所加的官职，湛之上表坚决辞让，又到廷尉狱去领受罪罚，皇上下诏狱官不要受理，然后他才接受任命。他坚决辞让散骑常侍职务，皇上同意了。元嘉二十二年(445)，范晔等人阴谋造反，湛之开始与他们同谋，后来又揭发了此事，但所陈述的事实不很详尽，受到范晔等人的口供牵连，于是到廷尉狱服罪，皇上抚慰一番后命他离京回到丹阳郡去。……

元嘉二十四年(447)，服丧期满，转调中书令，兼领太子詹事。外调为前军将军、南兖州刺史。善于治理，恩威并用。南兖州治所广陵城原来有一座高城北有陂泽，水物丰盛。湛之更起风亭、月观[①]，吹台、琴室，果竹繁茂，花药成行[②]，招集文士，尽游玩之适，一时之盛也。时有沙门释惠休，善属文，辞采绮艳，湛之与之甚厚。世祖命使还俗[③]。本姓汤，位至扬州从事史。二十六年，复入为丹阳尹，领太子詹事，将军如故。二十七年，索虏至瓜步，湛之领兵置佐，与皇太子分守石头。二十八年春，鲁爽兄弟率部曲归顺，爽等，鲁轨子也。湛之以为庙算远图，特所奖纳，不敢苟申私怨。乞屏居田里，不许。

楼，湛之重新加以修理整治，向南可以望到钟山。城北有池塘水泽，水中物产丰富。湛之又修建风亭、月观、吹台、琴室，那里果树竹木繁荣茂盛，鲜花栽种成行，湛之招集文人学士，尽情游玩非常适意，成为一时的盛事。当时有一沙门释惠休，善于写文章，辞语文采华美艳丽，湛之与他很有交情。孝武帝命惠休还俗。他本来姓汤，还俗后做官位至扬州从事史。元嘉二十六年(449)，湛之又内调为丹阳尹，兼领太子詹事，仍旧任前军将军。元嘉二十七年(450)，北魏军队入侵进至瓜步，湛之率兵置备辅佐人员，与皇太子分别守护石头城。元嘉二十八年(451)春天，鲁爽兄弟率领部曲投降。鲁爽兄弟，就是鲁轨的儿子。湛之认为他们的归顺是朝廷决策远见所致，因此特别加以奖励容纳，不敢计较报复杀父之仇的私人恩怨。湛之请求辞官退居乡里，皇上不许。

注释 ① 观(guàn)：楼台之类的建筑物。 ② 药：芍药花，此泛指花卉。 ③ 世祖：宋孝武帝刘骏。还俗：僧侣离开寺院归家，仍为世俗人。

原文

转尚书仆射，领护军将军。时尚书令何尚之以湛之国戚，任遇隆重，欲以朝政推之。凡诸辞诉，一不料省。湛之亦以《职官记》及令文，尚书令敷奏出内[①]，事无不总，令缺则仆射总任。又以事归尚之，互相推委。御史中丞袁淑并奏免官……乃使湛之与尚之并受辞诉。尚之虽为令，而朝事悉归湛之。初，刘湛伏诛，殷景仁卒，太祖委任沈演之、庾炳之、范晔等，后又有江湛、何瑀之，晔诛，炳之免，演之、瑀之并卒，至是江湛为吏部尚书，与湛之并居权要，世谓之江、徐焉。

上每有疾，湛之辄入侍医药。二凶巫蛊事发[②]，上欲废劭，赐濬死。而世祖不见宠，故累出外蕃，不得停京辇[③]。南平王铄[④]、建平王宏并为上所爱，而铄妃即

翻译

徐湛之后转调尚书仆射，兼领护军将军。当时尚书令何尚之因为湛之是皇亲国戚，受皇上信任待遇隆重，想把朝政大事推付给他。凡有辞表诉状，完全不去处理。湛之依据《职官记》和命令文书，尚书令向皇帝陈述上奏的表章和发出的诏令，这些事全都该尚书令总领，要尚书令缺席才由尚书仆射总领省中事务。于是湛之又把尚书省的事务归何尚之处理，二人互相推诿。御史中丞袁淑上奏请求都免去他们的官职……于是让湛之与尚之一起受理辞表述状。何尚之虽然为尚书令，但朝政大事都归湛之办理。当初，刘湛被杀，殷景仁死，文帝任用沈演之、庾炳之、范晔等人，后又任用江湛、何瑀之，范晔被诛杀，庾炳之免官，沈演之、何瑀之都死去，至此任江湛为吏部尚书，与徐湛之共同担任权力重大的职务，世人称之为江、徐。

皇上每当患病，湛之就入宫侍奉医药。太子刘劭、始兴王刘濬用巫蛊术诅咒文帝的事被发觉后，皇上想废黜太子刘劭，赐刘濬死。而当时武陵王刘骏不被文帝宠爱，因而多次出守外地州镇，不能在京都供职。南平王刘铄、建平王

湛妹，劝上立之。元嘉末，征铄自寿阳入朝，既至，又失旨，欲立宏，嫌其非次，是以议久不决。与湛之屏人共言论，或连日累夕。每夜常使湛之自秉烛，绕壁检行，虑有窃听者。劭入弑之旦，其夕，上与湛之屏人语，至晓犹未灭烛。湛之惊起趣北户，未及开，见害。时年四十四。世祖即位，追赠司空，加散骑常侍，本官如故，谥曰忠烈公。……

刘宏都受到皇上宠爱，而刘铄的妃子就是江湛的妹妹，湛之劝皇上立他为太子。元嘉末年，征召刘铄从寿阳回朝，既至京都，又违背皇上旨意，因此想另立刘宏，却又因在兄弟排行上轮不到他而不中意，因此立太子的事议论很久不能决定。文帝和湛之一起叫左右侍从退出，他俩共同讨论，有时夜以继日地商议。每晚常让湛之亲自拿着蜡烛，绕着墙壁检查一遍，怕有人偷听。刘劭入宫杀皇上是早晨，头天晚上，皇上与湛之还在命左右侍从退出，以商议废立之事，到天亮还没有熄灭灯烛。湛之听见有动静，吃惊地站起来急匆匆走向北门，还没有来得及开门，就被杀害了。时年四十四岁。孝武帝刘骏即位，追赠为司空，加赠散骑常侍，原任官职不变，谥号为忠烈公。……

注释 ① 内：同纳。 ② 二凶：指宋文帝太子刘劭及始兴王刘濬。刘劭，宋文帝长子，六岁立为太子，后又欲废之，刘劭不满，元嘉三十年(453)二月，率东宫兵杀其父文帝，自立为帝。始兴王刘濬，文帝子，素来与刘劭亲好，行动多过失，虑文帝得知，乃行巫蛊事诅咒文帝，事被发觉后，与刘劭阴谋杀害文帝，由此引起宋室骨肉残杀。刘濬后为其叔父江夏王刘义恭诛杀。巫蛊(gǔ)：古代迷信，认为巫师使用邪术即可加祸于人。 ③ 不得停京辇(niǎn)：辇，皇帝坐的车子。京城叫京辇。此指不能在京师做官。 ④ 铄：音 shuò。

颜延之传

导读

颜延之(383—456),南朝时期的大诗人,好读书,无所不览,文章诗赋,冠绝当时,与谢灵运齐名,当时以颜、谢并称。延之生活在刘宋建国至孝武帝统治时期,中历宋文帝元嘉之世,一直在朝廷做官,但并不醉心功名,亦不好与达官贵人交往。喜饮酒,不拘小节,生活俭朴,不营财利。每于郊野独酌,当其得意之时,旁若无人。性直率,常因酒后直言遭人忌恨。因买田不付钱而被免官,延之并不计较。其子颜竣因佐刘骏夺取帝位,深受皇帝宠爱,权势极大。延之对他并不满意,拒绝他的资给而安于原来的生活,曾对颜竣说:“平生不喜欢见达官贵人,今不幸见到你。”由此可见他鄙薄权势的特性。所著诗文流传于世。(选自卷七三)

原文

颜延之,字延年,琅邪临沂人也。曾祖含,右光禄大夫。祖约,零陵太守[①]。父显[②],护军司马。

翻译

颜延之,字延年,琅邪临沂人。曾祖颜含,曾任东晋右光禄大夫。祖颜约,曾任零陵郡太守。父颜显,曾任护军司马。

注释

① 零陵:郡名,治所在今湖南零陵。 ② 显:《南史》作“颙(yóng)”。

原文

延之少孤贫，居负郭，室巷甚陋。好读书，无所不览，文章之美，冠绝当时。饮酒不护细行，年三十，犹未婚。妹适东莞刘宪之，穆之子也[①]。穆之既与延之通家[②]，又闻其美，将仕之，先欲相见，延之不往也。后将军、吴国内史刘柳以为行参军[③]，因转主簿，豫章公世子中军行参军。

翻译

延之因少年丧父而家境贫寒，住在靠近城郭的地方，房屋十分狭小简陋。他喜欢读书，无所不读，其诗文言辞的精美，居当时的首位。颜延之性好饮酒而不拘小节，年已三十，尚未取妻。妹妹嫁给东莞刘宪之，就是刘穆之的儿子。穆之与延之既为姻亲，又听闻他的美名，准备把他引入仕途，想事先和他见上一面，延之却不到穆之家去。后将军、吴国内史刘柳任延之为行参军，由此得转调主簿，豫章公刘裕世子中军行参军。

注释 ① 穆之子也：据洪颐煊《诸史考异》，《刘穆之传》称穆之有三子，长子虑之，次子式之，小儿子贞之，没有名叫宪之的，“宪”与“虑”字形相似，宪之可能是虑之的误写。 ② 通家：指两家交情深厚，如同一家。姻亲或世交都可称为通家，此指姻亲。 ③ 吴国：古封国，都城在今江苏苏州，即后来之吴郡。

原文

义熙十二年，高祖北伐，有宋公之授，府遣一使庆殊命，参起居，延之与同府王参军俱奉使至洛阳，道中作诗二首，文辞藻丽，为谢晦、傅亮所赏。宋国建，

翻译

晋安帝义熙十二年(416)，刘裕北伐后秦，朝廷以其功绩封刘裕为宋公，官府派一使者去庆贺这不同寻常的任命，拜见问候日常生活可好。延之与同府王参军一起奉命到洛阳，路上作了两首诗，文辞精美华丽，受到谢晦、傅亮的称赞。刘裕进封宋王，奉常郑鲜之举荐

奉常郑鲜之举为博士，仍迁世子舍人。高祖受命，补太子舍人。雁门人周续之隐居庐山[①]，儒学著称，永初中，征诣京师，开馆以居之。高祖亲幸，朝彦毕至，延之官列犹卑，引升上席，上使问续之三义[②]，续之雅仗辞辩，延之每折以简要。既连挫续之，上又使还自敷释，言约理畅，莫不称善。徙尚书仪曹郎，太子中舍人。

任命延之为宋国博士，调任宋王世子舍人。刘裕建立宋朝，补为太子舍人。雁门人周续之隐居在庐山，以精通儒学著名，武帝永初年间，征续之到京师，设置学馆给他居住。有一次，武帝亲自去学馆，朝中英才都随同来到，这时延之官位还很卑下，却被引导升坐上席。皇帝命他与周续之谈论三义，续之仗恃能言善辩，说了许多道理，颜延之不断以简明扼要的语句将他驳倒。既连续挫败续之，皇帝又命颜延之陈述讲解三义，语言精练而义理通畅，没有人不称赞他讲得好。升任尚书仪曹郎，太子中书舍人。

注释 ① 雁门：郡名，治所在今山西代县西。 ② 三义：据本书《周续之传》，高祖刘裕到学馆，“问续之《礼记》‘傲不可长’‘与我九龄’‘射于矍圃’三义”。这里的三义即指此。

原文

时尚书令傅亮自以文义之美，一时莫及，延之负其才辞，不为之下，亮甚疾焉。庐陵王义真颇好辞义[①]，待接甚厚，徐羡之等疑延之为同异，意甚不悦。少

翻译

那时尚书令傅亮自以为文章义理之美，当世没有人比得上。延之以文辞精美自负，并不认为自己在他之下，傅亮对他十分痛恨。庐陵王刘义真很爱好清谈，接待延之十分优厚，徐羡之等怀疑延之与义真结交有异谋，很不高兴。少帝即位以延之为正员郎，兼领中

帝即位[2]，以为正员郎，兼中书，寻徙员外常侍，出为始安太守[3]。领军将军谢晦谓延之曰："昔荀勖忌阮咸[4]，斥为始平郡[5]，今卿又为始安，可谓二始。"黄门郎殷景仁亦谓之曰："所谓俗恶俊异，世疵文雅[6]。"……

书，不久调任员外常侍，最后还是将他排挤出京任始安郡太守。领军将军谢晦对延之说："以往荀勖忌妒阮咸，将他排斥为始平郡太守，如今你又被外调始安郡，可谓二始了。"黄门郎殷景仁也对他说："这就是人们所说的习俗憎恶俊异之才，世人挑剔文雅之士。"……

注释 ① 辞义：文辞义理，此指清谈玄理。魏晋以来士大夫崇尚《老子》《庄子》《周易》，称为三玄，竞相谈论阐发玄理，所阐发的内容称辞义。 ② 少帝：宋少帝刘义符。 ③ 始安：郡名，治所在今广西桂林。 ④ 荀勖忌阮咸：荀勖字公曾，辅助西晋武帝建立晋朝，通音律，自以为当时无人能比。阮咸字仲容，与荀勖同时，亦解音律，善弹琵琶。荀勖与阮咸讨论音律，自以为不如，因生忌妒之心。 ⑤ 始平：郡名，治所在今陕西兴平东南。 ⑥ 疵(cī)：指责，挑剔。

原文

刘湛诛，起延之为始兴王濬后军谘议参军，御史中丞。在任纵容，无所举奏。迁国子祭酒，司徒左长史，坐启买人田，不肯还直，尚书左丞荀赤松奏之曰："……请以延之讼田不实，妄干天听[1]，以强凌弱，免所居官。"诏可。

翻译

宋文帝诛杀刘湛后，起用延之为始兴王刘濬后军谘议参军，御史中丞。颜延之在职期间放纵不理政事，没有向朝廷提出什么检举奏议。后来他调任国子祭酒、司徒左长史，因向皇上奏请要买别人的田地，但又不肯付给地价而得罪，尚书左丞荀赤松上奏说："……请以延之在追究购买田地一事上不说实话，狂妄冒犯皇上听闻，凭借强权欺凌小民的罪名，免去他的官职。"文帝下诏同意。

复为秘书监，光禄勋，太常。时沙门释慧琳，以才学为太祖所赏爱[②]，每召见，常升独榻[③]，延之甚疾焉。因醉白上曰："……此三台之坐，岂可使刑余居之[④]。"上变色。延之性既褊激[⑤]，兼有酒过，肆意直言，曾无遏隐，故论者多不知云。居身清约，不营财利，布衣蔬食，独酌郊野，当其为适，傍若无人。……

颜延之又被起用为秘书监，光禄勋，太常。当时沙门释慧琳，因有文才学识受到文帝赏识喜爱，每当召见，时常命坐于专为高级官员设置的床位上。延之十分痛恨，趁着酒醉对皇上说："……这是三台官员的座位，怎能让这个刑余之人去坐。"文帝听后不高兴，脸色大变。延之既性格偏激，又加上常因酒醉犯过，遇到不乐意的事就肆无忌惮地直说出来，从不忍耐隐藏在心，故议论他的人多不与他相知。延之处世清闲俭约，不谋求财利，穿布衣，吃蔬菜，常独自一人在郊野饮酒，当他饮得高兴的时候，会忘记周围还有其他的人存在。……

注释 ① 天听：古人认为天有意志和知觉，因谓天上的听闻为天听。此以帝王比天，指帝王的听闻为天听。 ② 太祖：宋文帝刘义隆。 ③ 榻（tà）：窄而低的床。 ④ 刑余：古人蓄发，当时的刑罚髡刑为剃去头发。僧侣剃发，等于受刑，故鄙称僧侣为刑余之人。 ⑤ 褊激：即偏激。

原文

元凶弑立[①]，以为光禄大夫。先是，子竣为世祖南中郎谘议参军[②]。及义师入讨，竣参定密谋，兼造书檄[③]。劭召延之，示以檄文，

翻译

宋文帝元嘉三十年（453），太子刘劭杀其父自立为帝，以延之为光禄大夫。早先，延之的儿子颜竣为刘骏南中郎谘议参军。及至刘骏起兵讨刘劭，颜竣参与谋划，并撰写声讨刘劭的檄文。

问曰："此笔谁所造?"延之曰："竣之笔也。"又问："何以知之?"延之曰："竣笔体，臣不容不识。"劭又曰："言辞何至乃尔。"延之曰："竣尚不顾老父，何能为陛下[④]。"劭意乃释，由是得免。

刘劭召见延之，出示檄文，问他说："这篇檄文是谁写的?"延之说："是颜竣的笔迹。"刘劭又问："你怎么知道?"延之说："颜竣是我的儿子，他的笔迹我不可能不认识。"刘劭又说："文中言辞何至于此。"延之说："颜竣尚且不顾我这个年老的父亲，又怎能顾及陛下。"经过这番对话，刘劭心里的不快才消除了，延之因此得以免祸。

注释 ① 元凶弑立：元凶指宋文帝长子刘劭。 ② 世祖：孝武帝刘骏。 ③ 檄(xí)：古代用于征召、声讨的文书。 ④ 陛(bì)下：对君主的尊称。

原文

世祖登阼[①]，以为金紫光禄大夫，领湘东王师[②]。子竣既贵重，权倾一朝，凡所资供，延之一无所受，器服不改，宅宇如旧。常乘羸牛笨车[③]，逢竣卤簿，即屏往道侧。又好骑马，遨游里巷，遇知旧辄据鞍索酒，得酒必颓然自得[④]。常语竣曰："平生不喜见要人，今不幸见汝。"竣起宅，谓曰："善为之，无令后人笑汝拙也。"

翻译

刘骏即位，即孝武帝，以延之为金紫光禄大夫，兼湘东王刘彧的师傅。他的儿子颜竣因辅佐刘骏得天下，官位贵重，权势压倒满朝文武，凡资给供奉父亲的东西，延之一概不受，器用服饰不改当年，居室屋宇亦如往昔。他曾经乘坐瘦弱的老牛拉的笨重车子出门，在路上遇到颜竣出行的仪仗，即刻隐蔽在路旁。又喜欢骑马，漫游小街小巷，碰到知交故旧就在马背上索取酒食，得酒后必定开怀畅饮，颓然自得。他经常对颜竣说："我平生不喜欢见达官贵人，而今不幸见到了你。"颜竣大修房舍，延之对表解师职，加给亲信三十人。

他说："你要好自为之，不要让后人笑你愚蠢。"上表请求免除自己湘东王师傅的职位，朝廷允准，赐给他亲信三十人。

注释 ① 登阼(zuò)：天子即位。 ② 湘东王：即宋明帝刘彧。 ③ 羸(léi)：弱。 ④ 颓然：形容酒醉的样子。

原文

孝建三年，卒，时年七十三。追赠散骑常侍、特进，金紫光禄大夫如故。谥曰宪子。延之与陈郡谢灵运俱以词彩齐名，自潘岳、陆机之后[①]，文士莫及也，江左称颜、谢焉[②]。所著并传于世。……

翻译

孝武帝孝建三年(456)，颜延之去世，时年七十三岁。追赠散骑常侍、特进，金紫光禄大夫的职衔依然保留。谥号宪子。延之与陈郡谢灵运都以词章华丽而齐名，自西晋文学家潘岳、陆机以后，文人中没有赶得上他们的，江左的人称他们为颜、谢。他们的著作都流传于世。……

注释 ① 潘岳、陆机：西晋著名文学家。 ② 江左：长江下游今江苏一带古称江左。三国时吴国，东晋、南朝之宋、齐、梁、陈皆建都于江苏南京，故习惯又以江左为六朝政权的代称。

颜竣传

导读

颜竣(? —457),南朝大诗人颜延之之子。颜竣辅佐孝武帝刘骏取得帝位,因而受到宠幸官高爵显。孝武帝即位后多所兴建,耗费钱财,颜竣每每极言直谏,无所回避。孝武帝对此不满,宠幸渐衰。颜竣心怀忿懑,多出怨言,被王僧达揭发,孝武帝最终将颜竣逮捕下狱,于狱中赐死。本传记载刘宋朝与北魏在边境上曾互通贸易,反映了南北朝之间的关系。又记载当时钱币质量低劣,说明在自然经济发展的情况下商业衰败的情况,是研究南朝经济的重要史料。(选自卷七五)

原文

颜竣,字士逊,琅邪临沂人,光禄大夫延之子也。太祖问延之[①]:“卿诸子谁有卿风?”对曰:“竣得臣笔,测得臣文,㚟得臣义[②],跃得臣酒。”

翻译

颜竣,字士逊,琅邪临沂人,光禄大夫颜延之的儿子。宋文帝曾问延之:“卿几个儿子中哪个承继了卿的风范?”延之回答说:“颜竣学得我的书法,颜测学得我的文笔,颜㚟继承了我的义气,颜跃继承了我的酒量。”

注释 ① 太祖:宋文帝刘义隆。 ② 㚟:音 chuò。

原文

竣初为太学博士，太子舍人，出为世祖抚军主簿[①]，甚被爱遇，竣亦尽心补益。元嘉中，上不欲诸王各立朋党，将召竣补尚书郎，吏部尚书江湛以为竣在府有称，不宜回改，上乃止。遂随府转安北、镇军、北中郎府主簿。二十八年，虏自彭城北归，复求互市，竣议曰："愚以为与虏和亲无益，已然之明效。何以言其然？夷狄之欲侵暴，正苦力之不足耳。未尝拘制信义，用辍其谋[②]。昔年江上之役[③]，乃是和亲之所招。历稔交聘[④]，遂求国婚，朝廷羁縻之义[⑤]，依违不绝，既积岁月，渐不可诬，兽心无厌，重以忿怒，故至于深入。幸今因兵交之后，华、戎隔判，若言互市，则复开曩敝之萌[⑥]。议者不过言互市之利在得马，今弃此所重，得彼下驷，

翻译

颜竣最初为太学博士、太子舍人，外调任刘骏抚军主簿，很受刘骏的赏识和厚待，颜竣也尽心辅助刘骏。元嘉年间，皇上不愿诸王各结朋党，准备召颜竣回京补尚书郎缺，吏部尚书江湛认为颜竣在抚军将军府有好名声，不宜调回改任，皇上才作罢。于是颜竣就随刘骏转任安北将军、镇军将军、北中郎将府主簿。元嘉二十八年(451)，北魏军自彭城向北撤回，再次向宋王朝要求互通贸易。颜竣上奏说："我认为与北魏和睦亲善没有好处，这已经得到验证。为什么这样说呢？夷狄想侵犯掠夺，正苦于力量不足，他们从不曾受信义约制，就废止其阴谋诡计。往年江上之役，就是由于和亲所招致的。历年来习于互遣使节聘问，他们就要求与我国通婚，朝廷笼络北魏维系友好的策略，又反反复复决定不下来，时间一久，他们的真面目就渐渐暴露出来，再也欺骗不下去，像野兽一样本来贪得无厌，再加上愤怒，以至于深入我国境内。幸而现在因战争之后，汉人与鲜卑分隔，如果重提互通贸易，则必然使往昔的弊端复萌。建议互通贸易的人不过认为可以获得北魏的马，现在不顾互通贸易所带

千匹以上，尚不足言，况所得之数，裁不十百邪。一相交关，卒难闭绝。寇负力玩胜，骄黠已甚[7]，虽云互市，实觇国情[8]。多赡其求，则桀慠罔已，通而为节，则必生边虞。不如塞其端渐，杜其觖望[9]，内修德化，外经边事，保境以观其衅，于事为长。”……

来的严重后果，而只想得到他们的劣马，即使得到上千匹，也不应重提互通贸易的事，况且所能得到的，才不过以十、百计。一旦开关通市，就终难关闭断绝。敌寇自恃其力轻易取胜，十分傲慢狡猾，虽表面上说是互通贸易，实际上是侦察我国国情。如多满足其要求，则其凶暴乖戾便无止境，如果互通贸易又加以节制，则边境必生兵患。不如堵塞其开端，杜绝其贪欲未逞而产生的抱怨。对内以德来教化人民，对外搞好边防建设，保卫国境而观察他们的破绽，这才是最好的办法。”……

注释 ① 世祖：宋孝武帝刘骏。 ② 辍（chuò）：停止，取消。 ③ 江上之役：宋文帝元嘉二十七年（450），北魏太武帝拓跋焘率军侵宋至瓜步，过江即宋建康，称为江上之役。 ④ 稔（rěn）：年。 ⑤ 羁縻（jī mí）：用缓和方法进行维系。 ⑥ 曩（nǎng）：过去，以往。 ⑦ 黠（xiá）：狡猾。 ⑧ 觇（chān）：窥，测。 ⑨ 觖（jué）：缺失。

原文

世祖践阼，以为侍中，俄迁左卫将军，加散骑常侍，辞常侍，见许。封建城县侯，食邑二千户。……

翻译

刘骏即皇帝位，任命颜竣为侍中，不久升任左卫将军，加官散骑常侍，颜竣辞去常侍，得到皇上同意。他被封为建城县侯，收取两千户食邑的租税。……

原文

先是元嘉中，铸四铢钱，轮郭形制，与五铢同，用费损，无利，故百姓不盗铸。及世祖即位，又铸孝建四铢。三年，尚书右丞徐爰议曰："……应式遵古典，收铜缮铸，纳赎刊刑，著在往策，今宜以铜赎刑，随罚为品。"诏可。所铸钱形式薄小，轮郭不成就。于是民间盗铸者云起，杂以铅锡，并不牢固。又剪凿古钱，以取其铜，钱转薄小，稍违官式。虽重制严刑，民吏官长坐死免者相系，而盗铸弥甚[①]，百物踊贵，民人患苦之。乃立品格，薄小无轮郭者，悉加禁断。……

时议者又以铜转难得，欲铸二铢钱。……

前废帝即位[②]，铸二铢钱，形式转细。官钱每出，民间即模效之，而大小厚薄，皆不及也。无轮郭，不

翻译

在此之前的元嘉年间，铸造四铢钱，轮廓形状，与五铢钱相同，铸造时用费亏损，无利可图，所以百姓不私自盗铸。及至孝武帝即位后，又铸造孝建四铢。孝建三年(456)，尚书右丞徐爰议论说："……应当遵循古代典制，收集铜来经营铸钱，交纳铜赎罪以更改刑罚，过去典册已有明载，现在最好以铜赎免刑罚，以量刑轻重规定出赎铜的等级。"皇室下诏表示同意。所铸的钱形式既薄又小，没有轮廓。于是民间私自盗铸的人多如云涌，所铸之钱又混杂有铅和锡，并不牢固。又剪凿古代钱币，以获取铜，钱变得薄小，有些违背官府所规定的形式。虽然朝廷对此严加限制并加重刑罚，但百姓和官吏因此而犯死罪或免官的仍然不绝，并且私自盗铸的人愈来愈猖狂，百货物价飞快上涨，人民深受其害，对此十分痛恨。于是规定铸钱的等级规格，铸钱薄小没有轮廓的，全部加以禁断。……

这时又有议论的人因为铜变得难以获得的缘故，想铸二铢钱。……

前废帝刘子业即位，铸造二铢钱，形状变小。官钱每一发行后，民间立即模仿盗铸，而所盗铸的伪币大小和厚薄

磨𬬻[3]，如今之剪凿者，谓之耒子。景和元年，沈庆之启通私铸，由是钱货乱败，一千钱长不盈三寸，大小称此，谓之鹅眼钱。劣于此者，谓之綖环钱。入水不沉，随手破碎，市井不复料数，十万钱不盈一掬[4]，斗米一万，商货不行。太宗初[5]，唯禁鹅眼、綖环，其余皆通用。复禁民铸，官署亦废工，寻复并断，唯用古钱。

的程度，都赶不上真正的二铢钱。这些伪币没有轮廓，不加打磨，如同现时剪凿出来的一样，当时称之为耒子。前废帝景和元年(465)，沈庆之启奏请求皇帝允许民间私人铸钱，由此造成了钱币混乱败坏的状况，一千个钱用线穿起来长不满三寸，大小与这种情况相当的，称之为鹅眼钱。比这种钱质量更差的，称为綖环钱。质地轻薄，放入水中不会下沉，拿在手中一捏就会破碎，街市交易不再数数，十万钱不满一捧，一斗米值一万钱，致使商品买卖废止。明帝初年，只禁止使用鹅眼、綖环，其余的照常通用。以后再次禁止民间私铸，官署也废除铸钱作坊，不久鹅眼、綖环以外新铸的钱也全部禁用，只用古钱。

注释 ① 弥：更加。 ② 前废帝：宋前废帝刘子业。 ③ 𬬻(lǜ)：精细的磨削。 ④ 掬(jū)：一捧(双手捧取)。 ⑤ 太宗：宋明帝刘彧。

原文

竣自散骑常侍、丹阳尹，加中书令，丹阳尹如故。表让中书令……见许。时岁旱民饥，竣上言禁饧一月[1]，息米近万斛。复代谢

翻译

颜竣自散骑常侍、丹阳尹，加官中书令，丹阳尹之职依然不变。颜竣上表辞让中书令……皇帝同意了。当时天旱，百姓挨饥受饿，颜竣奏明皇上请求禁止用谷芽或麦芽制糖，禁止一个月后，节约米近万斛。又代谢庄任吏部尚

庄为吏部尚书，领太子左卫率，未拜，丁忧。起为右将军，丹阳尹如故。

竣藉蕃朝之旧[2]，极陈得失。上自即吉之后，多所兴造，竣谏争恳切，无所回避，上意甚不说[3]，多不见从。竣自谓才足干时，恩旧莫比，当赞务居中，永执朝政，而所陈多不被纳，疑上欲疏之，乃求外出，以占时旨。大明元年，以为东扬州刺史，将军如故。所求既许，便忧惧无计。至州，又丁母艰，不许去职，听送丧还都，恩待犹厚，竣弥不自安。每对亲故，颇怀怨愤，又言朝事违谬，人主得失。及王僧达被诛，谓为竣所谗构，临死陈竣前后忿怼[4]，每恨言不见从。僧达所言，颇有相符据。上乃使御史中丞庾徽之奏之。……

书，兼领太子左卫率，未就职，父死服丧。服丧期满，起用为右将军，丹阳尹之职仍旧不变。

颜竣凭借他曾是刘骏藩王府的旧臣，极力陈说国政得失。皇上即位之后，多有兴建，颜竣劝谏恳切，什么话都不回避，皇上心中很不高兴，对他的意见多不采纳。颜竣也以为才华足以主导时政，恩宠旧情无人能比，应在中央辅佐皇上，永远执掌朝政。然而他的上奏多不被采纳，就怀疑皇上想疏远他，于是要求外出做官，以此来试探皇上的心意。大明元年(457)，皇上任命他为东扬州刺史，将军名号不变。他的要求既然被皇上答应，说明不留他在中央了，他感到忧虑恐惧，无计可施。到东扬州上任后，又遇母亲去世服丧，但皇上不允许他离职，只同意他送母亲灵柩回都城，对他的恩宠依然优厚。颜竣更感到不安。每见亲朋故旧，多发泄心中怨愤，又谈论朝廷政事错乱及皇上得失。及至王僧达要被处死，认为是颜竣谗言陷害，于是在临死前陈述颜竣前后对皇上的不满，每每痛恨皇上不听从他的意见的情况。王僧达所说的，很多都符合事实而有所依据。于是皇上就命御史中丞庾徽之上奏章弹劾颜竣。……

注释 ① 饧(táng):用麦芽或谷芽熬制的糖。 ② 蕃朝:藩王政事的地方。 ③ 说:同“悦”。④ 怼(duì):怨恨。

原文

上未欲便加大戮,且止免官。竣频启谢罪,并乞性命。上愈怒,诏答曰:“宪司所奏,非宿昔所以相期。卿受荣遇,故当极此,讪讦怨愤[1],已孤本望,乃复过烦思虑,惧不自全;岂为下事上诚节之至邪!”及竟陵王诞为逆,因此陷之,召御史中丞庾徽之于前为奏,奏成,诏曰:“竣孤负恩养,乃可至此。于狱赐死,妻息宥之以远。”子辟强徙送交州,又于道杀之。竣文集行于世。……

翻译

皇上本不想将颜竣处以死刑,姑且只免去他的官职。颜竣却不断向皇上上奏谢罪,并请求保全性命。这一来皇上愈是发怒,下诏回答颜竣说:“御史中丞所上奏书,并不是我向来希望发生的事。你所受的恩宠,应当到此为止。你对我的攻击怨恨,已经辜负了我本来对你的希望,现在又过多地考虑害怕性命不保,哪里是臣下侍奉君上诚恳尽节的表现呢?”及至竟陵王刘诞叛乱,皇上借此处置他,召御史中丞庾徽之当面奏弹颜竣,弹奏完毕,就下诏说:“颜竣辜负我的恩宠,已达到如此地步了,可在狱中赐死。赦免他的妻子儿女,只流放远方。”颜竣子颜辟强迁徙到交州,又在路上将他杀掉。颜竣的文集流传于世。……

注释 ① 讪讦(shàn jié):诽谤攻击。

宗悫传

导读

宗悫(？—465),刘宋时武人。悫从小有勇力,其家叔父兄弟都好读书,唯有宗悫纵任意气,喜爱武艺。在宋文帝元嘉年间文风较盛的情况下,宗悫得不到乡里人士的称赞。宗悫是宋文帝和孝武帝时期的猛将,平定蛮叛、征伐林邑及讨平刘诞的叛乱等军事行动,宗悫都参与并立下战功。本传是《宋书》中描写武人较为典型的一篇传记。宗悫“愿乘长风破万里浪”的豪情壮志为后人所推崇,如唐朝王勃就有“有怀投笔,慕宗悫之长风”(《秋日登洪府滕王阁饯别序》)之名句。(选自卷七六)

原文

宗悫,字元干[①],南阳人也。叔父炳,高尚不仕。悫年少时,炳问其志,悫曰:“愿乘长风破万里浪。”炳曰:“汝不富贵,即破我家矣。”兄泌娶妻,始入门,夜被劫,悫年十四,挺身拒贼,贼十余人皆披散,不得入室,时天下无事,士人并以文义为业,炳素高节,诸子

翻译

宗悫,字元干,南阳人。叔父宗炳,性格孤傲清高不愿做官。宗悫少年时,宗炳问他的志向是什么,宗悫说:“我愿乘长风破万里浪。”宗炳说:“你如果不能获得荣华富贵,就败坏我们家族了。”哥哥宗泌娶妻,才刚过门,当晚就遭强盗抢劫。宗悫这时十四岁,挺身而出抗拒盗贼,盗贼十多人都败退逃散,没能进屋。当时天下太平无事,士大夫都以制作和赏析文章义理为自己的事业。宗炳向来有高尚的节操,他的兄弟朋友

群从皆好学，而悫独任气好武，故不为乡曲所称[②]。

们都喜欢读书，独有宗悫纵任意气喜欢武艺，因此得不到家乡人的称赞。

注释 ① 悫：音 què。② 乡曲：乡里，以其偏处一隅，故称乡曲。

原文

江夏王义恭为征北将军、南兖州刺史，悫随镇广陵。时从兄绮为征北府主簿，绮尝入直，而给吏牛泰与绮妾私通[①]，悫杀泰，绮壮其意，不责也。

元嘉二十二年，伐林邑[②]，悫自奋请行。义恭举悫有胆勇，乃除振武将军，为安西参军萧景宪军副，随交州刺史檀和之围区粟城[③]。林邑遣将范毗沙达来救区粟，和之遣偏军拒之，为贼所败。又遣悫，悫乃分军为数道，偃旗潜进，讨破之，拔区粟，入象浦[④]。林邑王范阳迈倾国来拒，以具装被象，前后无际，士卒不能当。悫曰："吾闻师子威服

翻译

江夏王刘义恭任征北将军、南兖州刺史，宗悫随同义恭镇守广陵。当时他的堂兄宗绮任征北将军府主簿，宗绮曾经入府值班，而给吏牛泰和宗绮的妾通奸，宗悫杀死牛泰，宗绮认为他意气豪壮，没有责备他。

宋文帝元嘉二十二年（445），征伐林邑，宗悫自告奋勇请求参加战斗。刘义恭向文帝推举宗悫说他有胆量和勇力，于是任命为振武将军，作为安西参军萧景宪的副将，随同交州刺史檀和之围攻区粟城。林邑派大将范毗沙达前来营救区粟城，檀和之派一支偏军抵挡，被敌打败。又派宗悫前往，宗悫分兵几路，放下军旗悄然无声地前进，一下子就攻破了敌军，占领区粟城，进入象浦。林邑王范阳迈调动全国兵力前来抵抗，把铠甲披在大象身上武装起来，象群进入阵地前后没有边际，宋军不能抵挡。宗悫说："我听说狮子能威慑镇服一切兽类。"于是仿制狮子的形

百兽。”乃制其形，与象相御，象果惊奔，众因溃散，遂克林邑。收其异宝杂物，不可胜计。悫一无所取，衣栉萧然[5]。文帝甚嘉之。

状，与大象相抗，大象果然惊恐奔散，敌军人马因此溃败逃散，于是攻克林邑。收取林邑奇珍异宝及其他各种物品，多得数不清。宗悫自己一点也没有要，除随身携带的衣物木梳篦子等物外一无所有，文帝十分赞赏他。

注释 ① 妾：旧时男子于正妻之外所娶女子。 ② 林邑：即占城，故地在今越南中南部。 ③ 区（ōu）粟城：古林邑国城名。 ④ 象浦：故城在今越南境内。 ⑤ 栉（zhì）：梳子篦（bì）子的通称。

原文

后为随郡太守，雍州蛮屡为寇，建威将军沈庆之率悫及柳元景等诸将，分道攻之，群蛮大溃。又南新郡蛮帅田彦生率部曲反叛，焚烧郡城，屯据白杨山，元景攻之未能下，悫率其所领先登，众军随之，群蛮由是畏服。

三十年，孝武伐元凶，以悫为南中郎谘议参军，领中兵。孝武即位，以为左卫将军，封洮阳侯，功次柳元景。孝建中，累迁豫州刺

翻译

后任随郡太守，雍州蛮屡次侵扰州郡，建威将军沈庆之率领宗悫及柳元景等众多将领，兵分几路攻打，诸蛮大败。又有南新郡蛮首领田彦生率领部曲叛乱，焚烧郡城，屯聚占领白杨山，柳元景发起进攻没有攻下，宗悫率领他的部队抢先登上白杨山，其他众军紧跟在后，诸蛮因此对他敬畏折服。

元嘉三十年（453），孝武帝刘骏讨伐刘劭，以宗悫为南中郎谘议参军，兼领中兵。孝武帝即位，任命他为左卫将军，进封洮阳侯，功勋仅次于柳元景。孝建年间，不断升官为豫州刺史，监五州诸军事。早先，同乡人庾业，家境十分富足用度奢侈，用一大桌子的菜肴招

史，监五州诸军事。先是，乡人庾业，家甚富豪，方丈之膳，以待宾客，而悫至，设以菜菹粟饭[1]，谓客曰："宗军人，惯啖粗食。"悫致饱而去。至是业为悫长史，带梁郡[2]，悫待之甚厚，不以前事为嫌。

待宾客，而宗悫到来就摆上酸咸菜和小米饭，对客人说："宗悫是军人，习惯于吃粗糙的饭食。"宗悫吃饱后就离去。这时庾业为宗悫的长史，出任梁郡太守，宗悫对他很厚道，不把以前的事放在心上。

注释 ① 菹(zū)：酸菜，腌菜。粟：小米。 ② 带：同"遰(shì)"，往，出。梁郡：即梁国，为西汉封国，治所在今河南商丘南。

原文

大明三年，竟陵王诞据广陵反，悫表求赴讨，乘驿诣都，面受节度，上停舆慰勉。悫耸跃数十，左右顾眄[1]，上壮之。及行，隶车骑大将军沈庆之。初，诞诳其众云[2]："宗悫助我。"及悫至，跃马绕城呼曰："我宗悫也。"事平，入为左卫将军。五年，从猎堕马，脚折不堪朝直，以为光禄大夫，加金紫。悫有佳牛堪进御，官买

翻译

大明三年(459)，竟陵王刘诞占据广陵谋反，宗悫上表请求带兵征讨，骑着传送公文的马急速到都城，当面接受皇帝指示，皇上停下车驾对他慰问勉励了一番，宗悫耸身跳跃数十下，跳跃时左顾右盼气度豪放威严，皇上赞扬他的健壮。到出兵时，隶属于车骑大将军沈庆之部下。起初，刘诞哄骗部下说："宗悫是帮助我的。"及至宗悫来到，骑在马上绕城急驰高呼说："我就是宗悫。"事情平定后，入朝任左卫将军。大明五年(461)，宗悫随从皇上打猎不慎从马上摔下来，脚被折伤不能上朝值班，皇上

不肯卖，坐免官。明年，复职。废帝即位[3]，为宁蛮校尉、雍州刺史，加都督。卒，赠征西将军，谥曰肃侯。泰始二年，诏以悫配食孝武庙。……

任他为光禄大夫，加金章紫绶。宗悫有好牛，符合进贡皇上的条件，官府去买，他却不卖，因此获罪被免去官职。第二年(462)，恢复原职。前废帝刘子业即位(465)，任命宗悫为宁蛮校尉、雍州刺史，加都督衔。这年宗悫死。朝廷追赠为征西将军，加谥号为肃侯。宋明帝泰始二年(466)，皇上下诏把宗悫附祭于奉祀孝庙武帝的宗庙。……

注释 ① 眄(xì)：怒视。 ② 诳(kuáng)：哄骗。 ③ 废帝：前废帝刘子业。

沈庆之传

导读

沈庆之(385—465),刘宋军事将领。庆之自幼不喜读书,目不识字,手不能书,三十岁而不为人知,然勇力过人,具有军事才干。本传主要记载沈庆之讨伐南蛮的情况,是《宋书》中反映刘宋时期汉族与诸蛮关系最为详细的一篇传记。沈庆之虽然没有文化,却因镇压南蛮的军功逐渐升任高级官吏。他利用政治权势占有大量土地,建立了许多田庄,奴婢僮仆上千人,故本传又反映了南朝时期庄园经济的情况。庆之历仕文帝、孝武帝,至前废帝时,因累次谏争招致废帝不满,最后被赐死。(选自卷七七)

原文

沈庆之,字弘先,吴兴武康人也。兄敞之,为赵伦之征虏参军、监南阳郡,击蛮有功,遂即真。

庆之少有志力。孙恩之乱也,遣人寇武康,庆之未冠[1],随乡族击之,由是以勇闻。荒扰之后,乡邑流散,庆之躬耕垄亩,勤苦自立。年三十,未知名,往襄

翻译

沈庆之,字弘先,吴兴武康人。哥哥沈敞之,任赵伦之征虏参军、监领南阳郡事务,因讨伐南蛮有功,于是正式任命为南阳太守。

庆之年轻时就有志向勇力。孙恩之乱时,派军侵扰武康,庆之这时还未成年,随同本乡族人抗击恩军,因而以勇敢闻名乡里。经过凶荒骚乱之后,乡里人民四处流散,庆之亲自耕种田地,辛勤劳苦地自谋生计。三十岁时,尚未知名。他到襄阳去探望哥哥敞之,赵伦

阳省兄，伦之见而赏之。伦之子伯符时为竟陵太守，伦之命伯符版为宁远中兵参军。竟陵蛮屡为寇，庆之为设规略，每击破之，伯符由此致将帅之称。伯符去郡，又别讨西陵蛮，不与庆之相随，无功而反。……

之见他后十分赏识。伦之的儿子赵伯符当时任竟陵太守，伦之令伯符署任他为宁远中兵参军。竟陵蛮经常骚扰寇乱，庆之为伯符出谋划策，每每击破蛮人，伯符因此获得将帅之才的美称。伯符去职离开竟陵，又另讨伐西陵蛮，这次没有沈庆之跟随，因此无功而归。……

注释 ① 冠：古代的一种礼仪。男子二十岁举行冠礼，束发戴冠，表示已成年。

原文

元嘉十九年，雍州刺史刘道产卒，群蛮大动，征西司马朱修之讨蛮失利，以庆之为建威将军，率众助修之。修之失律下狱，庆之专军进讨，大破缘沔诸蛮[①]，禽生口七千人。进征湖阳，又获万余口。迁广陵王诞北中郎中兵参军，领南东平太守[②]，又为世祖抚军中兵参军[③]。世祖以本号为雍州，随府西上。时蛮寇大甚，水陆梗碍，世祖停大堤不得

翻译

宋文帝元嘉十九年(442)，雍州刺史刘道产死，诸蛮乘机掀起很大骚动，征西司马朱修之讨伐蛮人失败，朝廷以沈庆之为建威将军，率领人马协助朱修之。朱修之因治军无纪律被捕入狱，于是由沈庆之独自统领大军征讨，大破汉水沿岸一带的诸蛮部落，俘虏蛮人七千人。庆之乘胜进讨湖阳，又俘获一万多人。因功升任为广陵王刘诞北中郎中兵参军，兼领南东平太守，又任武陵王刘骏抚军中兵参军。刘骏带武陵王号任南雍州刺史，庆之随同幕府西上。当时诸蛮寇扰十分猖獗，水陆交通都被阻塞，刘骏停驻在大堤不能前进，遂分出

进。分军遣庆之掩讨，大破之，降者二万口。世祖至镇，而驿道蛮反杀深式。遣庆之又讨之。王玄谟领荆州，王方回领台军并会，平定诸山，获七万余口。郧山蛮最强盛，鲁宗之屡讨不能克，庆之剪定之，禽三万余口。还京师，复为广陵王诞北中郎中兵参军，加建威将军，南济阴太守[④]。

一支军队派庆之带领前往偷袭，大败诸蛮，蛮人投降的有两万人。刘骏到达南雍州治所襄阳，而驿道蛮人反叛杀死深式，刘骏又派遣庆之前往讨伐。王玄谟率领荆州军队，王方回率领朝廷官军都与庆之会合，平定了各个山头的蛮人，俘虏七万多人。郧山蛮势力最强，鲁宗之多次征讨不能取胜，庆之率军前往，最终平定了叛乱，俘虏三万多人。回到京师，沈庆之又任广陵王刘诞北中郎中兵参军，加官建威参军，南济阴太守。

注释 ① 沔(miǎn)：此指汉水。因其上游为沔水，在陕西，故古人通称汉水为沔水。 ② 南东平：南朝宋侨置，治所在今江苏境内。 ③ 世祖：宋孝武帝刘骏。 ④ 南济阴：郡名，南朝宋侨置，在今江苏境内。

原文

雍州蛮又为寇，庆之以将军、太守复与随王诞入沔。既至襄阳，率后军中兵参军柳元景，随郡太守宗悫、振威将军刘颙、司空参军鲁尚期、安北参军顾彬、马文恭、左军中兵参军萧景嗣、前青州别驾崔目连、安

翻译

雍州蛮又发生寇乱，庆之以将军、太守之职重新与随王刘诞一起进入汉水一带。到达襄阳后，率领后军中兵参军柳元景、随郡太守宗悫、振威将军刘颙、司空参军鲁尚期、安北参军顾彬、马文恭、左军中兵参军萧景嗣、原青州别驾崔目连、安蛮参军刘雍之、奋威将军王景式等两万多人讨伐汉水以北各山头的蛮族部落，宗悫从新安道进入太洪

蛮参军刘雍之、奋威将军王景式等二万余人伐沔北诸山蛮，宗悫自新安道入太洪山，元景从均水据五水岭，文恭出蔡阳口取赤系坞，景式由延山下向赤圻阪[1]，目连、尚期诸军八道俱进，庆之取五渠，顿破坞以为众军节度。前后伐蛮，皆山下安营以迫之，故蛮得据山为阻，于矢石有用，以是屡无功。庆之乃会诸军于茹丘山下，谓众曰："今若缘山列旆以攻之，则士马必损。去岁蛮田大稔[2]，积谷重岩，未有饥弊，卒难禽剪。今令诸军各率所领以营于山上，出其不意，诸蛮必恐，恐而乘之，可不战而获也。"于是诸军并斩山开道，不与蛮战，鼓噪上山，冲其腹心，先据险要，诸蛮震扰，因其惧而围之，莫不奔溃。自冬至春，因粮蛮谷。

山，柳元景从均水出发占据五水岭，马文恭从蔡阳口出动夺取了赤系坞，王景式从延山往下直取赤圻阪，崔目连、鲁尚期等各军分八路同时进发，庆之攻取五渠，屯驻在破坞作为各路军队的总指挥。以前各次征伐蛮部，都在山下安营扎寨来胁迫蛮人，因此蛮人能够占据山头有利地形为阵地，弓箭石头都发挥作用，因此官军多次征讨都失败了。庆之会集各路军队于茹丘山下，对众军说："现在如果在沿山各处树立战旗调集人马来攻蛮人，必定造成人马的损失。去年蛮部田地大丰收，粮食谷米都积储在重重山岩中，不会有饥饿的威胁，最终难以平定。现在我命令诸军将领各自率领自己的人马在山上安扎营寨，出敌不意，各部蛮人必定大为惶惧，乘其惊恐之际出击，可不必经过大战而获胜。"于是各路人马纷纷开辟山路，不与蛮人交战，只是摇旗呐喊冲上山去，直抵蛮人聚居的腹心地带，首先占据形势险要之地，群蛮各部果然震恐惊扰，官军利用他们恐惧不安的时机包围上去，蛮人没有不奔走溃散的。从上年冬至本年春天，大军就食用蛮人的粮食谷米。

注释 ① 圻阪：音 qí bǎn。 ② 稔（rěn）：庄稼成熟为稔，丰收称大稔。

原文

顷之，南新郡蛮帅田彦生率部曲十封六千余人反叛[1]，攻围郡城，庆之遣元景率五千人赴之。军未至，郡已被破，焚烧城内仓储及廨舍荡尽[2]，并驱略降户，屯据白杨山。元景追之至山下，众军悉集，围山数重。宗悫率其所领先登，众军齐力急攻，大破之，威震诸山，群蛮皆稽颡[3]。庆之患头风，好着狐皮帽，群蛮恶之[4]，号曰"苍头公"。每见庆之军，辄畏惧曰："苍头公已复来矣。"庆之引军自茹丘山出检城，大破诸山，斩首三千级，虏生蛮二万八千余口，降蛮二万五千口，牛马七百余头，米粟九万余斛。随王诞筑纳降、受俘二城于白楚。

翻译

不久，南新郡蛮部首领田彦生率领十个部落的军队六千多人反叛，进攻围困郡城，庆之派遣柳元景率领五千军队赶去声援。援军未到，南新郡城已被攻破，蛮兵烧光了城内粮仓储蓄以及官府房舍，并驱赶投降人户，屯兵占据白杨山。柳元景追击到达山下，各路军队集聚起来，重重围困山头。宗悫率领本部人马率先登山，其他各军齐心协力猛攻，大败蛮兵，声威震撼诸山蛮部，群蛮叩头请降。庆之患有头风病，喜欢戴狐皮帽，诸蛮都讨厌他，称他为"苍头公"。每当见到庆之的军队，就害怕地说："苍头公又来了。"庆之率领军队从茹丘山出发抵达检城，大败各山蛮军，斩杀三千蛮人首级，活捉蛮人二万八千多人，归降的蛮人有二万五千人，掠得牛马七百多头，米粮九万多斛。随王刘诞因此在白楚修筑纳降、受俘两座城池。

注释 ① 封：地域区划名，此指少数民族部落。② 廨（xiè）：官署，官吏办事的地方。③ 稽颡（qǐ sǎng）：叩头。④ 恶（wù）：讨厌，不喜欢。

原文

庆之复率众军讨幸诸山犬羊蛮，缘险筑重城，施门橹[①]，甚峻。山多木石，积以为礧[②]。立部曲，建旍旗，树长帅，铁马成群。庆之连营山下，营中开门相通，又命诸军各穿池于营内，朝夕不外汲，兼以防蛮之火。顷之风甚，蛮夜下山，人提一炬以烧营。营内多幔屋及草庵，火至辄以池水灌灭，诸军多出弓弩夹射之，蛮散走。庆之令诸军斩山开道攻之，而山高路险，暑雨方盛，乃置东冈、蜀山、宜民、西柴[③]、黄徼、上夌六戍而还。蛮被围守日久，并饥乏，自后稍出归降。庆之前后所获蛮，并移京邑，以为营户[④]。……

翻译

庆之又率领诸军讨伐幸诸山的犬羊蛮。犬羊蛮在险要地方建筑坚固的城池，城门上设有望楼瞭望敌情，非常险峻。山上有很多木材和石头，堆积起来作为打击敌方的礧石檑木。他们在那里设置军队，建树战旗，任命将领，战士强悍，战马成群。庆之营寨相连，驻扎在山下，各营中开有门户相通，又令各军在各自的营内挖池积水，早晚都不在外取水，同时用以防止蛮人的火攻。不久风势转急，蛮人于夜间下山，每人手执一支火把来烧营寨。营寨里面有很多用帐幕围成的屋子以及草房，火一到就用池子里的水来浇灭，众军用很多弓箭四面夹击射出，蛮人奔散逃走。庆之命令各军劈山开路发起进攻，但山高路险，又是夏天雨水正多之际，无法追击，于是设置东冈、蜀山、宜民、西柴、黄徼、上夌六个戍所后班师回朝。蛮人被围困的时间久了，都饥饿困乏，以后就渐渐有人出降。庆之把先后在战争中俘获的蛮人，都迁徙到京都，充作营户。……

注释 ①橹(lǔ):营寨或城门的望楼,用以瞭望观察敌情。 ②礌(léi):也作“檑”,从城上向下打击敌人的礌石、檑木。 ③柴:同“寨”。 ④营户:南北朝时,战争频繁,人口耗损,为扩充民力,多以所得战俘,或所占地区内居民集中编为户籍,归军队管辖,称为营户。

原文

二十九年,复更北伐,庆之固谏不从,以立议不同,不使北出。是时亡命司马黑石、庐江叛吏夏侯方进在西阳五水[①],诳动群蛮,自淮、汝至于江沔,咸罹其患[②]。十月,遣庆之督诸将讨之,诏豫、荆、雍并遣军,受庆之节度。三十年正月,世祖出次五洲,总统群帅,庆之从巴水出至五洲,谘受军略。会世祖典签董元嗣自京师还,陈元凶弑逆,世祖遣庆之还山引诸军,……众军既集,假庆之征虏将军、武昌内史,领府司马。世祖还至寻阳,庆之及柳元景等并以天下无主,劝世祖即大位,不许。贼劭遣庆之

翻译

元嘉二十九年(452),皇上又要出兵北伐,庆之执意劝谏未被采纳,因为所持意见不同,不让他参加北伐。这时亡命徒司马黑石、庐江叛逃小吏夏侯方进在西阳五水,欺骗煽动诸蛮各部叛乱,从淮水、汝水乃至长江、汉水一带,都深受其害。这年十月,派庆之都督统率诸将讨伐,皇上下诏令豫州、荆州、雍州都派遣军队,受庆之指挥。元嘉三十年(453)正月,刘骏出军屯驻五洲,总领各部将帅,庆之从巴水出发进至五洲,请示接受军略大计。恰逢刘骏的典签董元嗣从京师回来,述说刘劭杀死文帝的事,刘骏派庆之回山去带回各部军队,……各部人马聚集起来后,暂以庆之为征虏将军、武昌内史兼领州府司马。刘骏回到寻阳时,庆之和柳元景等人都认为天下无人主宰,劝刘骏即帝位,刘骏表示不同意。逆贼刘劭派沈庆之的门生钱无忌携带书信劝说沈庆之

门生钱无忌赍书说庆之解甲[3]，庆之执无忌白世祖。

罢兵。庆之逮捕无忌并把这事告诉刘骏。

注释 ① 西阳：郡名，治所在今湖北黄冈。 ② 罹(lí)：遭遇，遭受。 ③ 贼劭：指刘劭，因杀文帝，故称之为贼。

原文

世祖践阼[1]，以庆之为领军将军，加散骑常侍，寻出为使持节、督南兖豫徐兖四州诸军事、镇军将军、南兖州刺史，常侍如故，镇盱眙。上伐逆定乱[2]，思将帅之功，下诏曰："……庆之可封南昌县公，元景曲江县公，并食邑三千户。"……又特临轩召拜[3]。又使庆之自盱眙还镇广陵。……

翻译

刘骏即帝位，任命庆之为领军将军，加任散骑常侍，不久出京任使持节，都督南兖州、豫州、徐州、兖州四州诸军事，镇军将军、南兖州刺史，散骑常侍之职不变，镇守盱眙。皇上讨伐逆贼平定叛乱。思念将帅的功绩，下诏说："……庆之可封为南昌县公，柳元景封为曲江县公，都收取三千户食邑的租税。"……又特地临轩召见庆之，并把庆之从盱眙调回镇守广陵。……

注释 ① 践阼(zuò)：天子即位。 ② 伐逆定乱：指刘骏讨灭刘劭平定叛乱。 ③ 临轩：古时皇帝不坐正殿而在殿前平台上接见臣属，表示对大臣的尊重。

原文

四年，西阳五水蛮复为寇，庆之以郡公统诸军讨之[1]，攻战经年，皆悉平定，

翻译

孝建四年(457)，西阳五水蛮又发动寇乱，庆之以郡公的身份统领诸军前往讨伐，攻讨征战历经一年，全部平定

获生口数万人。

了叛乱，俘虏蛮人数万。

注释 ① 郡公：沈庆之最初封南昌县公，孝武帝孝建元年(454)参与平定鲁爽叛乱，临阵斩鲁爽，因功进封始兴郡公。

原文

居清明门外，有宅四所，室宇甚丽。又有园舍在娄湖，庆之一夜携子孙徙居之，以宅还官。悉移亲戚中表于娄湖，列门同闬焉[①]。广开田园之业，每指地示人曰："钱尽在此中。"身享大国，家素富厚，产业累万金，奴僮千计。……上尝欢饮，普令群臣赋诗，庆之手不知书，眼不识字，上逼令作诗，庆之曰："臣不知书，请口授师伯。"上即令颜师伯执笔，庆之口授之，……上甚悦，众坐称其辞意之美。

世祖晏驾[②]，庆之与柳元景等并受顾命，遗诏若有大军旅及征讨，悉使委庆之。前废帝即位，加庆之几杖[③]，

翻译

庆之居住在清明门外，有房宅四所，居室屋宇非常富丽。他还有一所庄园房舍在娄湖，庆之在一夜之间携带子孙迁居到那里去，把清明门外的房子还给公家。又把全部亲戚中表都迁到娄湖，各立门户住在一个里巷内。他广占土地建立许多田庄，每每指着土地对人说："钱都在这里面。"他享有大的封国，家境殷实富有，产业计算起来多达万金，田庄里的奴婢僮仆上千。……孝武帝曾经因高兴举行宴会，命令所有的大臣作诗，庆之手不会写字，眼不会识字，皇上逼他作诗，庆之说："臣不会写字，请允许我口头说而由师伯记录下来。"皇上命颜师伯提笔记录，庆之口头说，……皇上读完他的诗后很高兴，在座众人称赞诗的辞句意思很美。

孝武帝死，沈庆之与柳元景等都为顾命大臣辅佐新君，孝武帝遗诏说如果有大的军事活动以及征战讨伐的事，全

给三望车一乘[4]。……

部委托庆之处理。前废帝即位，赐庆之几案和手杖，又赐三望车一辆。……

注释 ① 闬(hàn)：里巷的门。 ② 晏驾：帝王死亡称晏驾。 ③ 几杖：几案与手杖，供老年人平时靠身和走路时扶持之用，故古以赐几杖为敬老之礼。 ④ 三望车：皇帝赐给王公大臣的一种有窗的小车。

原文

帝凶暴日甚，庆之犹尽言谏争，帝意稍不说[1]。及诛何迈，虑庆之不同，量其必至，乃闭清溪诸桥以绝之。庆之果往，不得度而还。帝乃遣庆之从子攸之赍药赐庆之死，时年八十。……太宗即位[2]，追赠侍中、司空，谥曰襄公。……

翻译

前废帝越来越凶狠狂暴，庆之仍然尽力劝谏，废帝有些不高兴了。及至诛杀何迈，考虑庆之会有不同的意见，估计他必定要来，于是封闭清溪各道桥梁断绝他的来路。庆之果然前往，不能渡河而返回。前废帝于是派庆之的侄儿沈攸之携带毒药去赐庆之死，这年他八十岁。……宋明帝即位，追赠为侍中、司空，加谥号为襄公。……

注释 ① 说：同“悦”。 ② 太宗：宋明帝刘彧。

谢 庄 传

导读

谢庄(420—466),南朝文学家,其声名远扬于北方。谢庄自幼聪敏,七岁即会写文章,又通地理学,曾绘制州郡地形图,这在当时是难得的。谢庄历仕宋文帝、孝武帝,曾作《鹦鹉赋》,使自命为大文豪的袁淑感到惭愧。又作《舞马歌》,皇上命乐府谱曲歌之。孝武帝宠爱的殷贵妃死,谢庄因作诔文用典不慎而触犯太子刘子业。刘子业即位,即前废帝,准备杀谢庄,有人建议让他先受点苦,于是囚禁于尚方做苦工。宋明帝废刘子业即位后,谢庄获释并被起用为官,受到礼敬。泰始二年(466)死,所著文章四百余篇流传于世。(选自卷八五)

原文

谢庄,字希逸,陈郡阳夏人。太常弘微子也。

年七岁,能属文,通《论语》。及长,韶令美容仪,太祖见而异之,谓尚书仆射殷景仁、领军将军刘湛曰:“蓝田出玉,岂虚也哉。”初为始兴王濬后军法曹行参军,转太子舍人。庐陵王文学、太子洗马,中舍人,庐陵王绍

翻译

谢庄,字希逸,陈郡阳夏人,太常谢弘微的儿子。

七岁时,即会作文章,通晓《论语》。长大后,年轻优雅,容貌端庄,宋文帝见到他觉得很不平常,对尚书仆射殷景仁、领军将军刘湛说:“蓝田产玉,此话不假啊。”开始任始兴王刘濬后军法曹行参军,调任太子舍人、庐陵王文学、太子洗马、中舍人、庐陵王刘绍南中郎谘议参军。又转任随王刘诞后军谘议,并兼任记室。分左氏《经》《传》,按国别编

南中郎谘议参军。又转随王诞后军谘议，并领记室。分左氏《经》《传》，随国立篇，制木方丈，图山川土地，各有分理，离之则州别郡殊，合之则宇内为一。元嘉二十七年，索虏寇彭城，虏遣尚书李孝伯来使，与镇军长史张畅共语，孝伯访问庄及王微，其名声远布如此。二十九年，除太子中庶子。时南平王铄献赤鹦鹉，普诏群臣为赋。太子左卫率袁淑文冠当时，作赋毕，赍以示庄①，庄赋亦竟，淑见而叹曰："江东无我②，卿当独秀。我若无卿，亦一时之杰也。"遂隐其赋。

为篇章。又制作了一块一丈见方的木板，画上山河地形，可以分别地理，分开是各州诸郡，合起来就是全国的整体。元嘉二十七年(450)，北魏进攻彭城，派遣尚书李孝伯出使彭城，与宋镇军长史张畅对话，李孝伯向张畅讯问谢庄和王微，可见他的名声远扬于北方。元嘉二十九年(452)，任命为太子中庶子。这时南平王刘铄贡献赤色鹦鹉，皇上下诏命群臣作赋。太子左卫率袁淑的文章为当时第一，作完赋，拿给谢庄看，谢庄也写完了，袁淑阅读了谢庄的赋后叹息说："江东若无我，卿就是一枝独秀，我如没有卿在此，也是一时俊杰呵。"于是就将自己的赋藏了起来。

注释 ① 赍(jī)：拿给，送给。 ② 江东：此指江左。

原文

元凶弑立，转司徒左长史。世祖入讨，密送檄书与庄，令加改治宣布。……

翻译

刘劭杀父自立为帝，调任谢庄为司徒左长史。刘骏进京讨伐刘劭，秘密送檄书给谢庄，叫他修改后公布。……

上始践阼，欲宣弘风则，下节俭诏书，事在《孝武本纪》。庄虑此制不行，又言曰："诏云'贵戚竞利，兴货廛肆者[1]，悉皆禁制'。此实允惬民听[2]。其中若有犯违，则应依制裁纠。若废法申恩，便为令有所屈。此处分伏愿深思，无缘明诏既下，而声实乖爽。臣愚谓大臣在禄位者，尤不宜与民争利，不审可得在此诏不？拔葵去织[3]，实宜深弘。"……

刘骏刚即帝位，就想弘扬风化准则，颁布厉行节俭的诏书，此事在《孝武帝纪》里有记载。谢庄担心这个诏令不能贯彻执行，又上书说："诏书谈到'皇亲国戚竞相争利，设立堆放货物的店铺都要禁止'。这确实能满足百姓的心愿。其中如果有人违犯，就应当按法制处理，如果皇上对其大臣法外施恩，便会使法令的效力减弱，这个意见希望皇上深思，不要在诏书明确颁布后，出现规定与实际相违的情况。臣愚意以为享有俸禄的大臣，尤其不应该与百姓争利，不知诏书里是否有这条规定，拔葵去织的作风，确实应当发扬光大。"……

注释 ① 廛(chán)肆：市上堆放货物的店铺。 ② 惬(qiè)：满意。 ③ 拔葵去织：葵，冬葵，为我国古代重要蔬菜之一；织，即织机。据《史记·循吏传》记载：春秋战国时鲁国博士公仪休为鲁相，他治国奉法循理，使鲁国吏治清明。他规定当官的不能和百姓争利。自己以身作则。他回家吃饭，发现自家种的冬葵味道鲜美，便去菜园中将其全部拔掉扔弃。看到自家的布织得好，就立即把织布的妇人赶出家门，烧毁织机，以表示他食官禄不与百姓争利。后以拔葵去织或拔葵比喻居官者不与民争利。

原文

上时亲览朝政，常虑权移臣下，以吏部尚书选举所由，欲轻其势力……于是置

翻译

这时孝武帝亲理朝政，时常担心权力转移到大臣手中，因为吏部尚书是执掌选举的重要官职，想削弱他们的权

吏部尚书二人，省五兵尚书，庄及度支尚书顾觊之并补选职。迁右卫将军，加给事中。

时河南献舞马[①]，诏群臣为赋……又使庄作《舞马歌》，令乐府歌之[②]。

五年，又为侍中，领前军将军。于时世祖出行，夜还，敕开门[③]，庄居守，以棨信或虚[④]，执不奉旨，须墨诏乃开。上后因酒宴从容曰："卿欲效郅君章邪[⑤]？"对曰："臣闻蒐巡有度[⑥]，郊祀有节，盘于游田，著之前诫。陛下今蒙犯尘露，晨往宵归，容恐不逞之徒，妄生矫诈，臣是以伏须神笔，乃敢开门耳。"……

力……于是设置吏部尚书二人，省去五兵尚书，谢庄与度支尚书顾觊之同时补任吏部尚书。谢庄升任右卫将军，加官给事中。

这时河南郡贡献会舞蹈的马，皇上下诏群臣为此作赋……又让谢庄作《舞马歌》，命令乐府演唱。

大明五年(461)，谢庄又任侍中，兼前军将军。有一次孝武帝外出，到夜晚才回来，下令开宫门，谢庄守门，认为进出宫门的凭证或许有假，执意不奉旨意，必须见到皇上的手迹才开门。后来皇上在一次酒宴上委婉地对谢庄说："卿想效法郅君章吗？"谢庄回答说："臣听说外出打猎巡行四方有一定的制度，城郊祭祀有一定时节，以打猎作为娱乐，前代著述中已有告诫，现陛下外出蒙受风尘，清晨出夜晚归，臣惟恐遇到不法的人，狂妄狡诈，冒充皇上，因此必须看到皇上的笔迹，才敢开门。"……

注释 ① 河南：河南郡，治所洛阳。 ② 乐(yuè)府：古代管理音乐的官署。 ③ 敕：皇帝的命令。 ④ 棨(qǐ)信：古代出入门禁、关口时所执的凭证。 ⑤ 郅(zhì)君章：即郅恽(yùn)，字君章，东汉人，光武帝时举为孝廉，为上东门侯。光武帝刘秀曾因白天出猎，夜晚才回，到城门，郅君章闭门不让光武帝进入，光武帝只好从其他门进城。次日，君章又上书规劝皇上，光武帝觉得他言之有理，感到惭愧，赏给他布帛百匹。事见《后汉书·郅恽传》。 ⑥ 蒐(sōu)巡：借打猎巡行四方。

原文

时北中郎将新安王子鸾有盛宠，欲令招引才望，乃使子鸾板庄为长史[①]，府寻进号抚军，仍除长史、临淮太守[②]，未拜，又除吴郡太守。庄多疾，不乐去京师，复除前职。前废帝即位[③]，以为金紫光禄大夫。初，世祖宠姬殷贵妃薨，庄为诔云[④]："赞轨尧门[⑤]。"引汉昭帝母赵婕妤尧母门事[⑥]，废帝在东宫，衔之。至是遣人诘责庄曰："卿昔作殷贵妃诔，颇知有东宫不？"将诛之。或说帝曰："……庄少长富贵，今且系之尚方[⑦]，使知天下苦剧，然后杀之未晚也。"帝然其言，系于左尚方。太宗定乱[⑧]，得出。及即位，以庄为散骑常侍、光禄大夫，加金章紫绶，领寻阳王师，顷之，转中书令，常侍，王师如故。寻加金紫光禄大夫，给亲信二十人，本

翻译

当时北中郎将新安王刘子鸾最受皇上宠爱，想招引有才华名望的人，皇上命刘子鸾签署谢庄为长史，不久谢庄进号抚军将军，仍任长史、临淮太守，还未就职，又任命为吴郡太守。谢庄多病，不乐意离开都城，朝廷仍以他为吏部尚书、国子博士。前废帝刘子业即位，以谢庄为金紫光禄大夫。当初，孝武帝宠爱的殷贵妃死了，谢庄为她作诔文说："赞轨尧门。"引用了汉昭帝母亲赵婕妤尧母门的典故。废帝当时是太子，对此事怀恨在心，这时，派人去质问责备谢庄说："卿以前为殷贵妃作诔，还知不知道有太子？"将要杀他。有人对前废帝说："……谢庄从小生长在富贵之家，现暂时将他囚禁于尚方做苦工，让他体验天下的困苦，然后再杀他不迟。"前废帝同意了，将谢庄囚禁于左尚方。刘彧废掉前废帝，谢庄获得释放。明帝刘彧即位，任命谢庄为散骑常侍、光禄大夫，加金章紫绶，兼任寻阳王师傅，不久，调任中书令，常侍、寻阳王师傅之职仍不变。不久又加官金紫光禄大夫，赏赐给亲信二十人，原来的官职不变，泰始二年(466)，谢庄死，时年四十六岁，追赠右光禄大夫，常侍不变，加

官并如故。泰始二年，卒，时年四十六，追赠右光禄大夫，常侍如故，谥曰宪子。所著文章四百余首，行于世。……

谥号为宪子。他著作文章四百余篇，流行于世。……

注释 ① 板：同“版”。 ② 临淮：郡名，治所在今江苏盱眙西北。 ③ 前废帝：宋前废帝刘子业。 ④ 诔(lěi)：古人用以叙述死人生前的行事，在丧礼中宣读的文章。 ⑤ 赞轨：赞，赞礼；轨，轨范，楷模。 ⑥ 汉昭帝母赵婕妤(jié yú)尧母门事：汉昭帝即西汉昭帝刘弗陵，前 94—前 74 年在位。赵婕妤，汉武帝妃，昭帝生母，又号拳夫人、钩弋(yì)夫人。婕妤为嫔妃称号的一种，汉武帝太始三年(前 94)，赵婕妤生刘弗陵，称钩弋子，孕期长达十四个月。汉武帝说：“听说从前尧也是他母亲怀了十四个月才生的，现在钩弋子也是如此。”于是将赵婕妤生弗陵房间的门命名为尧母门。尧，远古部落联盟首领，古史相传为圣明之君。 ⑦ 尚方：皇家手工作坊，长官为尚方令，制作皇室用品，汉末分为中、左、右尚方，历代沿袭，官吏犯罪，往往被发配尚方做苦工。 ⑧ 太宗：宋明帝刘彧。

阮佃夫传

导读

阮佃夫(426—477),出身寒门,宋文帝元嘉年间初为宫城小吏,后依附湘东王刘彧,并主谋废杀前废帝刘子业和立刘彧为帝。刘彧即位,即宋明帝。阮佃夫因功得到封爵和高级官位,与王道隆、杨运长等共掌朝政,权力仅次于皇帝,他的赶车人、牵马人都为郎官之职,这说明明帝时官爵混乱,宋政权已经衰败。佃夫又任中书舍人,典掌国家机密,这是寒门在南朝时势力发展的主要表现。佃夫自寒门而致高位,大收贿赂,起房宅,建园林,生活极其奢侈,反映了寒门成为暴发户后的情况。明帝死,后废帝刘昱即位,阮佃夫权势更大,后因参与谋杀后废帝未遂,被后废帝赐死。(选自卷九四)

原文

阮佃夫,会稽诸暨人也①。元嘉中,出身为台小史。太宗初出阁,选为主衣。世祖召还左右,补内监。永光中,太宗又请为世子师②,甚见信待。景和末,太宗被拘于殿内,住在秘书省,为帝所疑,大祸将至,惶惧计无所出。佃夫与王道隆、李

翻译

阮佃夫,会稽诸暨人。元嘉年间,开始任宫城小吏。刘彧刚出宫任官时,选他为主衣。文帝又将他召回为左右侍从,补任内监。永光年间,刘彧又请求用他为自己儿子的师傅,很受信任。景和末年,刘彧被拘系于廷殿内,住在秘书省,受到前废帝的猜疑,眼看一场大祸即将来临,惶恐忧惧毫无办法。佃夫与王道隆、李道儿及前废帝左右亲信琅邪人淳于文祖共同商议想废掉前废

道儿及帝左右琅邪淳于文祖谋共废立。时直阁将军柳光世亦与帝左右兰陵缪方盛[3]、丹阳周登之有密谋，未知所奉。登之与太宗有旧，方盛等乃使登之结佃夫，佃夫大说[4]。先是帝立皇后，普暂彻诸王奄人[5]，太宗左右钱蓝生亦在其例。事毕未被遣，密使蓝生候帝，虑事泄，蓝生不欲自出，帝动止辄以告淳于文祖，令文祖报佃夫。

帝而立刘彧为帝。当时直阁将军柳光世也与前废帝身边的侍臣兰陵人缪方盛、丹阳人周登之有秘密的废立谋议，但不知该奉谁为帝。周登之与刘彧曾有一段旧情，缪方盛等人于是派周登之结交阮佃夫，佃夫十分高兴，早先前废帝立皇后时，普遍地暂时撤去诸王府宦官，刘彧左右亲信钱蓝生也在其中。立皇后的事办完后，蓝生没有被撤走，于是佃夫等人秘密地让钱蓝生侦候废帝的行动。因害怕事情泄露，钱蓝生不愿出宫，废帝的一举一动立即告诉淳于文祖，由文祖报告阮佃夫。

注释 ① 诸暨(jì)：今浙江诸暨。 ② 世子：刘彧子，刘彧时封湘东王，故称其子为世子。 ③ 兰陵：郡名，治所在今江苏常州西北。 ④ 说：同“悦”。 ⑤ 奄人：奄，同“阉(yān)”。奄人即阉人，侍候皇帝的宦官。

原文

景和元年十一月二十九日晡时[1]，帝出幸华林园，建安王休仁、山阳王休祐、山阴公主并侍侧，太宗犹在秘书省，不被召，益忧惧。佃夫以告外监典事东阳朱

翻译

景和元年(465)十一月二十九日下午，前废帝出宫到华林园，建安王刘休仁、山阳王刘休祐、山阴公主都在左右侍候，刘彧仍在秘书省，没有被召去，更加忧愁惧怕。佃夫以此告诉外监典事东阳人朱幼，又告诉主衣吴兴人寿寂之、细铠主南彭城人姜产之，产之又告

幼，又告主衣吴兴寿寂之、细铠主南彭城姜产之，产之又语所领细铠将临淮王敬则，幼又告中书舍人戴明宝，并响应。明宝、幼欲取其日向晓，佃夫等劝取开鼓后[2]。幼豫约勒内外，使钱蓝生密报建安王休仁等。时帝欲南巡，腹心直阁将军宗越等其夕并听出外装束，唯有队主樊僧整防华林阁，是柳光世乡人，光世要之，僧整即受命。姜产之又要队副阳平聂庆及所领壮士会稽富灵符[3]、吴郡俞道龙、丹阳宋逵之、阳平田嗣，并聚于庆省。佃夫虑力少不济，更欲招合，寿寂之曰："谋广或泄，不烦多人。"

诉他的下级细铠将临淮人王敬则，朱幼又告诉中书舍人戴明宝，诸人都表示响应。戴明宝、朱幼想在当天早晨下手，佃夫等劝他们在晚上起更以后。朱幼预先约束统领内外人员，使钱蓝生秘密报告建安王刘休仁等。当时废帝欲去南方巡视，他的腹心直阁将军宗越等当晚都让出宫外去准备行装，只有队主樊僧整在华林阁防守，他是柳光世的同乡，柳光世邀约他参加废立大事，樊僧整立即接受命令。姜产之又邀约队副阳平人聂庆及其统领的壮士会稽人富灵符、吴郡人俞道龙、丹阳人宋逵之、阳平人田嗣，都会聚于聂庆的官署。佃夫考虑到人少不能成功，想再去招集一些，寿寂之说："参与谋划的人多了可能泄密，不必要很多人。"

注释 ① 晡(bū)：申时，相当于现在下午三时到五时。 ② 开鼓：古时夜间报更用鼓，更为时间变换之意，报更即报告时间变换，通常一夜分五更。以鼓报更称为更鼓。开鼓指晚上起更的时候。 ③ 阳平：郡名，治所在河北大名东。

原文

时巫觋云①："后堂有鬼。"其夕，帝于竹林堂前，与巫共射之。建安王休仁等山阴主并从，帝素不说寂之，见辄切齿。寂之既与佃夫成谋，又虑祸至，抽刀前入，姜产之随其后，淳于文祖、缪方盛、周登之、富灵符、聂庆、田嗣、王敬则、俞道龙、宋逵之又继进。休仁闻行声甚疾，谓休祐曰："事作矣。"相随奔景阳山。帝见寂之至，引弓射之，不中，乃走，寂之追而殒之。事定，宣令宿卫曰："湘东王受太后令，除狂主。今已平定。"太宗即位，论功行赏，寿寂之封应城县侯，食邑千户。姜产之汝南县侯，佃夫建城县侯，食邑八百户。王道隆吴平县侯，淳于文祖阳城县侯，食邑各五百户。李道儿新渝县侯，缪方盛刘阳县侯，周登之曲陵县侯，食邑各四

翻译

当时有巫觋说："后堂有鬼。"这天晚上，前废帝在竹林堂前，与巫师一道用箭射鬼。建安王刘休仁等和山阴公主都跟从前去。前废帝素来不喜欢寿寂之，见到他就恨得咬牙切齿。寿寂之已经与阮佃夫达成谋议，又怕大祸临头，就抽出大刀走在前面，姜产之紧跟在后，淳于文祖、缪方盛、周登之、富灵符、聂庆、田嗣、王敬则、俞道龙、宋逵之又接着跟随前进。刘休仁听到走路的声音很急，对刘休祐说："事情已经发作了。"两人相随奔向景阳山。前废帝见寿寂之到来，张开弓箭射他，没有射中，回头就跑，寿寂之追上杀死了他。事情平定后，对前废帝的宿卫队宣布命令说："湘东王接受太后命令，除去无道的皇帝。现在已经平定了。"刘彧即位，即宋明帝，对诸人论功行赏，寿寂之封应城县侯，收取一千户食邑的租税。姜产之封汝南县侯，阮佃夫封建城县侯，各收取八百户食邑的租税。王道隆封吴平县侯，淳于文祖封阳城县侯，各收取五百户食邑的租税。李道儿封新渝县侯，缪方盛封刘阳县侯，周登之封曲陵县侯，各收取四百户食邑的租税。富灵符封惠怀县子，聂庆封建阳县子，田嗣

百户。富灵符惠怀县子，聂庆建阳县子，田嗣将乐县子，王敬则重安县子，俞道龙茶陵县子，宋逵之零陵县子，食邑各三百户。……

封将乐县子，王敬则封重安县子，俞道龙封茶陵县子，宋逵之封零陵县子，各收取三百户食邑的租税。……

注释 ① 巫觋（xí）：自称能与神鬼相通的迷信职业者，女称巫，男称觋。

原文

时佃夫、王道隆、杨运长并执权柄，亚于人主。巢[①]、戴大明之世方之蔑如也[②]。尝值正旦应合朔[③]，尚书奏迁元会[④]，佃夫曰："元正庆会，国之大礼，何不迁合朔日邪？"其不稽古如此。大通货贿，凡事非重赂不行。人有饷绢二百匹，嫌少，不答书。宅舍园池，诸王邸第莫及。妓女数十，艺貌冠绝当时，金玉锦绣之饰，宫掖不逮也[⑤]。每制一衣，造一物，京邑莫不法效焉。于宅内开渎，东出十许里，塘岸整洁，泛轻舟，奏女

翻译

当时阮佃夫、王道隆、杨运长共同执掌大权，地位仅次于皇帝。巢尚之、戴法兴在孝武帝大明年间的威势比起他们来也算不得什么。曾经有一年的农历正月初一恰好日月相会。尚书奏请把皇帝元旦朝会群臣的元会改换日期，佃夫说："元旦大庆朝会，是国家的盛大礼仪，为什么不把合朔的日子改一改呢？"他不考证古事竟到达如此地步。佃夫大肆收取贿赂，凡有事相求没有重金贿赂就办不成。有人送他绢两百匹，他嫌少了，连信也不回。他的房宅及园林池塘，就是诸王的府第也不能与他相比。有妓女数十人，技艺容貌为当时第一，这些妓女用金玉锦绣作的衣饰，连皇宫内的宫女也不如她们。每做一件衣服，制作一种器物，京城的人没有不仿效的。他在宅内开掘水渠，向东挖出

乐。中书舍人刘休尝诣之，值佃夫出行，中路相逢，要休同反，就席，便命施设，一时珍羞，莫不毕备。凡诸火剂，并皆始熟，如此者数十种。佃夫尝作数十人馔[6]，以待宾客，故造次便办，类皆如此，虽晋世王[7]、石[8]，不能过也。泰始初，军功既多，爵秩无序，佃夫仆从附隶，皆受不次之位，捉车人虎贲中郎，傍马者员外郎。朝士贵贱，莫不自结。而矜傲无所降意[9]，入其室者，唯吴兴沈勃、吴郡张澹数人而已。

十来里远，渠塘岸边齐整干净，佃夫等在渠中乘着小船游荡，船中载有女伎奏乐。中书舍人刘休曾去拜访他，正值佃夫出游，半路相逢，就邀请刘休与他一道返回，坐下后，就命令摆设饭菜，当时的珍奇美味，无不齐备。那些需要火候的菜，都是当即炒熟的，像这样的菜有几十种。佃夫经常准备着供数十人用的饮食，等待宾客，因此宾客一到菜就办好了，大抵都是这类情况，虽西晋时的王恺、石崇，也不能超过他的奢华。泰始初年，立战功的人很多，赏赐的爵位秩禄混乱，没有等级秩序，佃夫的奴仆随从依附人员，都得到了优崇的官位，赶车人是虎贲中郎，牵马人是员外郎。朝廷官员不分贵贱，没有不亲自去结交他的。而他却矜持傲慢没有曲意迎送的意思。能进入他内室的人，只有吴兴人沈勃、吴郡人张澹等数人而已。

注释 ① 巢：巢尚之，鲁郡（今山东曲阜）人，出身寒微，居人士之末，受宋孝武帝宠任，孝建初年为中书舍人，凡任免官吏、诛杀大臣等事宜，都要与他商议。宋明帝时，封为邵陵县男，后病死。 ② 戴：戴法兴，会稽人，出身贫寒，入官后由于颇知古今，深受宋孝武帝宠爱。他借势广收贿赂，所举荐的人没有不被重用的，门庭若市。前废帝时，法兴继续专权，民间称他为真天子，后被前废帝赐死。 ③ 合朔：日月相会之日，一般指阴历每月初一。 ④ 元会：皇帝元旦朝见群臣叫正会，也叫元会。 ⑤ 宫掖：指皇宫之内。 ⑥ 馔：吃食菜肴。 ⑦ 王：即王恺，西晋东海郯（今山东郯城）人。姊嫁与司马昭，生晋武帝司马炎。王恺既为皇亲国戚，性豪奢，日用无度，无所忌惮。

⑧ 石：即石崇，西晋渤海南皮（今河北南皮东北）人。永熙元年（290），出为荆州刺史，以劫掠客商无数而致富。与贵戚王恺等人奢靡成风。曾与王恺斗富，他以蜡代薪，作锦步障五十里，王恺虽得晋武帝支持，仍不能取胜。 ⑨ 矜傲：矜持傲慢。

原文

泰豫元年，除宁朔将军、淮南太守，迁骁骑将军，寻加淮陵太守[①]。太宗晏驾[②]，后废帝即位[③]，佃夫权任转重，兼中书通事舍人[④]，加给事中、辅国将军，余如故。欲用张澹为武陵郡[⑤]，卫将军袁粲以下皆不同，而佃夫称敕施行[⑥]，粲等不敢执。元徽三年，迁黄门侍郎，领右卫将军，太守如故。明年，改领骁骑将军。其年，迁使持节、督南豫州诸军事、冠军将军、南豫州刺史，历阳太守，犹管内任。以平建平王景素功，增邑五百户。

翻译

泰豫元年（472），佃夫被任命为宁朔将军、淮南太守，升迁骁骑将军，不久加任淮陵太守。明帝死，后废帝即位，佃夫权力职位更加隆重了，兼任中书舍人，加官给事中、辅国将军，其余官职仍旧不变。他想任用张澹为武陵太守，卫将军袁粲以下的人都不同意，而佃夫假称皇帝命令施行，袁粲等人就不敢再坚持。元徽三年（475），佃夫升迁黄门侍郎，兼任右卫将军，太守之职依旧不变。第二年，他改兼骁骑将军。这一年，他升迁为使持节、都督南豫州诸军事、冠军将军、南豫州刺史、历阳太守，仍然兼管内廷重任。因为平定建平王刘景素有功，增加收取五百户食邑的租税。

注释 ① 淮陵：郡名，治所在今江苏盱眙西北。 ② 晏驾：帝王去世称晏驾。③ 后废帝：宋后废帝刘昱（yù），473—477 年在位。因荒淫无道被废为苍梧王。④ 中书通事舍人：即中书舍人。 ⑤ 武陵：郡名，治所在今湖南常德西。 ⑥ 敕：皇帝的命令。

原文

时废帝猖狂[1]，好出游走，始出宫，犹整羽仪，引队仗，俄而弃部伍，单骑与数人相随，或出郊野，或入市廛，内外莫不惧忧。佃夫密与直閤将军申伯宗、步兵校尉朱幼、于天宝谋共废帝，立安成王。五年春，帝欲往江乘射雉。帝每北出，常留队仗在乐游苑前，弃之而去。佃夫欲称太后令唤队仗还，闭城门，分人守石头、东府[2]，遣人执帝废之，自为扬州刺史辅政。与幼等已成谋，会帝不成向江乘，故其事不行。于天宝因以其谋告帝，帝乃收佃夫、幼、伯宗于光禄外部，赐死。佃夫、幼罪止身，其余无所问。佃夫时年五十一。……

翻译

当时后废帝狂妄放肆，喜好外出游玩，刚出宫门，还在整理仪仗队，排列卫队部众，他不一会就离弃部伍，独自骑马只带几个随从，或者跑到郊区野外，或者进入大街集市，朝廷内外无不恐惧担忧。佃夫秘密地与直閤将军申伯宗、步兵校尉朱幼、于天宝策划共同废掉后废帝，迎立安成王为帝。元徽五年(477)春天，后废帝想去江乘射猎野鸡。后废帝每次出北门，常常把卫队和仪仗队留在乐游苑前，抛开他们自己走开。佃夫想假称皇太后的命令召回卫队仪仗，关闭城门，分派人马驻守石头城、东府城，派人捉拿皇帝并宣布废黜他，然后自己任扬州刺史辅佐朝政。他与朱幼等人已经策划就绪，恰逢皇帝到江乘去没能成行，因此废立皇帝的大事没有成功。于天宝趁机把佃夫等人的阴谋报告了后废帝，后废帝于是逮捕阮佃夫、朱幼、申伯宗于光禄寺外，命令他们自尽。阮佃夫、朱幼的治罪只限于自身，其余人员都不加追究。佃夫死时五十一岁。……

注释 ① 废帝：即后废帝。 ② 石头、东府：即石头城、东府城。